TASCABILI
BOMPIANI

325

SAGGI

Giuseppe Casarrubea

Storia segreta della Sicilia
Dallo sbarco alleato a Portella della Ginestra

Introduzione di Nicola Tranfaglia

Coordinamento ricerche presso il National Archives and Records Administration (Nara, College Park, Maryland, Usa) e presso l'Archivio centrale dello Stato di Roma: Nicola Tranfaglia e Mario J. Cereghino. Progetto e finanziamento della ricerca: Scuola Media Statale "G.B. Grassi Privitera" di Partinico (Palermo). Hanno contribuito: Comune di Vittoria, quotidiano "la Repubblica", quotidiano "La Sicilia", Istituto "F. Parri" (Bologna), Fandango film (Roma).
L'autore ringrazia Lawrence Mc Donald e John Taylor, conservatori del Nara, per la loro preziosa opera di consulenza e di collaborazione.

Realizzazione editoriale: studio g.due s.r.l.
ISBN 88-452-3479-7

© 2005 RCS Libri S.p.A.
Via Mecenate 91 - 20138 Milano

I edizione Tascabili Bompiani novembre 2005

Anatomia di una strage con molti colpevoli

Nicola Tranfaglia

Ci sono voluti molti anni e soprattutto avvenimenti epocali, come la caduta dell'Unione Sovietica e la fine della guerra fredda tra gli Stati Uniti e il blocco sovietico dell'Europa orientale, per consentire agli studiosi dell'Italia contemporanea di andare avanti nella ricostruzione di misteri ed episodi oscuri che hanno punteggiato i primi sessant'anni della storia dell'Italia repubblicana.

Grazie agli archivi americani del Dipartimento di Stato e dei servizi segreti (l'*Office of Strategic Services*, l'Oss che ha preceduto negli anni Quaranta la nascita della Cia) è stato possibile rendersi conto di elementi a lungo ipotizzati ma, fino a qualche anno fa, rimasti nel vago per mancanza di riscontro documentario, oltre che per la perdurante reticenza di una parte rilevante dell'opinione pubblica italiana restia, per un anticomunismo pregiudiziale, ad attribuire agli occupanti americani e inglesi qualsiasi ruolo negativo nei principali avvenimenti del nostro paese, tra la caduta del fascismo il 25 luglio 1943 e la consegna, alle autorità italiane agli inizi del 1947, del territorio nazionale dopo la conclusione del conflitto mondiale.[1]

Purtroppo non disponiamo ancora di altri archivi importanti per ricostruire quel periodo, come quelli ex sovietici, riaperti nei primi anni Novanta e subito dopo richiusi a doppia mandata, e quelli vaticani, che sono fermi ancora agli anni Trenta. In più dobbiamo lamentare la dispersione e l'indisponibilità (non sappiamo ancora se definitiva) di fondi italiani dei ricostituiti servizi segreti, che soltanto negli ultimi anni sono stati, ma in piccola parte, recuperati dall'Archivio centrale dello Stato.

Malgrado queste lacune, molte delle quali appaiono destinate a restare tali per lungo tempo ancora, l'utilizzazione degli archivi americani e di quelli italiani, soprattutto per la parte che riguarda carte processuali e di alcune commissioni parlamentari di inchiesta, hanno permesso agli studiosi di fare passi avanti su problemi di grande rilievo.

Chi legge ora questo libro di Giuseppe Casarrubea si accorge subito di quali siano stati i maggiori progressi della ricerca storica, che non riguardano soltanto la strage del 1° maggio 1947 a Portella della Ginestra, ma permettono di ricostruire, con sufficiente precisione e adeguato rigore documentario, il contesto storico e nazionale della Sicilia invasa nel luglio 1943 dalle truppe anglo-americane e diventata, negli anni di passaggio dal fascismo alla repubblica, una regione di particolare importanza.

Un aspetto fondamentale, che costituisce la prima parte del libro di Casarrubea, è proprio la ricostruzione della Sicilia e dell'Italia meridionale nel periodo che va dallo sbarco anglo-americano alla conclusione del secondo conflitto mondiale.

I nuovi documenti di cui si serve l'autore, in parte pubblicati l'anno scorso in un'antologia curata da chi scrive e annotata dallo storico siciliano, consentono di seguire il progetto di Alessandro Pavolini e di altri irriducibili sostenitori della Repubblica sociale italiana di concentrare sul Mezzogiorno e sulla Sicilia l'attenzione per costituire fronti e comitati antibolscevichi, che raggiunsero il numero di duecentomila fascisti, destinati a lasciare il Nord, a poco a poco raggiunto dalle truppe alleate con l'aiuto dei partigiani, e a formare nelle regioni meridionali un vero e proprio esercito fedele alla causa fascista, pronto a entrare in azione nella nuova situazione determinata dalla sconfitta definitiva della Germania e della Rsi, nonché dallo stabilirsi in Italia di uno stato postfascista e democratico, deciso a voltare pagina rispetto al recente passato dittatoriale.

L'operazione, che ha inizio ancor prima dello sbarco alleato, si avvantaggia di una serie di elementi che caratterizzano il tormentato passaggio dal fascismo alla Repubblica italiana.

Anzitutto la forte continuità degli apparati statali che attraversa tutto il periodo del centrismo democristiano fino agli anni Sessanta, ma che trova le sue radici nella difficoltà e scarsa volontà (se non si vuol parlare di vera e propria complicità politica e istituzionale) dei governi Badoglio, Bonomi e poi De Gasperi di procedere a un'effettiva epurazione del personale medio e di vertice dei principali apparati dello Stato: la magistratura, i prefetti, le polizie, i servizi segreti.

Basta ricordare che i primi quattro questori di Roma fino al 1960 sono tutti ex ispettori dell'Ovra, la nota Polizia politica segreta del regime. Sempre nel 1960, su 64 prefetti ben 62 hanno già svolto parte notevole della loro carriera durante la dittatura, conservandone fatalmente la mentalità anche negli anni successivi.

Il che è stato ulteriormente facilitato dalla liquidazione, da parte di De Gasperi nel 1947, di prefetti e questori nominati due anni prima dai Comitati di Liberazione alla fine del conflitto. L'azionista Giorgio Agosti questore di Torino per nomina del Clnai, per fare un esempio significativo, è l'ultimo a lasciare l'incarico di sua volontà agli inizi del 1948, ma la maggior parte è stata costretta alle dimissioni l'anno precedente.[2]

Il secondo elemento riguarda le iniziative degli occupanti angloamericani durante gli ultimi anni della guerra: in Sicilia la nomina di noti capimafia a sindaci di varie località dell'isola (a Villalba il capo di Cosa Nostra Calogero Vizzini, a Palermo il principe Lucio Tasca, e si potrebbe continuare con altri esempi); in tutta l'Italia meridionale l'appoggio ai fascisti che si riorganizzano e in particolare agli uomini della Decima Mas di Junio Valerio Borghese, il principe pontificio salvato dagli americani e arruolato con molti suoi ufficiali direttamente dall'Oss di James Jesus Angleton, per azioni coperte contro gli esponenti del Partito comunista italiano.

Una simile politica, che precede di qualche tempo l'esplosione vera e propria della guerra fredda e che fa dell'Italia un importante paese di frontiera tra i due blocchi che si fronteggiano a Est e a Ovest, utilizza altri soggetti pericolosi come il banditismo siciliano. In particolare, la banda Giuliano e il movimento separatista di Finocchiaro Aprile come strumenti della lotta ai comunisti, almeno fino a quando la situazione si stabilizza e si consolida la Democrazia cristiana di Scelba, Aldisio e Mattarella, strettamente legata al Vaticano, che diviene l'alleato privilegiato della politica americana per il successivo cinquantennio.

Del banditismo, dei separatisti e più tardi dei latifondisti siciliani ci si può, negli anni successivi, liberare a prezzi non troppo alti. Non così dell'associazione mafiosa siciliana che dimostra una grande dinamicità e riesce a passare dalla società agraria a quella industriale, dall'abigeato e dalle lotte per la terra al traffico, e in seguito alla raffinazione degli stupefacenti che faranno diventare ricca Cosa Nostra e la proietteranno, ancora di più che nel passato, in un panorama e in un mercato internazionale.

Su questi presupposti documentari, diventati grazie alle ricerche e ai documenti trovati negli ultimi anni assai difficilmente contestabili, Casarrubea propone una ricostruzione completamente nuova e problematica dei misteri che circondano quella che si può ormai definire come "la prima strage di Stato dell'Italia repubblicana", l'assassinio di undici persone, tra cui donne e bambini, nei prati di Portella della Ginestra, alle porte di Palermo.

In particolare l'autore fornisce elementi decisivi sul reclutamento di Salvatore Giuliano e della sua banda, dal luogotenente Gaspare Pisciotta a Salvatore Ferreri, detto Fra' Diavolo, che tiene insieme Cosa Nostra, il movimento separatista, gli agrari e importanti funzionari delle forze dell'ordine, come l'ex ispettore dell'Ovra Ciro Verdiani, futuro questore di Roma, a loro volta impegnati a eseguire ordini e direttive del ministero dell'Interno, guidato da Mario Scelba. Funzionari di assoluta fiducia da parte di un governo che avrebbe potuto disfarsi di uomini come loro, sempre ricattabili per un passato, assai recente, di servizio zelante alla dittatura fascista.

Simili elementi si ritrovano con impressionante convergenza nei documenti americani, nelle carte di polizia italiane, negli atti dei processi seguiti alla strage di Portella.

Casarrubea utilizza le perizie processuali di Viterbo e i materiali desecretati di recente dalla documentazione della Commissione parlamentare di inchiesta presieduta dall'onorevole Cattanei, all'inizio degli anni Settanta, per mettere efficacemente in discussione la versione finora accettata della strage, e provare, al contrario, la presenza di tre distinti gruppi di fuoco forniti di armi in dotazione agli americani e alla Decima Mas, di cui sono rimaste tracce materiali nei corpi delle vittime e dei superstiti di quel giorno.

A mio avviso, dal complesso delle ricerche compiute in questi anni, l'autore riesce a proporre ai lettori e agli studiosi del periodo una visione assai più convincente sia del contesto storico in cui matura il progetto stragista, sia della dinamica degli avvenimenti che portarono quel giorno del 1947 a realizzare un grave atto di intimidazione contro tutte le forze raccolte sotto la bandiera del sindacato ancora unito nella Cgil.

Del resto, appena qualche settimana dopo, i nuovi assalti condotti da mafiosi ma anche da uomini come Salvatore Ferreri, che avevano da tempo collaborato con le forze dell'ordine contro i segretari delle Camere del lavoro del palermitano e che fecero altre vittime, confermarono quali erano le forze che guidarono l'offensiva e quali i bersagli predeterminati.

Da quel momento fino all'inizio degli anni Sessanta gli attentati mortali contro i sindacalisti del movimento contadino si succedettero senza interruzione, a sottolineare quella "guerra a bassa intensità" di cui ha parlato nella sua proposta finale di relazione, mai approvata, il presidente della Commissione Stragi, Giovanni Pellegrino.

Il linguaggio delle mitragliatrici e dei fucili a Portella, come negli episodi successivi, era assai chiaro, giacché venne messo in azione due settimane dopo l'imprevista vittoria del Blocco popolare nelle elezioni regionali del 20 aprile 1947.

Rispondeva all'esigenza, assai sentita sia dagli americani sia dalla Democrazia cristiana siciliana, come dal governo centrista di De Gasperi, di parlare ai partiti di sinistra, e in particolare al Partito comunista in maniera netta e categorica: non si poteva nel nostro paese pensare di prendere il potere sia pure in maniera pacifica e democratica, in quanto l'Italia faceva parte del blocco occidentale, legato agli Stati Uniti, e le forze che si richiamavano al movimento comunista filosovietico potevano soltanto restare all'opposizione.

La strage avviene in un momento decisivo della svolta anticomunista che ha luogo per pressione degli Stati Uniti in Italia come in Francia.

A maggio, il terzo governo De Gasperi va in crisi e il governo successivo, che avrà come presidente del Consiglio sempre il leader democristiano, farà a meno dell'apporto del Partito comunista e di quello socialista, che erano stati presenti nei precedenti governi di unità nazionale.

I fatti di Portella hanno luogo durante il delicato e forzato passaggio all'opposizione dei partiti della sinistra e rappresentano un monito preciso rivolto a Togliatti e al Partito comunista italiano.

Monito di cui è, a sua volta, ben consapevole il segretario del Partito comunista, reduce da un lungo periodo di attività ai vertici dell'Internazionale comunista in Europa, nel tormentato intermezzo tra le due guerre mondiali, con la partecipazione alla politica sovietica in Europa orientale e nella Spagna, percorsa dall'aspra guerra civile tra la repubblica e i quattro generali ribelli. In tale guerra civile i comunisti, poco presenti nella Spagna repubblicana, riescono, grazie alla propria forza organizzativa, ad avere un ruolo decisivo nelle milizie fedeli alla repubblica, soprattutto in funzione antianarchica e antitrotzkista.

Ne abbiamo una prova ulteriore grazie all'archivio del Partito comunista italiano depositato nella Fondazione Gramsci a Roma. Si tratta dello scambio di lettere tra l'on. Montalbano, esponente importante del Partito comunista in Sicilia, che tenta di presentare un'interrogazione al governo De Gasperi sulla strage di Portella un mese dopo gli avvenimenti, mettendo in discussione la versione ufficiale del ministro Scelba, e lo stesso on. Togliatti, che gli impedisce di presentare l'interrogazione e invia un messaggio raggelante, in cui evita accuratamente di affrontare la questione. Togliatti si aggrappa a ragioni puramente formali per difendere la scelta di non discutere il problema della ricostruzione critica degli avvenimenti.

Egli sa bene quale sia la situazione e come possa essere pericoloso, per il Partito comunista, chiamare in causa i fascisti e gli americani – che li sostengono in funzione anticomunista – in un momento in cui il governo, d'accordo con gli Alleati (di fronte a una risposta di massa contro le affermazioni del governo), potrebbe porre fuori legge il partito o addirittura intervenire in armi contro i comunisti, come era avvenuto non molto tempo prima in Grecia.[3]

Di qui la scelta del segretario comunista di accantonare la denuncia delle complicità nella sanguinosa strage di Portella, e di promuovere un'agitazione politica dei comunisti e del movimento sindacale contro il governo e i suoi alleati, a livello internazionale e nella società siciliana e italiana.

Il titolo di questo libro di Casarrubea indica, sulla base di ricerche inedite e di grande interesse, gli avvenimenti della Sicilia tra il '43 e il '47 come la prima tappa di quell'Italia delle stragi e dei misteri, che punteggia di anno in anno la nostra storia repubblicana e che raggiungerà il culmine nei tormentati anni Settanta del Ventesimo secolo.

C'è da augurarsi che i lettori, interessati alla storia recente del nostro paese, colgano, attraverso l'appassionato percorso indicato dall'autore, spunti ed elementi caratterizzanti il succedersi di vicende, che attendono ancora di essere illuminate, sul piano storico prima ancora che su quello giudiziario, e che vede ancora le vittime di quella come di altre stragi, prive di un riconoscimento adeguato da parte dello stato repubblicano.

Torino, 30 giugno 2005

---

[1] Per questi problemi cfr. la mia introduzione a Nicola Tranfaglia, *Come nasce la Repubblica. La mafia, gli americani e il Vaticano 1943-47*, Milano, Bompiani, 2004.
[2] Cfr. in proposito Claudio Pavone, *Alle origini della repubblica*, Torino, Bollati Boringhieri, 1995.
[3] Nicola Tranfaglia, *Come nasce la Repubblica*, cit. pp. 200-204.

> *Presidente* – Che ne sapevi tu del 1° maggio?
> *Castrenze Ricotta* (14 anni) – Era una bella festa.
> *Presidente* – Hai visto che cosa capita ad andare alle feste?
> *(da "Esame di testimone", Corte di Assise di Viterbo, 1951)*

PARTE PRIMA

Protagonisti e scenari

La testa di morto delle Squadre d'Azione

Il primo maggio 1947 alcune migliaia di lavoratori dei comuni di San Giuseppe Jato, San Cipirello, Piana degli Albanesi, riprendendo un'antica tradizione che solo il fascismo era riuscito a interrompere, si erano dati appuntamento sul pianoro di Portella della Ginestra. Il luogo era stato reso sacro nel lontano 1892 da Nicolò Barbato, il medico socialista di Piana che, per la causa della sua gente, aveva sofferto fatiche e galera. Da allora, ogni anno, intere famiglie vi si radunavano; avevano trasformato quel santuario naturale, fatto di pietre e d'erba, di papaveri e ginestre, in un luogo di speranza e di incontro per un futuro diverso. Gli abitanti del luogo lo conoscevano come *"a Inestra"*, la ginestra, perché qui da sempre, a primavera, sui costoni delle montagne e lungo le secolari trazzere, spuntavano le ginestre gialle e profumate, come grandi macchie di astragali, pulvini di fiori solari sulle rocce carsiche della Pizzuta e del monte Cometa. Quel giorno, però, non fu un giorno di festa. Appostati già dall'alba sui roccioni del Pelavet degradanti verso il pianoro, alcuni criminali avevano atteso che gli oratori ufficiali cominciassero a parlare. Poi, improvvisamente, avevano aperto il fuoco, lasciando sul terreno undici morti e ventisette feriti. Quei morti non pare abbiano smesso di urlare e il loro grido di innocenti – bambini, ragazzi, donne e lavoratori inermi immolati sull'altare del dio pagano dello Stato democratico, allora nascente – oggi torna a farsi sentire, con la sua implorazione di sempre, col suo monito severo.

Insoddisfatti, liberi e imprendibili, gli sconosciuti continuarono, nelle settimane successive, la loro azione di fuoco, prendendo d'assalto, con armi automatiche e bombe a mano, molte Camere del lavoro della provincia di Palermo. Dichiararono una guerra unilaterale e la combatterono contro civili inermi. Era il 22 giugno 1947 e altri morti si erano aggiunti nelle sedi dei lavoratori, da due mesi in festa per la vittoria del Blocco del popolo nelle elezioni regionali del 20 aprile. Si respirava un'aria plumbea. Una calma apparente, surreale e gelida copriva, come un vento presago di tempeste, uomini e cose. C'era da aspettarselo. Quelle stragi erano come il tracciato di un sismografo che, proprio in quel momento, aveva raggiunto le sue oscillazioni più alte e violente dopo altre stragi premonitrici: quella della Federterra di Alia, aggredita con colpi di mitra e bombe a mano (21 settembre 1946, due morti: Giovanni Castiglione e Girolamo Scaccia), l'attacco alle Camere del lavoro siciliane con l'uccisione di Nicolò Azoti (Baucina, 21 dicembre 1946) e Accursio Miraglia (Sciacca, 4 gennaio 1947). Erano seguite poi le stragi del 22 giugno con l'uccisione dei dirigenti sindacali Giuseppe Casarrubea e Vincenzo Lo Iacono (Partinico), Giuseppe Maniaci (Terrasini, ottobre '47), Vito Pipitone (Marsala, 7 novembre '47). In quell'anno, una lunga sequenza di delitti si era snodata senza colpevoli. Non era facile spiegarli. Sembravano decisi tutti da qualche oscuro tribunale della morte, nel chiuso di una stanza, con premeditazione, con coerente lucidità criminale.

I giudici che per primi si trovarono a esaminarli, in qualche caso, non furono in condizione di avviare i processi o non vollero farlo; in qualche altro, li archiviarono frettolosamente, in altri ancora, trovarono motivazioni di quanto accaduto, infantili, ridicole. Ascoltarono centinaia di testimoni, autorità politiche e familiari delle vittime, banditi e mafiosi. Ma da allora i mandanti rimasero come fantasmi lontani, nascosti in quell'Italia misteriosa da cui dovevano poi nascere altre tragedie, altri lutti.

Ci fu un peccato originale e mortale alla base dei comportamenti che orientarono la magistratura. In queste pagine non li esamineremo tutti. Considereremo solo i fatti più gravi, perché, scavando su di essi, allargandone i contorni e mettendo a fuoco i particolari, possiamo capire di più, vedere meglio. Vedremo affollarsi numerosi personaggi; volti e nomi appariranno come d'incanto; molti oggetti nebulosi si definiranno nel loro contesto. Non che siano tutti implicati. Incontreremo personaggi che attraversano, forse per caso, la scena, calpestano il palcoscenico della storia. Alcuni sicuramente presenti per ragioni d'ufficio, altri ancora perché non avrebbero potuto essere altrove che in quel luogo, in quelle scene del delitto.[1]

Non è facile, però, riuscire a comporre, di fronte a un argomento che ha segnato l'immaginario collettivo per svariati decenni, una rappresentazione nuova di quanti recitarono una parte nel grande teatro della Sicilia e dell'Italia dei secondi anni Quaranta. Abituati, come siamo stati, a vederli attraverso il filtro di stereotipi appositamente preconfezionati, dovremmo semmai imparare a formulare – direbbe Gregory Bateson – un nuovo alfabeto. Forse per questo si è avuto, per così lungo tempo, un "deficit di verità". Esso fu provocato dai massimi rappresentanti dello Stato che avallarono una sola ipotesi ed esclusero tutte le altre. Non altrimenti, ad esempio, si deve intendere la sentenza politica pronunciata dal ministro dell'Interno, Mario Scelba, di fronte ai padri fondatori della Repubblica (Assemblea Costituente, 2 maggio 1947) quando sostenne che la strage del 1° maggio era opera territorialmente circoscritta, attribuibile al bandito Salvatore Giuliano, il "re di Montelepre".[2] Questa è la tesi ufficiale ancora oggi. Su tale persistenza ha giocato anche l'erronea pretesa che, procedendo la storia per accumulazione, non si può mai sovvertire l'ordine delle conoscenze acquisite e che pertanto "i fatti storici sono immodificabili". Questa visione empiristica o lombrosiana è scorretta. Lo storico lavora su frammenti, parti di verità, ciò che il tempo o le classi dominanti hanno voluto consegnargli. Nulla, pertanto, è modificabile del giudizio o della ricostruzione del passato, fino a quando nuove conoscenze, nuovi documenti non vengano ad aggiungersi al mosaico dei fatti, arricchendolo o modificandolo. D'altra parte si è tenuto in scarsa considerazione il fatto che ricerca sulla strage e monografie su Giuliano non sono proprio la stessa cosa e che non possono essere considerati come studi sulla strage quelli prodotti giornalisticamente, senza il minimo supporto della ricerca scientifica.

La strage, infatti, intendeva suggellare, in modo irreversibile, la rottura dell'unità nazionale antifascista e provocare una generale sollevazione popolare, guidata dai comunisti e dai socialisti, per scatenare una reazione sanguinosa senza precedenti, con l'istituzione di tribunali speciali, come al tempo dei Fasci dei lavoratori. Voleva anche essere un monito per De Gasperi. Non ci furono invece i tumulti sperati; le popolazioni colpite reagirono con compostezza e silenzio; le famiglie delle vittime si chiusero nella loro dignitosa angoscia secolare, attendendo una giustizia che sapevano sarebbe stata difficile da raggiungere. Appare del tutto evidente – come meglio vedremo in questo libro – che la rottura del Cln (Comitato di liberazione nazionale) non fu una conseguenza della strage, ma una premessa che risaliva ai mesi successivi all'8 settembre 1943. Alla sua definizione lavorarono prima gli aderenti alla Repubblica di Salò e le costellazioni neofasciste che ne derivarono, dopo certi elementi trasversalmente presenti sullo schieramento politico antifascista. Primi, tra tutti, personaggi come il repubblicano Randolfo Pacciardi e quanti nel Vaticano, nei vari ordini religiosi, *in primis* la Compagnia di Gesù, nella Dc o tra i liberali come Benedetto Croce, o negli ambienti monarchici, mal tolleravano la presenza dei socialcomunisti nel governo. Come risulta dalla documentazione del Nara (l'Archivio Nazionale degli Usa), le pressioni del Vaticano su De Gasperi perché il capo del governo rompesse lo schema del Cln allontanando i socialcomunisti furono costanti e decisive e produssero l'effetto di un condizionamento irreparabile di lungo periodo anche sulle componenti di sinistra della stessa Dc.[3]

Occorre dire, tuttavia, che il suggello a questo stato di cose, che durava dal '43, seguì un percorso lungo e travagliato e raggiunse l'obiettivo dell'estromissione dei comunisti e dei socialisti dal governo. Tale successo fondò nuove collusioni, insperati intrecci tra politica e mafia, legittimò quest'ultima nello Stato, favorì protezioni nazionali e internazionali a difesa del blocco occidentalista dell'Italia conquistata alla libertà dalla seconda guerra mondiale. È un periodo, per molti versi, ancora oscuro, ma denso di stimoli e interrogativi, in cui, emblematicamente, la vicenda delle stragi del '47 e la figura del bandito Giuliano possono essere assunte come segno del rinnovato clima di attenzione per gli esiti più avvertiti della ricerca sulla nostra storia passata, a cominciare da quella che vide nascere la nostra Repubblica e la nostra democrazia.[4]

Protagonista giovane, Salvatore Giuliano. Non assomigliava, però, a quei ragazzi della sua età, poco più che ventenni, che ebbero la sorte di gestire il loro tempo dal versante dei vincitori, come quegli agenti dell'intelligence che, scrivendo sulla Sicilia infuocata, la dominavano nello stesso tempo in cui ne coglievano il senso al di là del minuto apparire, della frammentarietà dell'esistenza.

Erano uomini come Vincent Scamporino, Max Corvo, Victor Barrett che alla temperie del 1943 giungevano con la formazione degli agenti americani allenati alla scuola dei servizi segreti e della politica internazionale; che conoscevano l'Italia perché ne coglievano la collocazione strategica nel teatro delle operazioni nel Mediterraneo e che, a differenza di uomini come il generale Patton e dei militaristi puri o degli strateghi di guerra, non pensavano che i siciliani fossero degli islamici da dominare, o espressione di una civiltà inferiore irredimibile. Sul campo di battaglia, o sul suolo liberato, la loro attenzione era rivolta agli uomini, alle loro debolezze e alle loro aspirazioni. Erano spie e abili conoscitori della psicologia umana. Essi seppero riferire ai loro superiori, Donovan, Shepardson, Brennan, Angleton le condizioni reali degli uomini del loro tempo su una terra occupata e conquistata. Furono protagonisti e complici degli intrighi di palazzo e fecero dell'arma dello spionaggio qualcosa di micidiale al servizio dei fini ultimi dei nuovi conquistatori, americani o inglesi che fossero. Con il loro comportamento, fecero in modo che avvenisse quello che Croce lamentava in via confidenziale in una lettera a una sua vecchia conoscenza, il celebre giornalista e opinionista americano Walter Lippmann: "In Sicilia, l'amministrazione è, per colpa precipua del capo americano Poletti, nelle mani degli ex fascisti."

Affermazione da non sottovalutare, specialmente da parte di coloro che hanno sempre ritenuto inconsistente il connubio fascismo-criminalità organizzata negli anni di Salò e nei decenni successivi. E di fatto Giuliano, il "picciotto dritto" di cui parlano gli agenti segreti, con seicento fascicoli aperti sul suo conto, per omicidi, furti, sequestri di persona, assalti alle forze dell'ordine ecc., saldò l'anello mancante che lo legava – suo malgrado – all'Italia che molti non volevano. Insomma, gli uomini di Donovan e Brennan destinati all'Italia, in gran parte italo-americani, impiantarono una scuola moderna di osservazione, proposta e intervento sulla realtà ipogea delle cose che i vecchi apparati dell'Ovra, il servizio segreto della polizia fascista, o del Sim, lo spionaggio militare, grigi e colpevoli, non potevano neanche concepire. Ecco perché, ancora oggi, solo per lo Stato la tragedia di allora, intrisa di sangue, è un tabù di cui è meglio non parlare. Anzi, da porre sotto silenzio. Così come sono cadute nell'oblìo tre strane morti violente avvenute tra il '70 e il '72 in Sicilia: quelle di Mauro De Mauro, Pietro Scaglione, Giovanni Spampinato, giornalista dell'"Ora" e dell'"Unità".[5] Ma in quel caldo autunno del '70, quando De Mauro scomparve come risucchiato nel vuoto, non tutto era tranquillo in Italia e soprattutto tra le forze armate. Il principe nero Junio Valerio Borghese, uomo-chiave della continuità del regime fascista, sul quale avevano puntato le loro carte i rappresentanti più autorevoli dell'intelligence alleata e degli stessi governi di Pietro Badoglio e di Ivanoe Bonomi, stava preparando la sua operazione Tora Tora che sarebbe dovuta scattare la notte dell'Immacolata di quello stesso anno.[6] Era una storia antica alla cui base c'era l'anticomunismo di sempre, il connubio tra neofascismo, mafia e servizi deviati. Ne accenna anche il pentito di mafia Antonino Calderone:

La contropartita che i golpisti offrivano alla mafia consisteva nella revisione di una serie di processi già definiti, tra cui quello ai Rimi di Alcamo e a Liggio per l'uccisione del medico Navarra di Corleone.[7]

D'altra parte, la scarsa considerazione data alle deviazioni antidemocratiche in Italia ha impedito di collocare un anno cruciale della Repubblica come l'anno di Portella in una visione ampia ed esaustiva, nella quale una molteplicità di dati obiettivi avrebbe dovuto condurre a una lettura di quella strage come un atto tipico del terrorismo politico.[8]

Quella eversiva, naturalmente, non è l'unica pista da seguire, ma la più vicina alla documentazione, la più logica e coerente con i fatti.

A una sorta di dignitosa reazione contro questo stato di cose si deve un'antologia di documenti introdotti da Nicola Tranfaglia e annotati da chi scrive.[9] Rappresentano, nella loro corposità, un campione ampio e significativo dell'enorme mole di materiali rintracciabili in alcuni archivi su una delle vicende più oscure della nostra storia nazionale: la crisi di trapasso del vecchio regime e il suo profondo radicamento dentro il tessuto vivo del nuovo Stato. Non un passaggio brusco dal fascismo alla democrazia, segnato dal 25 aprile, ma quasi un processo di continuità del fascismo con se stesso. Nel caso di Portella la strage è stata spiegata secondo gli schemi della lotta di classe (contadini contro feudatari, borghesi contro aristocratici, ecc.). Ma non c'è dubbio che l'azione rivendicativa contadina, forte dell'appoggio delle leggi nazionali del ministro dell'Agricoltura Fausto Gullo, non poteva avere di per sé la forza sufficiente per promuovere una reazione sanguinaria a catena, dopo oltre due anni dall'avvio del processo di riforme agrarie e dopo le elezioni regionali siciliane del 20 aprile 1947. I ceti dominanti dell'isola sarebbero stati benissimo in grado, come poi fecero, di modificare la portata innovativa dei decreti sulla mezzadria o sull'assegnazione dei terreni incolti alle cooperative. Avevano le leve del potere politico in mano e il controllo dell'economia e della società. Potevano intervenire quando volevano, tanto più che si trovavano di fronte un quadro politico, a cominciare dalla Dc, disponibile ad alleanze di segno opposto a quelle dei governi di unità nazionale.

In questo senso, a saperli leggere, i documenti pubblicati da Tranfaglia pongono questioni centrali. Non quelle, ormai scontate e oleografiche, di sapere come sia nata la nostra Repubblica, ma le altre concernenti i nodi che hanno fatto di un peccato originale quello che poi siamo stati nei cinquant'anni successivi, lungo la linea dello stragismo italiano.

A ulteriore comprova di questa rinnovata sensibilità leggiamo, sulle pagine di Cultura della "Repubblica" (4 maggio 2004), un articolo di Mimmo Franzinelli che mette in risalto "quello che le forze dell'ordine sapevano sugli obiettivi del bandito Giuliano", l'intreccio, sempre meno misterioso, tra quest'ultimo "e i vertici dell'apparato militare dislocato" in Sicilia. Anche il titolo di prima pagina non passa inosservato: *Portella, i carabinieri sapevano*. Sul tema già un anno prima, lo stesso quotidiano, su iniziativa dello scrivente, aveva evidenziato la sciagurata alleanza tra i gruppi paramilitari di Valerio Borghese, la mafia e i servizi segreti americani e italiani, tutti interessati a bloccare il pericolo comunista in Italia. In particolare, oltre ai documenti reperiti dallo studioso del fascismo richiamati nel presente volume, possiamo riferirci ai seguenti:

– invito di Giuliano alle forze dell'ordine a desistere nel contrastare la sua azione anticomunista. Il bandito dichiara l'inizio di "una lotta senza quartiere contro i comunisti";[10]

– appello anticomunista filomonarchico.[11]

La tesi del complotto eversivo, dunque, non è nuova e il sospetto che la banda del "re di Montelepre" si fosse prestata a una "operazione di profilassi sociale" anticomunista fu avanzata dagli stessi dirigenti del Pci di allora (si pensi al famoso appello con il quale Girolamo Li Causi chiese al bandito di disvelare i nomi di quanti gli avevano "armato la mano"). Pietro Ingrao, in un articolo intitolato *Le forze del disordine*, pubblicato sulle colonne dell'*Unità* fu più esplicito e scrisse:

La realtà è che gli eccidi e gli attentati di domenica in Sicilia [22 giugno 1947] *rispondono ad un piano: e il piano ha uno scopo politico palese, dichiarato: colpire al cuore le organizzazioni democratiche e il popolo siciliano, arrestarne la pacifica avanzata, creare nell'isola le basi per una controffensiva di tipo fascista. Battute sul terreno della libera consultazione elettorale, le forze reazionarie siciliane si pongono chiaramente sul terreno delle aggressioni squadriste, scatenano gli elementi più loschi della malavita locale, passano a veri e propri tentativi in grande stile di provocazione e d'intimidazione.*

Questo ha un solo nome: fascismo. Questo ha un solo marchio: la testa di morto delle squadre d'azione.[12]

Ingrao coglieva, così, in poche battute, il contesto politico delle stragi di quella primavera di piombo. Non era, la sua, una voce molto isolata. Possiamo dire che si ebbero allora due schieramenti, due aree di lettura a sinistra, piuttosto diverse: la prima sembrava aver colto la centralità dell'attacco antidemocratico in quel momento; la seconda era piuttosto orientata a una visione meccanicistica e dogmatica della lotta di classe e ritenne, pertanto, che le origini di quei fatti dovessero attribuirsi soltanto allo scontro tra latifondisti e contadini, leggi feudali e leggi di riforma. I sostenitori della tesi del blocco agrario furono naturalmente i più vicini alla seconda ipotesi e valutarono la collocazione della mafia dentro gli schemi marxiani di lettura del capitalismo. Mancò una sintesi ragionata. In ogni caso, la mafia non rimase al balcone a guardare lo svolgersi dei fatti; quasi tutti la ritennero mandante e garante del processo eversivo; autodecisionista e responsabile quanto i latifondisti. Pochi si chiesero se per caso anche la mafia avesse avuto ordini, ma tutti si diedero la risposta che essa doveva essere, per sua natura, soggetto attivo. Tuttavia ciò che accadeva doveva lasciare riflettere. La presenza, ad esempio, di Lucky Luciano in Sicilia nella prima metà del 1947 è ormai acquisita. Essa dimostra: 1) che la mafia non fu disposta a consentire di essere esclusa dai principali giochi che si stavano conducendo nella Sicilia di quegli anni; 2) che fu aperta alle sollecitazioni che la scuotevano nella direzione di un salto qualitativo dai livelli locali a quello dello Stato.

Ecco perché Portella è un argomento ineludibile per capire l'Italia degli ultimi sessant'anni. Se n'è occupato Dario Fertilio sulle colonne del "Corriere della sera" a proposito della strategia di Togliatti per "l'avvicinamento al potere" e, di converso, dell'opposto piano di neutralizzazione del comunismo prima del suo definitivo radicamento istituzionale. Occorre dire, però, che altrettanto noto è il fatto che Portella non ebbe un seguito di contromisure politiche (né, tanto meno, giudiziarie) capaci di rispondere alla portata della provocazione. Fu un fatto analogo all'attentato a Togliatti del luglio del '48 riconducibile alla scelta strategica che il leader del Pci assunse al Cremlino quando – come fa notare lo stesso Fertilio richiamandosi all'introduzione di Tranfaglia alla citata antologia – la notte tra il 3 e il 4 marzo 1944 ebbe il placet sovietico di partecipare al governo Badoglio e alla svolta di Salerno. Una linea "morbida" che giocò in modo che a qualcuno apparve molto pericolosa. Lungo questa linea si sarebbero sviluppate le scelte togliattiane della via italiana al socialismo: l'intesa col mondo cattolico, l'avvicinamento democratico al potere, fino alla sua conquista nel gioco delle alleanze. Tale preveggenza è molto probabile; anzi è confermata dal governo di unità nazionale e soprattutto dal governo Parri nonché dai primi tre governi De Gasperi.

Ai vertici, prevalse la scelta di "rimanere fermi", di evitare una nuova guerra civile che servisse a gettare l'Italia in una situazione analoga a quella greca, con la messa fuori gioco dei comunisti.

I documenti del Nara di College Park sono eloquenti: quella togliattiana è una linea vincente, politicamente egemonica e, per di più, il segretario nazionale del Pci ha una autorevolezza molto diffusa e riconosciuta, persino dagli avversari politici. È l'uomo che fino alla fine dell'aprile del '47 rappresenta l'Italia sullo scacchiere internazionale come espressione della cobelligeranza con le potenze vincitrici della guerra contro i nazifascisti. Ha in sé i simboli della vittoria, ma evoca anche i fantasmi di un futuro carico d'incognite, di paure e di pericoli. Caratteri tutti che, più o meno strumentalmente, peseranno in modo decisivo sulla realtà politica italiana. E non probabilmente per volontà degli stessi dirigenti della Dc, ma per pressioni esterne. Perché, ad un certo punto, qualcuno disse: "Ora basta" ritenendo che, dopo la vittoria elettorale del Blocco del popolo del 20 aprile 1947, la Sicilia avesse superato i limiti di guardia e ogni argine alla pazienza si fosse rotto mettendo in movimento una macchina pronta già da tempo. Almeno da quando, nella seconda metà del 1945, furono segnalati consistenti spostamenti di criminali fascisti dal Nord verso il Sud e la Sicilia, in particolare, si trasformò in un ricettacolo di ogni risma di "fascisti politicamente compromessi", macchiatisi di "gesta criminose" e pertanto interessati a sfuggire alla "giustizia punitiva" dei governi di unità nazionale. Ma l'isola non fu solo terra di accoglienza, ma anche luogo di una nuova sperimentazione politica in grado di coesistere con le nuove dottrine che i potenti del mondo avevano elaborato nell'Occidente ormai redento alla democrazia.

Le spinte verso la cortina di ferro, enunciate prima da Winston Churchill nel suo famoso discorso di Fulton sui pericoli dell'avanzata sovietica (1946) e quindi nel marzo del '47 da Harry Truman, furono massicce e concentriche: in parte istintive, in parte, al contrario, puntualmente costruite a tavolino. Furono da manuale, da scuola d'intelligence.

Ogni metodo di copertura in grado di utilizzare l'applicazione della più avanzata psicologia – leggiamo nel testo che tratta ampiamente dell'argomento – *è utile alla manipolazione delle opinioni e dei comportamenti delle persone, senza che queste ne abbiano coscienza o possano esprimere la loro volontà.*[13]

Tra le principali organizzazioni della propaganda occulta con obiettivi illegali le carte del Nara citano, ad esempio "il partito comunista e le sue diramazioni", "ogni organizzazione religiosa che si batte contro l'uomo bianco o che nasconde i suoi obiettivi politici dietro un paravento religioso: è il caso di certi gruppi islamici in Indonesia o nel Vicino Oriente." Si spiega, poi, che "tutti i mezzi di comunicazione di massa sono utilizzati come veicolo per la propaganda occulta". Interessanti i riferimenti ai "falsi incidenti" che "agiscono – si chiarisce – da pretesto per interventi ufficiali, militari o contro singole persone." La casistica continua, ma più si legge più si ha l'impressione che il vademecum serva non tanto per prevenire i pericoli provenienti dall'esterno, quanto per mettere in atto piani concreti destinati al raggiungimento di scopi ben precisi. Insomma la propaganda occulta divenne un espediente di demonizzazione dell'avversario.[14]

L'Oss, di fatto, inizia a occuparsi della situazione italiana e siciliana fin dal marzo del 1942. Dunque, non appare fantasiosa l'ipotesi secondo la quale sarebbe stato fondamentale il ruolo dei servizi segreti alleati (in collegamento con il Vaticano, i Savoia, la massoneria ed elementi fascisti come Dino Grandi e Galeazzo Ciano) nella preparazione del colpo di Stato del 25 luglio 1943 contro il regime mussoliniano, quando ormai questo risultava agonizzante e nuovi gruppi di potere cominciavano a farsi strada lungo un tracciato di continuità tra vecchio e nuovo. Dal 1939, in Vaticano, operava liberamente il rappresentante statunitense presso la Santa Sede, Myron Taylor e non è un caso che Ciano divenne ambasciatore italiano presso la Santa Sede proprio all'inizio del 1943, in seguito a insanabili e crescenti contrasti con Mussolini. Dietro la caduta del duce poterono giocare trame internazionali volte a favorire, secondo un piano studiato da tempo, la fase storica che si sarebbe avviata con lo sbarco. A partire dal 1942, ad esempio, la principessa Maria Josè (moglie del principe Umberto) iniziò ad avere contatti segreti con Montini in Vaticano e con vari esponenti dell'antifascismo per trovare una "soluzione" alla crisi italiana, fino alla sua conclusione del 25 luglio 1943. Ad Algeri, poi, si trovavano Carmel Offie, Frank Gigliotti e Max Corvo, personaggi dell'Oss che incontreremo nelle vicende italiane del dopoguerra.

Allora la Sicilia, come poi del resto l'Italia nei territori liberati, divenne un pullulare di *double agent*, di burocrati dell'ex polizia politica fascista, di agenti assoldati dagli angloamericani, di cui finalmente abbiamo nomi, cognomi, soprannomi, importi mensili o annuali pagati dai livelli centrali dei servizi d'intelligence di Washington o di Londra. Attorno a Giuliano e alla sua banda, ad esempio, ruotarono personaggi di primo piano del vecchio regime, come l'ispettore di polizia Ciro Verdiani, elementi di spicco del neofascismo, o rappresentanti istituzionali come il generale Ugo Luca divenuto, d'un colpo, militare al servizio del nuovo Stato, pur avendo assolto il compito di uomo di fiducia personale di Mussolini.

In un documento segreto sui movimenti clandestini neofascisti, datato 10 giugno 1947, l'agente Victor Barret non solo conferma l'esistenza dell'Eca (Esercito clandestino anticomunista), guidato da "numerosi generali e ufficiali di basso rango", ma precisa che il suo quartiere generale (o un suo punto di riunione) si trova da qualche parte nella sede del Vaticano. Vi si afferma – come vedremo più avanti – che il principe Valerio Pignatelli di Roma è elemento di collegamento tra due movimenti sovversivi, uno dei quali si trova presso il ministero della Guerra. Il Pignatelli ricopre una posizione di spicco nei ranghi del Partito fascista in fase di ricostruzione mentre appaiono di elevata pericolosità i Far (Fasci di azione rivoluzionaria) organizzati in tutta Italia, con le unità subordinate dei Gar, dei Nar e dei Sar. Si ribadisce poi la connessione esistente tra i Far e il Movimento sociale italiano.

Il clandestinismo fascista ha trovato spazio negli studi di uno storico come Aldo Giannuli, che avanza per primo l'ipotesi del carattere neofascista della banda Giuliano. C'era da aspettarselo visto che, oltre a numerose lettere autografe in cui il bandito chiede armi agli americani, ci sono i rapporti dello stesso ispettore di Pubblica sicurezza, Ettore Messana, che danno Giuliano in contatto con agenti americani. Un rapporto del generale di Corpo d'Armata, Fedele De Giorgis, afferma testualmente: "Gli accoliti del Giuliano erano undici e vestivano l'uniforme dell'esercito americano."[15]

Della consegna di armi automatiche alla banda è testimone Vito Mazzola. Questi riferisce che il barone Stefano La Motta, Concetto Gallo e il separatista Franzone ebbero un abboccamento con Giuliano a Sagana (settembre 1945), dove lo insignirono dei gradi di colonnello dell'Evis, della bandiera giallo-rossa del separatismo siciliano, dandogli in dono una mitragliatrice e altre armi. Materia prima di qualsiasi organizzazione criminale, non fu facile ottenerle. Ve n'erano parecchie in circolazione, tutte veicolate attraverso alcuni precisi nodi di passaggio, controllati dalla mafia o dagli ufficiali dei vari gruppi neofascisti, che così realizzavano il concetto degli autorevoli capimafia, Ignazio Miceli e Domenico Albano, secondo i quali Giuliano non era un bandito, ma capo di uno squadrone di polizia.[16] Nel senso, naturalmente, di un certo ordine sociale voluto dai boss, e prima ancora, dalle truppe di occupazione. Qui interessa mettere in risalto che le armi usate dalla banda Giuliano sul Pelavet sono quelle in dotazione alla Decima Mas. Ma nessuno indagò su questo particolare e sugli ordigni esplosivi lanciati sulla folla in festa prima che i mitra aprissero il fuoco; nessuno si chiese cosa ci stessero a fare, tra i gruppi di fuoco, appostati con i loro Beretta, tre confidenti delle massime autorità delle forze dell'ordine e nessuno infine volle indagare sulle innumerevoli testimonianze di coloro che avevano visto e sentito sparare dal versante del Cometa, dove quella mattina si aggiravano individui con strani berretti neri in testa, o che salutavano in modo inusuale da quelle parti.

Fino a qualche anno fa sapevamo una certa storia "da cartolina". Mancavano, nello scenario occupato dal "re di Montelepre", i gruppi neofascisti e personaggi di primo piano come James Jesus Angleton. Totalmente inesistenti erano poi alcune figure minori che agivano, già dal 1944, nel territorio di Giuliano, come i fratelli Giuseppe e Giovanni Console di Partinico, Dante Magistrelli o Gino Locatelli, un personaggio che incontreremo nella scuola di sabotaggio nazifascista di villa Grezzana (Verona) nel dicembre del '44, quando questa era frequentata dal monteleprino Giuseppe Sapienza e da don Cornelio Biondi, il monaco benedettino conosciuto da Gaspare Pisciotta, il luogotenente di Giuliano. Personaggio nodale della nostra storia è Junio Valerio Borghese. Fu ingaggiato in funzione anticomunista dagli americani, che prima gli salvarono la vita e poi lo utilizzarono per "operazioni di medio e lungo termine". Dunque, la sua cattura non fu legata soltanto alle conoscenze navali e alla possibilità di utilizzarle in funzione antigermanica.

Su un piano molto diverso, altra figura che sta sullo sfondo di questa ricerca è quella di Luigi Sturzo nelle sue relazioni con l'Oss. Ci sono ben seicento documenti nei faldoni del Nara che lasciano pensare che i rapporti tra il prete di Caltagirone e l'Oss non furono improntati solo ai "normali contatti" che i servizi segreti ebbero con il mondo degli esuli. In realtà, i massimi livelli dell'Oss in America e in Italia nulla facevano senza consultare Sturzo. Egli non solo era una fonte bene informata sui fatti italiani, ma era la persona che meglio di tutte poteva fornire informazioni sulle possibili azioni da mettere in campo in determinate circostanze della vita politica e sociale italiana. Sturzo perciò non fu solo il principale artefice della costruzione della Democrazia cristiana ma anche la persona che, attraverso Felix Morlion, influenzò, in modo diretto e decisivo, gli ambienti vaticani fino al punto che fu il Vaticano a decidere sulle sorti del partito cattolico e, tramite Morlion, a non fidarsi più, ad un certo punto, di De Gasperi e a mettergli alle calcagna il "delfino" Giulio Andreotti.

Ora possiamo non attribuire molta importanza ai documenti degli agenti dell'Oss e ritenere che raccontino "un mucchio di balle". Ma questa volta non possiamo farlo per due semplici considerazioni: in primo luogo i loro rapporti trovano conferma in altri archivi, italiani, come anche nella bibliografia esistente sul tema; in secondo luogo se gli agenti si fossero messi a raccontare frottole, avrebbero fatto fallire gli scopi per i quali erano stati ingaggiati e pagati. Un sistema di comunicazioni fondato sulla menzogna avrebbe messo in crisi in breve tempo l'intero sistema di intelligence, per il quale i vari agenti avevano seguito una vera e propria scuola e per il quale erano impegnati su più livelli (si pensi, ad esempio, alla centralità delle funzioni, nei territori occupati, degli uffici della guerra psicologica o di quelli che riguardavano le operazioni speciali, o la semplice informazione dei *double agent*).

Servizi segreti e gruppi neofascisti, dopo la caduta di Mussolini, ebbero una loro centralità nella storia della prima Repubblica. Rappresentarono, assieme alla mafia, alle organizzazioni pre-Gladio e al banditismo, il lato meno buono di ciò che stava accadendo. Ci svelano l'altra storia che forse avremmo preferito tenere nascosta per non turbare il sogno mitico di ciò che siamo stati.

Operazione "Husky" e doposbarco

La notte del 9 luglio 1943 una grande manovra segreta cominciò a essere messa in atto nell'Europa dominata dal nazifascismo. Poche persone ne erano a conoscenza e il carattere riservato dell'impresa aveva una copertura che solo i comandi generali forse sapevano. L'operazione Husky vide coinvolti alcune centinaia di migliaia di uomini, parecchie migliaia di navi, aerei, carri armati e armi di ogni tipo, generali e graduati abituati a considerare la guerra nei suoi risvolti tecnici. Essi conoscevano uomini, soldati, geografie e quant'altro necessario a trasformare un'occupazione militare in conquista. Così, al momento dello sbarco del '43, l'Oss mandò Max Corvo e Vincent Scamporino a Favignana, dove erano rinchiusi alcuni avanzi di galera del regime fascista, con l'obiettivo di restituire la libertà ai mafiosi imprigionati. A essi se ne aggiungero altri che, pur essendo stati nelle prigioni americane, si erano, per così dire, internazionalizzati e avevano portato il crimine dal livello locale su scala planetaria.[17]

L'attacco all'Italia non fu solo una scelta di opportunità strategica. La Sicilia, cuore del Mediterraneo, fu come una porta di accesso, attraverso il grande corridoio dell'Italia, all'intero continente europeo. Fu anche qualcosa di particolare: un'isola nella quale da tempo si erano trasferiti gli scambi tra i primi migranti siciliani o quanti erano stati poi perseguitati dal fascismo, e le parentele e le comunità rimaste, forse con l'aspirazione di stabilire col nuovo continente rapporti fattivi di collaborazione. Personaggi come Giuseppe Maranzano e Joe Bonanno, senza mai perdere i loro antichi legami con le radici dell'isola, erano diventati anche capi della mafia italo-americana, mentre altri, come Vito Genovese, già presenti in Italia negli anni Trenta, fecero il loro primo ingresso negli uffici dell'amministrazione militare, come interpreti o strani accompagnatori. Ma se in America la mafia si era evoluta, in Sicilia era rimasta ferma alle sue nicchie territoriali. Così, quando gli Alleati vi giunsero trovarono i vecchi boss sbandati, alla ricerca di nuovi padroni, supposto che di padroni avessero mai avuto bisogno. Ma né gli inglesi, né tanto meno gli americani pensarono mai di ricorrere alla mafia per l'occupazione militare della Sicilia e poi dell'Italia. Se ne servirono per altri scopi, convinti come erano che non esistessero risorse migliori per assicurarsi il mantenimento dei territori occupati o la tranquillità dei governi locali, della "vecchia buona mafia" di un tempo. Al momento dello sbarco l'isola era infatti come un vulcano in eruzione, con il costo della vita arrivato alle stelle, la borsa nera che di fatto sostituiva i mercati legali, i tumulti che scoppiavano dappertutto e l'assenza di forze dell'ordine capaci di far rispettare le regole.

Nessuno allora avrebbe giurato sul futuro. I siciliani erano per di più un pianeta sconosciuto. Alcuni, emigrando ai primi del Novecento, si erano americanizzati, mantenendo vivo il contatto con la loro terra di origine. Come se un cordone ombelicale li avesse tenuti attaccati per sempre a quella madre immortale che era la Sicilia, terra di miti e di misteri, dalla storia millenaria. Altri, come il generale Giuseppe Castellano, erano entrati nel grande gioco della politica e del potere, decidendo sulle sorti degli uomini e persino anche sui caratteri dell'Italia della transizione, dopo la caduta di Mussolini il 25 luglio e l'armistizio dell'8 settembre 1943.

Perciò, all'idea dello sbarco, George S. Patton jr. cominciò ad avere problemi di insonnia e di coscienza. Non conosceva i viaggiatori stranieri dei secoli passati, né la Sicilia vista da Goethe o da Castellano. Si trovava ancora in Nordafrica, il 2 novembre del 1942, quando non trovò nulla di meglio per conoscere quella gente, che completare la sua lettura del Corano, un testo che gli era apparso "veramente ottimo e interessante". Forse voleva capire qualcosa di quella cultura tanto lontana dall'Occidente quanto prossima all'area geografica che si apprestava a occupare, dopo le decisioni assunte negli osservatori di Casablanca e Algeri. Forse voleva trovare semplicemente elementi di verosimiglianza con i siciliani, di cui, al pari dei viaggiatori stranieri che in epoche varie l'avevano attraversata fortunosamente in lungo e in largo, riportava l'immagine di un'isola selvaggia, ancora fresca dei ricordi della mitologia omerica, o della letteratura classica.

In realtà cosa fossero i siciliani non fu mai chiaro agli angloamericani, i cui generali videro nella Sicilia una semplice tappa della guerra. Per Roosevelt l'Italia fu il grande androne della casa europea, per Churchill il "ventre molle della fortezza europea." Non sbagliarono e vinsero la guerra contro i nazifascisti. Ma era una vittoria bacata, che aveva dentro di sé la rottura del fronte internazionale alleato (anglo-russo-americano), rispetto al quale lo stesso rappresentante diplomatico a Mosca, Pietro Quaroni, l'8 agosto 1944, scriveva con tutta onestà, ma senza capire molto dei benpensanti italiani:

Sebbene sia innegabile lo svilupparsi di un carattere nettamente nazionale e nazionalistico di tutta la concezione di vita sovietica, non ho dubbi che, a guerra finita, lo scopo fondamentale della politica estera sovietica sarà il mantenimento della pace.

E in un'altra relazione della stessa data:

Vysinskij ha avuto l'impressione che venti anni di fascismo non [sono] riusciti a guastare il popolo italiano.[18]

Si trattava di una integrità auspicata anche dagli ambienti legati al luogotenente Umberto, in quanto la rottura del fronte, attraverso, ad esempio, una pace separata tra Urss e Germania sarebbe stata un gravissimo pericolo per gli Alleati.

Tutto ciò ed altre considerazioni – scriveva Falcone Lucifero – *fanno ritenere al Principe e a me che il nostro rappresentante diplomatico a Mosca, Quaroni, non abbia capito proprio nulla, a giudicare dai suoi rapporti.*[19]

In un solo punto, tuttavia, gli angloamericani furono piuttosto dozzinali: quando valutarono che i siciliani fossero una popolazione metà araba e metà meticcia, da dominare con la forza delle armi, da assistere con un po' di aiuti alimentari e da lasciare per il resto al loro destino di inciviltà barbarica al limite dell'indecenza. Quando misero stabilmente piede sul suolo siciliano, la loro vita domestica apparve loro "strana": cucinavano per strada e usavano i "bidoni di olio lubrificante da cinque galloni" delle truppe come utensili da cucina. Ma non era questo il loro solo difetto, perché – scriveva il generale Patton – "si siedono [per strada] e, quel che è più fastidioso, cantano a tutte le ore del giorno e della notte. Poiché sono grandi mangiatori d'aglio, che viene venduto da vecchi recanti serti di aglio sulle spalle, il loro canto all'aperto affligge non solo l'udito ma anche l'odorato." Insomma i siciliani erano per lui una specie umana antropologicamente interessante, ma irredimibile. Patton era fermamente convinto, infatti, che sarebbe stato "un errore cercare di elevarla al tenore di vita [degli americani], che non apprezzerebbe e di cui non sarebbe soddisfatta."[20]

Nonostante questa diversità tra i civilizzatori e i conquistati non ci fu una contrapposizione tra culture e tutto sommato i siciliani furono i primi a sperimentare la democrazia e la libertà, che da sempre ignoravano. Essi – pensarono gli americani – avevano solo bisogno di essere governati. Non avevano torto. Trovarono l'isola in gravi disordini: affamati che protestavano per il pane e il lavoro, per un'idea di libertà che nessuno sapeva cosa fosse, per un'idea di Stato e di Patria difficile da definire. Ci pensarono loro a risolvere il problema. Presero contatti con i vecchi capitribù, che una volta emigrati in America erano diventati grandi manager del crimine organizzato, foraggiarono i *double agent*, promisero carriere, attivarono l'*Office of Special Operations* (Oso), organizzarono lo *stay behind*, la cui nascita dovrebbe essere anticipata di parecchi anni, per una situazione ingovernabile altrettanto speciale. A mettere ordine chiamarono i capimafia e l'esercito, infiltrarono i loro uomini per dare alla Sicilia la sua autonomia e il suo Statuto. Il loro arrivo non provocò nessun miracolo, ma "un diffuso scetticismo nella popolazione, che capì quanto fosse vana la speranza di una vittoria dal momento che le nostre forze armate si rivelavano incapaci a espellere gli invasori [...]."

Ad aggravare la situazione si deve aggiungere che non tutti si rassegnarono alla sconfitta o accettarono le decisioni della resa di Cassibile. Con la nascita della Repubblica sociale italiana (Rsi), ebbero vita o si ristrutturarono quattro eserciti: quello repubblichino di Salò, la Decima Mas di Junio Valerio Borghese, esistente già dal 1940, le Brigate nere di Pavolini, la Guardia nazionale repubblicana di Renato Ricci.[21] Tutti, nella nostra storia, come meglio vedremo, avranno delle connessioni dirette o indirette con la nascita dello *stay behind* in Italia e con lo sviluppo di quel clandestinismo fascista i cui effetti arriveranno, in vario modo, anche ai nostri giorni. Insorto inizialmente durante la guerra di liberazione tra il 25 luglio 1943 e il 25 aprile 1945, quest'ultimo rappresentò l'altra faccia dello Stato. Le due facce furono apparentemente antagoniste, ma presentarono parecchi punti di contatto e di continuità.

L'Italia ebbe allora due governi, due forme istituzionali, due anime e tanti gruppi armati. Ciascuna delle tre forze armate dell'Italia liberata ebbe poi un suo proprio servizio segreto: la Regia marina il Sis, l'Aeronautica il Sia (Servizio informazioni aeronautica), l'Esercito il Sim (Servizio informazioni militari). Accanto a questi servizi operarono diverse strutture, tra le quali, le più importanti furono il Servizio

6X poi assorbito dal Sid (Servizio informazioni difesa della Rsi), l'Ovra (Opera vigilanza repressione antifascista), retta dal 1926 al 1940 da Arturo Bocchini e quindi da Carmine Senise. Dopo la destituzione di Mussolini, l'Ovra non fu sciolta, ma cambiò nome in Ispettorato speciale di Ps.

I servizi d'intelligence tedeschi e fascisti ebbero avversari temibili nell'Oss e nel Soe inglese (*Special Operations Executive*). L'Oss, creato da Bill Donovan, si articolava in quattro sezioni: il *Secret Intelligence* (Si), lo *Special Operations* (So), l'*Operations group* (Og) e l'*X2* (controspionaggio).

Tra i gruppi armati antistatali ebbe un qualche ruolo l'Evis (Esercito volontario per l'indipendenza della Sicilia). Il separatismo era stato un fenomeno che, in epoche diverse, già dal primo Ottocento, si era manifestato in Sicilia. Al servizio dei notabili si era sempre concluso senza produrre effetto alcuno, tranne l'azione di deterrenza che i ceti dominanti avevano esercitato contro i Borboni prima e contro lo Stato italiano dopo.[22] Così Andrea Finocchiaro Aprile aggiunse pepe ai cavoli, fondando il movimento separatista e inventandosi la storiella che era riuscito a stabilire accordi personali con Churchill e Roosevelt.[23]

Secondo Finocchiaro Aprile, la forza del separatismo era in gran parte provocata dall'incerta posizione di Badoglio e dall'ingresso dei comunisti nel suo governo. Commettendo errori madornali (ad esempio la coscrizione obbligatoria), il governo avrebbe finito per favorire sempre più il separatismo. Finocchiaro non sembra preoccupato del fatto che importanti personalità come l'alto commissario Musotto hanno abbandonato il partito. Egli conta ora su un grosso accordo con la federazione socialista siciliana. Secondo Finocchiaro, la diffusione del comunismo ha provocato reazioni anticomuniste in Sardegna. Ciò ha impressionato gli Alleati, al punto che questi saranno portati a sostenere il separatismo con un sistema di garanzie internazionali, con l'obiettivo di prevenire la diffusione del comunismo in Sicilia. Ha poi dichiarato che il popolo è facilmente attratto dal separatismo perché è una causa semplice e accessibile alle masse, soprattutto alle classi agricole, dalle quali Finocchiaro trae un largo supporto. A suo dire, il 20 per cento del popolo è politicamente attivo ed è favorevole al separatismo.[24]

Non era, comunque, passata una settimana dallo sbarco quando, il 14 luglio, l'ufficio di Washington riferiva che "ispettori della Milizia Fascista erano stati inviati a Palermo e a Sciacca per aprire negoziati con esponenti mafiosi in prigione da lungo tempo. Ai mafiosi internati – si chiariva – veniva fatta la seguente promessa: se contribuiranno a difendere la Sicilia, saranno allestiti nuovi processi per provare la loro innocenza."[25] Appare evidente, dunque, il tentativo di utilizzare i mafiosi per operazioni di ripristino del fascismo mentre questo agisce sotto la spinta di un ritorno al vecchio regime, nella nuova situazione bellica.[26]

E così durante la manifestazione di via Maqueda del 19 ottobre 1944, al popolo che ordinatamente chiedeva pane e lavoro risposero le truppe del generale Giuseppe Castellano. I soldati spararono sulla folla. Naturalmente non tutti furono d'accordo a usare la mano militare per mettere ordine. Da qui i contrasti insanabili tra Aldisio e il generale, conclusisi con la destituzione di quest'ultimo. Ciò non comportava necessariamente che in nome dell'unità antifascista e del Cln, anche i partiti a orientamento centrista che vi aderivano non fossero pervasi da una sottile e profonda venatura anticomunista. Nel gennaio del 1945, la fonte Z Sicana che tallonava Bernardo Mattarella (sottosegretario nel secondo governo di Ivanoe Bonomi), scriveva che questi aveva espresso preoccupazione per lo sviluppo del Pci, sostenendo che i comunisti fossero i veri nemici dei democristiani.[27]

Certamente l'agente guardava più oltre il naso dell'uomo di governo, del quale si occupavano anche i *double agent* americani che non avevano interesse a considerarlo come una figura di second'ordine. Tant'è che la misteriosa fonte Z non è per niente tenera con lui, quando, dopo una conversazione, scrive:

Il sottosegretario Mattarella è il leader della Dc in Sicilia. È un avvocato, ma non possiede una cultura eccezionale. Diverrà probabilmente un docile quadro agli ordini del Vaticano.[28]

Chi erano i referenti di Mattarella presso la Santa Sede? Vari documenti Oss parlano del Vaticano e delle manovre di Pacelli e di Montini per influenzare le scelte della Dc, ma anche la politica di unità delle potenze alleate da devolvere in senso antisovietico.[29] Il Vaticano fu il punto di forza degli orientamenti di fondo del mondo cattolico e della Dc. Fu un versante d'ordine, nella disgregazione generale ed ebbe i suoi referenti in Sicilia, tra quanti si misero a disposizione dei nuovi conquistatori e organizzarono il loro mondo politico in questa direzione. Tale questione, legata anche ai caratteri dei governi nazionali succedutisi dopo quelli di Badoglio, e alla consistenza reale dell'autonomismo siciliano, fu e rimase per lungo tempo, fino ai nostri giorni, un argomento nodale. Sono ancora poco conosciuti i legami che unirono esuli di prim'ordine, come Sturzo, a Mattarella, e il ruolo centrale che gli stessi servizi di intelligence assegnarono al primo per i suoi contatti diretti con il mondo della politica e con certi personaggi che gravitavano attorno o dentro certi uffici del Vaticano. Da Taylor, al quale abbiamo già accennato, a Giuseppe Cornelio Biondi, il monaco benedettino nazifascista del quale ci occuperemo in seguito.

Altra questione fu quella dell'ordine sociale funestato dalla presenza del banditismo e caratterizzato dalla mafia, ritenuta dagli Alleati il perno del partito dell'ordine. Con le diverse decine di bande armate che infestavano l'isola da secoli furono regolati i conti. Passarono sotto l'"appalto" mafioso e i padrini le eliminarono tutte, una dopo l'altra, con accanita sistematicità. Solo una banda fu tenuta in vita, quella di Salvatore Giuliano. E le cose si misero a posto. Non sappiamo chi poteva aver giocato di più su questa scelta. Giuliano proveniva da una famiglia che era stata emigrata in America ed è ormai certo che ancora prima dello sbarco, gruppi di agenti segreti avevano popolato l'isola per studiare i luoghi, gli uomini e le situazioni. Erano gli agenti che dovevano preparare la guerra psicologica, precostituire le condizioni del futuro controllo dell'isola. Questo progetto fu denominato "Operazione Sicilia" e si sviluppò alla metà del 1945, con una sua solidità politica che ebbe l'avallo del Dipartimento di Stato americano:

La prego di preparare per Mr. Penrose e per me: 1) una valutazione di massima del costo in uomini e in denaro per il Dipartimento di Stato; 2) una valutazione di massima di tutta l'"Operazione Sicilia"; 3) una valutazione dell'importanza per il governo degli Stati Uniti nel promuovere attività clandestine di intelligenza in Sicilia, nonché la natura dei nostri interessi nazionali in quell'area.[30]

È un'epoca in cui la Sicilia è trasformata in un verminaio di spie e sbirri, delatori e doppi agenti.

Un elenco parziale di nomi lo troviamo tra le carte dell'Oss:

"a) Vincenzo Purpura ['Scarface'], avvocato, segretario regionale del Cln e capo del Partito d'azione. Riteniamo che possa essere nominato sindaco di Palermo, a meno che non occorrano cambiamenti imprevedibili nei piani politici del Pd'A;

b) Vincenzo Randisi ['Steelman'], vicedirettore del banco di Sicilia, comunista di spicco, ben informato su tutte le attività del Pci. È uno dei consiglieri di Giuseppe Montalbano, leader del Pci in Sicilia. È inoltre membro di un'anonima ditta di import-export che, al momento, guadagna milioni di lire;

c) Giuseppe Mingrino ['The Senator'], ex deputato al parlamento e socialista di spicco, ha trascorso un periodo di esilio a Parigi. È in grado di attivare contatti preziosi a Messina e dintorni;

d) Gaetano Principato ['John Hancock'], agente assicurativo e vecchio socialista. Copre Catania e dintorni;

e) Dottoressa Giuseppina Niosi ['La Pipistrella'], docente di geografia all'Università di Palermo. È ben informata su molteplici aspetti politici, sociali ed economici in Sicilia. È in grado di attivare innumerevoli contatti.

f) Dottor Marco Bevilotti ['Marco Polo'], molto intelligente e capace. È laureato in Economia Politica e in Legge. Ha allestito una notevole rete di contatti nelle alte sfere dei partiti politici e li usa;

g) Gioacchino Affronti ['Mourner']. È un tipo che sa muoversi con discrezione, un buon amico e un discreto giornalista. Ha contatti a Palermo e lavora nella provincia di Trapani. È il nostro contatto con gli elementi mafiosi, che ora assumono un'importanza crescente."[31]

Attraverso la rete dello spionaggio si realizzò la "preparazione psicologica" dei siciliani. Fu, inoltre, raggiunta la pax mafiosa e il crimine organizzato cominciò a girare di nuovo attorno all'orbita delle famiglie dei boss. Vi contribuirono, oltre alle figure "istituzionali", anche gli uomini della malavita italo-americana inizialmente con compiti di consulenza nella gestione dell'operazione "Husky". Tra tutti spiccavano Joe Profaci, Vincent Mangano, Nick Gentile e Vito Genovese.[32] Qualche ex gangster entrò nei servizi segreti della Marina americana, altri furono rimpatriati e utilizzati direttamente da Poletti.[33] La prospettiva dell'occupazione produsse, così, una fitta rete informativa e l'isola fu interessata da un crescente numero di persone disposte a mettersi dalla parte dei conquistatori. I capimafia siciliani si sentirono nobilitati e di fatto vennero elevati al grado di "liberatori". Secondo Maxwell, che si era recato a Montelepre qualche tempo dopo l'uccisione di Giuliano (5 luglio 1950), i separatisti già da allora poterono contare sull'appoggio americano. A questo proposito egli si riferiva a una lettera esibita da un colonnello italoamericano paracadutato in Sicilia come agente speciale prima dello sbarco alleato. Questi si sarebbe messo in contatto con l'arcivescovo di Monreale e con Bernardo Mattarella.[34] In ogni caso ai capimafia la prima legittimazione venne dal loro insediamento operato da Charles Poletti nell'amministrazione dei vari comuni.

Il separatismo nacque in questo periodo; ma occorre notare che personaggi come Bernardo Mattarella, Salvatore Aldisio e parecchi altri democristiani sturziani non aderirono mai a questo movimento. Funzionari del vecchio apparato, come Ettore Messana, in un primo tempo ricercato dagli Alleati come criminale di guerra a Lubiana, o il generale Paolo Berardi, comandante militare dell'esercito italiano in Sicilia, fecero una scelta opportunistica le cui motivazioni furono, in realtà, in parte ideologiche e politiche, in parte legate al sistema produttivo latifondistico. Esso, per le sue caratteristiche, favoriva l'intermediazione parassitaria mafiosa e quindi l'esercizio di un nuovo potere da parte dei ceti egemonici. Per tutti bastino gli esempi di Corleone, di cui ci siamo occupati in altra sede[35], Villalba dove Calogero Vizzini divenne gestore del feudo Miccichè, Mussomeli dove i Lanza di Trabia affidarono il feudo Polizzello a Giuseppe Genco Russo, Camporeale dove Vanni Sacco mise le mani sul feudo Parrino. La presenza della mafia gettò le basi per gli anni successivi. A Raffadali, nel '48-'49, quando veniva messo in vendita il feudo S. Giorgio, fu il mafioso Stefano Tuttolomondo inteso "Giurlo" a occuparsi delle transazioni. Fece l'errore di esagerare nei suoi interessi e di contravvenire alle "regole" imposte dalla mafia. Fu ucciso in circostanze drammatiche.

La mafia giocò, dunque, un ruolo determinante per mettere le mani su società e latifondi. Ma non fu questa l'unica premessa al suo salto di qualità in quegli anni. Dopo l'emanazione dei primi decreti Gullo, il movimento contadino era esploso con una vitalità inaspettata, richiamando alla memoria i Fasci dei lavoratori che nel 1893 avevano, per la prima volta, rivendicato nuove condizioni di lavoro nelle terre di vari principi e baroni. Il solo ricordo di quello straordinario movimento spinse i boss a fare i conti con la propria storia e a rivedere quelle strategie di controllo violento del territorio che per propria vocazione i "patriarchi" dei latifondi non erano più disposti a delegare allo Stato. Nel '93 erano state le truppe di Crispi a reprimere il movimento socialista, ma adesso le situazioni erano mutate e le mafie locali erano certamente più forti di allora. Soprattutto ebbero un nuovo alleato, di provata fede anticomunista, i neofascisti, nati dalle ceneri del vecchio regime. I boss, così, misero alla prova la loro capacità di controllo e avviarono ogni azione violenta e sanguinaria che ne consentisse l'effettiva realizzazione. Difficilmente si sporcarono direttamente le mani e i gruppi armati dell'Evis o i vari movimenti eversivi che cominciarono a nascere in Sicilia e in Italia funzionarono al bisogno.

Il nuovo governo militare alleato portò con sé, dunque, il controllo amministrativo e sociale, prerogativa degli interessi dei grandi padrini. Questa fu una condizione limite sul versante politico territoriale; favorì lo sviluppo della criminalità, come ebbe a scrivere Falcone Lucifero[36], secondo il quale anche le forze dell'ordine dovevano considerarsi inaffidabili:

Occorre fare attenzione ai carabinieri delle zone liberate perché in generale hanno collaborato coi nazifascisti e non si possono lasciare nello stesso posto.[37]

Di fatto alcuni cambiamenti furono effettuati, ma le commissioni di epurazione che si sarebbero dovute rendere attive anche dopo la caduta del governo Parri, cessarono praticamente di esistere sul finire del 1945, col primo governo De Gasperi, quando ci sarebbe stata maggiore necessità di controllo, soprattutto nel funzionamento degli apparati burocratici. Ebbero un colpo soltanto le "pecore più nere" e fu imboccata la strada della "pacificazione" che lasciò aperti i conti col fascismo.[38]

Fantasma rosso sull'Europa e arcipelago neofascista

Lungo l'itinerario tormentato che porta dall'8 settembre '43 al 25 aprile '45, nascono e si definiscono molteplici gruppi neofascisti, in una sorta di reinvestimento del potenziale militare, organizzativo e politico di quanti rimasero legati al vecchio regime e ritennero che era arrivato il momento opportuno per resuscitarlo con o senza il fondatore dell'impero. L'Oss giocò le sue carte in funzione degli scopi che gli Usa si erano prefissati con la conquista dell'Europa. Non erano solo la sconfitta di Hitler e di Mussolini o l'instaurazione della democrazia, ma l'avvio di una strategia di contenimento delle spinte popolari e progressiste che lasciavano temere un'incontrollabile penetrazione sovietica sotto la guida dei partiti di sinistra. Così, ogni risorsa in campo fu ritenuta provvidenziale e, a Liberazione avvenuta, Angleton tentò a Milano i suoi primi contatti con la personalità certamente più in vista del nuovo nazionalismo nostrano, già legato alla vecchia, ma non del tutto morta, Repubblica di Salò: il principe nero Junio Valerio Borghese. Per prima cosa lo fece trasferire da Milano a Roma, salvandogli di fatto la pelle. Del commando incaricato del "trasferimento", fecero parte, oltre ad Angleton, l'agente del servizio segreto della Marina nell'Italia liberata, Carlo Resio (nome in codice "Salty"), nonché un personaggio che troveremo altre volte nella nostra storia: l'agente Oss Joseph Calderon. Con quest'atto e con le tutele conseguenti, a qualche mese dalla Liberazione, il capo dell'X-2 sancì un vivo interesse per le qualità militari dei commandos della Decima Mas.[39] Questa volta non c'erano porti e fabbriche da salvare dalla furia nazista. Eppure da un'intervista rilasciata da Angleton a *Epoca* nel 1976, apprendiamo che il motivo dei contatti e dei patti segreti con Borghese sarebbe stata una sorta di azione preventiva.[40]

In effetti, i documenti del Nara confermano le intenzioni degli industriali e dei capi militari e di governo italiani, di salvare porti, fabbriche, vie di comunicazione, scuole e ospedali dalla distruzione nazista, ma esistono non pochi dubbi che tale scopo sia stato il più importante da perseguire in quel momento. Prima di tutto perché i contatti durarono ben oltre la disfatta nazista; in secondo luogo perché non sarebbe stato facile venire a patti con i nazisti dopo il "tradimento" dell'8 settembre; infine perché questi ultimi avevano ben altri pensieri cui dare priorità. *In primis* quello di governare la nuova situazione dopo la liberazione di Roma ai primi di giugno del '44, sfruttando a proprio vantaggio tutte le risorse disponibili nell'Italia centro-continentale, non escluso il ricorso all'invio di macchinari e prodotti industriali in Germania.

Dall'interrogatorio preliminare di Borghese, condotto da Raymond G. Rocca, importante collaboratore di Angleton in Italia, apprendiamo che il "contatto" si era realizzato prima dell'arrivo degli Alleati a Milano (28 aprile) per evitare "una situazione impossibile con i partigiani". Ma compiti di spionaggio erano stati svolti, ben prima di questa data, dal battaglione Vega della Decima, sorto dall'ossatura dei Nuotatori paracadutisti (Np), a partire dall'ottobre 1944, quando fu costituito per ordine di Borghese. Tra i suoi obiettivi vi erano anche quelli di raccogliere informazioni e organizzare sabotaggi nei territori occupati (*American occupied territories*, Aot). Angleton, almeno dal maggio 1945, promosse e coordinò queste attività occulte. Lasciò correre, verificò, avviò "contatti", fece di Borghese e di Buttazzoni (e non solo di loro) proprie fonti confidenziali.[41]

Quali fossero gli obiettivi di questa rete clandestina dopo la guerra non è dato sapere da fonti ufficiali. Conosciamo quelli resi noti dallo stesso Borghese e da Angleton: salvare il salvabile dell'apparato bellico e del sistema produttivo. Ma, come abbiamo appena visto, si tratta di una giustificazione debole.

Borghese non fu l'unico a beneficiare delle attenzioni particolari degli americani, ufficialmente per attività di spionaggio navale. Tra gli altri capi influenti ci fu anche Nino Buttazzoni, capo degli Np, uno dei più attenti collaboratori del principe. Le carte lo definiscono un "criminale di guerra" per atti di sabotaggio e per aver ordinato di incendiare un villaggio nella zona di Asiago nella primavera del 1944.[42]

Un rapporto del 13 ottobre 1945 riferisce che Buttazzoni, una volta catturato, riuscì a fuggire dal campo, assieme ad altri cinque suoi compagni, nella notte tra il 22 e il 23 settembre 1945.[43] Ce lo ritroveremo, un po' più tardi, come informatore dell'Oss.[44]

Lo dimostra un documento dei servizi di intelligence americani e un resoconto dello stesso comandante.[45] Questi, dopo aver illustrato la situazione politico-militare dei neofascisti in Italia (oltre 100.000 adepti in armi), dedica un paragrafo al pensiero del principe Borghese.

Dunque, la linea statunitense è ben delineata anche dopo il 25 aprile. Il 16 ottobre 1945 Angleton scrive al colonnello Earl Nichols e lo informa di una lettera spedita da Pompeo Agrifoglio, esponente del Sim, allo Stato Maggiore della Reale Marina italiana. In questo documento si comunica che alcuni ex appartenenti al gruppo Gamma della Decima (una ventina di uomini in tutto) sono utilizzati dagli Alleati presso una "stazione sperimentale" a Venezia. Non vengono trattati – si spiega – come prigionieri di guerra, ma come "discriminati e immuni da qualsiasi responsabilità per l'attività da essi finora svolta."[46] Nell'elenco troviamo militari già in servizio presso la Decima e il gruppo Gamma, come il tenente di vascello Eugenio Wolk e i tenenti Camillo Tadini ed Elvio Moscatelli.

Nichols non ci vede chiaro, vuole capire. Il 29 ottobre 1945 scrive allo *Special Operations Branch* (il Settore delle operazioni speciali per la sicurezza) e al comando navale alleato di Napoli, chiedendo lumi a proposito di quegli uomini "utilizzati" dagli Alleati a Venezia. Desidera che il loro "status" di "impiego speciale" venga chiarito, dal momento che dovranno successivamente essere processati come prigionieri di guerra. Specifica inoltre che tra di loro vi sono anche cinque uomini della Decima "assunti per servizio negli Stati Uniti".[47]

Forse Angleton non aveva parlato in modo da farsi capire sotto le righe e forse il colonnello Nichols aveva un'intelligenza sopravvalutata. Meglio essere espliciti, per evitare equivoci. Adesso Angleton non può essere frainteso:

È necessario salvare Borghese per utilizzarlo in attività di lungo periodo nell'ambito dello spionaggio navale.

Egli si augura, pertanto, che il principe nero, passato il 3 novembre sotto la custodia delle autorità navali italiane, torni presto in mani alleate con lo status di prigioniero di guerra e non venga giudicato da un tribunale civile "come un qualsiasi fascista". Il caso, comunque, precisava, sarebbe stato discusso nelle settimane successive a Washington.[48] La situazione era nodale ma fu lasciata, per la comprensione delle sue finalità ultime, all'intelligenza degli uffici. Unica preoccupazione: evitare che, di fronte a un personaggio di rilievo, qualcuno combinasse pasticci irreparabili. Perciò dovette rassicurare molto gli apparati romani di via Sicilia 59, la precisazione del Procuratore militare del Regno, generale Alberto Bellini, che il procedimento penale a carico di Borghese, già recluso a Procida, interessava il comando militare alleato e che ogni movimento del detenuto sarebbe stato autorizzato dagli Alleati.

Borghese fu interrogato su "temi di natura politica di particolare interesse per il Dipartimento di Stato."[49] Ma si arrivò – come vedremo tra poco – a questo risultato dopo alcuni mesi di contatti preliminari, che servirono a coordinare Borghese e il Vega, i Nuotatori paracadutisti e quanti ritennero che bisognava continuare a combattere contro l'"infezione" comunista. Tutti furono un'arma nelle mani degli angloamericani, una specie di tesoro nello scrigno da usare, a tempo debito. Furono anche loro a mettere in atto i piani della propaganda occulta e le azioni di commando necessarie a quegli scopi. Una vera e propria gestazione eversiva rispetto alla quale le autorità italiane arrivarono al massimo a qualche interrogatorio o arresto. L'X-2 guardò più lontano. Il principe, di fatto, fu nella totale disposizione degli americani nella primavera del 1946.[50] I suoi uomini non erano quattro gatti, ma ventimila sempre a contatto con il loro capo.[51] Inoltre di neofascisti se ne potevano contare a migliaia in tutta Italia. Nell'area romana c'erano 18.000 militi, di cui 5.000 "armati" di "armi automatiche" e in grado di mettere in atto "efficienti strategie di guerriglia".[52]

In un rapporto sulle informazioni passate da Buttazzoni (10 aprile 1946), si legge che i neofascisti pronti a riprendere le armi contro l'onda montante del comunismo erano abbastanza organizzati, specialmente nelle grandi città e guidati da un Comitato, formato dai comandanti di vari "gruppi d'azione". Ogni gruppo d'azione era suddiviso in "squadre" corrispondenti alle varie sezioni della città o della provincia.[53]

Nel milanese i neofascisti contavano 50.000 uomini in armi. A Genova e provincia 20.000, metà dei quali armati. A Venezia e dintorni la loro forza era similare. Anche i centri di Bergamo e Brescia erano molto forti.[54]

Che a un anno di distanza dal 25 aprile ci troviamo di fronte a un'Italia armata e in un clima da guerra civile è piuttosto evidente. Meno nota è la geografia dei movimenti monarchici, di destra e neofascisti che certamente, fino alla fine del '47, caratterizzarono la natura stessa dello Stato, nonostante i tentativi, mal riusciti, delle commissioni per l'epurazione:

Si nota una ripresa delle attività dell'organizzazione Decima Mas (Repubblica sociale italiana), benché il suo principale dirigente, il principe Borghese, sia ancora agli arresti. Il membro più attivo dell'organizzazione è Ezio Maria Gray, il giornalista fascista recentemente amnistiato dal tribunale speciale. Si dice che il movimento riceva finanziamenti dal marchese Patrizzi e dai commendatori Luce, Tudini e Talenti (ingegneri edili).[55]

Non ci fu la volontà politica di dare un colpo netto al passato. Né, forse, poteva esserci, considerato che non era possibile sostituire tutti i funzionari o dipendenti dei vecchi apparati dello Stato. Quando non furono lasciati al loro posto, furono messi in condizioni di non nuocere, magari dietro qualche contropartita. In molti altri casi, come vedremo anche in queste pagine, gli elementi di continuità ad alto livello furono mantenuti tutti integri e gli uomini più in vista furono addirittura promossi nelle loro carriere. Ciò favorì un crescendo continuo di contrapposizioni tra destra e sinistra, ma anche il ruolo di mediazione politica e di moderazione della Dc. Un importante documento inviato da Angleton al direttore dell'Ssu/*Strategic services unit* di Washington così recita:

La lotta politica in Italia vede protagoniste le forze rivoluzionarie e la destra. L'estrema destra è fanaticamente monarchica, anticomunista, militarista e, per molti versi, neofascista. Dal momento che include tra i suoi membri più attivi elementi delle forze armate italiane, l'estrema destra gode del più totale supporto da parte dei tre servizi segreti italiani: il Sis, il Sia e il Sim. È grazie a queste tre organizzazioni che l'estrema destra conduce le sue segrete manovre politiche. La penetrazione da parte dell'X-2 di queste tre strutture è in grado di svelare i programmi politici segreti dell'estrema destra. A sua volta, la penetrazione dei programmi politici dell'estrema destra ci permette di conoscere i nominativi degli agenti e le azioni future dei servizi segreti italiani. Dal momento che i termini dell'armistizio vietano azioni indipendenti di spionaggio da parte degli italiani e autorizzano soltanto servizi segreti di estrema destra, la penetrazione dello spionaggio di sinistra appare difficoltosa.[56]

Il passo è importante perché il capo dell'X-2, riferendosi con tutta probabilità all'armistizio "lungo", richiama involontariamente una clausola che avrebbe, nell'autunno del 1943, vietata l'esistenza di servizi segreti di sinistra e posto le basi di un solidarismo istituzionale tra la destra diffusa e quanti, all'interno del governo, avevano cominciato a tramare contro l'unità nazionale conseguente all'8 settembre.

Naturalmente alcune cifre potevano essere gonfiate, ma non c'è dubbio, che un denominatore comune unì, in una sorta di tacito accordo, diversi soggetti e gruppi, preoccupati, dopo i primi governi Badoglio/Bonomi, della sempre maggiore influenza dei comunisti e dei socialisti nella vita nazionale. Perciò le varie espressioni della destra furono unite da un'ansia spasmodica e furono attraversate tutte dalle spinte eversive del nuovo fascismo. Alla base esse erano accomunate dal fantasma sovietico incombente sull'Europa, come scriveva il capo settore italiano del *Secret Intelligence*, Vincent Scamporino, appena qualche settimana dopo il 25 aprile 1945.[57]

Non era un'opinione isolata, ma piuttosto diffusa, tanto che assisteremo, in questo studio, a un fiorire di organizzazioni, più o meno attive, in Italia e in Europa, per far fronte al paventato pericolo di un dominio sovietico, dopo la caduta del nazifascismo. Tutto era cominciato già con l'operazione "Husky", quando fu chiaro che le sorti di Mussolini erano ormai segnate. Da allora si mise in moto una macchina infernale. Parecchi elementi compromessi col nazifascismo si trasferirono nell'Italia centro-meridionale e insulare.[58] Non erano fascisti in fuga, come qualcuno ha scritto, ma militi che si preparavano a tutte le evenienze e che non ritenevano di avere esaurito i loro compiti di soldati o di gerarchi, di graduati del vecchio regime, o di semplici subalterni disposti a obbedire a un altro capo, a un altro duce.

Senza il loro apporto non sarebbe nato nel novembre del '46 il Fronte nazionale antibolscevico, il cui programma fu elaborato da un ex ministro, da un deputato in carica e dal noto commendatore Gobbato. Il programma non escludeva l'azione armata contro i socialcomunisti e rivendicava il ritorno della monarchia. Il fronte, finanziato dagli industriali e dagli agrari, aveva dei capi che impartivano disposizioni organizzative solo verbalmente e ai vertici. Non aveva sedi fisse nelle città, ma incaricati. A Roma era don Michele Valentino dell'ordine dei salesiani.[59] La sezione del Fronte antibolscevico internazionale, cui aveva dato slancio il generale Nicchiarelli, contava 300.000 militanti e aderiva al Fronte democratico dell'Unione Mediterranea, il cui capo politico era il dottor Cambareri. Questi, uno dei protagonisti della rivoluzione che aveva portato al potere Peron, aveva rapporti con l'estero e principalmente con le Americhe e la Spagna.[60]

Nel '47 nacque in Italia, Francia, Austria, Germania, un'organizzazione anticomunista tra profughi dei paesi soggetti all'Urss. Le prime informazioni erano giunte tramite il campo di Trani dove si trovavano 1900 profughi dei quali circa 1600 jugoslavi. Il centro internazionale del movimento era a Parigi.[61] Un Fronte italiano anticomunista sarebbe stato promosso nella primavera del '46, dal ministro della Marina, ammiraglio De Courten e da altri. A Viterbo, era comandato da Pietro Quattrini, col quale, nel luglio 1947, aveva preso contatti il generale Canevari. A questi era pervenuta l'adesione del principe Pignatelli e del conte Gaetani. Il Fronte avrebbe quindi assunto la denominazione di Truppe nazionali anticomuniste, che sarebbero state pronte ad agire in caso di azioni di piazza.[62] I capi si riunivano tutti i giorni a Roma, nei locali della Lux Film. Vi aderivano molti esponenti dell'Arma dei carabinieri.[63]

In quell'anno erano inoltre operativi i Far (Fasci di azione rivoluzionaria, sorti nell'aprile del '47), l'Eca (l'Esercito clandestino anticomunista, comandato dal generale Muratori, aveva caratteri esclusivamente militari) e le Sam (Squadre di azione Mussolini) che "per tattica, metodo e programma" procedevano "di pari passo" e beneficiavano di notevoli fondi da "un'unica fonte". I Far riuscivano a controllare tutte le formazioni clandestine, ivi compreso il "gruppo dei carabinieri, in seno ai quali elementi fidati lavoravano per la realizzazione di un colpo di Stato."[64] L'organizzazione era a "triangolo", ogni superiore conosceva due dipendenti e così via.[65] Capo dell'organizzazione sarebbe stato il generale della milizia Enzo (o anche Franco) Navarra Viggiani, un "trentatré della Massoneria" di rito scozzese antico al quale si attribuiva anche la direzione dell'Upa (Unione patrioti anticomunisti), poi assorbita dall'Associazione arditi d'Italia di Ambrosini. Gli adepti avevano come simbolo il pugnale ed erano finanziati dagli industriali. Segretario sarebbe stato l'ex capitano Aristide Tabasso.[66] Negli ambienti neofascisti si dava per imminente un'azione per un colpo di Stato.[67] Tutti i comandanti dei battaglioni dell'Upa erano molto legati al comando dei carabinieri, i quali alla fine di maggio 1947 procedettero ad un monitoraggio delle forze in campo, sotto il comando dei generali Corselli e Giuseppe Pièche.[68]

Nell'autunno del '47, l'Eca (qualche volta impropriamente anche Ecla) e le Raac (Reparti armati anticomunisti) si fusero col Movimento sociale italiano e si diedero come capo militare il generale Ludovico Muratori. Questi continuò a mantenere dei contatti con i gerarchi e la milizia del neopartito fascista repubblicano e con Buttazzoni. I rapporti tra quest'ultimo e James Jesus Angleton sono abbastanza evidenti. Era chiaro, quindi, che gli Alleati, per un verso combatterono i fascisti, per un altro cercarono di utilizzare il loro potenziale anticomunista.

Movimenti sotterranei di natura eversiva si registrano ancora a proposito della costituzione degli Arditi d'Italia. A Bergamo il lavoro era compiuto dal tenente di fanteria Andrea Ferrante, sotto le direttive del colonnello De Santis. È utile notare che gli Arditi trovarono inizialmente ospitalità presso l'Umi (Unione monarchica italiana), mentre i reclutandi erano scelti tra gli ex appartenenti alla Guardia nazionale repubblicana, alle Brigate nere (istituite il 3 agosto del 1944) e tra i neofascisti in genere. Il movimento era appoggiato dalla Casa Reale.[69] In un documento sulla sicurezza del 1946, abbiamo maggiori ragguagli su questa organizzazione.[70]

Molti soggetti e organizzazioni si trovarono assieme in una nuova e inedita comune battaglia. Tre furono i varchi temuti per una penetrazione sovietica: l'area della Venezia-Giulia, quella più prossima all'Albania e infine la Sicilia. Il battaglione Np costituito a La Spezia il 27 ottobre 1943, fu prioritariamente destinato alla Venezia Giulia. Da una costola degli Np nacque più tardi il battaglione Vega comandato da Mario Rossi, con sede a Montorfano (Como). Anche dopo la completa invasione dell'Italia da parte degli Alleati, organizzazioni come il Vega predisposero operazioni di *stay behind*[71] e, nonostante la vittoria schiacciante degli Alleati, rimasero in vita e si rinsaldarono.[72]

I commandos della Decima Mas furono raggiunti e arrestati dall'Oss su "indicazioni" precise di Borghese e messi nelle mani degli Alleati ufficialmente dal 10 maggio 1945 (come leggiamo nell'interrogatorio preliminare del principe, 28 maggio). Scrive Spingarn nella premessa al rapporto sul gruppo bolognese:

Riteniamo che la loro cattura sia di sostanziale importanza nell'ambito del controspionaggio di lungo periodo, viste le serie implicazioni del movimento. [...] Intelligenti, capaci, adde-

strati in maniera speciale, motivati da un forte nazionalismo, da un profondo anticomunismo e da una grande ammirazione per il principe Borghese, tali gruppi promuovevano un programma che si appellava a diversi settori della società italiana: conservatori benestanti e influenti, soldati ed ex soldati, giovani ambiziosi e intraprendenti, tutti desiderosi di creare un'Italia nuova e forte.[73]

Tra gli arrestati troviamo: Cucchiara, Cenacchi, Pancaldi, Rizzoli e Bonacini. Non è marginale osservare che a tali *stay behind underground groups* venga annessa una "sostanziale importanza nell'ambito del controspionaggio di lungo periodo". È la stessa giustificazione che addurrà Angleton nelle lettere inviate a Titolo e Nichols, il 6 novembre 1945, a proposito della sorte di Borghese. Che le cose stessero in tali termini è abbastanza provato. Basti, a ulteriore conferma, sapere che ogni gruppo era fornito di armi e munizioni "da usarsi nell'eventualità che i comunisti scatenassero la rivoluzione". Tutti erano agli ordini di Mario Rossi che a sua volta dipendeva da Borghese.[74]

Alcuni di loro non accettarono la sconfitta per questioni ideali, altri per un tornaconto personale. Dai nuovi vincitori avrebbero potuto ottenere i vantaggi di sempre. Non ci pensarono due volte. Si trasferirono al Sud, nei territori liberati, per ricominciare da qui la riconquista dello Stato perduto. Non si rassegnarono all'umiliazione dell'8 settembre e continuarono la loro guerra segreta superando le linee nemiche. La loro attività ebbe un doppio effetto: continuare la guerra anche nei territori liberati, prepararne un'altra, meno visibile della prima. Poco contava che l'Urss avesse collocato l'Europa occidentale e l'Italia in particolare, tra i destini irrevocabili dell'influenza anglo-americana. La conferenza di Yalta giocò una sua parte, la volontà sovietica di rispettarne i termini fece il resto. Stalin, infatti, fu più intransigente di Truman nel controllare che niente fosse modificato rispetto alle linee d'intesa. Di fatto abbandonò l'Italia al suo destino. Nel mezzo ne approfittarono tutti, quando gli italiani pensavano al loro originale modello di democrazia e certe menti raffinate, al contrario, all'eversione. Tali atteggiamenti dovettero essere diffusi se, anche in un paese che sarà martirizzato dalla strage di Portella nel '47, i fascisti rimasero tutt'altro che inerti rispetto al comune obiettivo della lotta anticomunista. A Piana degli Albanesi – scrivevano gli agenti dell'Oss riferendosi al '44 – ascoltavano al caffè Castorino, assieme ai carabinieri locali, radio Roma, l'emittente della Rsi, e avevano pensato a un piano di provocazioni per la loro rinascita.[75] In un altro documento, a proposito di Bonacini, leggiamo che verso il 15 marzo del '45, il capitano Mario Rossi, comandante del Vega, convocò nel suo ufficio di Montorfano sei ufficiali destinati a far parte di un movimento clandestino (*stay behind movement*):

> *Bonacini era uno di questi. Il capitano Rossi parlò del pericolo comunista e della necessità di creare una forza in grado di controbilanciarlo. [...] In caso di aggressione armata da parte comunista, i commandos avrebbero subito messo in atto tattiche di guerriglia clandestina. [...] Il movimento doveva essere composto principalmente da militi della Decima Mas (ben organizzati, uniti e armati) e doveva rimanere clandestino fino al momento in cui i capi del movimento non avessero individuato un partito politico da sostenere. Al momento non ne esisteva alcuno, ma in futuro tale partito si sarebbe dovuto ispirare al centro o alla destra. La Decima Mas ne sarebbe diventata il braccio armato. [...] Non si prevedeva di organizzare atti di violenza contro gli Alleati, benché venissero considerati formalmente dei nemici.*[76]

Il passo conferma che per i commandos clandestini della Decima il pericolo numero uno era costituito dal comunismo e non dagli Alleati (contro i quali, infatti, il capitano Rossi esclude si debbano "organizzare atti di violenza"). La direttiva di allearsi a partiti di centro o di destra difficilmente sarebbe scaturita da una mentalità prettamente militare come quella di Borghese (fanatico fascista fin dalla tenera età di 16 anni). È plausibile invece ritenere che la scelta fosse stata suggerita dallo stesso Oss, dai monarchici di Umberto di Savoia, da certi ambienti del Vaticano (quelli che, ad esempio, ospitavano l'Eca) e da settori della nascente Dc, forze apertamente anticomuniste. Sulle paure del Vaticano agivano componenti non solo di tipo etico,[77] ma anche di natura più materialmente economica.[78]

Nell'immediato dopoguerra, parecchie controspinte provenienti anche dal Vaticano furono volte a rompere l'unità del Cln, mentre il variegato e numeroso movimento neofascista (costituito, secondo fonti americane, da circa 200.000 persone) sostenne prima il partito dell'Uomo qualunque di Giannini (quasi interamente costituito, non a caso, da ex fascisti, monarchici e massoni) e, dal dicembre del 1946, il Movimento sociale italiano. In realtà, tra il maggio 1945 e il dicembre 1946, l'Uq fu il luogo di copertura di una ben più pericolosa struttura paramilitare (eversiva e clandestina) il cui nerbo era costituito dai reduci della Decima. Prende sempre più corpo, quindi, l'ipotesi che gli *stay behind* di Borghese dovessero, in realtà, monitorare le principali città del Nord al momento della ritirata tedesca e opporsi con le armi a un eventuale (e temutissimo dagli Alleati) colpo di mano del Pci (Longo, Secchia, Amendola) e delle bande partigiane "rosse".

Gli agganci di Francesco Putzolu, alias "Massimo", o di Giorgio Zanardi con Borghese ebbero lo stesso scopo. O meglio, aggiunsero ad altri obiettivi quello di bloccare un'eventuale avanzata delle sinistre. Agente del Sis nell'Italia liberata dagli Alleati, Putzolu ufficialmente riceve l'incarico di infiltrarsi nella Marina della Rsi (e, quindi, nelle alte sfere della Decima Flottiglia Mas) per "salvare dalla distruzione gli archivi, le navi ancorate nei porti e in generale tutte le proprietà della Marina italiana al nord." Ma è molto probabile che la sua vera missione fosse un'altra. Al punto 4 scrive:

Conclusa la preparazione della missione, i comandanti Calosi e Resio mi portarono a Firenze alla fine di settembre del 1944. In quel periodo, Firenze era appena dietro le linee nemiche. I miei compagni mi presentarono a un capo partigiano che mi avrebbe aiutato ad attraversare il fronte.[79]

Nell'agosto 1944 Agostino Calosi, capitano di vascello, fu nominato capo del Sis, in sostituzione dell'ammiraglio Maugeri. Fu accusato di avere inviato agenti nella Rsi con l'obiettivo di contattare elementi di spicco della Marina repubblicana fascista. Non vi erano prove che avesse agito contro gli Alleati, ma aveva commesso l'errore di inviare agenti senza il loro consenso. Calosi comunque è la persona che contatta Buttazzoni nella primavera del 1946, a Roma, per farlo lavorare alle dipendenze di Angleton (assieme a Huppert, De Bonis e Resio) nella lotta clandestina anticomunista. Il Buttazzoni aveva un nome di copertura (ing. Cattarini) e viveva nella clandestinità perché ricercato dagli Alleati per crimini di guerra. Inoltre, nel 1946, Calosi si prodigò per far liberare gli agenti della Decima, Gallitto e Locatelli, catturati a Napoli nel marzo del 1945 e detenuti a Poggioreale in attesa di essere processati da un tribunale militare italiano per spionaggio a favore del nemico.

Carlo Resio, agente del Sis e stretto collaboratore di Angleton, partecipò al salvataggio di Borghese a Milano, ai primi di maggio 1945. Ma la vera missione di Putzolu fu di avvicinare Borghese per iniziare a organizzare il suo salvataggio? O gli scopi dei contatti (compresi quelli col Cln) erano più complessi? Il capitano di vascello lascia intravedere una risposta.[80]

Risulta chiaro che Borghese era stato in qualche modo preavvertito dell'arrivo di Putzolu: è impensabile che un comandante militare della sua levatura ricevesse una persona qualsiasi, soprattutto in un momento così delicato per le sorti militari dei nazifascisti. Stupisce inoltre la loquacità del comandante su temi così delicati. È altrettanto chiaro che, nel rapporto, Putzolu svela solo una parte della verità sui reali motivi della sua missione. Più avanti "Massimo" auspica un "esito positivo" delle proposte da lui avanzate al principe nero.[81]

La replica di Borghese è pronta e per molti versi stupefacente.[82] Il passo, vista la fonte (cioè un rapporto del servizio segreto americano), prova che Borghese era effettivamente in contatto con due "agenti" del Sis provenienti dall'Italia liberata. Come sappiamo, il Sis era una struttura del governo dell'Italia liberata, di fatto agli ordini dell'Oss. Borghese, dunque, era già in rapporti segreti con l'Oss fin dalla fine del 1944. È possibile che la costituzione del già citato battaglione Vega (spionaggio e sabotaggio) nel novembre del 1944 fosse il risultato di un preciso piano combinato dell'Oss e della Decima Mas, in vista dell'imminente disfatta nazifascista? E se i sabotatori del Vega erano collegati agli Alleati, il loro vero compito era quello di impedire un'eventuale insurrezione comunista al Nord nella primavera del 1945? Certamente tale volontà era evidente, come anche il coinvolgimento del Putzolu nella rete di collegamento tra qualche autorevole rappresentante del Clnai (Comitato di liberazione nazionale dell'Alta Italia), come Vezio Conforti, e lo stesso Borghese.[83]

Il coinvolgimento del Cln (febbraio-marzo 1945) nei negoziati con Borghese e la Decima Mas è un altro aspetto, probabilmente ancora sconosciuto, di quel periodo. Putzolu dedica poi varie pagine agli avvenimenti che portarono alla Liberazione di Milano il 25 aprile e alla conseguente smobilitazione pacifica della Decima Mas, il 26 aprile. In questa fase, "Massimo" assume un fondamentale ruolo di mediazione tra il Cln (il capo partigiano "Sandro") e Borghese in persona. Da altre fonti, apprendiamo che Borghese fu tenuto nascosto in casa del partigiano Puleo per circa due settimane (Puleo diverrà negli anni successivi un informatore del ministero dell'Interno italiano). Il 10 maggio, Borghese fu prelevato dal commando agli ordini di Angleton. È significativo che nel corso dell'insurrezione milanese (nel pomeriggio del 24 aprile), Putzolu incontri proprio Puleo. Se Putzolu e Puleo erano in contatto fin dal 24 aprile, è plausibile che "Massimo" sconoscesse il nascondiglio di Borghese a casa di Puleo all'indomani del 26 aprile e nei giorni successivi?[84] L'ultimo punto del rapporto (il 49) ci ricollega all'Oss[85] e parla di Titolo. Questi è lo stesso ufficiale a cui Angleton invierà una missiva il 6 novembre 1945, in cui chiede di aiutarlo ad evitare a Borghese un processo italiano per crimini di guerra. Nel rapporto, ancora una volta, "Massimo" mette volutamente in secondo piano il proprio ruolo nella delicata operazione alleata che avrebbe salvato il principe. Tutto si svolge nella massima riservatezza ed è coincidente con quanto accade in estate, quando venti uomini della Decima Mas (a cui verrà poi data l'immunità per i crimini di guerra commessi contro i partigiani e la popolazione civile durante la Rsi) vengono tradotti in gran segreto alla base navale alleata dell'isola di Sant'Andrea (Venezia) per espletare non meglio chiariti "compiti speciali".

L'interesse per il principe nero da parte degli americani si spiega con la loro ansia spasmodica di costituire in Italia un blocco militare antisovietico sotto la guida di capi, come Borghese appunto, di indiscusso ascendente sui militari delusi dalla nuova classe dirigente e dal senso di sfaldamento nazionale provocato dall'armistizio. Si spiega anche col bisogno di trovare capi coerenti con questo progetto, capaci di guidare "una forza che avrebbe potuto permettere al fascismo di vivere anche dopo e malgrado la sconfitta militare."[86] In questo scenario si contrapposero due anime: quella degli occidentalisti, che avevano una visione dell'Italia e dell'Europa legata agli schemi della democrazia americana; l'altra, che cominciava a porre le basi di un modello originale di democrazia, fondato sull'unità delle forze antifasciste, capace di sviluppare, nel vivo dell'esperienza di governo, i processi della partecipazione e dello sviluppo. Vi fu, poi, un'anima nera, disposta ad allearsi col diavolo pur di riemergere dagli abissi in cui era piombata. Durante i governi Badoglio/Bonomi, gli interessi del ministro della Regia Marina, Raffaele De Courten, con le missioni di Zanardi e altri, furono anche quelli di salvare il salvabile del mondo produttivo. Ma per i mesi e gli anni successivi non può davvero dirsi la stessa cosa. Tutto fece brodo.

A livello delle nuove autorità che dovevano pensare al futuro dell'Italia, a cominciare dal governo del Sud, gli interessi furono molteplici. Vari emissari del governo dell'Italia liberata ebbero, a più riprese, contatti con la Decima, attraverso rappresentanti del Cln come il professor Baccarini e Putzolu stesso, il tenente medico del Reale Esercito, Baccazzi, paracadutato con una missione inglese nella zona friulana con il compito di osservatore presso le brigate partigiane "Osoppo", il tenente di vascello Zanardi, il capitano del genio navale, Marceglia, "inviato dal ministero della Marina onde trattare con la Decima circa la difesa delle industrie dal sabotaggio germanico e della Venezia Giulia dall'invasione delle truppe di Tito"; l'ing. Giorgis, inviato dal ministero della Marina al comandante Borghese, per accordi sul salvataggio delle industrie del Nord e sull'azione antislava nella Venezia Giulia.[87] Non è un caso che il battaglione Vega fu costituito nell'autunno 1944, con l'obiettivo di agire in maniera totalmente autonoma dai tedeschi nelle trattative segrete con gli Alleati. Ma c'era un altro motivo che rendeva appetibile sul doppio fronte, la Decima: dotata di una salda coesione "spirituale", contava migliaia di uomini devoti e ciecamente fedeli al loro comandante.[88]

Non va poi dimenticato che a Roma operavano i gruppi anticomunisti aderenti ai Grac (gracchisti). Essi avevano ramificazioni nel salernitano, in Calabria e a Palermo. Aderivano inoltre al Pfr "numerosissimi sottufficiali dei Cc.Rr.".[89]

Il 1944 fu l'anno in cui nacque, con un qualche anticipo rispetto al Vega, la figura del bandito monteleprino Salvatore Giuliano. La sua funzione fu esattamente analoga a quella svolta da Lee Oswald nell'uccisione di J.F. Kennedy. Fu soltanto un "parafulmine". Entrambi dovevano trovarsi in un certo posto, a una certa ora di un determinato giorno, con le armi in mano. Ma Oswald non poteva, da solo, avere ucciso Kennedy, visto che il presidente degli Usa era stato colpito da tiri incrociati. Certo è che l'effetto di quell'*affaire* fu di portata strategica, esattamente come avvenne con l'uccisione di Moro e degli uomini della sua scorta. Con Portella si aprì il periodo dei falchi e si chiuse per un lungo tempo la linea morbida di Togliatti. La strage non ne fu la causa, ma l'effetto.

Rileggendo i fatti e i documenti di quell'epoca tutto appare sotto una luce nuova. Ai cacciatori presi sotto sequestro quella mattina di fuoco e di tragedia e poi liberati dopo la strage, il "re di Montelepre" diede un ordine che adesso appare più chiaro di prima. Disse: "Andate e dite che eravamo in cinquecento." Per lungo tempo abbiamo pensato alla megalomania di un criminale. Non era così. Quella mattina, con quel gesto liberatorio e apparentemente magnanime, il capobanda dava due informazioni precise ai posteri: la prima, sulla dislocazione esatta del suo gruppo di fuoco; la seconda, sul numero complessivo dei componenti l'organizzazione paramilitare in Sicilia di cui lo stesso Giuliano faceva parte. Per il resto chi aveva orecchie per intendere, capiva. Come abbiamo accennato, in un ampio rapporto segreto sui movimenti clandestini neofascisti (10 giugno 1947), redatto dall'agente Victor Barrett, leggiamo:

Il principe Valerio Pignatelli di Roma, un noto ex fascista, rappresenta il collegamento tra due movimenti sovversivi, uno dei quali si trova presso il ministero della Guerra. Numerosi generali e ufficiali di basso rango guidano una organizzazione, l'Esercito clandestino anticomunista (Eca), il cui quartier generale (o almeno un suo punto di riunione) si trova da qualche parte all'interno del Vaticano. Centri locali dell'Eca avrebbero sede nell'Italia centrale e settentrionale. Si presume inoltre che riceva rifornimenti di armi dall'esercito. Ufficiali in pensione agirebbero come organizzatori. L'Eca è un movimento anticomunista – scrive il redattore – *ma non conosciamo i suoi principali obiettivi. Pignatelli ricopre inoltre una posizione di rilievo nei ranghi del Partito fascista, che sta risorgendo in tutta l'Italia. Il livello più alto è costituito dai Fasci d'azione rivoluzionaria (Far), organizzati regione per regione. I capi nazionali dei Far sono presumibilmente Augusto Turati (leader politico e ideologico) e il generale Gambara, con compiti di organizzazione e di tattica. [...] Le unità subordinate sono i Gruppi di azione rivoluzionaria (Gar). Ogni Gar è costituito da tre Nuclei di azione rivoluzionaria (Nar). Ogni Nar è composto da tre Squadre di azione rivoluzionaria (Sar). [...] Si rileva inoltre che vi è una connessione tra i Far e il Movimento sociale italiano (Msi). E forse non si esagera nell'affermare che l'Msi è soltanto una copertura del neofascismo clandestino. Un ufficiale della riserva che aderisce ai Far napoletani avrebbe contattato un generale in pensione per offrirgli il comando della città di Napoli in caso di insurrezione* [comunista]. *La risposta del generale non è ancora pervenuta. Molti dirigenti della prefettura di Napoli appoggiano il movimento.* [...] *È ovvio che il loro obiettivo è quello di prepararsi ad affrontare un colpo di mano comunista. La cospirazione* [neofascista] *avrà luogo a Napoli non prima di settembre, a meno che i comunisti non decidano di mobilitarsi in anticipo.*"[90]

Il 23 febbraio 1947 nasceva anche a Catania il Movimento sociale italiano (Msi) e il nome di Pino Romualdi ricorreva ancora una volta nelle turbolente vicende siciliane dell'immediato dopoguerra. Ma due mesi dopo, Barrett, agente speciale del Cic (il controspionaggio dell'esercito americano), tracciava da Napoli un quadro drammatico della situazione italiana.[91] Tutto doveva ricondursi, nelle sue ragioni, ad almeno due anni prima.

Il 20 dicembre '45, di buon mattino, a bordo di un autocarro, furono condotti in traduzione dal carcere militare romano di Forte Boccea a Procida il generale Gaetano Gambara, il colonnello Emilio Canevari, il tenente colonnello Angelo Lanari e Valerio Borghese.[92] L'antifascismo sembrava cominciasse a funzionare; ma quei cervelli riuniti assieme nella stessa patria galera e poi tradotti in un altro carcere, come se nessuno di quel gruppo fosse separabile dall'altro, la dice lunga sulle intenzioni delle varie intelligence alleate di costruire un'attenta sorveglianza sull'operato di quelle teste calde disposte a tutto. Di fatto i capi neofascisti Pignatelli, Gambara e Turati, anche quando non poterono comunicare fra di loro, si mantennero in contatto permanente con il principe Borghese tramite Nino Buttazzoni. È interessante il passo sull'Msi, definito senza mezzi termini "una copertura del neofascismo clandestino." Non è casuale che tra i padri fondatori del partito (creato a Roma il 26 dicembre 1946) vi sia Pino Romualdi. Dopo aver partecipato giovanissimo all'aggressione italiana all'Etiopia (1935) e aver compiuto una brillante carriera nelle fila del Pnf, Romualdi aderì alla Rsi nel 1943 e diventò vicesegretario del Partito fascista repubblicano (Pfr).

Un gruppo si era dato a un "lavoro" specialistico. L'attività risaliva al 1° gennaio 1945, a Milano, dove alcuni fascisti repubblicani, sotto il pretesto di impiantare un gabinetto medico, avevano cominciato a confezionare ordigni esplosivi. Nella relazione compaiono Puccio Pucci, capo dei servizi di intelligence del fascismo repubblicano dal novembre-dicembre 1944, e Aniceto Del Massa (alias dottor Bonciani),[93] nonché parecchi altri personaggi. Tutto era cominciato l'anno prima:

Nel mese di ottobre del 1943 per ordine di Mussolini, Alessandro Pavolini formò dei gruppi di elementi fascisti di provata fede per creare un movimento di rinascita del fascismo nell'Italia meridionale.

A dirigere tale ufficio fu chiamato l'avv. Puccio Pucci, ex ufficiale dei moschettieri di Mussolini, ex presidente del Coni, e ultimamente capo di Stato Maggiore Generale delle Brigate nere.

Il Pucci aveva la segreteria presso la direzione del Pfr, sita in via Mozart, 12. Coniugato, attualmente la moglie risiede a Roma. [...] Il Pucci riceveva solamente in udienza il vicecomandante Aniceto Del Massa, i capigruppo quando si effettuava la partenza per il Sud.[94]

L'anonimo[95] si riferisce ad alcuni incontri personali avuti con il Del Massa e quindi spiega che alla fine Pavolini, Del Massa e Pucci stabilirono che quest'ultimo abbandonasse la segreteria del partito mettendosi al sicuro con ingenti somme di denaro italiano ed estero. Segno evidente che quel gruppo dirigente del vecchio regime aveva avuto la chiara percezione del suo totale sgretolamento. Ancora una volta Venezia diventò una delle mete dei capi fascisti intenzionati a continuare la loro folle impresa. A bordo di una macchina, guidata dall'autista Mantovani, il Pucci partiva dunque alla volta di questa città.[96]

Ma chi è Del Massa? Scrittore, critico d'arte, autore di scritti sull'ebraismo e sul giudaismo, di articoli denigratori del Pci, dopo la misteriosa morte della sua dattilografa fiorentina Luciana Papi, Del Massa fu soprattutto il cassiere del gruppo neofascista voluto da Pavolini. Era nato a Firenze il 4 febbraio 1898 e appena trentenne era entrato, come critico d'arte, nella redazione de "La Nazione" rimanendovi fino al '41. Dopo avere rifiutato l'invito di Pavolini a occupare il posto di capo dell'ufficio stampa del Pfr, ottenne il compito di assistere Pucci nel creare nuclei neofascisti nell'Italia liberata e quelli che nel dopoguerra si sarebbero dovuti impiantare nell'Italia del Nord. Accettò di entrare nei servizi segreti diventando il vice di Pucci e il responsabile della sezione politica dell'organizzazione. Detti servizi avevano l'obiettivo della lotta antibolscevica e di insediare nuclei capaci di resistere anche dopo il fallimento della Rsi. Ebbe il suo ultimo colloquio con l'ex ministro della Cultura fiorentino il 22 aprile del 1945. Dal mese di dicembre del '44 Del Massa era stato a Milano, dove era rimasto fino al collasso del nazifascismo. Nell'aprile dell'anno successivo condusse i negoziati tra Cln e Pfr. Per tale ruolo delicato, il 26 aprile fu nascosto in casa del leader partigiano Giuseppe Gorgerino. L'8 maggio si consegnò al *Field Security Service* (Fss), il controspionaggio britannico, e fu rinchiuso a San Vittore.

L'organizzazione Pucci-Del Massa comprendeva numerosi gruppi di agenti. Alcuni si occupavano dell'attività antipartigiana, altri dello spionaggio politico nell'Italia liberata. Inoltre, vi erano piani per costituire "bande armate" da utilizzare contro gli Alleati. I collegamenti con l'Sd (*Sichereitsdienst*, lo spionaggio nazista) venivano mantenuti tramite l'ufficiale tedesco Senger. Il totale degli agenti era di circa 200 elementi,[97] che ebbero lo stipendio mensile di lire 10.000; 60.000 lire venivano consegnate a ciascuno prima delle missioni, come pagamento di un semestre anticipato.

Da cassiere del gruppo egli assunse, come suo segretario, un certo Aldo Barsi, anche lui fiorentino.[98] Dal punto di vista nominale, Pucci era il capo di tale organizzazione, ma era Del Massa a dirigerla. Quest'ultimo aveva già avuto esperienze di spionaggio a Roma e a Firenze. In seguito troviamo assunta una certa Elena Franchetti (interprete e traduttrice dal tedesco in italiano).

Appartenente alla segreteria del Pfr milanese, Del Massa era stato anche vicecomandante del Pdm (Partito d'azione meridionale) con compiti di sabotaggio e di ricostituzione delle formazioni fasciste al Sud. A proposito del Barsi c'è da dire che è altissima la probabilità che si tratti di Ugo Barsi, 30 anni, originario di Firenze, assistente di Del Massa dal febbraio 1945, un ex funzionario della prefettura di Bologna. Del Massa, dunque, tiene cassa, controlla tutto il gruppo che fa capo alla sua organizzazione e a quella di Puccio Pucci, da cui dipende. A lui si riferisce anche "il famoso scugnizzo da Palermo", che non si sa per quali meriti acquisiti (certo si era trattato di una missione importante) ebbe un premio di lire 500.000, mentre al gruppo romano arrivò una somma di 50 milioni. Da un appunto del Sis, apprendiamo inoltre che lo "scugnizzo", aveva dei contatti con elementi neofascisti romani e che si era recato a Roma nel giugno '46.[99] Come vedremo più avanti, esistono elementi obiettivi che lasciano supporre l'identità dello "scugnizzo da Palermo" con Rossi/Ferreri/Fra' Diavolo, quale soggetto dipendente, per determinate "missioni", dal gruppo di Del Massa, forte di 350 affiliati diretti da capi sabotatori. Sull'argomento esiste un'ampia relazione di un informatore del Sis dalla quale apprendiamo anche che lo "scugnizzo", oltre alle missioni speciali, svolgeva attività di "annunciatore della radio che dal Sud trasmetteva al Nord". Il fatto spiegherebbe anche la sede palermitana di Salvatore Ferreri. Questi, per quanto nativo di Alcamo, aveva una sua dimora a Palermo e perciò era meglio conosciuto dalla polizia come "Totò u palermitanu". Quella di Del Massa non era un'organizzazione qualsiasi, ma una realtà fondata direttamente da Pavolini e da Mussolini in vista del crollo definitivo del regime.[100]

Per chiarire il quadro, occorre precisare che il Pfr aveva già affrontato il problema del reperimento dei fondi da destinare all'assistenza dei fascisti e delle vittime politiche nell'eventualità di un'occupazione dell'Italia del Nord da parte degli Alleati e che Puccio Pucci era stato designato a suo tempo quale consegnatario dei fondi. Essi, evidentemente, non ebbero solo una destinazione assistenziale, ma servirono soprattutto per attività terroristiche ed eversive.

Allineate perfettamente alle decisioni di Pavolini, "l'ultima incarnazione della violenza fascista di Salò," furono le Brigate nere.[101]

Uomini come Pucci e Del Massa facevano al bisogno. Il primo era stato moschettiere di Mussolini, l'altro, dopo essere stato arrestato dagli Alleati, era evaso dal campo di concentramento e con la moglie e la figlia si era rifugiato a Firenze. Suoi agenti erano Gilberto Fontana e Gianaugusto Crini. Uomo fidato era poi il tenente Danè, collaboratore delle Sam, del cui gruppo faceva parte il milanese Giancarlo Manara. Non secondario appariva poi il ruolo del generale Faduel, capo di stato maggiore delle Brigate nere, nonché quello del segretario di Del Massa, Barsi.

Nel settembre 1944 Del Massa conobbe il colonnello Frau, un ufficiale italiano che aveva incontrato anni prima a Firenze e a Venezia. Frau chiese a Del Massa di aiutarlo a reclutare agenti di livello, soprattutto operatori radio, da inviare in missioni speciali nell'Italia liberata. La questione delle radio ricetrasmittenti non è secondaria, in quanto conferma alcune connessioni. Ad esempio, tra la banda di Giuliano, che all'inizio ne ignorava persino l'esistenza, e la Decima, anche se, come sostennero durante il processo di Viterbo alcuni banditi, tutti ebbero difficoltà a usarle. Sull'uso di queste attrezzature il controspionaggio alleato evidenziava che si erano verificati degli aviolanci di agenti "nati e aventi famiglia o interessi nell'Italia liberata" con prevalenza per le zone di Roma, della Sicilia e della costa adriatica. Le missioni richiedevano la conoscenza dei luoghi e delle persone. In particolare, tra gli agenti catturati, tre avevano il compito della "formazione di bande armate che sarebbero state, in seguito, rifornite di mezzi e materiali con successivi aviolanci."

"Il fatto che quasi tutti gli agenti nemici arrestati – scriveva il controspionaggio alleato – siano stati forniti di apparecchi radiotrasmittenti, può far supporre che le stazioni clandestine esistenti in territorio liberato non siano ritenute più sufficienti per le necessità del traffico. Ciò confermerebbe – concludeva la nota informativa – quanto già detto e cioè che una volta assicurato il collegamento, sarebbero stati impartiti, a mezzo radio, ulteriori ordini per successive missioni."[102]

Si vede bene, pertanto, il motivo per cui Del Massa accettò la proposta di Frau e, a Milano, iniziò a operare come rappresentante del gabinetto del maresciallo Graziani, ministro delle Forze armate della Rsi. Vennero quindi reclutati una quindicina di elementi e inviati a villa Grezzana di Campalto (Verona). In seguito, Frau chiese a Del Massa di reclutare altri agenti, e non solo marconisti. Del Massa replicò che elementi del genere erano reperibili solo tra le fila della Decima. Nel dicembre 1944 Pucci presentò a Del Massa il capitano Brentano, reclutatore tedesco del Kommando 190 e ufficiale di collegamento tra il Pfr e l'esercito tedesco. Brentano gli parlò di un ambizioso progetto che prevedeva l'invio di trenta agenti italiani per una missione speciale in Sicilia. Tutti gli agenti erano stati addestrati ad azioni di sabotaggio. Ogni agente doveva essere provvisto di un milione di lire, equamente ripartito tra i tedeschi e i fascisti. I tedeschi avrebbero pensato al trasporto degli agenti.[103]

Collegamento con Pucci e Del Massa e, soprattutto, con la Sicilia, coadiuvato in ciò da alcuni elementi come un certo Bramini,[104] fu il colonnello Gianni Pollini.

Va rilevato che i gerarchi e i militi della Rsi ritennero che il Sud e la Sicilia, in particolare, dovessero essere realtà privilegiate dagli investimenti che l'agonizzante Repubblica salotina effettuò per la propria futura rinascita. Non era stato denaro buttato al vento, come dimostra il fatto che, all'inizio di aprile del 1945, si presentò a Del Massa un siciliano, Salvatore Messineo, che aveva lasciato Palermo il 12 marzo 1945 con un permesso per visitare la madre malata a Roma (in realtà, il lasciapassare era stato comprato: era destinato a un marinaio). Messineo fu arrestato dai tedeschi che, dopo averlo interrogato, lo inviarono a Del Massa. Messineo affermò che in Sicilia i fascisti erano molto forti, ma che mancavano di coordinamento e di ulteriori finanziamenti.[105]

Salvatore Messineo, siciliano, 20 anni, probabile nome di battaglia "Tito" fu uno dei membri più attivi del gruppo denominato "Bruno Mussolini" con quartiere generale a Palermo. Fu al comando di un certo Liscitra e del suo vice, Figari (o Fegari). Inoltre, i separatisti di Finocchiaro Aprile avevano un collegamento con questo gruppo. In realtà, la missione di Messineo ebbe l'obiettivo di ottenere denaro da Pucci per i fascisti siciliani. Secondo Del Massa, il gruppo di De Santis (Tommaso David), uno dei capi dei servizi segreti e dei reparti speciali della Rsi, era una organizzazione di spionaggio che aveva anche compiti di sicurezza interna. Vari suoi agenti avevano compiuto, con successo, azioni nell'Italia liberata.[106] Sul suo conto leggiamo:

Tommaso David, fu Ermenegildo e fu Giordana Petronilla, nato ad Esperia (Frosinone) il 1° marzo 1875, tenente colonnello della Gnr, proveniente dalla milizia. Dirigeva a Milano, in via Ravizza 51, angolo via Previati, un ufficio speciale di polizia denominato "Ufficio Polizia Sabotatori Attentatori (Sa)", che aveva in pratica il compito di organizzare sabotaggi e attentati nelle zone liberate dagli Alleati. Si faceva chiamare "colonnello De Santis". Ha commesso anche assassinii e sevizie su persone fermate dai suoi elementi.[107]

Da un altro documento apprendiamo che aveva prestato servizio in Dalmazia sino all'8 settembre '43 e che dopo la caduta di Roma (giugno '44) aveva ricevuto da Pavolini l'incarico di dirigere l'ufficio di controspionaggio alle dirette dipendenze dello stesso ministro. Si installava quindi a Milano, in via Ravizza 51, avendo preso in affitto una villetta dove trovavano posto una quindicina di persone, tra uomini e donne, armati di tutto punto. All'ingresso della villa, era stata apposta una targa con la seguente dicitura: "De Santis-Volpi Argentate". L'agente americano dava in ultimo questa breve descrizione del personaggio:

> *Si può definire, da quanto hanno riferito persone degne di fede che lo hanno avvicinato, un esaltato con tendenze mistiche dirette al male.*[108]

Il compito di questo gruppo, come anche quello di Rodolfo Ceccacci, era di portare la guerra nei territori liberati. Soldati e ufficiali come loro non si rassegnarono mai al crollo del 25 luglio prima e alla resa dell'8 settembre dopo. Erano gli irriducibili, i fanatici dell'azione. Intuirono una continuità politica e di valori, che invece aveva cessato di esistere nei suoi caratteri originari, per un ineluttabile destino della Storia. Il gruppo Ceccacci era organicamente legato al battaglione Np; si distingueva per i fraterni rapporti di collaborazione dei capi Buttazzoni e David. Godeva, in particolare, di una grande autonomia operativa. Al momento del trasferimento, non c'erano "scartoffie" da trasportare: scrivanie, uffici, carte, registri, furieri. "Nessun ordine scritto, nessun rapporto scritto. Il gruppo non aveva alcun apparato, le relazioni tra i suoi membri erano improntate al cameratismo, senza tante formalità per i capi gerarchici. Ma ciò che più conta, non lasciava tracce del suo operato."[109] Non furono pochi i giovani che aderirono a simili gruppi e non poche furono le ragazze che, provenienti da ambienti formati alla cultura fascista, preferirono alla vita tranquilla delle loro case i disagi di una guerra che continuava. Una di queste fu Carla Costa, detta "Carla la Pazza", una ragazza appena diciassettenne più volte in missione oltre le linee,[110] morta suicida nel 1980, ma forse eliminata perché stava per svelare i trascorsi repubblichini di Licio Gelli.[111] È interessante notare che il personale femminile del commando Gruppo sabotatori-attentatori di David, portava sul petto un distintivo con il gladio romano.[112] Gladio, dunque, simbolicamente esiste già negli anni 1944-'45, anche se si tratta di gruppi sparsi, capaci di collegamento con organizzazioni similari, ma ancora non coordinati in un'unica struttura quale sarà quella meglio conosciuta come Gladio, parecchi anni dopo. Tutti gli arruolati seguivano un corso di addestramento e poi venivano inviati al di là delle linee nemiche con compiti di sabotaggio, di rifornimento in denaro degli altri militi in missione, di studio della situazione logistica e organizzativa degli Alleati, nonché di controllo di eventuali insorgenze di pericolo comunista. Oltre ai gladiatori di David, operavano altre organizzazioni similari. Una di queste era formata da agenti delle Ss italiane e dalle Brigate nere. Si contraddistingueva per un "piccolo medaglione quadrato, in bronzo, raffigurante un volto femminile e con in mezzo la scritta 'Urri' in caratteri gotici."[113]

Tra i "fascisti recalcitranti" venivano elencati ancora il reggimento di paracadutisti "Folgore", le unità non tedesche sotto il controllo delle Ss, la divisione delle Ss italiane, la Decima (battaglioni Vega e Np), la Legione Ettore Muti.[114]
Formazioni clandestine delle Brigate nere operavano nell'Italia liberata. Proposto da Pavolini, il piano era stato approvato da Mussolini e dall'ambasciatore tedesco nella Rsi, Rahn. A tale proposito, una conferma ci arriva dalla "talpa" tedesca Friz Kolbe, al servizio degli americani, presso il ministero degli Esteri tedesco. In un rapporto intitolato "Il movimento di resistenza fascista nell'Italia occupata dagli Alleati," lo stesso ambasciatore commenta favorevolmente, nel gennaio '45, lo sviluppo delle bande fasciste in Calabria, Puglia e Sicilia. "Composte da dieci, venti e addirittura quaranta uomini – scrive – sono destinate a una successiva azione militare e sotto l'egida delle Brigate nere di Alessandro Pavolini." "Tali bande – continua –, dopo essere state opportunamente addestrate e armate, dovranno poi entrare in territorio nemico (a loro familiare) e prendere contatto con i gruppi fascisti che sorgono spontaneamente al sud."[115] Il rapporto di Kolbe è considerato così impor-

tante che finisce sul tavolo di William Donovan, capo dell'Oss, a Washington. Tra gli scopi del piano vi era anche la costituzione della "Brigata nera Italia invasa". Era composta da personale selezionato da Pavolini tra le Brigate nere della Rsi, per essere inviata al Sud. Ogni brigata contava tra i 1.200 e i 1.500 elementi. Vi erano: 1) una squadra politica composta da 20-30 uomini, l'élite delle Brigate; 2) una squadra per le eliminazioni: composta da 80 uomini, guidata da un delegato del centro di Roma, in collaborazione con il Pfr di Milano. Questa squadra aveva il compito di eliminare le persone condannate in contumacia dal governo della Rsi per collaborazionismo con gli Alleati; 3) una squadra per i sabotaggi: composta da 60 elementi, al comando del direttorio del Pfr. Rispondeva direttamente ai centri locali delle Brigate nere e a uno speciale centro per il sabotaggio con sede a Firenze. Quest'ultimo aveva il compito di coordinare le squadre in tutto il territorio dell'Italia liberata. Gli obiettivi erano di natura prettamente militare. Il centro di Firenze era coordinato da 10 uomini, tutti provenienti dagli Np della Decima Flottiglia. In piena fase di addestramento, già dal dicembre 1944, il personale era selezionato da una lista di nomi inviata a Pavolini dal principe Borghese. I corsi di addestramento erano promossi dal Pfr utilizzando istruttori tedeschi in Italia (Begus e Brentano). Le squadre speciali delle Brigate nere percepivano 30.000 lire al mese. Come forma di ulteriore incentivo, erano inoltre disponibili per missioni speciali premi in denaro che variavano tra le 30.000 e le 300.000 lire. Il centro politico di Roma disponeva di 20 milioni di lire, mentre quello di Firenze (sabotaggio) di 5 milioni di lire.[116]

Tra le organizzazioni clandestine antidemocratiche di maggiore rilievo, nel dopoguerra, in possesso di armi e munizioni, vi era l'Ail (Armata italiana di Liberazione, al comando del colonnello Musco) che raccoglieva adesioni di ambienti monarchici ed ex fascisti. Propugnava la difesa delle quattro libertà della Carta Atlantica. In Italia contava 120.000 aderenti, tra cui alcune personalità del governo italiano e dell'esercito alleato, o personaggi come Fiorello La Guardia. Animatore dei vari gruppi veniva indicato Eugenio Del Monte, di origine italo-americana. La sua sede centrale era Milano. Vi erano poi il Pni (Partito nazionale italiano) e il Movimento partigiano di resistenza che faceva capo a Pietro Morosin (riuniva brigate partigiane di destra e monarchiche).[117]

Sullo sfondo di questo grande fermento riorganizzativo stava l'Ovra, brodo di coltura della continuità post-fascista. Dopo l'8 settembre i suoi funzionari cominciarono a trovarsi spiazzati nei territori liberati, ma seppero ben presto risollevarsi e riciclarsi. Tra costoro Francesco Martina, commissario aggiunto, appartenente, dal settembre del 1940, all'Ovra del Lazio di Gesualdo Barletta, questore di seconda classe come Ciro Verdiani, dal 1941 operante presso l'Ovra di Zagabria[118] e poi promosso a ispettore generale di Ps in Sicilia. Presenza fantasmagorica attorno a Giuliano nelle settimane in cui questi fu ammazzato. Non è superfluo notare che Verdiani e Messana si erano conosciuti a Zagabria durante l'occupazione italiana della Slovenia e della Croazia (1941-43). Non è un caso, quindi, che Messana, come meglio vedremo, sarà il referente di Fra' Diavolo, membro autorevole della banda Giuliano e primo confidente dell'ispettore certamente già dal 1945. Verdiani, dal canto suo, fino al 1950, sarà l'anima oscura di Giuliano.

Squadrista della prima ora, Martina aveva preso parte alla marcia su Roma e aveva sempre agito come agente provocatore, sleale e feroce nel suo lavoro. Fino alla liberazione di Roma (4 giugno 1944) aveva collaborato con le autorità repubblicane fasciste. Quando il ministro dell'Interno della Rsi, Buffarini Guidi, si spostò a Roma (nel novembre del 1943), il Martina divenne il suo braccio destro. Era incaricato di svolgere le missioni più delicate, assegnategli direttamente dal vicecapo della polizia.[119] Occorre ancora dire, a completare il quadro, che il Pisciotta che incontreremo più avanti (uno degli autisti della divisione Goering, nella Roma occupata dai nazisti) abbandona la capitale poco prima dell'arrivo degli Alleati, per recarsi a Francavilla, sull'Adriatico, in compagnia di altri suoi camerati.[120] E qui, poche settimane dopo, arriva proprio il Martina per incontrarsi con Dante Magistrelli e con i fratelli Console della Decima Mas. I quattro – come vedremo – decidono di raggiungere Partinico (Palermo), dove arrivano a fine giugno per entrare in contatto con la banda Giuliano. È legittimo, quindi, ipotizzare che la sovrastruttura politica della cosiddetta banda Giuliano nasce all'inizio dell'estate del '44, per induzione da parte dei peggiori elementi dell'Ovra salotina. L'idea eversiva nera sorse di fatto nelle alte sfere della Rsi, presso il ministero dell'Interno, da cui dipendevano l'Ovra, la banda Koch, e, in generale, lo spionaggio contro gli anglo-americani e contro gli antifascisti. Questo spiega perché in Sicilia, dal '44, troviamo numerosi personaggi repubblichini nella vicenda Giuliano: ad esempio Selene Corbellini, Carlo De Santis, Walter Argentino, tutti della banda Koch; e gli uomini della Decima Mas.

Nella primavera del '44 fu istituito a Milano il Cip (Centro investigativo politico), allo scopo di incrementare la repressione dell'antifascismo, mediante operazioni "condotte con spietata crudeltà di metodi". Ma il campo in cui fu più intensa la sua attività fu quello dei cosiddetti "recuperi" di merci, che nascosero dei veri e propri sequestri illegali e arbitrari, di cui beneficiarono per primi Mario Finizio, gli agenti del centro, l'Sd germanico dell'albergo Regina (ne era collaboratore Thun Von Hohenstein) e Puccio Pucci (che rappresentava Pavolini). La direzione fu affidata al questore ausiliario Finizio, ma il centro dipendeva direttamente da Buffarini Guidi. Nell'ottobre del '44 gli eccessi dell'organizzazione costrinsero il questore Bettini a chiuderlo.[121] Oltre al Cip, operava l'Upi (Unità politica investigativa) alle dirette dipendenze del ministro dell'Interno della Rsi, Buffarini Guidi. Le Upi, nel 1944, erano costituite presso tutte le federazioni fasciste provinciali che disponevano di carceri speciali, torturatori e assassini. Comandante dell'Upi nella provincia di Verona fu Gaio Gradenigo. Ricercato dagli Alleati come criminale di guerra,[122] nel dopoguerra fuggì in

Argentina dove diventò uno dei principali leader del neofascismo italiano in America Latina e il rappresentante, dal '48, dell'Msi a Buenos Aires, per più di quarant'anni. In questa veste ebbe stretti rapporti con Pino Romualdi fino alla morte di quest'ultimo (1987).

Il ministro aveva poi organizzato altre squadre segrete alle sue dirette dipendenze, specialmente per le investigazioni sul Cln. Una di queste aveva a capo Pietro Koch, specializzato in polizia segreta e coadiuvato dal vicequestore Finizio.[123] Oltre alla banda Koch, va segnalato il Quinto gruppo Agostini (Sd), di cui faceva parte Fede Arnaud, del servizio ausiliario femminile della Decima Mas. Secondo un rapporto firmato da Charles Siragusa del Cic, Fede Arnaud collaborava con l'Upi di Roma, ed "era solita operare presso il Vaticano a stretto contatto con mons. Montini della segreteria di Stato."[124]

A monte non ci furono solo gli uomini della Rsi o i militi della Gnr, gli Np, o le squadre della Decima. Ci furono miriadi di nuclei armati, sbandati dall'8 settembre, alla ricerca di sedi e capi, gerarchi e fascisti già conosciuti.

A essi, come ai capi dell'intelligence alleata o a quelli nostrani, si pose ben presto il problema del futuro dell'Italia dopo la prevedibile sconfitta tedesca. Essi sapevano due cose: la prima che la conferenza di Yalta aveva assegnato l'Italia all'Occidente; la seconda che l'Urss non ebbe mai nessuna intenzione di violarne i vincoli a tal punto che gli interessi sovietici posero l'Italia su un piano marginale rispetto a eventuali mire egemoniche sull'Europa occidentale strappata al nazismo. Questo distacco, probabilmente, accentuò una sorta di *laissez-faire* sulle cose italiane da parte di Mosca, mettendo gli Alleati in condizione di provvedere direttamente alle soluzioni necessarie ai casi che si andavano presentando.

Formalmente, tuttavia, le circostanze deposero per un'obiettiva condizione di accerchiamento del nostro paese da tre punti in particolare: l'area titina, ai confini con la Iugoslavia, quella balcanico-albanese e, l'ultima, interna, la Sicilia, con le sue lotte, i suoi tumulti, le sue aspirazioni e i suoi bisogni, le leggi di riforma agraria che andavano a rompere la rigidità feudale sotto la spinta del ministro comunista dell'Agricoltura Fausto Gullo. Più che le questioni internazionali giocarono forse le spinte riformatrici coniugate con le lotte bracciantili e contadine per la terra che apparvero come una premessa del paventato processo di sovietizzazione dell'economia siciliana e italiana, storicamente temuta dalla Rivoluzione d'ottobre in poi.

Tali preoccupazioni risultano chiare dalla documentazione ora acquisita, ma furono ribadite da una delle personalità più enigmatiche di quegli anni, un agente Oss, un siciliano: Vito Guarrasi. Nel corso di un'intervista video realizzata nel 1999 dal giornalista televisivo olandese Peter Fleury (*Sicilia 103*), l'avvocato Vito Guarrasi (aiutante di campo del generale Castellano, firmatario dell'armistizio di Cassibile con gli Alleati il 3 settembre 1943) rilasciò le seguenti dichiarazioni:

Io avevo dei rapporti di stima con lo Strategic services [l'Oss], *che poi si trasformò in Cia. Questo per ragioni di servizio, perché era il servizio segreto.*

D.: Ma a quel livello, che cosa dicevano [gli americani]*?*

R.: Dicevano che bisognava difendersi, evitare l'invasione dei comunisti. Erano già schierati e con le idee chiare. Se non ci fossero stati gli americani, noi [italiani]*, come li abbiamo avuti a Trieste e in Istria* [i comunisti]*, li avremmo avuti pure in Sicilia!*

D.: Ma come andavano avanti [gli americani] *con questo aiuto? Aiutavano pure gli italiani* [anticomunisti]*?*

R.: Andavano avanti a livelli altissimi – Yalta, ad esempio – nelle trattative... Yalta, ad esempio, stabilì la divisione [tra i blocchi dell'Est e dell'Ovest] *e mise l'Italia fuori dall'invasione* [comunista]*...*

D.: Ma insomma, qui in Sicilia, come si traduceva questo aiuto?

R.: No, non c'era bisogno di un aiuto... Non è che potevano venire [gli americani] *con degli elicotteri in Sicilia. C'erano delle aspirazioni* [del popolo]*, c'erano dei movimenti pericolosi...*

D.: Lo so. Ma gli americani, in che senso potevano...

R.: Influivano... Perché loro creavano dei movimenti di opinione a loro favore.

D.: Come facevano?

R.: Be'... Come facevano... [Guarrasi appare visibilmente imbarazzato]. *Sa... Prima di tutto... Erano delle cose che nascevano quasi naturalmente. Per esempio, erano cose dettate non del tutto da simpatie ma moltissimo da interessi* [Guarrasi riprende un tono deciso]. *Insomma, uno che fosse proprietario di una tenuta cercava di fare tutto il possibile per evitare che questa gli fosse presa* [dai contadini comunisti] *fra le terre incolte.*

La Sicilia e la Venezia Giulia – guarda caso – furono attenzionate dalle stesse sigle e dagli stessi nomi: le Sam e la sfegatata anticomunista Selene Corbellini, di cui ci occuperemo in seguito a proposito del suo rapporto con la banda Giuliano.

Persino gli apparati del ministero dell'Interno furono allertati.[125]

Un rapporto dei servizi segreti Usa del 20 febbraio 1946 aveva già segnalato la presenza di numerosi gruppi neofascisti a Palermo e a Catania. Erano stati rinvenuti volantini di propaganda delle Sam e della Spsfe (Società patriottica siciliana fascista dell'Etna) e non si escludeva che alcuni elementi dell'Evis, in combutta con i neofascisti, partecipassero ad attacchi contro la polizia e le forze armate italiane.[126]

Sull'Evis, il 30 aprile 1946, l'agente JK 23 annota: "I reparti operativi, le cosiddette 'brigate', sono costituiti da un massimo di 50 o 60 uomini, divisi in squadre di 5 o 6 elementi, e ciò allo scopo di sfuggire più facilmente all'individuazione e avere maggiore libertà di movimento nell'attuazione di sabotaggi o rapine." È interessante rilevare che le "brigate" e le "squadre" dell'Evis ricordano da vicino i commandos del battaglione Vega della Decima Mas, sorti nella Rsi alla fine del 1944 e formati in gran parte dai militi degli Np.

Oltre all'Evis, altro terreno di consolidamento del neofascismo fu il partito di Guglielmo Giannini, l'Uomo qualunque, al quale fu legato l'attentatore di Togliatti, il catanese Antonio Pallante. Su questo oscuro personaggio risultano probabili legami con elementi della Decima Mas, come Matteo Guglielmo Ferro.[127]

Propaganda fascista, poi, si svolgeva da parte degli irriducibili della Lega italica. Il fatto, questa volta, deferito all'alto commissario per la Sicilia, comportava la deportazione in un campo di detenzione del segretario dell'organizzazione Faustino La Ferla, di Luigi Sottile e ancora di Girolamo Gagliardi, Calogero Lo Piano e Biagio Busè.[128]

Non c'era solo il Vega, naturalmente. Nella Sicilia del dopo sbarco (1943-1947) si svilupparono e prosperarono forze politico-militari che ebbero in comune un feroce anticomunismo. Tra queste, oltre al Mis (Movimento per l'indipendenza siciliana) di Finocchiaro Aprile e al suo braccio armato, l'Evis (l'Esercito volontario per l'indipendenza siciliana), il movimento dell'Uq, i Far e l'Fdos (quest'ultimo appoggiato e finanziato dalla complessa rete mafiosa facente capo a don Calogero Vizzini e a Calogero Volpe), il Fronte antibolscevico. C'è da aggiungere che l'Uq ebbe dei finanziatori che presero l'iniziativa di acquistare armi.[129]

In qualche modo collegati con i movimenti di destra "patriottardi", nel dopoguerra, si registravano poi – secondo il Sis – alcuni gruppi come l'"Hcanà" e l'organizzazione ebraica "Irgum Zwai Leumi", facente capo a Milano all'avvocato Leone Carpi. I suoi adepti venivano segretamente addestrati in Italia dagli Np della Decima e inviati in Palestina. I fondi derivavano dalle elargizioni degli ebrei americani.

Salvatore Ferreri (classe 1923) fu uno dei personaggi più attivi dell'Evis. Tra il 1945 e il 1946, partecipò alla lotta armata contro lo Stato, che andava modellandosi sulla linea del Cln, mentre i separatisti apparivano anticomunisti e favorevoli alla monarchia.[130] Secondo una lunga video testimonianza resa nell'ottobre del 2002 all'autore, il Ferreri frequenta, a partire dall'estate-autunno del 1943 la base aerea militare di Boccadifalco, in provincia di Palermo. Ferreri visita i suoi familiari ad Alcamo indossando una divisa dell'esercito Usa. In questo periodo inizia ad apprendere la lingua inglese.

Il 1944 è un anno fatidico: i territori liberati diventano terreno per operazioni di addestramento e di sabotaggio contro gli Alleati, e luoghi in cui si allacciano rapporti di nuovo tipo oltre le linee. Valgano per tutte le esperienze raccontate da Bertucci e Carla Costa nei volumi citati in nota.

Sul Movimento unitario italiano (Mui) c'è da dire ancora che appoggiava il Partito d'unione d'ispirazione monarchica. Ne era capo a Catania Flavio Borghese (classe 1902), fratello di Junio Valerio. Aveva una certa diffusione tra gli studenti e una sede presso l'abitazione di Angelo Maccarone.[131] Il Mui, decapitato dagli arresti degli Alleati, continuò la sua azione dal campo di prigionia di Padula, da dove i prigionieri uscirono tra la fine del 1945 e il 1946.[132]

Al filone fascista intransigente è anche legata, a Catania, la nascita dei Far. Fondati a Roma da Pino Romualdi, furono importati nel capoluogo etneo da Nino Platania, che aveva combattuto in Africa Orientale, in Spagna e a El Alamein, con la Folgore. Un fascista repubblicano a tutti gli effetti, che ingaggiò presto personaggi come Girolamo "Momo" Rallo, Nino La Russa, Rosario Costa, Cesare Laurenti, Guglielmo Zarbà, Vito Cusimano e quell'Agatino Giammona, che della Rsi era stato Guardia nazionale.

Neofascisti e separatisti ebbero in comune – e perciò furono per molti versi solidali – l'attacco all'integrità dello Stato. Questa intenzionalità, suffragata da azioni concrete di tipo militare, perdurò anche dopo la riconsegna dell'isola all'amministrazione italiana, avvenuta nel febbraio 1944. L'afflusso a Catania di fascisti romani e fiorentini è un dato confermato anche da altre fonti Oss. In una nota del 28 novembre 1944, l'agente Scamporino segnala che "il leader del Mui, il principe Flavio Borghese, condivide con il Partito unionista (monarchico) l'opposizione al separatismo ma non si pronuncia sulla questione monarchica."[133]

Da Daniele Lembo apprendiamo che in Sicilia, a Catania e a Palermo, disordini e tumulti fecero da sfondo all'apertura dell'anno accademico 1943-1944.[134] All'indirizzo di quella parte del corpo docente più servile verso gli occupanti furono lanciati cocenti insulti. Molti giovani siciliani furono incarcerati nei campi di concentramento di Padula e Terni. Altri movimenti si ebbero a Barletta e a Taranto. Il capo del gruppo di Taranto (con cui prendono contatto gli Np Ceccacci e Bertucci fin dall'inizio del 1944), fu poi internato nel campo di concentramento di Terni e processato per collaborazionismo. Si noti infine che, da Taranto, provengono ben quattro degli undici uomini fermati a Montelepre nell'estate del 1947, di cui parleremo più avanti.[135]

Secondo Francesco Fatica "il personaggio più brillante" del movimento salotino nel Sud fu l'ultracinquantenne principe Valerio Pignatelli, originario di Chieti.[136]

Tra il 1945 e il 1947 Pignatelli (assieme a Buttazzoni) rimase in permanente contatto con Borghese, detenuto nel penitenziario di Procida. Inoltre, da Cava dei Tirreni (Campania) provengono alcuni degli uomini fermati dalle forze dell'ordine a Montelepre nell'estate del 1947.[137]

Attiva fu anche la principessa Pignatelli che nel marzo 1944 attraversò le linee nei pressi di Napoli per raggiungere il territorio controllato dai tedeschi. Intercettata, affermò che suo marito, la "primula rossa" del terrorismo anticomunista meridionale, stava organizzando un movimento fascista di resistenza al governo Bonomi il cui centro si trovava in Calabria. Aggiunse che le attività sovversive miravano soprattutto a combattere il comunismo in Italia. L'agente interrogante ebbe l'impressione che il movimento non mancasse di membri potenziali, ma che fosse scarso dal punto di vista degli armamenti. Occorrevano quindi finanziamenti e istruttori militari. La principessa chiese poi di essere presentata a Mussolini in persona. Il generale Kesserling si interessò all'argomento, fece accompagnare la donna da Fasano, perché la mettesse in contatto con Barracu, il sottosegretario di Mussolini.[138] Nel '43, prima del 25 luglio, Valerio Pignatelli era stato messo a capo della "Guardia ai Labari", nata su proposta dell'ultimo segretario del Pnf, Carlo Scorza, nella imminenza dell'invasione alleata. Un uomo di spicco, dunque, ma anche di fegato, se a cinquant'anni era diventato paracadutista e i suoi uomini erano destinati a compiere azioni di sabotaggio e disturbo nelle retrovie americane; che si era distinto in Etiopia prima e come comandante delle Frecce nere nella guerra di Spagna, dopo.[139] L'aggregazione del clandestinismo fascista proseguì anche negli anni successivi. Verso la fine dell'estate del '47 si costituì a Roma una Federazione nazionale di combattenti repubblicani alla quale ebbero accesso soltanto i militi della ex Rsi. Vi fecero parte, Veniero Spinelli, Emilio Canevari, Franco Giannoni, Giovanni Teodorani e altri. "Organizzazione tipicamente anticomunista a carattere militare," aderì al Fronte antibolscevico e si "propose di contribuire alla pacifica e democratica ricostruzione dell'Europa."[140] Contava 18.000 aderenti. Come risulta dallo statuto, potevano iscriversi alla federazione soltanto gli ex appartenenti alle forze armate repubblicane.[141] Prese il via la sera del 16 settembre 1947 in casa di Vittorio Ambrosini, dove si radunavano tutti i capi delle formazioni militari neofasciste già aderenti al Pfr. I rapporti di quest'ultimo con gli industriali del Nord furono piuttosto intensi, tanto che, verso la fine di agosto, una commissione capeggiata dal colonnello Amoroso si recò a Milano per ricevere 200 milioni. La consegna del denaro non avvenne. Successivamente altri emissari dell'Ambrosini si recarono a Milano e incassarono la somma elargita "per il lago di sangue voluto dagli industriali."[142] Il documento precisa ancora che si stava provvedendo "alla distribuzione di armi automatiche nuove e di munizionamento." Il tentativo di colpo di Stato vedeva attivamente coinvolti tra gli altri il generale Navarra Viggiani e il generale Muratori (Eca), il capo dei Far, il colonnello Buttazzoni, i gruppi clandestini fascisti che avevano aderito al movimento Arditi.

Un'attenzione particolare meritano, in ultimo, le armi in dotazione alla Decima Mas nel periodo 1943-1945. Figurano il fucile mitragliatore Breda mod. 30, cal. 6,5; il moschetto automatico Beretta mod. 38, cal. 9; il moschetto mod. 1891/38, cal. 6,5.[143] Secondo i giudici del processo di Viterbo, tra le armi utilizzate dalla banda di Salvatore Giuliano a Portella della Ginestra, durante la strage, vi sono il fucile mitragliatore Breda mod. 30, cal. 6,5 e il moschetto mod. 1891/38, cal. 6,5. Il moschetto automatico Beretta mod. 38 cal. 9, è invece utilizzato – come meglio vedremo più avanti – da Salvatore Ferreri/Fra' Diavolo e dai fratelli Giuseppe e Fedele Pianello, suoi abituali accompagnatori. È infine da rilevare che tra le armi dei commandos della Decima troviamo anche la bomba a mano SRCM mod. 35, lo stesso tipo di bomba utilizzato per gli assalti alle Camere del lavoro della provincia di Palermo (22 giugno 1947). Probabilmente queste armi erano largamente diffuse in quell'epoca, ma sta di fatto che esiste una perfetta corrispondenza tra quelle usate dalla banda Giuliano e le altre provenienti dal clandestinismo fascista e dalla Decima in particolare. D'altra parte tutta la vicenda di Giuliano è avvolta da soggetti che furono fascisti o nell'Ovra, ai più alti livelli: da Verdiani a Messana e Ugo Luca. Chiusa a maglia, la banda monteleprina ebbe la funzione di un perfetto parafulmine. Senza Giuliano e i suoi uomini sarebbe stato impossibile ricorrere a un piano protettivo capace di reggere in modo duraturo e con grande possibilità di successo agli urti provocati da qualsiasi intemperie. E ce ne sarebbero state parecchie se si fossero lasciati aperti buchi dappertutto e se gli scenari in cui si mossero quelli che ci sono sembrati per lungo tempo i veri protagonisti di quelle vicende non fossero stati sapientemente costruiti proprio per evitare certe scene e rappresentarne altre.

Verdiani fu membro dell'Ovra e, dopo la Liberazione, questore di Roma; Messana un criminale di guerra e un ricercato di spicco degli Alleati; Luca un uomo di fiducia personale di Mussolini.[144] Secondo il generale Carboni, Luca sarebbe stato personalmente incaricato da Mussolini di recarsi in Turchia, nel maggio del 1943, per avviare trattative segrete con la Russia sovietica, con l'obiettivo di concludere una pace separata dalla Germania e sganciare l'Italia dal fronte orientale.[145] Il rapporto di fiducia tra Luca e Mussolini è confermato il 6 settembre 1945 dall'Oss che segnalava l'antica vicinanza di Luca a Mussolini e al fascismo.

Quanto ai rapporti tra Verdiani e Giuliano, essi sono solidamente documentati da un carteggio e dalle connessioni che emergono tra l'ispettore e le mafie locali, negli anni in cui Giuliano è ormai un peso e si lavora per la sua eliminazione. Ma su quale tavolo stavano giocando Luca e Verdiani? E per conto di chi? Per dare una risposta occorre premettere che l'ispettore non fu il terminale solo delle nuove attenzioni di Pisciotta, ma anche e soprattutto del capobanda. Lo documentano alcune carte inviate all'indirizzo romano di Verdiani. In una viene offerto un memoriale sui fatti di Portella. Non era un'offerta spontanea e gratuita; era il frutto di un patto. Dopo circa due mesi pervenne all'ineffabile uomo di Stato un manoscritto di quindici cartelle a firma autografa di Giuliano, indirizzato agli "egregi signori magistrati". Verdiani lo inviò dopo qualche giorno all'indirizzo privato del procuratore della Repubblica di Palermo, Emanuele Pili, col quale era rimasto da sempre in contatto.[146]

Evidentemente l'ispettore esercitava attrattive irrinunciabili; continuava a giocare promettendo. Molte intese erano di necessità epistolari. A Viterbo furono esibite le seguenti lettere:
- Verdiani a Miceli (capomafia di Monreale): "Carissimo amico Ignazio", 26 febbraio 1950;
- Verdiani a Giuliano: "Carissimo Salvatore", 23 febbraio 1950;
- Pisciotta a Verdiani: 14 giugno 1950 (inizio non precisato);
- Giuliano a Verdiani: "Caro commendatore" (due pagine), 18 febbraio 1950;
- Giuliano a Verdiani, lettera per "l'Egregio direttore" (due pagine);
- Giuliano a Verdiani, "Commendatore carissimo", 23 febbraio 1950 (due pagine);
- Giuliano a un "Egregio signore", due lettere di una pagina.

Dall'avvocato Crisafulli inoltre furono esibite altre lettere:
- Giuliano a Verdiani, ricevuta a Roma il 14 febbraio 1950 e intestata "Carissimo commendatore";
- di Perenze a Pisciotta, intestata "Caro amico" non datata ma scritta prima della morte di Giuliano, e firmata "Antonio";
- di Perenze a Pisciotta, intestata "Mio caro amico" non datata e firmata "Antonio".

In queste ultime Perenze fa riferimento a un "amico di Roma" e a un "maestro" che egli di fronte ai giudici volle identificare nel colonnello Luca[147] che non era né romano né "maestro", visto che il termine si poteva meglio riferire a qualche convitato di pietra piuttosto che a un graduato dell'Arma. Dietro tutto questo gran da farsi si agitavano non solo i tentativi per eliminare Giuliano, ma anche le acque tempestose dei fascisti che avevano utilizzato Giuliano per i loro scopi ed erano alla ricerca adesso di come liquidarlo. Luca fu l'uomo chiave del vecchio regime messo alle calcagna di Giuliano, per eliminarlo. Per tale operazione, l'apparato dovette ricorrere, dunque, a un graduato dell'Arma di grande prestigio internazionale, quale fu, appunto il Luca, già fiduciario personale di Mussolini, nella fase in cui questi tentò, prima della fine, di salvare se stesso e ciò che restava del fascismo.

Altro dato da non trascurare è che la banda Giuliano fu segnata dalla presenza delle donne. Comparse sugli scenari quasi occasionalmente, come divinità tutelari di un mondo ora aristocratico ora pastorale, in realtà esse furono determinanti nell'organizzazione delle attività eversive e nelle varie forme di collegamento tra diverse realtà territoriali del nostro paese. A parte Claretta Petacci, o la Doris Durante, amante di Pavolini e "bomba sexy del cinema littorio",[148] si registrano diverse figure femminili in quella temperie che non fu solo siciliana. Da questo punto di vista i mass media esercitarono una notevole influenza depistante, associando a molti capi eversivi le loro compagne. Anche Giuliano subì questa sorte. Il bandito fu, infatti, un affare per parecchi giornalisti e fotoreporter. E ha continuato a esserlo anche in tempi più recenti, per certi registi e romanzieri. Cominciò, prima tra tutte, Maria Teresa (o Tecla) Cyliacus, donna dei servizi segreti americani, accreditata di fronte all'opinione pubblica come un'avvenente giornalista svedese di 35 anni, romantica e affascinata dal mito del bandito imprendibile. Un giorno d'autunno del '48, approdò a Montelepre con il desiderio di vedere da vicino quell'uomo che scorazzava per le montagne seminando terrore e morte dappertutto. Non trovò difficoltà alcuna e forse ebbe fortuna, perché non solo raggiunse il "re di Montelepre", quando le forze dell'ordine per anni non erano riuscite in questo intento, ma divenne – come ebbe a scrivere Frank Mannino al suo avvocato, il 22 ottobre 1951 – "l'unica persona a sapere tutti i segreti di Turiddu; tanto che un giorno – afferma 'Ciccio Lampo' – Giuliano ci ha dato una sua fotografia che sul retro aveva scritto: 'All'unica persona di cui ho paura. Giuliano'." In realtà, nel rapporto tra la Cyliacus e Giuliano, valse l'intrigo politico, lo spionaggio internazionale, il tessuto generale del clandestinismo fascista. Mai nessuno indagò in questo senso.[149] La giornalista conosceva bene la situazione interna della banda, le relazioni tra banditi e mafiosi e gli accordi presi da Giuliano con gruppi politici, prima e dopo Portella.[150] Pertanto ebbe meno interessi per la cronaca e più motivate aspirazioni di altra natura che le consentivano di potere essere certa, lei che viveva a migliaia di chilometri da Montelepre, che trafficava in armi e girava il mondo, che ad ammazzare Giuliano era stato Gaspare Pisciotta.[151] Unico tempestivo resoconto d'un giornalismo che non poté diventare neanche cronaca. "Scrisse pessimi articoli, grondanti di languido romanticismo, nei quali l'unica cosa che si capiva era che i banditi erano delle brave persone e i poliziotti una massa di delinquenti. Questa disinvolta analisi – scrive Magrì – le costò l'espulsione dall'Italia." Altre tentarono di seguirla con minore fortuna: Frieda Burdickel, redattrice di un settimanale viennese, Marcella D'Arle, anche lei austriaca, e l'udinese Ida Martinazzi.[152] Quanto il capobanda ne sia stato attratto non si sa. Sicuro è, invece, che nell'anno di Portella, aveva una domestica, certa Maria Di Paola[153] che, come del resto altre donne locali, ad esempio Pietra Genovese, sorella dei più noti banditi, doveva rappresentare per lui qualcosa di meno frivolo. Anche negli interessi della banda.

La più enigmatica di tutte queste donne fu Selene Corbellini, rappresentante delle Sam, detta Rosalba Zini. Non si occupava di incontri galanti, ma di gruppi sovversivi.[154]

Il 13 settembre 1944 Scamporino (Oss) entrava in contatto con Enrica Cesana, 23 anni, originaria di Monza, ex attrice cinematografica proveniente da Roma. La donna era sospettata di aver svolto attività in favore dei tedeschi. Dal momento che dichiarava di essere un agente al servizio dei britannici, alla *Port security section,* il governo militare britannico nella Sicilia orientale, le veniva chiesto di collaborare. Interrogata la donna affermava di aver mantenuto contatti con il barone Francesco Gaudioso, 35 anni, originario di Vizzini (Caltagirone), ufficiale della milizia fascista proveniente da Roma. Entrambi avevano svolto attività in favore dei tedeschi. Quindi venivano condotte delle indagini su: Primo Cantina, Lidia Fabris, Ermanno Zuckermann Terrazzi e Enrico Borroni, agente radiotelegrafista. Una settimana prima, il sottocentro di Palermo aveva proceduto all'arresto di Anna Mulatto, ex membro del servizio ausiliario femminile delle truppe germaniche in Italia, impegnata nell'organizzazione "David".[155]

Altre donne sono quelle che ruotano attorno alla figura di Puccio Pucci e Aniceto Del Massa. Il primo aveva come amante Marcella Mirella detta Micia, ragazza di diciott'anni, che gli "costava centinaia di biglietti da mille in pellicce vestiti e gioielli, oltre il mantenimento". Vivevano in un lussuoso appartamento. Il Del Massa abitava con la figlia Nadia e con l'amante Adriana Ribecca, una fiorentina, come la sua prima dattilografa, la ventenne Luciana Papi, morta in circostanze mai chiarite.[156] Nel giro di Pucci e Del Massa vi era, poi, la signora Casù, alla quale sarebbe stato affidato il compito di sopprimere il comandante partigiano Pio Moscatelli, per la somma di lire 100.000. Collaboratrice dell'ex questore repubblichino Pasquali, anche quest'altro caso ci fa capire come Del Massa controllasse non solo la criminalità politica, ma anche ingenti somme di denaro.

L'organigramma del gruppo, che contava su 350 affiliati, la maggior parte al Sud, aveva lo "scopo di far rivivere il fascismo dopo la caduta del medesimo". Si presume che a parte gli autofinanziamenti derivanti dagli assalti alle banche o dalle estorsioni, la maggior parte del denaro provenisse dai circuiti economico-finanziari della Repubblica di Salò, o da quelli che direttamente erano controllati da Mussolini e da Pavolini. Il gruppo si presentava con una sua organica articolazione, secondo un modello di tipo militare.

Firenze, città di Pavolini, è ricorrente nei gruppi eversivi. E lo sarà anche dopo la conquista alleata della capitale toscana, anche se operativamente diventeranno altre le città strategiche degli uomini della Rsi e di quanti ritennero di dover salvare la dignità della patria "offesa" dall'8 settembre.

Oltre a Giuseppe Sapienza e a Rossi (probabilmente – come vedremo – il Salvo Rossi/Ferreri/Fra' Diavolo, di cui ci occuperemo in seguito), altro siciliano che troviamo a Campalto è Francesco Dionisio, coetaneo di Ferreri, nato a Catania il 13 febbraio 1923. Già di stanza presso il battaglione guastatori San Marco della Decima Mas, a La Spezia, il 17 luglio 1944 fu reclutato nell'organizzazione dell'Sd germanico per ordine del Wolff. Dopo avere completato un corso di addestramento al sabotaggio presso la scuola di Campalto, si presentò al maggiore Schelotto. Il 31 ottobre 1944 ricevette 30.000 lire per recarsi a Firenze. La sua missione consisteva nell'infiltrarsi tra i servizi di intelligence alleati per appurare quali agenti fossero in procinto di entrare nella Rsi. Il 4 novembre 1944 fu arrestato dagli uomini del Cic, nei pressi di Monzuno (nell'Appennino tosco-emiliano).[157]

Tra i nuclei clandestini abbiamo ancora i seguenti:
- le Raam (febbraio 1946, reparti antitotalitari antimarxisti monarchici);[158]
- il movimento antimarxista italiano a Roma. Il simbolo era costituito da un teschio umano con due ossa incrociate in basso (marzo 1946);

- il Fronte italiano anticomunista (giugno 1946);
- le Sam (febbraio 1946, squadre d'azione Mussolini) che parteciparono con l'Evis ad attacchi contro la polizia e le forze armate.[159]

Il clandestinismo fascista rappresentò una delle componenti del quadro eversivo di cui ci stiamo occupando. Per quanto esso certamente non sia ancora conosciuto nella sua interezza e complessità, nonché nella sua continuità generazionale, comunque fu un fenomeno trasversale che interessò estesi gruppi di monarchici delusi, di soggetti e partiti che ne fecero una filigrana comune, uniti, come furono, dalle stesse tensioni e dalla convinzione che i sovietici stessero organizzando il controllo sull'Europa. Lo stato di tensione cominciò a precipitare già nell'autunno del '46. Negli ambienti filo-fascisti palermitani, la notizia che grosse formazioni di uomini, militarmente inquadrate e armate, venivano concentrate nelle zone alpine e tenute pronte per una nuova marcia su Roma trovava molto credito ed era diffusa con ricchezza di particolari. Insistenti erano poi le voci circa l'esistenza in Sicilia di battaglioni bene armati e pronti, dietro un ordine, a marciare su Roma per rovesciare il governo e impadronirsi del potere. Si insiste anche sul fatto che, questa volta, anziché dal Nord, come avvenne nel 1922, la marcia sarebbe iniziata dalla Sicilia.[160]

Alcune informazioni importanti ci vengono consegnate dall'ufficio politico del ministero dell'Interno, tre settimane dopo la strage di Portella della Ginestra. Ad esempio dall'interrogatorio di Ettore Tomassetti (classe 1928), milite del battaglione Barbarigo al fianco dei tedeschi sul fronte di Nettuno, apprendiamo che, dopo la Liberazione, un movimento neofascista collegato con la Sicilia aveva sede a Roma e tramava un colpo di Stato. Ingaggiato, fu messo alle dipendenze del capitano d'artiglieria, Gaspare De Prazza, che egli accompagnò in Sicilia nel novembre 1944. Del movimento, che disponeva di ingenti quantitativi di armi, avrebbero fatto parte, tra gli altri, oltre a Borghese, alcuni prelati, come il vescovo di Agrigento Sclafani, un monsignore abitante in Vaticano, Giuseppe De Carolis (classe 1918), un sergente della Decima, che aveva organizzato un giro d'affari basato sull'incetta di macchine rubate che egli riusciva a vendere poi al ministero dell'Aeronautica.[161]

Ma il fascismo da solo non bastava a spiegare i fatti che accadevano. Almeno in Sicilia. Altra componente strutturale fu la mafia. Questa era ancora legata a un'idea di nicchia sociale e territoriale su cui esercitare il proprio potere; si era incontrata con una dimensione internazionale grazie alle correnti migratorie e alla sua modernizzazione negli Stati Uniti, dove aveva cessato di essere realtà esclusivamente sedentaria, legata alla terra e alle sue risorse, per diventare organizzazione criminale dinamica, gangsterismo in grado di avere, però, un codice genetico originario. È abbastanza documentato che dopo l'entrata in guerra degli Usa la mafia italo-americana (e quella d'origine siciliana in particolare) fu sensibilizzata in funzione bellica, ad esempio per la difesa del porto di New York dai continui atti di sabotaggio operati da squadre delle potenze dell'Asse. Fu in tale quadro che Lucky Luciano e i suoi "compari" mafiosi furono chiamati a dare il loro apporto allo sforzo bellico degli Usa. È quanto emerge dall'inchiesta che il commissario governativo di New York, William B. Herlands, condusse sulla collaborazione tra la Marina da guerra americana e la mafia. Vedremo più avanti in che termini e come ebbe a verificarsi tale collaborazione. Probabilmente Salvatore Lucania, meglio conosciuto come Lucky Luciano, fece di tutto per favorire gli interessi americani nell'area del porto. Ne ebbe come contropartita il trasferimento in carceri di minore rigore e, nel 1946, la sua "espulsione" dagli Stati Uniti nella natia Italia, decisa dal governatore di New York, Thomas E. Dewey. [162]

Banditi nel sistema planetario mafioso

Con il crollo del fascismo e del vecchio Stato le classi dominanti siciliane si vennero a trovare di fronte a un fatto inedito provocato dalla guerra: la trasformazione dei latifondi in terreni disponibili per le aziende agro-pastorali. Ciò favorì gli interessi degli agrari, che preferirono dare i terreni a pascolo. Non spendevano nulla, abbattevano i costi della concimazione, attuavano la rotazione agraria. Latifondisti e pastori vennero così a incontrarsi. Questi ultimi avevano bisogno di grandi disponibilità di terreno per superare le difficoltà della transumanza. I mafiosi fecero da mediatori e trovarono un nuovo terreno di convergenza con i pastori/banditi che si aggiungeva a un atavico assetto sociale, statico per i ceti subalterni, ma anche per i gabelloti. Il banditismo incrociò così la mafia dei latifondi e fu costretto a venire a patti con lei, cioè con la grande proprietà latifondistica e con l'aristocrazia decadente, timorosa di perdere antichi privilegi. Il fenomeno riguardò molte bande armate (erano 38 in Sicilia al momento dello sbarco anglo-americano) che, per il loro carattere anarchico, per la loro indisponibilità a ubbidire ad altri capi o ad accettare regole e sudditanze, non ebbero vita facile con i nuovi interlocutori e tennero, perciò, molti paesi in subbuglio, favoriti, dopo lo sbarco, dai forti disagi delle popolazioni, dal caro vita, dalla renitenza alla leva obbligatoria, da scioperi e tumulti. L'elemento decisivo che accomunò le diverse bande fu la lotta contro la coscrizione che determinò in tutta la Sicilia i moti del "Non si parte". Essi altro non furono che un rifiuto a combattere contro i tedeschi sulla linea gotica, e cioè, un'implicita resistenza contro il nascente nuovo Stato.

Nessuno riuscì a mettere ordine, neanche il generale dell'Esercito Giuseppe Castellano. La pacifica manifestazione del 19 ottobre 1944 di via Maqueda a Palermo si concluse con un fallimento delle truppe della divisione Aosta, di fatto dipendenti dagli Alleati. È difficile pensare che i graduati dell'Esercito abbiano potuto ordinare una strage (24 morti e 158 feriti), senza un preciso consenso delle sfere più alte. Queste, atterrite dai pericoli che la situazione potesse sfuggire loro di mano, avevano lasciato fare. Non avevano soluzioni d'intervento, tranne il braccio armato. Fu proprio la paura a giocare brutti scherzi e a spingere i gruppi dominanti di allora a ricorrere alla mafia.

In un documento dell'Oss del 5 aprile 1945, intitolato "L'alta mafia combatte il crimine," leggiamo che fino al mese di marzo si era verificato un forte deterioramento della pubblica sicurezza e un incremento della criminalità[163] e che l'alta mafia aveva tenuto una serie di riunioni segrete a Palermo, già all'inizio di quel mese, per tentare di bloccare "l'ondata criminale".[164] L'elenco delle esecuzioni, una ventina, ordinate dai boss in tutta l'isola, è impressionante; l'analisi della situazione, sorprendente:

Calogero Vizzini, il capo dell'alta mafia in Sicilia, avrebbe affermato: "Ora basta. La Sicilia deve tornare alla tranquillità nelle campagne e sulle strade. Alcuni elementi sono già stati eliminati, ma altri cento devono ancora cadere. Il fascismo ha diffamato la Sicilia con le sue leggi speciali di pubblica sicurezza. Venivamo considerati una colonia di criminali. Mori e i suoi agenti di polizia sono responsabili per il degrado morale, economico e politico della Sicilia. Oggi, gli americani devono vedere la Sicilia come un gioiello del Mediterraneo."

La Pubblica sicurezza e i Carabinieri sono apertamente favorevoli all'improvviso interesse dell'alta mafia per la situazione della legge dell'ordine e volutamente evitano di investigare sugli omicidi dei suddetti fuorilegge.[165]

Questa, dopo la legittimazione amministrativa con le varie nomine a sindaci di parecchi capimafia, fu la seconda investitura che la mafia ebbe dagli organi dello Stato: il mantenimento dell'ordine laddove non poteva essere mantenuto per le vie ordinarie. Il partito democratico dell'ordine, separatista filoamericano, da quel momento si chiamò Fronte democratico dell'ordine siciliano (Fdos), con un programma in venti punti che contemplavano, tra l'altro, la diffusione della "libera democrazia americana". Nella saldatura tra mafia e potere trovarono una spiegazione la nascita e la liquidazione del banditismo. A Viterbo Gaspare Pisciotta, il braccio destro di Giuliano, ebbe a dire: "Siamo tutti una cosa: mafia, polizia e banditi, come la santissima trinità." Si sbagliava: i banditi non erano nel gioco perverso a tre che qualcuno stava conducendo.

In questo gioco non c'era solo il terzo incomodo di Giuliano. Vi erano altri soggetti senza i quali nessun bandito sarebbe sopravvissuto per più di un giorno. I Miceli e i Minasola, nel palermitano, occupavano un livello relativamente elevato nella struttura di potere mafioso, superiore a quello rappresentato da qualsiasi banda siciliana. Essi tendevano ad assolvere una prevalente funzione di mediazione tra potere centrale e mondo periferico e informale delle città e delle campagne. Era la funzione che mancava a qualsiasi banda siciliana. Perciò, quando, nel settembre 1943, nacque la figura di Giuliano, la sua sorte restò segnata. Il bandito credette di avere una sua autonomia ma, come Pisciotta, si sbagliava. Forse fu illuso dall'altro soggetto della partita a tre che si stava giocando: i neofascisti, decisi a combattere, come i baroni separatisti, lo Stato nuovo che stava nascendo dopo il crollo del regime.

Dalla nascita dell'Fdos agli anni successivi furono eliminate quasi tutte le bande armate della Sicilia e, sul fronte opposto, fu decapitato il movimento democratico. Dal 1944 al 1947 si registrò una catena interminabile di omicidi che colpì dirigenti sindacali, uomini politici o rappresentanti delle pubbliche istituzioni; sembrò dipanarsi un unico filo conduttore, l'uso, cioè, della forza militare, più o meno direttamente impiegata, o del piombo della mafia per mantenere l'ordine costituito, o per impedire che fossero varcate certe soglie di sicurezza al di là delle quali non era consentito andare.

Una cronologia essenziale ci aiuta a meglio contestualizzare i fatti che accaddero in quegli anni:

1944

giugno	Sorgono in Italia alcune scuole di sabotaggio legate ai servizi segreti nazifascisti.
6 agosto	Casteldaccia. Assassinio di Andrea Raja, membro del comitato di controllo dei "granai del popolo".
16 settembre	I mafiosi di Villalba attaccano un comizio del Pci al quale partecipano Girolamo Li Causi e Michele

	Pantaleone. Tra i provocatori troviamo anche dei fascisti.
ottobre	Industriali e agrari massoni impiegano armi e denaro per "eliminare tutti i filo-comunisti; finanziare squadre di ex fascisti e gangster."
19 ottobre	Strage di Palermo. L'esercito di Castellano (divisione "Aosta") spara sulla folla: 24 morti e 158 feriti.
21-27 novembre	Alfred Nester informa il governo americano che il generale Giuseppe Castellano si è riunito con i capimafia della Sicilia chiedendo loro di prendere il comando di un movimento per l'autonomia che avrebbe avuto il sostegno del Fdos (Fronte democratico dell'ordine siciliano presieduto da don Calò Vizzini).

1945

gennaio	Comiso. Moti del "Non si parte". 19 morti tra i rivoltosi e 15 tra i militari.
21 marzo	Padova. In attuazione del piano Graziani si costituisce il coordinamento della rete clandestina destinata a operare dopo la sconfitta.
2 maggio	Occupazione titina di Trieste. La Osoppo si scioglie dando vita, al 3° Corpo volontari della libertà e alle formazioni tricoloriste.
10 maggio	Borghese si consegna agli americani che lo sottraggono alle formazioni partigiane. A salvarlo dalla fucilazione è James Jesus Angleton.
30 maggio	Calogero Curreri e Diego Capraro, mafiosi agli ordini dell'agrario Rossi di Sciacca tendono un agguato ai sindacalisti Venezia, Rosa e Perrone.
2 giugno	Vengono esplosi quattro colpi di pistola contro Antonio Innati segretario della Camera del lavoro di Vicari. Il dirigente sindacale rimane incolume, ma vengono feriti alcuni passanti.

4 giugno	I mafiosi di Siculiana esplodono, nel corso della notte, diverse fucilate contro le finestre delle abitazioni dei dirigenti sindacali locali.
7 giugno	A Trabia viene ucciso Nunzio Passafiume che aveva avuto atteggiamenti egualitari e aveva suscitato la collera dei mafiosi.
17 giugno	Un gruppo di industriali (fra cui Pirelli, Falck, Piaggio, Costa e Valletta) costituisce un fondo per la lotta al comunismo. Le squadre vengono affidate a Tito Zaniboni.
17 giugno	Antonio Canepa e gli studenti Giuseppe Lo Giudice e Carmelo Rosano vengono uccisi dai carabinieri, in un agguato teso con matematica precisione. L'Evis passa sotto il controllo della destra separatista che vi mette a capo il bandito Giuliano.
settembre	Villafranca (periferia di Palermo), cottage del barone Lucio Tasca. Primo convegno interprovinciale della mafia.
11 settembre	La mafia di Ficarazzi uccide con una raffica di lupara il segretario della Camera del lavoro Agostino D'Alessandro.
20 settembre	Negli Usa viene sciolta l'Oss che nel '47 verrà sostituita dalla Cia.
24 settembre	La mafia appicca il fuoco alla Camera del lavoro di Partinico.
25 novembre	A Mazzarino viene ferito a fucilate in faccia e sfregiato Giuseppe Lo Cicero: canticchiava l'"Inno dei Lavoratori".
25 novembre	A Cattolica Eraclea viene aggredito a fucilate e bombe a mano il segretario della Camera del lavoro Giuseppe Scalia che rimane orribilmente straziato. Nell'aggressione viene ferito il vicesindaco socialista Aurelio Bentivegna.
5 dicembre	Ventimiglia Sicula. Due raffiche di lupara uccidono il segretario della Camera del lavoro Giuseppe Puntarello.
22 dicembre	Trapani. Una carica di dinamite viene fatta esplodere nei locali della Camera del lavoro.

1946

gennaio	Nascono i primi gruppi clandestini fascisti. I più importanti sono i Far fondati da Pino Romualdi, Clemente Graziani, Pino Rauti.
7 marzo	Viene ucciso il segretario della Camera del lavoro di Burgio Antonino Guarisco.
16 maggio	A Favara viene ucciso il sindaco socialista Gaetano Guarino.
28 giugno	Viene ucciso il sindaco socialista di Naro Pino Camilleri.
giugno	All'oscuro dei ministri comunisti e socialisti, De Gasperi vara un piano di aiuti alle formazioni tricoloriste.
12 luglio	Nasce l'organizzazione "Gehlen", emanazione dei servizi Usa.
5 agosto	Caccamo. Scontri tra contadini e forze dell'ordine per questioni connesse all'ammasso del grano. 20 morti e 60 feriti tra i rivoltosi, 4 morti e 21 feriti tra le forze dell'ordine.
22 settembre	Ad Alia una bomba fa saltare in aria la casa del segretario della Camera del lavoro, mentre si svolge una riunione per l'occupazione dei feudi. Cadono Giovanni Castiglione e Girolamo Scaccia.
2 ottobre	Viene ucciso a Santa Ninfa dal suo padrone il mezzadro Giuseppe Biondi. Rivendicava la ripartizione dei prodotti agricoli secondo il decreto Gullo.
23 ottobre	Corleone. Viene presa d'assalto la casa del segretario comunista Michele Zangara.
2 novembre	A Belmonte Mezzagno vengono uccisi i fratelli Giovanni, Vincenzo e Giuseppe Santangelo. La Federterra aveva costituito una cooperativa per l'assegnazione del feudo Gulino.
21 novembre	A Palermo, in una riunione di capimafia, il boss Cottone dichiara che "la mafia è pronta a combattere i comunisti anche con le armi".
25 novembre	Viene ucciso Giovanni Severino, segretario della Camera del lavoro di Joppolo.

27 novembre	Viene ferito a una gamba Serafino Cucchiara, segretario della Camera del lavoro di Aragona.
28 novembre	Viene ucciso il contadino comunista Paolo Farina di Comitini.
21 dicembre	Viene assassinato Nicolò Azoti, segretario della Camera del lavoro di Baucina.

1947

4 gennaio	Viene ucciso Accursio Miraglia, segretario della Camera del lavoro di Sciacca.
5 gennaio	Viaggio di De Gasperi negli Usa.
11 gennaio	Scissione di palazzo Barberini; la destra del Psi si costituisce in Psli grazie ai forti finanziamenti americani.
11 gennaio	Canicattì (Agrigento). Attentato contro il segretario della Camera del lavoro Antonino Mannarà, che risponde al fuoco e mette in fuga gli aggressori.
19 febbraio	Viene ucciso Pietro Macchiarella, dirigente della Camera del lavoro di Ficarazzi.
7 marzo	Messina. In una manifestazione contro il carovita i carabinieri uccidono Biagio Pellegrino e Giuseppe Martorana, 15 i feriti.
16 aprile	Vengono lanciate due bombe a mano contro la casa di Giuseppe Macaluso, consigliere comunale comunista di Piana degli Albanesi.
18 aprile	Bombe a mano contro una sezione del Pci di Palermo.
25 aprile	Foster Dulles dichiara al Congresso statunitense: "Noi non possiamo ragionevolmente limitare la nostra reazione contro la strategia comunista ai casi in cui siamo invitati dal governo al potere. Dobbiamo essere noi a decidere quando, come e dove agire."
1° maggio	Strage di Portella della Ginestra.
8 maggio	Viene ucciso con un colpo di pistola in bocca, il comunista di Partinico Michelangelo Salvia.
11 giugno	Comiso. Attentato contro l'ex sindaco socialista Giuseppe Intorrella.

22 giugno	Strage di Partinico e assalti alle sedi del Pci e delle Camere del lavoro di altri comuni della provincia di Palermo. Vengono uccisi i dirigenti sindacali della Cgil Giuseppe Casarrubea e Vincenzo Lo Iacono
23 giugno	Mazzarino (Cl). Bomba contro il dirigente comunista Paolo La Rosa. L'ordigno non esplode.
27 giugno	Eliminazione in contemporanea di due squadre della banda Giuliano (Ferreri e Taormina-Mazzola).
ottobre	Secondo rapporti del Dipartimento di Stato Usa, Frank Gigliotti, esponente della massoneria ed ex agente dell'Oss, si mette al lavoro per "riattivare la vecchia banda di agenti dei servizi segreti strategici in Italia come mezzo per combattere il comunismo".
23 ottobre	Terrasini. Viene ucciso Giuseppe Maniaci, segretario comunista della locale Federterra.
3 novembre	Viene ucciso Calogero Caiola di San Giuseppe Jato. Era stato un prezioso testimone della strage di Portella della Ginestra.
8 novembre	Viene ucciso Vito Pipitone, segretario della Confederterra di Marsala.
22 dicembre	Campobello di Licata e Canicattì. Le forze dell'ordine sparano sulla folla in sciopero: 3 morti a Canicattì (Giuseppe Amato, Salvatore Lauria, Giuseppe Lupo), uno a Campobello (Francesco D'Antona).[166]

Una scia di sangue, senza colpevoli e senza giustizia, aveva dipanato a macchia di leopardo il filo rosso che univa tutti quei morti in un'unica sequenza senza fine. Per arrestarla sul nascere, nel maggio del 1945, era stato nominato capo dell'Ispettorato generale di Ps per la Sicilia Ettore Messana, un siciliano di Racalmuto, domiciliato a Roma. Questi, a 64 anni, era già al termine della sua carriera. L'aveva iniziata alcuni decenni prima suggellandola con uno di quei fatti che avevano legato il suo nome a un evento tragico del biennio rosso: la strage di Riesi del 1919. Forse apparve l'uomo giusto in un momento difficile; forse si credette, creando quel nuovo organismo di disporre di uno strumento adeguato al compito che il nuovo Stato, nato dalle lotte di Liberazione, doveva assolvere: sconfiggere una piaga secolare, il simbolo vivente di un'Italia barbarica e premoderna. Ma Messana non assolse a questo compito. Apparve forse come l'uomo capace di sconfiggere un fenomeno ormai fuori dalla storia, senza connessioni col presente e col futuro. Di fatto fu un anello nevralgico del blocco reazionario in Sicilia, che servì a garantire l'impunità negli attacchi neofascisti e mafiosi contro la sinistra. Le cose, infatti, andarono diversamente da come furono rappresentate dagli atti ufficiali che le raccontarono. Egli portò il banditismo al massimo della sua funzione e gli industriali e gli agrari al punto più cruento della loro reazione. Soprattutto finse di sconoscere la grande trama eversiva che si stava tessendo e della quale egli, al contrario, poteva considerarsi come uno dei principali snodi, un passaggio in qualche senso obbligato. Fu Girolamo Li Causi a denunciare il caso. Il banditismo politico – disse alla Costituente del 15 luglio '47 – "è diretto proprio dall'ispettore Messana." Aveva degli interessi non tanto reconditi, poi, l'alto funzionario, se prima del referendum del 2 giugno 1946 aveva continuato a tramare contro la Repubblica e a svolgere la sua opera per il trionfo della monarchia. Sperava forse che re Umberto restaurasse l'antico regno di Sicilia. Cosa che non sarebbe dispiaciuta a molti e specialmente ai monarchico-fascisti.

Non c'era da aspettarsi altro. Storicamente risulta ancora inspiegabile il fatto che personaggi che godevano fama di essere stati criminali di guerra di paesi vicini all'Italia, già compromessi col fascismo e le sue più alte gerarchie, potessero essere stati lasciati al loro posto e anzi avessero fatto ulteriori carriere con i nuovi governi di unità antifascista.[167] In un documento segreto del Sis riguardante le attività della commissione per il mantenimento in carica degli arrestati politici, figura, appunto, l'ispettore Messana, abitante a Roma in viale Angelico 92.[168] Il suo nome si trova inoltre in un elenco di funzionari di pubblica sicurezza ricercati dagli Alleati. Al n. 32 si legge: "Messana Ettore, questore operante a Lubiana."[169]

Ma in un altro documento la sua figura si delinea in un modo più preciso confermando il giudizio espresso da Li

Causi all'Assemblea costituente, quando lo aveva definito "criminale di guerra".[170] È sbalorditivo il fatto che, mentre risultava al Sis che il personaggio era ricercato dagli Alleati per crimini di guerra, lo stesso veniva nominato ispettore capo delle forze dell'ordine in Sicilia. La sua nomina (1945) coincide con la nascita dell'Evis. Una mera coincidenza? In questa nostra storia ci sono troppe coincidenze, perché possano essere spiegate con un rinvio alla volontà imperscrutabile del destino. È più saggio ipotizzare una manovra ad alto livello per coprire una terribile verità: la "banda Giuliano" era sorta un anno prima per precisa volontà dell'Ovra repubblichina, coperta dal controspionaggio di Angleton. I circuiti e le funzioni di alcuni personaggi chiave, da Fra' Diavolo ai fratelli Console, da Sapienza alla scuola nazifascista di Campalto, di cui meglio tratteremo, ne sono una evidente prova.

Promosso a ispettore, Messana fece molto di più alle dipendenze del ministro dell'Interno Mario Scelba. Per quanto l'Ispettorato avesse l'obbligo di "integrare l'opera repressiva e preventiva nell'eliminazione del banditismo e in genere della delinquenza associata," di fatto divenne un organo sovrastrutturato con poteri trasversali. Esso non solo non incise nella lotta contro la mafia, ma la utilizzò e la rafforzò sotto il profilo del suo potere istituzionale. Nel regno di Giuliano e di potentati come quelli di don Calcedonio Miceli, Vincenzo Rimi, Santo Fleres, che con i rappresentanti delle forze dell'ordine e con le pubbliche autorità andavano a braccetto o a pranzo, si sarebbero resi necessari ben altri interventi per garantire la sicurezza dei cittadini e il rispetto delle leggi. Si spiega così come alla lunga sequenza di omicidi e attentati contro i sindacalisti, durante tutto il 1946 e il '47, non fosse mai seguita la cattura dei mandanti e persino degli esecutori. Sembrava si fosse stabilito un patto scellerato che doveva garantire la mafia dai suoi misfatti. Tale impunità aveva una natura politica e doveva concretizzarsi nel blocco del processo portato avanti dalla sinistra e dalle sue lotte per le riforme. Il fenomeno è generale e spiega l'imperversante predominio violento esercitato, in quegli anni, in molti comuni siciliani dai boss mafiosi ormai legittimati nei circuiti del potere e forza armata necessaria al contenimento del processo di democratizzazione che nonostante tutto allora era in atto.

Nell'area che più da vicino c'interessa si aveva questa situazione:

Comuni	*Capimafia*
Alcamo	Vincenzo Rimi
Baucina	Totò Pinello
Bolognetta	Serafino Di Peri
Borgetto	Domenico Albano
Caccamo	Peppino Panzeca
Camporeale	Vanni Sacco
Castelvetrano	Giuseppe Marotta
Cinisi	don Masi Impastato
Corleone	Michele Navarra
Monreale	Calcedonio, Ignazio e Nino Miceli
Montelepre	Turi Candela
Partinico	Santo Fleres
Piana degli Albanesi	Giuseppe Riolo
San Cipirello	Salvatore Celeste
San Giuseppe Jato	Giuseppe Troia
Terrasini	fratelli Cracchiolo
Villafrati	Pietro e Antonio Santomauro

È fuori discussione che nel progetto di blocco antidemocratico la mafia abbia giocato, quasi per delega, una partita importante. Vi comparteciparono molti soggetti: separatisti e banditi, mafiosi e neofascisti, vecchi burocrati e nuovi arrivati assetati di prebende e carriere. Con le elezioni del '46 (referendum istituzionale ed elezione dei rappresentanti all'Assemblea costituente), il separatismo era entrato in crisi irreversibile. Occorreva recuperarne il potenziale eversivo, dirottarlo contro le tendenze in atto, per invertirle. Nelle elezioni del 20 aprile '47 per la costituzione del primo parlamento siciliano, le forze reazionarie si trovarono di fronte a una svolta a sinistra della regione non prevista in quelle proporzioni: il Blocco del popolo ottenne 567.000 voti, la Dc 400.000, i separatisti del Mis 170.000, i monarchici 185.000, i liberalqualunquisti 312.000. Ma non ci fu solo il dato elettorale a preoccupare e la mafia che troviamo mobilitata non fu solo quella nostrana. Fino a quel momento i padrini erano vissuti nei loro territori, paghi delle loro nicchie di comando; avevano governato da capitribù e ne erano stati soddisfatti. Con il bandito Giuliano fecero il loro primo affare, aiutati o spinti da qualcuno che si era formato in altri lidi e di potere se ne intendeva. Così i padrini passarono dalla nicchia locale allo Stato.

Sotto l'ombrello di don Vitone

Un personaggio certamente influente su di loro – e su Giuliano – fu Vito Genovese, al quale il capo della polizia, Carmine Senise, fu legato da rapporti d'affari. Nato nel 1897, fu rimpatriato dall'America in Italia nel dicembre 1937. Sfuggì, così, a un'accusa di omicidio commesso a Brooklyn nel 1934. Il nome della vittima era Ferdinando Boccia (inteso "L'Ombra"). Fissò la sua dimora ad Alassio e successivamente a Roma, dove prese alloggio all'albergo Flora.[171]

Conosciuto anche come don Vitone, accumulò una fortuna personale stimata in trenta milioni di dollari. In Italia, Genovese entrò ben presto nelle grazie dei fascisti. Frequentò il gerarca nazista Goering e Mussolini lo investì del titolo di "Commendatore del Regno", la più alta onorificenza civile nell'Italia del tempo. Il conte Ciano fu un ospite abituale del castello che il boss aveva a Nola. Durante la guerra, trovò il modo di servire il duce. A New York viveva un antifascista italiano, Carlo Tresca, che dalle colonne del suo settimanale, "Il Martello", denunciava senza mezze parole il fascismo. Mussolini odiava Tresca e ne parlò con Genovese. Ansioso di accontentarlo, questi nel gennaio del 1943 mise in piedi un complotto internazionale. Genovese si sarebbe, infatti, messo alle dipendenze del genero del duce, alloggiando presso l'hotel Plaza di Roma. Quando nel settembre 1943 l'esercito americano raggiunse Napoli, non c'era dunque in Italia un americano più americano di Genovese ad accogliere i soldati. Meritò perciò una nomina ufficiale da parte delle truppe di occupazione.

Da alcuni documenti dell'Oss recentemente desecretati negli Usa, apprendiamo che il Dipartimento di polizia di New York spiccò un mandato di cattura nei confronti del gangster nell'agosto del 1944, dopo aver scoperto che questi si trovava alle dipendenze dell'Esercito statunitense in Italia. Genovese fu ricercato per aver organizzato l'assassinio del Tresca avvenuto sulla Quinta Strada (il delitto fu commissionato dal boss a Carmine Galante) a New York. Nel settembre del 1944, la polizia di New York annotò che "Genovese lavorava come interprete civile per l'esercito Usa in Italia, alle dipendenze del maggiore Anderson o Henderson." Sebbene il mandato di cattura fosse stato emesso in agosto, fu soltanto alla fine di novembre del 1944 che Genovese fu arrestato a Roma dalla polizia militare americana, con l'ordine di essere estradato negli Usa. Ma un documento Oss del 15 marzo 1945 evidenzia le preoccupazioni del Dipartimento di polizia di New York, che non era ancora riuscito a mettere le mani sul gangster. In particolare, i funzionari della polizia americana chiedevano all'Oss di sapere se "Genovese non avesse, per caso, 'amici' nei posti chiave e se l'X-2 fosse stato a conoscenza del suo nascondiglio fino al momento dell'arresto." L'Oss rilevava infine che la polizia di New York desiderava ricevere informazioni dettagliate "sui contatti e gli amici di Genovese in Italia". Uno di questi contatti era sicuramente Giuliano, i cui circuiti sotterranei si potevano riscontrare, ad esempio, nella rete di collegamenti che il bandito era riuscito a tessere, o che altri avevano congegnato per lui.

Di don Vitone cantò lodi e virtù il colonnello Charles Poletti, capo del governo militare statunitense in Italia (Palermo, Napoli, Roma, Milano, 1943-1945) ed ex governatore di New York. Non meno lusinghiero fu il maggiore Stephen Young, che si sentì obbligato a esprimergli la sua fiducia.

Vito Genovese è stato il mio interprete sul campo ed ha lavorato come mio assistente in numerose occasioni. Non ha mai percepito alcun compenso in denaro. Lo considero una persona affidabile, leale e devota.

Ci voleva un sergente dell'esercito, Orange C. Dickey, della *Criminal intelligence division* (Cid) per guardare oltre le apparenze. Il sergente, indagando sulle operazioni del mercato nero nell'area di Napoli e di Foggia, s'imbatté più di una volta nel nome di Genovese. Due soldati canadesi confessarono di aver ricevuto ordini di portare dei camion in una certa località. Dissero: "Ci manda Genovese." Così don Vitone fu arrestato e poi tradotto a Brooklyn (17 maggio 1945) per affrontare il processo per un omicidio avvenuto undici anni prima (il delitto Boccia). Ma poco prima del suo arrivo a New York, Peter La Tampa, il supertestimone del delitto, fu trovato morto in un carcere di Brooklyn. Era stato avvelenato.[172] "Il controspionaggio sospettò che Genovese fosse una spia, un elemento che all'epoca io ignoravo": così testimoniò Dickey al suo ritorno a New York, il 1° settembre 1945. Sotto giuramento, Dickey raccontò inoltre che Genovese aveva fatto dono di un'automobile (una Packard Sedan) al colonnello Poletti durante il suo servizio nell'Amgot (*American government of occupied territories*).[173] L'8 gennaio '46 Renato Carmine Senise, agente dell'Abt VI/Z, fu preso in custodia a Roma dall'X-2 di Angleton e intensamente interrogato a proposito delle sue attività a Stoccolma e nel nord Italia.[174] Senise era in contatto permanente negli anni di guerra con don Vitone.

Genovese ricoprirà un ruolo importante e segreto in Sicilia a contatto con la banda Giuliano (autunno 1943). In una foto scattata sulle montagne di Montelepre, vediamo, ritratti insieme, Salvatore Giuliano e il gangster in uniforme dell'esercito Usa. Si tratta probabilmente di una foto scattata da Mike Stern (giornalista e agente del Cic) che con Giuliano ebbe rapporti abbastanza frequenti già da quel periodo. Non sappiamo quando questi rapporti cominciarono, ma è certo che a essi impresse un indirizzo politico particolare la pregressa esperienza del Genovese nell'alto mondo del regime mussoliniano.[175]

A spasso con una Dodge rossa

Altro personaggio, questa volta meno visibile nei suoi rapporti con i mafiosi territoriali e con il capobanda di Montelepre, è Salvatore Lucania, meglio conosciuto come Lucky Luciano (Lercara Freddi, 1897), un vero caposcuola del crimine internazionale. Di lui si occuparono, già dai primi sentori del suo arrivo in Italia, negli anni critici 1946-1947, diversi uffici italiani e americani. Tanto la sua presenza destò un vivo allarme che molti impiegati e dirigenti dovettero mettere mani alla penna, esporsi, buttare giù la maschera, schierarsi e dire la loro. Alcuni vollero pararsi i colpi garantendo sull'onorabilità del soggetto, altri, scrivendo esattamente quello che temevano. Preoccupavano soprattutto i suoi rapporti con Carlo Gambino, Frank Costello, Joe Adonis, Nick Gentile, Joseph Profaci, Frank Coppola, capimafia di primo livello di cui si stavano occupando l'agente Charles Siragusa (già collaboratore di Angleton in Italia) dell'ufficio narcotici del Dipartimento del tesoro di Washington, il capo della polizia Ferrari e il console generale americano a Roma, J.F. Huddleston. Per il suo arrivo ci fu pure qualcuno che inventò delle credenziali, come il dipendente dell'ambasciata americana John Michael Balsamo. Questi ebbe la faccia tosta di scrivere al ministero dell'Interno per rassicurarlo circa l'onorabilità del personaggio, chiamando a testimoniare tre cardinali, un arcivescovo, un conte e molte altre personalità del mondo politico, ecclesiastico e culturale italiano, tra cui il segretario di Stato al Vaticano per gli affari straordinari, monsignor Tardini.[176]

Forte di questi millantati appoggi, Balsamo chiese al capo della polizia di accompagnare, con due agenti di Ps, il Lucania da Genova a Roma. La sua richiesta fu naturalmente respinta.[177]

Dal rapporto dei servizi segreti italiani intitolato "Promemoria su Lucky Luciano" del 27 agosto 1947 apprendiamo che il boss siculo-americano soggiorna a Palermo tra il 2 maggio e il 22 giugno 1947[178] e abbandona Palermo lo stesso giorno in cui avvengono gli attacchi terroristici (attribuiti alla banda Giuliano) contro le sedi comuniste e sindacali della provincia di Palermo, asserendo di recarsi a Capri. In realtà, nelle stesse ore, la sua Dodge è vista da vari testimoni nei comuni aggrediti. Al processo di Viterbo e persino sulla stampa, molti testimoni raccontarono di avere visto sullo scenario delle stragi del primo maggio e del 22 giugno '47 un "camioncino" rosso. Evidentemente la gente comune non distingueva le macchine costose e non aveva cognizione delle case automobilistiche. I carabinieri di Cinisi, dove una rudimentale bomba era stata fatta esplodere nottetempo davanti alla porta della locale Camera del lavoro, riferirono di una Dodge, appunto, appartenente a un personaggio locale. Il settimanale "L'Europeo" del 6 luglio 1947,[179] manifestò poi altre idee sulla fine del soggiorno palermitano del boss di Lercara Friddi:

Subito dopo gli attentati anticomunisti – scrisse Tommaso Besozzi – *parecchi avevano accusato apertamente Lucky Luciano di essere l'organizzatore delle "spedizioni punitive."* [...] *Fino a poco tempo fa abitava al Grand Hotel delle Palme. Da quindici giorni gli era giunta a bordo di un piroscafo americano una grossa Dodge rossa, carrozzata a torpedo e targata NY 3243: la più bella macchina che si possa vedere in Sicilia.* [...] *Il giorno dell'attentato di Carini, due ore prima della sparatoria, Lucky e "u longo", il suo autista, sarebbero stati visti assieme a otto giovanotti eleganti: e i pochi testimoni dell'aggressione parlano, appunto, di una macchina rossa, che potrebbe benissimo essere la Dodge, e di otto persone giovani e ben vestite. Era una grande automobile rossa anche quella da bordo della quale partirono tre raffiche di mitra contro la sede comunista di San Giuseppe Jato.*

Non è superfluo notare che il numero otto è ricorrente nella vicenda di Portella. Otto sono i "giovanotti eleganti" che accompagnano il Lucania; otto sono, come vedremo, i continentali fermati dalle forze dell'ordine sulle montagne di Montelepre, nell'estate del '47, e subito rimpatriati; otto sono ancora "gli uomini completamente sconosciuti in Sicilia" richiesti dai neofascisti nella primavera del '47 per "cose grandi in vista e molto prossime";[180] infine, sono circa otto gli uomini che attendono Luciano alla stazione ferroviaria di Palermo il 30 aprile 1947.[181] Il gruppo prende in consegna il gangster dai carabinieri e, assieme a lui, si allontana in automobile.

Sta di fatto che, oltre alla coincidenza dei numeri, si registra anche la verosimiglianza del racconto di quanti, a Viterbo, o persino sugli organi di stampa del tempo, ebbero a riferire che un "camion rosso" era stato visto il primo maggio nei pressi di Portella della Ginestra (nascosto in galleria) e il 22 giugno successivo nei comuni in cui erano state aggredite le sedi socialcomuniste.[182]

A Partinico, la sera della strage un "camioncino" di tinta rossa attraversò il corso dei Mille e la prima scarica di mitra avvenne subito dopo che l'automezzo transitò all'altezza della sede comunista; a Carini i delinquenti andarono in macchina.[183] Ancora di Dodge rossa si parla – come abbiamo detto – nell'assalto del 23 giugno alla sede di Cinisi.

Sono le ore tre del 23 giugno, e la gente dorme, quando è svegliata da un forte boato. La signora Rosa Orlando in Serughetti è la prima a saltare dal letto, perché abita sopra la sezione socialcomunista. Si affaccia con i suoi figli dal balcone e viene avvertita che al piano terra, locale di sua proprietà, è esplosa una bomba. È anche la prima testimone perché dichiara di avere sentito "quasi contemporaneamente il rumore di un'auto". Un'esplosione, una macchina che corre nel buio. Le indagini partono quasi subito e le avvia il maresciallo della stazione Antonino Nasca, grazie al quale quella che avrebbe potuto essere una scena deserta si anima invece di personaggi e di figure che si muovono nella notte. L'ordigno è costruito rudimentalmente con un barattolo di lamiera tappato da un lato con dei fogli del settimanale politico "L'Uomo qualunque" e legato a un bidone di benzina e a una miccia che percorre il marciapiede per circa cinque metri. La sezione politica si trova quasi confinante con l'8° plotone O.p., dove staziona una sentinella. Questa, opportunamente interrogata, dichiara di avere notato, poco prima dell'esplosione, un automezzo. Le ricerche immediate portano ad accertare che l'auto sentita prima dell'esplosione è di Giuseppe Vitale, che era stato visto uscire verso le ore diciotto dal paese con un autocarro Dodge.[184]

Lucania, però, a sentirlo, non si occupava né di droga, né di traffici illeciti, né tanto meno di attentati terroristici. Era giunto in Sicilia, nell'aprile del '47, come dichiarava, per aprire una pasticceria a Palermo, che gli sarebbe costata un fallimento, con una perdita di svariati milioni di lire. Si dichiarava amico di Nicola Gentile, altro capomafia, che aveva conosciuto negli Usa e aveva poi incontrato a Palermo, Roma e Napoli.[185] Naturalmente di diverso avviso erano gli agenti della Dea (*Drug enforcement administration*) che riferivano sui suoi contatti con i peggiori criminali italiani e su grosse somme di denaro che essi gli avrebbero consegnato, in conseguenza di chissà quali compensi pattuiti. Aggiungevano che dal suo primo arrivo in Italia, nel 1946, egli era diventato il capo indiscusso del crimine organizzato.[186]

Da un documento del 19 giugno 1946 apprendiamo che un altro associato a Lucania era Francesco Barone fu Umberto, incontrato più volte a Villabate.[187] Ora è interessante notare che nella banda Giuliano operava Francesco Barone, inteso 'Baruneddu'. Questi, nel 1968 pubblicò un libro intitolato *Una vita per Giuliano,* in cui cita parecchie volte Lucky Luciano, senza mai nominarlo.[188] Se il Barone della banda Giuliano fosse lo stesso personaggio che Lucky Luciano incontrò a Villabate, si spiegherebbe meglio la saldatura del cerchio. Infatti Lucania arrivò in Italia, per volontà delle autorità americane, per incontrarsi con i principali esponenti dell'eversione nera e con i boss locali.

Analogamente a Vito Genovese, che aveva fatto le sue fortune utilizzando i salotti del regime fascista, divenendone una raffinata mente criminale, Luciano occupa enormi spazi di potere grazie al sistema di corruzione che riesce a mettere in atto.[189]

Secondo Henry L. Manfredi, agente speciale per il controspionaggio, Luciano arrivò per la prima volta a Palermo, da Roma, il 19 aprile 1946. Tornò a Roma, via Napoli, il 4 maggio 1946. Fece poi ritorno a Palermo il 18 maggio 1946 in compagnia della sua amante, Virginia Massa, una romana di ventisei anni residente a Roma. La coppia prese alloggio all'hotel delle Palme di Palermo, integralmente requisito dalla Marina americana. Il 26 giugno 1946, la Massa partì per Roma (via Napoli), mentre Luciano si diresse in automobile (numero di targa: Pa 9026) verso Settecannoli, nei pressi di Palermo, per raggiungere sua sorella Rosa alla tenuta "Gargano". Durante il suo primo soggiorno all'hotel delle Palme, Luciano era in compagnia di un italoamericano, Gaetano Martino, membro della guardia costiera della Marina statunitense. Martino ripartì poco dopo e non fu più visto. In albergo, all'inizio, Luciano intrattenne rapporti amichevoli con gli ufficiali americani ivi alloggiati.

Se tutto questo è evidente e documentato, meno chiaro appare il motivo del soggiorno del boss siculo-americano a Palermo in un momento cruciale dell'eversione terroristica. Si possono al momento formulare alcune ipotesi: il boss si sarebbe messo in affari investendo denaro straniero; si sarebbe occupato di affari di mafia e del movimento separatista; avrebbe agito per conto di alcune autorità americane con le quali era rimasto in contatto. Che la prima ipotesi abbia un qualche fondamento è improbabile perché Palermo, allora, non era tra le migliori realtà per fare affari. In merito alla seconda, per quanto possano essere dimostrate le frequentazioni del boss con alcuni capi separatisti e noti mafiosi, tuttavia l'epoca del separatismo era finita da almeno un anno e l'oggetto di discussione non poteva essere un argomento ormai improduttivo e obsoleto.[190] Regge meglio l'ipotesi che egli fosse invece alle dipendenze delle autorità americane, o avesse da assolvere compiti con le mafie locali.

Gli archivi dell'Fbi indicano che, durante il suo soggiorno romano del 1946 e prima che partisse per il Sudamerica (settembre 1946), Luciano fu visto spesso a bordo di un'automobile Pontiac Club (coupé) munita di targa diplomatica. "Si ritiene trattarsi – scriveva Aidan Burnell, agente della squadra narcotici – di un'automobile ufficiale del Dipartimento di Stato statunitense, veicolo solitamente guidato da John Balsamo, un cittadino americano che si spacciava come impiegato presso l'ambasciata statunitense a Roma e per garante di Lucania.[191] Un associato a Lucania è Michele Miranda."[192] Il documento specifica che un certo John Balsamo, cittadino statunitense, si era recato a Palermo e da lì a Villabate per consegnare del denaro a Miranda. "[…] Il 20 giugno 1946 – si legge in un rapporto di Henry L. Manfredi, agente della squadra narcotici – Balsamo e Lucania si recarono a Villabate per incontrare Domenico Profaci, fu Emanuele, nato a Villabate il 18 luglio 1921 e ivi residente in corso Vittorio Emanuele 530. […] Il Balsamo si spaccia inoltre per un generale americano." A questo punto, si perdono le tracce di Lucania. Sappiamo solo che tra il settembre e l'ottobre del 1946 soggiorna in Brasile, Colombia e Venezuela. Di sicuro, è nella Cuba di Fulgencio Batista tra il 29 ottobre 1946 e il 20 marzo 1947. Espulso dall'isola, ritorna forzatamente in Italia poche settimane dopo.

Il 12 aprile 1947 alle ore cinque antimeridiane, a bordo della nave "Bakir", Lucania fu preso in consegna dalla polizia portuale di Genova. La nave si trovava ancora a dodici miglia dalla costa. Le autorità di polizia lo condussero alla prigione di Marassi. I quotidiani affermarono che presto sarebbe stato tradotto a Palermo. L'arrivo nella capitale siciliana fu attestato da un impiegato del Consolato generale americano a Genova che riferì dell'arrivo presso il Ponte dei Mille (stazione passeggeri) di una lussuosa automobile di fabbricazione americana, munita di targa statunitense. La stampa poi scrisse che a bordo della macchina si trovavano "un certo John Balsamo e un rappresentante del ministero dell'Interno italiano." Il Balsamo si presentò come un radioperatore dell'ambasciata americana a Roma e chiese l'autorizzazione ad accompagnare Lucania in Sicilia. Ricevuto un diniego, la macchina con i suoi due occupanti si sarebbe allontanata.[193]

Tra le persone che potevano riferire su Lucania, vi era ancora Jole Inciardi, la quale rivelò di aver incontrato per la prima volta Luciano a New York, all'età di sedici anni, di averlo conosciuto in un night-club e di averlo poi visto altre due o tre volte. Al suo arrivo in Italia, telefonò a Luciano e la loro relazione riprese. Insieme visitarono Roma, Capri, Napoli, Siracusa e Pompei. Secondo la signora Inciardi, il trattamento riservato dalla polizia italiana a Luciano costituiva "un insulto alla legge". A Palermo, infatti, i poliziotti erano alla costante ricerca della compagnia di Luciano, con il quale andavano sempre a cena. A detta della donna, il boss viveva del denaro che gli veniva inviato dal racket dei night-club e del porto di New York; fu sempre visto in compagnia di vari criminali di New York.[194]

In Italia, alla fine degli anni Cinquanta, Lucky Luciano risulta in rapporto con l'ex generale dei carabinieri Ugo Luca, che tra il 1949 e il 1950 coordinò l'uccisione di Giuliano in Sicilia. Fu accertato che, a Napoli, Lucania si incontrava con i membri del Partito monarchico di Lauro.[195]

Non è da escludere che il suo soggiorno potesse legarsi anche ai tanti comitati americani, a cominciare dalla Mazzini Society per finire al Comitato americano per la democrazia italiana di cui fu vicepresidente Luigi Antonini (New York), e segretario provvisorio il reverendo Frank B. Gigliotti (capo della massoneria californiana), sacerdote protestante, veterano della prima guerra mondiale.[196] Si era attivato, cioè, un bel giro di anticomunisti militanti.[197]

Vi è un'ultima ipotesi da prendere in considerazione sui motivi della presenza di Luciano nella provincia di Palermo, tra il 30 aprile '47 e la fine di giugno. Durante questo periodo avvengono due fatti di cui riferiscono le fonti ufficiali: 1) il summit di Kaggio, alla vigilia della strage del 1° maggio, con la partecipazione dei capimafia dell'area; 2) le stragi del 1° maggio e del 22 giugno.

C'è da chiedersi: che bisogno c'era di scomodare un boss del calibro del Lucania, quando in Sicilia non mancavano mafiosi di spicco? Evidentemente, a una verifica della fase teorico-esecutiva delle stragi, qualche anello era saltato, o era rimasto marginale. Il summit di Kaggio, masseria a pochi chilometri da Portella, oggi sequestrata ai Brusca, è la prova della nuova fase che la mafia stava attraversando mentre urgeva una sua modernizzazione, un suo balzo verso il mondo istituzionale. Dunque, la mafia siciliana – come meglio vedremo in seguito – seppe ciò che era in cantiere, ma fece, rispetto all'eversione, lei che era sempre stata partito dell'ordine, il salto decisivo all'ultimo minuto. Luciano fu l'autorità che consentì il superamento della crisi di stagnazione con il passaggio dalla fase tribale a quella politico-istituzionale.

Americani e gruppi paramilitari

Verso la fine di maggio 1946 si riunirono in Germania una dozzina di rappresentanti dello *Strategic Services Unit*, il successore dell'Oss. Tema della discussione: le attività di spionaggio in Europa e in Medio Oriente. All'incontro prese parte anche il capitano Angleton, capo dell'X-2 in Italia, dal novembre 1944. Si discusse della nuova situazione, dopo la caduta del nazifascismo e, alla fine, fu redatto un rapporto nel quale si sostenne che la natura "speciale" delle operazioni di spionaggio dell'Ssu romano, esigeva "metodi di elaborazione" adeguati, in quanto l'intelligence dell'Ssu derivava dal controspionaggio dei *double agent*. Perciò diveniva di capitale importanza la sicurezza del trattamento delle informazioni. Si stabilì alla fine che "le informazioni raccolte in Italia, sia di natura offensiva, sia di controspionaggio, fossero inviate direttamente al Comando americano in Germania per un'analisi speciale e, se necessario, per essere sigillate."[198] Evidentemente ci si fidava poco dei vari passaggi che le carte subivano attraverso gli agenti o uffici italiani. Non è pertanto azzardato ipotizzare che anche i servizi italiani fossero stati tenuti all'oscuro delle reali intenzioni dei servizi americani, i quali avrebbero lasciato ai primi soltanto la possibilità descrittiva delle circostanze che andavano a valutare, senza la possibilità di vedere lo svolgersi delle scene reali al di là del palcoscenico.

Le particolari cautele da usarsi furono dovute inoltre a un duplice ordine di motivi: alla delicata posizione degli agenti (si tratta probabilmente di personalità italiane della politica, del giornalismo, dello spettacolo e del mondo industriale), agli argomenti oggetto di discussione. Si evidenzia la particolare crucialità del 1946, quando la fase propedeutica paramilitare poteva considerarsi matura. È questo il periodo della recrudescenza dei delitti politico-sindacali in Sicilia (dalla strage di Alia del 21 settembre '46 agli assalti alle Camere del lavoro del successivo 22 giugno); è anche il periodo in cui attorno a Giuliano cominciano ad attivarsi presenze, più o meno sospette, certamente significative: da Stern a Lucky Luciano, da Gigliotti, il reverendo massone californiano, allo stesso Fra' Diavolo, già uccel di bosco, dopo l'uccisione dell'autista Vincenzo Monticciolo (estate 1944). Analoghi rapporti si riscontreranno anche successivamente. Che le doppie e parallele sommersioni, che interessavano i livelli burocratici o soggettivi più svariati, potessero avere a che fare con certi comportamenti individuali e i tempi in cui essi si manifestavano, non è arbitrario immaginare, anche rispetto agli eventi futuri. Il 20 marzo 1949, il settimanale *L'Europeo* riportò un breve articolo sulla giornalista svedese Maria Cyliacus (classe 1915), che due mesi prima aveva pubblicato una clamorosa intervista in quattro puntate al bandito di Montelepre. Il settimanale lasciò intendere che la "giornalista" (il suo nome da nubile è Maria Lamby Karintelka, arrivata in Italia da Stoccolma, nel 1948, per lavorare come "traduttrice" presso l'ambasciata cubana a Roma), fosse in realtà una spia internazionale al servizio della neonata Cia. Organizzava traffici d'armi clandestini a favore dei gruppi sionisti ebraici che combattevano in Palestina (all'epoca, un protettorato britannico).

Nel 1946, Buttazzoni fu invitato dai servizi segreti Usa a organizzare e addestrare alle armi e alla guerriglia i numerosi gruppi ebraici decisi a raggiungere i territori del Medio Oriente.[199] Buttazzoni declinò l'invito ma suggerì agli americani di avvicinare vari ufficiali degli Np della Decima, sia al nord che al sud. Alcuni furono ingaggiati per condurre delle piccole imbarcazioni. Tra questi, il capitano Geo Calderoni, che riuscirà più volte a beffare la stretta sorveglianza dell'Esercito britannico in Palestina. È infine da rilevare che, all'epoca del loro ingaggio da parte dei servizi segreti Usa (1945/1947), le centinaia di ex militi degli Np erano ancora ufficialmente ricercati dalle autorità alleate e italiane per i numerosi crimini di guerra commessi nella Rsi tra il 1943 e il 1945. I servizi segreti italiani segnalarono che l'ingente traffico internazionale di armi destinato ai gruppi sionisti ebraici in Palestina passava dall'Italia ed era direttamente gestito dalle formazioni paramilitari neofasciste. Non è un caso che vi troviamo impegnata la Cyliacus, arrestata nel 1948 a Roma dal controspionaggio britannico per aver tentato di fotografare alcuni velivoli all'interno di una base aerea militare.[200] L'organizzazione clandestina armata della destra ebraica veniva così a incontrarsi con gli ex fascisti di Salò e coinvolgeva di fatto numerosi elementi dei campi profughi per ebrei, che accoglievano polacchi, rumeni, ungheresi, tedeschi e persone di altre nazionalità. Giunti in Italia venivano smistati tra i vari campi a cura dell'Unrra e dei diversi enti di assistenza per stranieri.[201]

Da un rapporto dei servizi segreti statunitensi del 10 aprile 1946[202] apprendiamo che l'ex capo degli Np della Decima Mas, Nino Buttazzoni, diventa un confidente di Angleton. Nel corposo documento, Buttazzoni si sofferma sulle attività eversive del neofascismo italiano e, in particolare, del Fronte antibolscevico attivo anche in Sicilia, con sede in via dell'Orologio a Palermo. Secondo il giornalista Felice Chilanti le gravi responsabilità eversive di tale organizzazione – direttamente finanziata dai servizi segreti statunitensi e dalla mafia – si evincono da tre episodi ben precisi: a) vengono ritrovati nei locali del Fronte gli stessi manifestini a stampa lanciati durante gli assalti alle Camere del lavoro di Carini e Partinico (22 giugno 1947); b) le manifestazioni popolari spontanee successive agli assalti vedono la folla irrompere nei locali del Fronte a Palermo, a dimostrazione che i manifestanti individuano subito lo stesso come l'artefice degli eccidi; c) alcuni quotidiani, nel valutare la natura politica di quelle stragi, fanno esplicito riferimento alle responsabilità dirette dei gruppi paramilitari neofascisti in Sicilia. Da rilevare, infine, che Buttazzoni conferma di aver iniziato a collaborare con Angleton e con i servizi segreti americani nella primavera del 1946, con l'obiettivo esplicito di combattere il comunismo nell'ambito di una struttura paramilitare clandestina composta dagli ex Np della Decima.[203] Conferma inoltre di aver ripreso i contatti con numerosi Np nell'Italia meridionale. All'ex ufficiale viene anche affiancata dagli americani una certa signora Vacirca. Resta ancora da valutare quale fosse, nella galassia neofascista, il rapporto che legava gli Np sia al Fronte antibolscevico, sia anche a diversi altri gruppi eversivi di cui si parla nel presente lavoro. Quello che è certo è che molti di questi gruppi erano composti da criminali che avrebbero dovuto stare in galera mentre, al contrario, furono aiutati a circolare liberamente.

È il caso anche di Loris Cavarra (classe 1909), sabotatore e sottocapo della Decima, legato al gruppo *Fide, Pionier Versuchttrupp 257*. Il 6 gennaio 1944, si era arruolato a La Spezia e poi era stato inviato a Rovereto per un corso sulle radio ricetrasmittenti.[204] Arrestato dai carabinieri di San Giovanni, a Roma, ammise di aver fatto parte della Decima e di essere evaso dal carcere di Terni il 9 ottobre 1945. Durante il suo interrogatorio chiarì che gli Alleati avevano liberato tutti i detenuti senza averli incriminati. Si era trattato di una decisione apparentemente improvvisa e senza ragione alcuna. L'affermazione contenuta in una comunicazione del maresciallo Saverio Laccisaglia e diretta al Cic di via Sicilia, a Roma, lascia intravedere, stando alla logica dei fatti, i giochi perversi che si stavano mettendo in campo per una precisa scelta del Dipartimento di Stato americano o, quanto meno, dei servizi da esso dipendenti.[205]

Ancora una volta, come si vede, viene confermata l'ipotesi che, dati gli accordi intervenuti, gli americani avessero lasciato in libera uscita migliaia di fascisti, per un loro diverso inquadramento paramilitare clandestino in senso anticomunista.

"Democratici eccelsi"

Dal 1943 al 1947, e cioè dalla nascita della Rsi al quarto governo De Gasperi, si era ben cementato in Italia un blocco sociale che comprendeva grandi latifondisti e industriali, forze clericali e integraliste, nostalgici del fascismo e criminali comuni; speculatori e persone in cerca di nuovi uffici. Come dimostrano i diari di Falcone Lucifero, ministro della Real Casa, operavano poi sullo sfondo le connessioni tra ambienti massonici e l'Oss.[206]

Oltre al Partito agrario e a quello dell'Uomo qualunque (Uq) di Giannini, spiccavano gli ambienti frequentati dal principe Giovanni Francesco Alliata di Montereale, il cui indirizzo di via Florestano Pepe, 19, a Palermo, era stato trovato tra alcuni manoscritti del bandito Giuliano, dopo un conflitto a fuoco (1° maggio 1948), nel quale era caduto il carabiniere Esposito. Di simili tracce, lungo il suo passaggio, Giuliano ne lasciava parecchie. Ma questa volta il documento era veramente importante. Si poteva leggere, intanto, un dettagliato elenco di nomi che dovevano corrispondere a una precisa casistica nella quale Giuliano li inquadrava: di "picciotti" e "grandi" della banda, ma anche di personaggi che certamente con la banda non c'entravano nulla, se non per gli imperscrutabili disegni eversivi che questa aveva, o per precise scelte fatte. Vi si leggono i nomi di "Cusumano", "Giloso", "Pasqualina" e "Santantonio", segnati a destra da una croce, nonché quello di "Santarosalia". Questi due ultimi – aggiungono i giudici – sono preceduti da un altro nome cancellato che, tuttavia, consente di essere letto come "Momarella".[207] Ma per sapere quale avrebbe potuto essere l'esatta lettura di questo nome e a quali altri potevano corrispondere quelli indicati, sarebbe bastato che la sezione istruttoria della Corte di appello di Palermo avesse preso in esame quell'importante documento, che invece non fu tenuto in alcun conto e pervenne a Viterbo, perché qui i giudici ne fecero richiesta, forse per scrupolo di coscienza.

A quella data Giuliano era depositario di una rubrica politica difficile da gestire, anche perché i suoi principali referenti si collocavano tra ex separatisti, che gli avevano dato i gradi di colonnello di un esercito inesistente, baroni e baronesse, esponenti dell'aristocrazia monarchica, democristiani e liberali della prima generazione, massoni e filoamericani. Vi erano anche strani istruttori di cultura generale e insegnanti di inglese, diversi giornalisti, gli aderenti al Fronte antibolscevico. L'anticomunismo viscerale del bandito, come qualche suo scritto atlantista, successivo al '48, era stato fomentato da amicizie di questo tipo. Tra tutte dovettero essergli più vicine quelle di oltreoceano. Le fonti testimoniali che ne attestano la fondatezza non sono di secondo piano. Il tenente colonnello dei Cc, Giacinto Paolantonio, ammette che la dipendenza di Giuliano dagli americani era tale che egli si accaparrava delle benemerenze con l'uccisione di un certo numero di "vili rossi". Ma Giuliano e Pisciotta non erano gli ultimi imbecilli e avevano accettato, dietro una contropartita, gli impegni autorevoli e comprometttenti che erano stati assunti da chi li aveva illusi. Coinvolgere nell'azione stragistica altri soggetti a loro collegati era la migliore garanzia che gli impegni sarebbero stati rispettati. Naturalmente nessuno dei capisquadra della banda ("i grandi" che più dei "picciotti" sapevano) pensò mai che gli elementi della gabbia di Faraday che si era costruita attorno a Portella e alle stragi successive sarebbero stati ininfluenti sui banditi stessi. È intuitivo che si rendessero conto che da quel sistema protettivo sarebbe derivato qualche beneficio anche per loro.[208] Ma non fu così.

Lo stesso Messana, forse per scrollarsi di dosso i sospetti che il senatore Li Causi gli aveva fatto pesare come un macigno fino alla sua destituzione, fa delle affermazioni sconvolgenti sulla pista americana, comunicandole al capo della polizia il 4 giugno '47, poco meno di tre settimane prima degli assalti alle Camere del lavoro della provincia di Palermo.[209]

Su questa fonte non sappiamo nulla, ma il fatto che l'ispettore esponesse le sue conoscenze al capo della Polizia, deve far ritenere quelle informazioni certe. Attorno a Giuliano non ci furono soltanto gli americani o i neofascisti, come meglio vedremo. Ciascuno volle giocare la sua parte, perché il gioco valeva la candela. Un tipo come "Turiddu" pagava le spese per tutti e il costo dell'operazione – cioè di stare seduti al tavolo della partita – era praticamente zero. Non sappiamo se questa valutazione intervenne anche nelle riflessioni del principe Alliata nei cui confronti Giuliano nutriva una sorta di misteriosa fascinazione. Questi era un aristocratico, sulle cui proprietà in Brasile sia Giuliano sia anche Pisciotta erano perfettamente informati. Certamente non era da escludere che i due potessero essere caduti in una infatuazione fatale e senza scampo. D'altra parte occorre considerare che il mondo dei banditi non era quello dei mafiosi, soprattutto culturalmente. Sia gli uni che gli altri avevano in comune alcuni valori, come l'omertà e il coraggio, ma non certamente il senso della mascolinità. Per un mafioso i figli maschi corrispondevano alle milizie armate delle "famiglie" dei boss. Il maschio era un soldato, un combattente. Per un bandito gli elementi della virilità e della mascolinità erano secondari, in quanto predominava il dato della solitudine, nel deserto dei latifondi. Si poteva dire che il bandito era la rarefazione della socialità della "famiglia", la sua riduzione a monade. Nell'immaginario di questo universo non cresciuto, ripiegato su se stesso, debole e ricattabile, l'aristocrazia sembrava un sogno utopico e ogni autorità che apparisse come tale provocava nel bandito una forma di soggezione totale. L'esatto opposto accadeva nel mafioso, che si sentiva al centro dell'universo.

Il principe Alliata era nato a Rio de Janeiro il 26 agosto 1921 da Giovanni e Olga Materazzo, una famiglia miliardaria legata da rapporti di amicizia con Badoglio. Giunto in Italia nel 1939, lo troviamo al momento della Liberazione in un campo di prigionia in Egitto, da dove rientra nel gennaio del 1946 come ufficiale in servizio permanente. Eletto per due legislature al Parlamento nazionale nei collegi siciliani, è uno dei personaggi più equivoci e sotterranei della storia del secondo dopoguerra siciliano. Indicato da Pisciotta come uno dei mandanti della strage del 1° maggio '47, è al centro dell'attenzione della stampa italiana per oltre un ventennio. Ma lui non se ne fa un cruccio e risponde con una salva di denunce per calunnia e diffamazione contro ogni testata o individuo che avanzi sospetti su di lui. Nel dicembre 1951 fonda, assieme a Leone Marchesano e Cusumano Geloso, il Fronte nazionale monarchico, creando una scissione nel Partito nazionale monarchico al quale aderiva Gioacchino Barbera. Il suo nome figura tra quelli dei partecipanti al convegno romano promosso dal leader ordinovista Clemente Graziani. Figura inoltre nell'ormai noto rapporto inviato nel 1974 da Giulio Andreotti al tribunale di Roma su alcuni tentativi golpisti messi in atto in Italia.[210] Nel 1970 fu ascoltato dall'Antimafia e negò ogni fondamento a quel memoriale, datato 9 dicembre 1951, che Antonio Ramirez, morendo a Palermo il 2 novembre 1969,[211] aveva lasciato al figlio Giuseppe. In esso il Ramirez riferiva quanto confidatogli dall'onorevole Barbera: che corrispondeva al vero quanto detto sui mandanti di Portella da Gaspare Pisciotta e che il mandante dell'assassinio di Accursio Miraglia, sindacalista di Sciacca ammazzato dalla mafia il 4 gennaio 1947, sarebbe stata la stessa persona dell'onorevole Tommaso Leone Marchesano. Naturalmente il principe la pensava diversamente: "Mente politica di primissimo ordine, già consigliere comunale e provinciale di Palermo, deputato all'Assemblea regionale siciliana e al Parlamento nazionale, giornalista, uomo di grande valore, democratico eccelso." Come, del resto, il Cusumano Geloso che era stato un "valoroso ufficiale dei bersaglieri, aveva combattuto nella guerra di liberazione a Monte Marrone, ed era stato deputato dell'Assemblea regionale siciliana."[212] In più era – come lo definiva lo stesso Alliata – "un trentatré della Massoneria".[213] Erano tutti dei veri combattenti, insomma, che dopo la caduta del fascismo avevano pensato di continuare a rivestire un ruolo attivo per salvare la democrazia minacciata dal comunismo.

Il principe non era un solitario tra quegli "amici". Un altro principe, quello di Giardinelli, aveva pensato che lo strumento giusto per intervenire fosse la Concentrazione demoliberale, sostenuta da ingenti somme di denaro variabili a seconda "delle fortune personali" di ciascuno. Si prevedeva che questa organizzazione dovesse fondersi col Partito democratico italiano, proclamatosi monarchico. Cosa il principe intendesse fare di quei soldi non si è mai saputo. Si sa invece che egli mantenne stretti contatti con Alfredo Covelli, i cui viaggi a Palermo furono frequenti.[214]

In altri casi abbiamo dei siciliani rovesciati, che si trasferiscono a Roma per svolgervi non meglio precisate attività. È il caso di Raimondo Lanza di Trabia.[215] Nato ad Ascellano nel 1915 e residente a Palermo, dal 1938 al 1940 lo troviamo negli Usa e, dal 1940 al 1942, in Francia, Svizzera, Ungheria e Romania. La fonte informativa scrive che "per molti anni era stato al servizio dell'Ovra, per il quale aveva ricevuto un regolare salario come informatore." La sua attività era ben nota a Ciro Verdiani.[216] "In tempi recenti – aggiungeva – si è spacciato in varie occasioni come un ex agente dell'Oss." Le sue condizioni finanziarie erano molto difficili e per questo era tallonato da numerosi creditori. In quel frangente si trovava a Palermo.[217]

Dunque, il principe Lanza è una spia di professione[218] che passa, dopo il 1943, dall'Ovra all'Oss. Malgrado le pressioni italiane, non verrà processato e tornerà a lavorare per l'Ssu, nel 1946, come informatore dal turbolento scenario siciliano.

Lo schieramento occidentalista giustifica le molteplici abnormità che caratterizzano i comportamenti di molti soggetti istituzionali, fino a spingerli oltre ogni limite di buon senso, se non anche alla commissione di crimini. Di fatto le stragi di maggio-giugno erano state anticipate ai livelli più alti del governo e delle forze dell'ordine, ma nessuna iniziativa ne era derivata specialmente nel territorio in cui Giuliano agiva. C'è da ritenere pertanto che, se attraverso i confidenti l'Ispettorato Ps riusciva a sapere quanto sarebbe accaduto, doveva intercorrere una perfetta sintonia tra gli artefici delle stragi e i tutori dell'ordine. Questi ultimi non potevano assumersi la responsabilità di una connivenza senza una precisa copertura. Tutti, forze dell'ordine e governo, spie e doppiogiochisti, *double agent*, neofascisti, banditi e mafiosi, in vario modo e a vari livelli, furono travolti da una spinta più grande di loro. E per il semplice fatto che l'Italia, venne a trovarsi, negli anni '40, in una posizione internazionale strategica.

"L'Italia – scriveva William Colby – è stato il più grande laboratorio di manipolazione politica clandestina. Molte operazioni organizzate dalla Cia si sono ispirate all'esperienza accumulata in questo paese, e sono state utilizzate anche per l'intervento in Cile."[219] Se ne coglie una conferma nelle dichiarazioni rese in un'intervista radiotelevisiva da Victor Marchetti, ex agente Cia.[220]

Di fatto il nostro paese fu interessato da gruppi eversivi o similari di cui Gladio sarà, negli anni successivi, il fenomeno più macroscopico. Scriveva Filippo Gaja nel mensile di informazione politica e militare internazionale *Maquis*, a proposito di Randolfo Pacciardi, che questi era entrato in contatto con Carmel Offie, inviato dal Dipartimento di Stato a Madrid, come dirigente dell'Oss, proprio in quanto ufficiale delle Brigate internazionali. Offie sbarcò con le truppe alleate nel luglio del '43 e partecipò poi ai negoziati per l'armistizio di Cassibile. Fu consigliere di Roosevelt e poi di Eisenhower, ai quali suggerì il modo per "strappare l'Italia ai comunisti". Fu uno degli artefici della scissione socialista del 1947, sostenitore di De Gasperi per "il colpo di Stato parlamentare" del 1947, guida della scissione sindacale del 1948. In quanto amico di Offie, Pacciardi fu, dal 1948 al 1953, ministro della Difesa.[221]

Il suo nome figura in un resoconto di Victor Mallet, ambasciatore inglese a Roma, datato 29 dicembre 1947. Riferiva al suo governo di un colloquio avvenuto tra De Gasperi, Carlo Sforza ed Anthony Eden, ministro degli Esteri dello *shadow cabinet*. Il capo del governo dichiarava di avere incaricato uno dei nuovi vicepresidenti del consiglio e leader del partito repubblicano, Randolfo Pacciardi, appunto, "di agire in qualità di presidente di una sorta di comitato per la difesa civile." E Mallet precisava che questi era "un uomo prezioso da tenere al governo". Di fatto il Pacciardi era "formalmente responsabile del 'Comitato per la difesa delle istituzioni,'" e in qualità di ministro della Difesa sarà il fautore della nascita – mediante circolare interna – del famigerato Sifar (30 marzo 1949).[222]

La sua carriera politica ci spiega in che modo intendesse svolgere questo delicato compito. All'inizio del '50 egli proporrà il varo di una legge sulla Difesa civile che "doveva rappresentare il cassetto legale entro cui infilare la rete di resistenza 'anti-invasione' che diventerà poi Gladio." E quando nel '51 De Gasperi parlerà a Washington "della necessità di un'azione psicologica per dimostrare che l'Organizzazione del Nord Atlantico [era] più di un'alleanza militare," sarà proprio Pacciardi, già ministro della Difesa, "a dare pratica attuazione a quelle direttive" che prevedevano il licenziamento dei lavoratori comunisti, secondo quanto chiesto da Dean Acheson, segretario di Stato americano. L'invito di quest'ultimo al ministro era esplicito e si fondava su una precisa pianificazione degli interventi quali erano quelli derivanti dal piano "Demagnetize", approvato nell'aprile del '52.[223] Troveremo ancora Pacciardi al convegno romano che sarebbe stato organizzato dal leader di Ordine Nuovo Clemente Graziani sul tema "Guerra rivoluzionaria dei Soviet" tenutosi nel novembre 1961, i cui atti sono depositati presso l'archivio della Commissione Stragi. Qui Pacciardi è in buona compagnia con Alliata di Montereale, Giano Accame e altri personaggi di estrema destra noti per i loro collegamenti con i servizi di sicurezza.[224]

In tutto questo non c'era uno spontaneismo velleitario e autonomo, ma un preciso consenso operativo, come si può vedere nel *Manuale di intelligence per la propaganda occulta*.

Si tratta di un ampio rapporto sulle direttive impartite agli agenti dell'Ssu, per l'attuazione della propaganda occulta.[225] Il documento può essere considerato una summa strategica dei servizi segreti americani alla vigilia della guerra fredda.

Gli anonimi redattori avevano sicuramente fatto scuola. Le strategie eversive e stragiste teorizzate nel lontano 1946 sono evidentemente ancora in auge nelle alte sfere della Cia, come dimostrano le recenti invasioni dell'Afghanistan nel

2001 e dell'Iraq nel 2003 (con la colossale montatura propagandistica sulle inesistenti armi di distruzione di massa del regime di Saddam Hussein). Ciò vale anche per l'Italia negli anni della strategia della tensione, dal 1969 al 1978 e per la repressione dei movimenti democratici in Cile e Argentina negli anni Settanta.

Per quanto riguarda la ribollente situazione italiana del dopoguerra, le teorie sopra elencate si possono verosimilmente mettere in relazione con l'eversione stragista fomentata dagli Alleati nella Sicilia del triennio 1945-1947.

Se queste erano le premesse (il documento dell'Ssu è del maggio 1946), come non immaginare che l'ondata stragista del 1947 e le successive eliminazioni di esponenti comunisti, socialisti e sindacali non fossero che l'applicazione italiana della terribile strategia dei "falsi incidenti?". Essa serviva – come accadeva in quello stesso anno in Grecia – a scatenare l'insurrezione e a giustificare la conseguente, sanguinosa repressione militare. La sostenevano una serie di forze: l'Oss stesso, l'esercito, i neofascisti, alcuni ambienti della Chiesa, i mafiosi, i massoni, i monarchici, certi industriali e aristocratici, gabelloti e latifondisti. Del resto in un brano del manuale sopra citato (un corposo documento di circa venti pagine), l'Ssu punta chiaramente a provocare "sommosse, rivolte, cambiamenti politici e, addirittura, guerre vere e proprie". Non appare, pertanto, casuale che nel citato rapporto sulle attività del bandito Giuliano (24 giugno 1947), lo *special agent* George Zappalà classifichi la strage di Portella della Ginestra come "un incidente". Le corrispondenze terminologiche non vanno sottovalutate: Zappalà commise un lapsus? Sapeva cioè che la strage di Portella della Ginestra altro non era che un "(falso) incidente" ordito dall'Ssu per giustificare la repressione armata contro i "rossi" in Sicilia (e, successivamente, in tutta l'Italia)? Nello stesso rapporto, Zappalà parla anche di Giuliano e della sua banda come elementi "implicati". Si tratta di un altro lapsus dell'agente? Se Giuliano era "implicato" nell'"incidente", ciò starebbe a significare che automaticamente vi erano altri punti di tiro (neofascisti, agenti segreti e mafiosi) quella mattina del 1° maggio; circostanza sempre negata dalle successive indagini di polizia e carabinieri e dai giudici di Viterbo.

In realtà, risulta chiaro che Zappalà, come molti altri agenti, arrivò in Sicilia anche per applicare le precise direttive del documento-manuale del 16 maggio 1946. Non dobbiamo dimenticare, infatti, che lo stesso Angleton aveva già chiesto, appena tre mesi prima, l'invio di nuovi agenti per una imminente e non meglio definita "fase militare" comprendente anche la Sicilia. Era il 12 febbraio 1946 e dal suo ufficio di Roma un cablogramma (classificato "confidenziale") aveva raggiunto l'Ssu/Dipartimento della Guerra di Washington.[226] "Ho immediato bisogno – scrisse – di almeno dieci agenti per aprire e rendere operative le stazioni di Napoli, Sicilia, Bari e Trieste. Prima di assumere l'incarico, costoro devono essere sottoposti ad un periodo di addestramento intensivo a Roma. I suddetti sono destinati a una fase militare." È un periodo rovente del dopoguerra, in cui sembra imminente un'invasione russo-jugoslava della Venezia Giulia, al confine orientale. Bari e Trieste vengono collegate a tale situazione. L'accenno a Napoli e alla Sicilia è molto importante, perché prova che gli Alleati collegano la situazione di tensione con Iugoslavia e Albania alla crescita del blocco socialcomunista al Sud, soprattutto in Sicilia. L'Italia, insomma, sarebbe stata, secondo l'analisi fatta dai servizi, al centro di un complotto comunista internazionale in grado di far saltare gli accordi di Yalta. L'accenno a una "fase militare" conferma che gli Alleati, fin dall'inizio del 1946, pensano a controbilanciare l'influenza comunista con vere e proprie azioni di forza (a cominciare da quelle occulte, vista la richiesta di "dieci nuovi agenti").

La Sicilia del 1947 sarà la cartina di tornasole. La strategia è sempre la stessa e ha una sua continuità sorprendente nella storia dei poteri occulti.[227] Giustamente, pertanto, è stato posto in risalto il livello altissimo di quello scontro, e si è sottolineata l'analogia tra le stragi di maggio-giugno 1947 con il sequestro e l'uccisione di Aldo Moro.[228] Si ripeteva così il circuito perverso e diabolico degli anni precedenti.[229]

Nei giorni della strage del 1° maggio, il consigliere per l'Italia a Washington, Walter Dowling scriveva, in un promemoria riservato, che il Partito comunista era ormai troppo forte per essere battuto in terreno aperto.[230] Anche l'ambasciatore americano a Roma, James Clement Dunn, s'era dato pensiero e il 7 maggio 1947 in un telegramma inviato al segretario di Stato George C. Marshall scriveva di avere già "sollecitato qualche espediente per eliminare il Pci dal governo": attraverso uomini che potessero meritare la piena fiducia, controlli sugli scioperi, abrogazione di "quelle norme di carattere 'politico' che erano state 'utilizzate per intimidire e paralizzare' l'economia."[231] Fra queste non potevano certamente mancare le leggi Segni-Gullo sulla riforma agraria. In ogni caso già dalla data del viaggio di De Gasperi le cose erano mutate, e dovevano mutare sempre più nel corso di quei primi mesi, a seguito dell'enunciazione della dottrina Truman (marzo 1947)."[232]

Se tale lettura è corretta, dobbiamo anche precisare che vi fu un processo dinamico in grado di provocare una spirale di violenza che raggiunse il suo culmine nel 1947, i cui obiettivi eversivi cominciarono a delinearsi già nel 1944 in un interscambio attraverso le due linee del fronte di guerra prima del 25 aprile 1945 e l'utilizzo delle organizzazioni neofasciste per azioni mirate, dopo. Per cui si venne a determinare una guerra palese, condotta alla luce del sole e una guerra occulta di lungo periodo che non interessò solo le frange armate di varie organizzazioni paramilitari, ma apparati e burocrati già compromessi col fascismo, o divisioni paramilitari come "Osoppo" e "Gorizia", o il nucleo universitario triestino, quasi esclusivamente costituiti da ex fascisti operanti in raccordo con gli Alleati. La maggior parte delle Sam e di altre formazioni terroristiche neofasciste si era spostata nella Venezia Giulia.[233] Qui, a coordinarne le attività, fu Selene Corbellini, già appartente alla banda Koch. Ce la ritroveremo, poco dopo, a Palermo per organizzare la banda Giuliano. Sempre in Sicilia, poi, nel 1946, registriamo una banda armata dipendente dalla "Osoppo" e capeggiata da un certo De Santis, alias Marco. Frange paramilitari della Decima e della "Osoppo" si incontrarono a Roma nella primavera del 1946 al comando di Buttazzoni e Caccini (comandante 'Tempesta" della "Osoppo"). Tutte si misero a disposizione dei servizi segreti Usa di Angleton, per combattere il comunismo, con l'intento dichiarato della guerra non ortodossa. In particolare gli appartenenti alla banda Koch non ebbero una facile conclusione della loro esperienza nazifascista. Processati, subirono, dalla Corte di assise straordinaria di Milano, sette condanne a morte e 500 anni di reclusione. Renzo De Santis, detto "Polverone", morto a Palermo nel 1998, e Giuseppe Argentino (alias Walter – evidentemente è la stessa persona di cui si parla in un rapporto della fine del '45 di Ciro Verdiani –, furono condannati a morte in contumacia; Carlo De Santis, fratello minore di Renzo, a 22 anni. Tra i rilasciati a causa dell'amnistia di Togliatti del giugno 1946 troviamo Selene Corbellini, alias Rosalba Zini, o Lina Zina, già informatrice dell'Ovra.[234]

Nell'immediato dopoguerra, si erano sviluppate in Italia diverse "organizzazioni parallele", come l'Associazione partigiani cristiani diretta da Pietro Cattaneo, altrimenti definita Maci (Movimento avanguardia cattolica italiana). Si erano inoltre consolidati i rapporti che certi gruppi cattolici mantenevano con i servizi segreti e l'Arma dei carabinieri.[235] Giuseppe Pièche, generale dei carabinieri, ex capo del controspionaggio del Sim, e già collaboratore dell'Ovra, ebbe alti incarichi al ministero dell'Interno col primo governo De Gasperi, nel 1946; inoltre svolse una parte non secondaria "nella costruzione di uffici di intelligence dopo lo scioglimento della polizia segreta fascista e il trapasso di regime."[236] Il generale aveva predisposto con il ministro Scelba una rete di "prefetti ombra" che avrebbero sostituito quelli regolarmente nominati, in caso di un'avanzata comunista. Ma alle vie brusche, questa volta si preferirono quelle morbide. Nonostante fossero ancora operative le commissioni di epurazione, ci fu di fatto una continuità politico-culturale negli apparati. In molti casi cambiarono gli uomini, ma in molti altri essi non cambiarono affatto e furono semplicemente riciclati. Vi fu una giustificazione in tali comportamenti: la convinzione più o meno strumentale che l'Italia potesse cadere sotto l'egemonia sovietica attraverso i partiti di sinistra e un colpo di Stato di cui sarebbero stati artefici i leader del Pci capeggiati da Togliatti. Tutti si sarebbero avvalsi dei servizi segreti filosovietici come l'Nkvd, la Ceka, l'Ozna, o il Kk.[237] Quanto questi servizi di intelligence fossero stati qualcosa di più di sigle, fatta eccezione per i servizi segreti iugoslavi che agivano nella Venezia Giulia, in un'area circoscritta, non è dato sapere. Certo è che il denominatore comune di molte forze che avevano costituito vasti settori dei partiti del Cln fu il fantasma del comunismo, che funzionò da causa scatenante della rottura dell'unità antifascista, soprattutto lungo i primi tre governi De Gasperi. Questi rappresentò l'elemento di debolezza su cui agirono sinergicamente in direzione antidemocratica e con una buona giustificazione politica delle scelte di rottura varie forze: gli Usa, il Vaticano, ampi settori di centrodestra, le associazioni degli immigrati in America ecc. Tutti furono concordi nel ritenere che oltre i limiti ai quali la sinistra era pervenuta non si poteva andare e che quei limiti rischiavano ormai di essere paurosamente varcati. Non lo consentiva l'Nsc (*National security council*) già nel '48.[238] In questo senso erano del resto orientate misteriose altre associazioni come l'*American friends of Sicily,* la cui direzione era nelle mani di generali e politici, come Donovan e Karl Mundt, legati ai maggiori trust statunitensi. Tutti riconoscevano la collocazione nevralgica della Sicilia e ne coglievano la pericolosità, specialmente dopo gli esiti del 20 aprile 1947.

Orientamenti e scelte erano assunti, per conto dei rispettivi governi, dalle armate di occupazione o dai responsabili dell'*Office of European Affairs* di cui era direttore H. Freeman Matthews. A coglierne la funzione basti pensare che lo stesso De Gasperi – stando a una conversazione tenuta il 16 maggio 1947 tra l'ambasciatore Tarchiani e Marshall – temeva il ritiro delle truppe alleate prima delle elezioni del '48, in quanto, a suo giudizio, ciò non avrebbe giovato allo sviluppo dell'Italia.[239]

Guarda caso era la stessa posizione dell'Nsc, secondo il quale il Pci "non avrebbe tentato di assumere il controllo dell'Italia finché le truppe americane e inglesi non fossero state ritirate alla data stabilita dal trattato di pace (15 dicembre 1947)."[240] Ma a parte gli interessi Usa in Italia a trasformare alcuni gruppi dell'antifascismo in attiva organizzazione anticomunista dopo il 25 aprile del '45, resta il dato di una azione autogena in questo senso. I soggetti che la promossero utilizzarono inizialmente il separatismo come semplice espediente, riuscendo a penetrare all'interno della stessa Arma dei carabinieri. A tale proposito Giuseppe Calandra, nei suoi memoriali, riporta una lettera pervenutagli quando operava come maresciallo presso la stazione di Montelepre:

Caro collega,
poggiati su gruppi di azione clandestina potentemente armati, sorretti ed alimentati dall'azione del Ss, ufficiali del capoluogo e dello stesso colonnello comandante che ha preso contatti con i capi dell'organizzazione clandestina è sorta a Palermo la nostra associazione che ha lo scopo di difendersi e difendere la nazione dal pericolo rosso, il comunismo, le cui squadre di azione cominciano a farsi sentire attraverso i recenti assalti alle nostre caserme. È necessario perché l'azione risulti legale e non sporadica che tutti si sia coalizzati e che nei grandi come nei piccoli centri si lavori intensamente per sventare il pericolo ricorrendo in casi estremi anche ad azioni violente contro cose e persone.

Da parte tua puoi stare pure tranquillo poiché seppure non ufficialmente per ovvie ragioni il nostro comandante è con noi ed è pronto a darci tutto il suo appoggio se dovesse essere necessario.

Di questo appoggio tu non abuserai pensando che [se] dovessero privarci del nostro colonnello tutta l'organizzazione andrebbe a monte con le reazioni che ti è facile immaginare da parte di chi gli succederà.

Pertanto fai propaganda fra i tuoi dipendenti e fra giorni verrà costà il nostro incaricato che ti porrà a contatto con il capo dell'organizzazione clandestina che opera nella tua giurisdizione d'accordo col quale dovrai lavorare secondo le direttive che ti verranno date.

Fidiamo nella tua riservatezza e nell'azione che saprai svolgere che non mancheremo di segnalare a chi di competenza.[241]

Il documento, non datato, si può far risalire agli anni della vicenda di Portella, quando il Calandra, assieme ai marescialli Lo Bianco e Santucci, si trovava a operare presso la caserma dei Cc di Montelepre. A quel tempo esisteva, dunque, una Formazione organica reali carabinieri anticomunista (Forca) che il Calandra interpretò come un tentativo degli "amici di Giuliano" di farlo cadere in disgrazia presso i suoi superiori. Ma gli autori e le intenzioni della lettera erano ben diversi. Lo dimostrano parecchie circostanze: viene indicato un garante nella persona del colonnello comandante dell'Arma; ci si riferisce a un contatto imminente che si sarebbe potuto facilmente riscontrare; si lasciano intravedere collegamenti nazionali ("difendere la nazione dal pericolo rosso"). Da una dichiarazione di Antonino Terranova nel dibattimento di Viterbo, si evince che Giuliano poteva essere in contatto col Fronte antibolscevico di Palermo già dal febbraio del '47. Lo specialista dei sequestri di persona dichiarava: "So che Giuliano qualche volta si recava a Palermo ma non ricordo se nel febbraio 1947 andò nella sede del partito anticomunista." E più avanti aggiungeva, a proposito dei manifestini antibolscevichi lanciati a Carini e Partinico, durante le stragi del 22 giugno: "Giuliano stesso mi disse che i manifestini gli erano stati portati pronti per essere lanciati."[242] "Cacaova", come meglio era conosciuto il bandito, in sostanza ammetteva di non ricordare se in quel mese il suo capo fosse andato nella sede di quel partito, con ciò non escludendo che vi si fosse recato prima o dopo, testimoniando un legame tra il capobanda e i neofascisti già consolidatosi nel 1944. In tutta questa vicenda eversiva il banditismo politico giocò in squadra con altri soggetti, o meglio fu messo nelle condizioni di giocare la sua parte. Ufficialmente non poteva che essere quella di artefice e principale protagonista. La megalomania del bandito gli fece accettare tale posizione preminente. Fatto che fece definire la sua funzione nella vicenda delle stragi del '47, come quella di un parafulmine (Li

Causi). Senza questa sua funzione protettiva sarebbero venuti allo scoperto i veri burattinai della strage per i quali la posta in gioco non fu certo la restituzione al consorzio civile di quattro banditi, così come qualcuno fece credere a Giuliano. Non a caso questi, nelle sue lettere, pubblicate persino dai giornali dell'epoca, attaccò il Vaticano e il ministero dell'Interno, ritenendoli responsabili dell'inganno.

Tra gli uomini della cortina che a un certo punto gravitano attorno a Giuliano, per eliminarlo, ci sono il colonnello dei Cc Ugo Luca e il capitano Antonio Perenze, il primo nativo di Feltre, in provincia di Belluno, il secondo di Nocera, nel salernitano. Il fatto che nessuno dei due fosse siciliano conferma il dato che l'intera operazione della rimozione doveva essere un intervento tecnico, legato alla capacità di dominare le situazioni locali. La forca caudina fu Paolantonio attraverso il quale si controllava il sistema dei confidenti, e quindi delle vocazioni della mafia. Pisciotta fu nevralgico allo stesso modo di come l'intera banda era stata nodale nella dinamica delle stragi di maggio-giugno. Per questa sua collocazione centrale Perenze fu il suo angelo custode, braccio operativo dell'asse Luca-Paolantonio, aiutante maggiore di Luca e comandante del gruppo squadriglie centro di Palermo. A Viterbo, essendo ancora vivo il luogotenente di Giuliano, il capitano dirà:

D.R.: Ebbi dei contatti con Gaspare Pisciotta nella seconda quindicina di giugno 1950, contatti che si protrassero fino a un'epoca che non posso precisare, ma che ritengo sia la fine di luglio e i primi di agosto 1950.

D.R.: Io, per incarico del colonnello Luca, portavo al Pisciotta delle buste, che pensavo contenessero dei documenti, ma che non escludo potessero contenere altre cose. Il Pisciotta, dopo la consegna delle buste, mi riferiva quanto dovevo dire al colonnello Luca.

D.R.: Nei contatti che io ebbi col Pisciotta, non si parlò mai del fatto di Portella poiché, essendo avvenuto nell'anno 1947, era ormai superato e anche perché il Cfrb aveva il compito di reprimere il banditismo e il punto fermo attorno ai fat-

ti di Portella era stato già messo dall'allora maggiore Angrisani e dal m.llo Calandra che insieme col m.llo Lo Bianco comandava il nucleo di polizia investigativa dipendente dall'Ispettorato di Ps.

D.R: Mai scrissi lettere a Gaspare Pisciotta, qualcuna la dettai ad un mio dipendente.

D.R.: Dette lettere, che firmavo Antonio, venivano scritte a matita, quando mi trovavo in campagna al comando delle squadriglie e qualche volta anche a penna quando mi trovavo a Palermo.

D.R.: Mai in queste lettere parlai dei fatti di Portella, né mai al riguardo nulla chiesi al Pisciotta.

D.R.: Gli abboccamenti col Pisciotta avvenivano in un luogo molto lontano, fuori dall'abitato di Palermo, ma qualche volta avvennero anche a Palermo.

D.R.: Io andavo a rilevare il Pisciotta dove si trovava, con la macchina, egli veniva in mia compagnia a Palermo e poscia io lo riportavo nel luogo dove lo avevo rilevato.

D.R.: A conferire col Pisciotta non andavo io direttamente nel luogo dove costui si trovava, ma dovevo incontrare altre persone che mi conducevano dal Pisciotta. Dopo il colloquio io ritornavo per altra via al posto dove avevo lasciato la macchina, che qualche volta non trovavo.

D.R.: Qualche volta dovetti mandare via anche la macchina con la quale ero andato all'abboccamento, poiché il Pisciotta usava molte precauzioni.

D.R.: Portando le buste contenenti documenti o altro io non facevo che eseguire gli ordini datimi dall'allora colonnello Luca.

D.R.: Una volta il colonnello Luca mi mandò dal Pisciotta per ritirare da costui dei documenti. Il Pisciotta mi disse che i documenti non li aveva e mi aggiunse di far sapere al colonnello Luca che avrebbe scritto.

D.R.: Ritengo che il Pisciotta scrisse al colonnello Luca poiché dopo 5, 6 o 7 giorni ebbi l'ordine dal colonnello di recarmi sulla via Mazara del Vallo, dove avrei incontrata una persona che mi avrebbe dovuto consegnare dei documenti. L'incontro ebbe effettivamente luogo, però la persona da me incontrata mi disse di far sapere al Gaspare Pisciotta che egli non aveva alcun documento, avendoli tutti bruciati.

D.R.: Tali documenti, secondo quanto mi riferì il colonnello Luca, si riferivano a tutta l'attività esplicata dalla banda Giuliano.[243]

Ma ci si chiede: quale traffico di documenti intercorreva tra Luca e Pisciotta? Quali circuiti consentivano un sistema protettivo perfettamente funzionante alla luce del sole? E perché Giuliano, Pisciotta e Ferreri che potevano essere presi in un qualsiasi momento, senza colpo ferire, venivano coccolati o trattati come "autorità" alla pari? Evidentemente c'erano ragioni di forza che giocavano dalla parte dei banditi, non di tutti (quelli che, ad esempio, erano trattenuti nelle caserme, o già in galera), ma di coloro che ai vertici della banda erano mine vaganti che non dovevano esplodere né tanto meno lasciare tracce. Con Aspanu (Pisciotta) la situazione fu diversa perché, nelle settimane successive alla morte di Giuliano, egli è il punto di riferimento per venire a capo di quei documenti che, secondo Perenze e Luca, riguardavano l'intera attività della banda. Sulla loro esistenza, quindi, non c'è dubbio alcuno, come è anche certo che i banditi erano ormai entrati, dopo il 4 luglio 1950, nei circuiti di intelligence del Cfrb (Comando forze repressione banditismo). È ancora Perenze a testimoniarlo:

D.R.: Non intendo dire chi era la persona che mi disse di far sapere a G. Pisciotta che non poteva più consegnare i documenti, perché li aveva bruciati. Costui non era un mio confidente personale, ma del Cfrb.[244]

C'è da ritenere che dovesse trattarsi di documenti diversi da quelli contenuti nel portacarte (o portafoglio) di Giuliano dopo la sua uccisione, se al prelevamento di questi ultimi pensò direttamente Gasparino. Motivo che spiegherebbe per altro la sua presenza quella notte in casa De Maria, dove il capobanda sarebbe stato eliminato. Eliminare tracce significava mettere la magistratura in condizione di agire più celermente. Ed Emanuele Pili, il procuratore capo della Repubblica di Palermo, era supremo, assoluto; non aveva nessuno sopra la sua testa, tranne forse il ministero di Grazia e Giustizia. Verdiani era alle dirette dipendenze di Scelba, ma aveva anche – come rilevarono i giudici – buone possibilità di mediazione col procuratore.[245] Il circuito delle complicità andava ben al di là delle istituzioni locali. Nessun pubblico ufficiale si sarebbe assunte responsabilità senza coperture superiori e se queste non fossero state giustificate da ragioni di ordine politico generale.

Su Ciro Verdiani (elemento di spicco dei servizi segreti italiani durante il ventennio fascista), leggiamo in un documento del 3 ottobre 1945: "Si ritiene che gli ex ispettori di polizia Verdiani e Giglio siano membri del movimento Tricolore". Questo movimento contava 8.000 aderenti, era sostenuto dalla massoneria di rito scozzese e si proponeva, tra l'altro, di riabilitare tutti i fascisti eliminati dalle commissioni di epurazione. Dalla fine di ottobre del '45 sarebbe stato operativo un battaglione di 2.000 carabinieri al comando del tenente colonnello Crocesi, presso la caserma Lamarmora di Roma.[246] Un rapporto Oss del 9 luglio 1945 rivela che secondo "circoli ben informati della polizia italiana" il processo contro Guido Leto (vicecapo della polizia politica della Rsi) e Ciro Verdiani sarebbe stato di notevole interesse per tutte le agenzie di spionaggio. Questi uomini infatti avevano una conoscenza dettagliata degli intrighi dei fascisti e degli industriali responsabili della costruzione del regime.[247]

Dal 1916, Ciro Verdiani (1889-1952) è al Quirinale come responsabile della sicurezza personale dei Savoia, incarico che ricopre per oltre un decennio. Nel 1930 diventa capo di Gabinetto del questore di Roma e, nel 1941 è inviato a Zagabria (Croazia) come ispettore generale di polizia. Nel settembre del 1943 è nominato questore di Roma, ma non assume l'incarico perché ostile ai tedeschi che occupano Roma. Nel 1944 è arrestato dalla legione Muti come antifascista. Liberato all'inizio del 1945, si trasferisce a Venezia per attivare contatti segreti con la Resistenza. Alla Liberazione viene arrestato dagli Alleati e tradotto a Roma dove, nel 1946, assume l'incarico di questore.[248] Alcune bandiere furono cambiate per convenienza, altre per convinzione.[249]

Verdiani la sapeva più lunga del diavolo. Il 2 maggio 1945, agenti di un servizio alleato presero contatto con lui nella sua abitazione a Venezia, dove era pure il figlio del commendatore Leto. Egli asserì di avere a portata di mano una cassa dell'archivio dell'Ovra contenente documenti riguardanti alcune personalità allora al governo, mentre altri erano in possesso del Leto che li aveva piantonati con un gran numero di agenti. Il Verdiani riuscì a tergiversare e a evitare la consegna di detta cassa agli agenti alleati. Si trasferì immediatamente da solo a Roma con la sua Fiat 1500 targata "Corpo diplomatico" ancora munita del permesso di circolazione di quando era questore a disposizione della Casa Reale. Giunto a Roma, ottenne, da amico fidato della direzione generale di Pubblica sicurezza, un colloquio con Pietro Nenni cui consegnò personalmente la cassa (che conteneva anche il fascicolo di Nenni) avendone in cambio, con la sua iscrizione al Partito socialista, promessa di protezione per evitargli l'epurazione e le sanzioni previste per il servizio prestato nella Repubblica sociale, e, successivamente, avanzamenti di carriera. Per salvare le apparenze, il Verdiani fu, per ordine dell'Alto commissariato per l'epurazione, in un primo tempo fermato, successivamente la sua pratica fu messa in sospeso fino al momento favorevole in cui, senza pubblicità, venne discriminato e messo a disposizione della direzione generale di Ps. Il 20 aprile 1946 fu nominato questore di Roma in sostituzione del commendatore Solimando ritenuto dal ministro Romita filo-monarchico. "L'Unità", non al corrente dei fatti, il 20 aprile 1946 attaccò violentemente il Verdiani accusandolo di essere fascista repubblicano e collaborazionista, nonché monarchico e agente dell'Ovra. L'"Avanti!" di domenica 21 aprile, invece, scrisse una breve nota di elogio. Il Pci e "L'Unità" ebbero istruzioni e la campagna contro Verdiani fu immediatamente interrotta.[250] Ebbene, il futuro ispettore generale di Ps fu l'anima nera di Giuliano. Fu per lui una lusinga, una sirena o un satiro. Ne conquistò l'amicizia, cenò con lui l'antivigilia di Natale del

'49 nella casa di campagna dei mafiosi Marotta, a Castelvetrano, portando marsala e panettone. Lo coprì di lettere e parole rassicuranti. Invece tutto quello che accadde, prima travolse il capobanda e poi lo stesso ispettore. Morto suicida, si disse, dopo la sentenza di Viterbo.

L'argomento delle complicità politiche con il banditismo – si legge nel volume della relazione conclusiva dell'Antimafia – emerse nuovamente in sede di discussione sulle comunicazioni del governo, nella seduta del Senato del 2 agosto 1951. "Non vi è stata – osservò il senatore Pastore –, né da parte degli organi di pubblica sicurezza, né da parte dell'Arma dei carabinieri, né da parte del ministero dell'Interno, l'azione che sarebbe stata necessaria per stroncare il banditismo in Sicilia." Tale carenza doveva attribuirsi a una precisa volontà politica della quale il governo – e in particolare il ministro Scelba – avrebbe dovuto rispondere. Il banditismo non più "fenomeno privato, ma politico, in Sicilia [...], è diventato – continuava il senatore – uno strumento politico dei partiti politici che sono al governo e della casta aristocratica siciliana." E citava un esempio: "Possiamo aggiungere che alle elezioni generali del '48, l'80 per cento dei voti (a Montelepre e a Partinico) andò a un deputato democristiano che oggi fa parte del governo e che noi abbiamo il diritto di considerare come l'eletto del bandito Giuliano."[251]

Altro anello nevralgico in tutta la vicenda è Angelo Vicari, figura, come le altre, che si spiega in quella temperie, nel clima, sempre più marcatamente atlantista, di rottura del patto di unità antifascista che aveva prodotto la Carta costituzionale. Era nato a Sant'Agata di Militello (Messina) il 2 gennaio del 1908 ed era entrato nell'amministrazione dello Stato a ventitré anni, nel 1931. A trenta era già consigliere di prefettura in servizio presso la direzione di sanità del ministero dell'Interno. Nel 1941 fu distaccato alla segreteria particolare di Mussolini, ricoprendo un incarico di estrema fiducia. Nel '43 entrò nella segreteria particolare di Badoglio. Durante la guerra di Liberazione si scoprì filocomunista e, liberata Roma, sbandierò meriti antifascisti che certamente non aveva. Con tale camaleontismo ottenne un importante incarico nel governo di Bonomi e la promozione a viceprefetto. Quindi fu capo del gabinetto di Romita, del quale millantò di essere "l'ispiratore politico". Assiduo frequentatore del Partito socialista italiano, non ancora scisso, rivestì l'incarico della sezione Enti locali della direzione del Psiup, ed ebbe persino modo di riconoscere nel Partito comunista italiano la caratteristica di essere "l'avanguardia della classe operaia". Quando le sinistre furono sbarcate dal governo, Vicari si convertì alla socialdemocrazia e diventò anticomunista. L'atteggiamento è ben delineato con Scelba al ministero dell'Interno: con sorpresa dei suoi stessi colleghi più anziani per carriera e meriti, il 1° agosto 1948 diventò prefetto di Palermo (1948-1953) e quindi "uomo" di Pacciardi, Scelba e De Gasperi, "esecutore" della politica del cardinale Ruffini, del Vaticano e di Gedda. A questo punto Vicari è elemento nodale di un "regime clerico-fascista". Dopo l'uccisione di Giuliano venne promosso a prefetto di prima classe "per meriti acquisiti" nella lotta contro il bandito. Lo troviamo prefetto a Genova nel 1953 e a Milano nel 1958. Sul suo curriculum c'è da aggiungere, in ultimo, che egli ebbe a consegnare a Scelba un memoriale dal quale risultavano chiari i legami tra Giuliano e alcuni uomini della Democrazia cristiana. Questo memoriale, forse utilizzato secondo Li Causi come arma di ricatto nei confronti di Scelba, gli avrebbe procurato, negli anni successivi (1960-1973), una promozione a capo della polizia.[252] Naturalmente Li Causi non aveva nessun elemento per dimostrare quanto il suo sospetto fosse fondato, tuttavia è un dato di fatto che Bernardo Mattarella fosse diventato "di casa" a Montelepre nella temperie del '48 e che, eliminato Giuliano, la consegna personale e diretta del morto a Scelba fu fatta proprio dal prefetto Vicari, che andò a ricevere il ministro all'aeroporto di Boccadifalco per le cerimonie dei "festeggiamenti". L'occasione avrebbe potuto essere propizia per i suoi amici: tra i tanti il barone e la baronessa Valente che avrebbero avuto alle loro dipendenze, come amministratore, un mafioso del calibro di Antonino Streva, uno dei luogotenenti di Luciano Liggio.[253]

Tra gli elementi che componevano la cortina di ferro che cominciò ad alzarsi, in particolar modo nella seconda metà del '45, vi furono poi certi ambienti del Vaticano e curiali legati alla corte reale e ai vari movimenti monarchici e neofascisti. Il discorso pronunciato da Churchill a Fulton, negli Stati Uniti ("Da Stettino a Trieste si è innalzata in Europa una cortina di ferro" è il suo passo più celebre), risale infatti al 5 marzo 1946, quando era già venuta a maturazione la pregiudiziale antisovietica.

Secondo Earl Brennan (responsabile Oss per il settore italiano, a Washington), la banda del "colonnello" Giuliano venne rifornita di armi, munizioni e divise provenienti dalle scorte della divisione del generale polacco Anders. Il collegamento tra la divisione Anders e la banda Giuliano sarebbe stato il capitano Mike Stern, agente del Cic in Italia.[254] Che ci fossero dei collegamenti tra il bandito e i servizi germanici, prima della Liberazione può essere legittimamente ipotizzato dall'eccessiva presenza di siciliani nella scuola tedesca di Campalto, ma che detti rapporti, negli anni successivi, fossero stati convertiti in funzione angloamericana è documentato, come abbiamo già visto, da quanto ebbe a scrivere lo stesso ispettore capo di polizia Messana al ministro dell'Interno Scelba, nel giugno 1947.

I gruppi fascisti siciliani e campani furono sicuramente in stretti rapporti con i loro camerati romani.[255] Nello stesso periodo (fine '44 e inizio '45) il capitano Maletti, della guardia nazionale repubblicana, esponente di primo piano del fascismo, veniva dato presente in Sicilia.[256]

Qui, personaggio di volta fu il cardinale Ernesto Ruffini. Nato da genitori di origine trentina a San Benedetto Po (Mantova) il 18 gennaio 1888, fu il sesto di otto figli. Il paese aveva dato i natali anche a Enrico Ferri, uno dei più insigni esponenti socialisti del tempo. Con la promozione di monsignor Sarto (il futuro Pio X) a patriarca di Venezia, la diocesi mantovana, travagliata già dalla vicenda dell'ex canonico della cattedrale Roberto Ardigò, divenuto esponente di spicco del positivismo italiano, subì una riorganizzazione delle sue forze, ad opera di monsignor Origo. Il giovane Ruffini risente di questo clima, che certamente lo spinge a pensare a una nuova leva di sacerdoti capaci di forgiarsi dentro quella che Maurilio Guasco ha definito "spiritualità della sottomissione". Seminarista "promettente e zelante", i suoi studi furono segnati dalla guerra dichiarata da Pio X al modernismo. Compiuti gli studi a Mantova, Ruffini conseguì il dottorato in teologia a Milano (1910). Ordinato sacerdote fu inviato da monsignor Origo a Roma, al Collegio Apostolico Leonino, per perfezionare i suoi studi. Oltre a Pio X, col quale ebbe rapporti personali, altra figura centrale nella vita di Ruffini, fu Vincenzo Tarozzi, del quale colse – come scrive Angelo Romano – "i lineamenti fondamentali della spiritualità". Pio X lo nominò professore di scienze bibliche all'Ateneo Pontificio del Seminario Maggiore, e Benedetto XV lo promosse alla cattedra di Sacra Scrittura nel Pontificio Ateneo di *Propaganda Fide*. Ma sarà Pio XI ad affidargli i primi incarichi "delicati": 1924, sostituto per la censura dei libri al Sant'Uffizio; 1928, segretario della Sacra Congregazione dei Seminari e delle Università. Quest'ultimo ufficio gli consente di avviare con la Spagna di Francisco Franco una lunga frequentazione, diventando di fatto sostenitore del regime franchista. Concepisce la guerra civile come una "crociata di liberazione" contro la "ferocia satanica con la quale per tre anni, dal 1936 al 1939, il comunismo ha assalito le istituzioni civili e religiose del paese." Vive i mesi dell'occupazione nazista a Roma, fino all'arrivo degli Alleati. Nell'agosto del 1945 viene convocato da Pio XII, che gli comunica la sua intenzione di nominarlo arcivescovo di Palermo. Designato come tale pubblicamente il 10 ottobre 1945 e consacrato vescovo l'8 dicembre successivo, è fatto cardinale il 18 febbraio del 1946. In questa veste arriva a Palermo il 31 marzo, quando Aldisio in Sicilia ha già rotto la collaborazione tra Dc e Pci. Proprio in quei mesi, negli ambienti vaticani, si dichiarava che la Chiesa non poteva restare neutrale in vista delle elezioni politiche in Italia e, di fronte al "pericolo comunista", sarebbe passata all'offensiva.[257] Rientrerebbe in questo clima il conflitto intervenuto tra Pio XII e il sostituto presso la segreteria di Stato vaticana, G.B. Montini, che prima delle elezioni del 2 giugno, pur a fronte di precise istruzioni del papa, per l'atteggiamento dei cattolici alle elezioni (conservare all'Italia l'istituto monarchico), si sarebbe astenuto dal darvi seguito, cadendo ipso facto in disgrazia.[258] Dopo la strage di Portella della Ginestra (1° maggio 1947), l'arcivescovo scrive: "Qualora la Dc avesse continuato a collaborare con le estreme sinistre, almeno qui in Sicilia, avrebbe causato il sopravvento del Blocco popolare e quindi distrutto se stessa [...]. Si poteva prevedere come inevitabile la resistenza e la ribellione alle prepotenze, alle calunnie, ai sistemi sleali e alle teorie antitaliane e anticristiane dei comunisti." Stupisce l'assenza di una parola di condanna degli autori di una strage nella quale erano caduti bambini, donne e vecchi indifesi.

A meglio definire l'atteggiamento ideologico-culturale di Ruffini giova, infine, tener conto dell'ostilità che egli ebbe contro Giuseppe Tomasi di Lampedusa, autore de *Il Gattopardo* (Milano, 1958), nonché contro il sociologo triestino Danilo Dolci che non esitò a bollare come "diffamatori della Sicilia". "In questi ultimi tempi – scrisse – si direbbe che è stata organizzata una grave congiura per disonorare la Sicilia: e tre sono i fattori che maggiormente vi hanno contribuito: la mafia, *Il Gattopardo*, Danilo Dolci."[259]

Anche gli esponenti del cosiddetto separatismo democratico fecero parte, in modo contraddittorio, di quel blocco che alimentò la confusione e favorì il connubio tra separatismo e neofascismo. Si trattava di personaggi che, oltre alle mafie o agli uomini di apparato, costituivano un gruppo di orientamento. Antonino Varvaro, avvocato partinicese, fu una delle personalità più in vista del separatismo siciliano, e in tale veste, assieme ad altri capi separatisti, fu inviato dal governo Parri (giugno-novembre 1945) all'isola di Ponza. Fondò il Misdr (Movimento indipendentista siciliano democratico e repubblicano) e nelle elezioni del 20 aprile 1947 fu eletto deputato regionale. Quando Togliatti decise di assorbire la base elettorale del separatismo popolare, Varvaro transitò nel Pci (l'operazione fu condotta da Paolo Bufalini). Fu anche l'avvocato difensore di Salvatore Giuliano nel processo per l'uccisione del carabiniere Mancino (2 settembre 1943).

Una maggiore coerenza deve constatarsi in personaggi che gettarono allora le basi di massa della futura Dc. Tra costoro, il più robusto politicamente, anche per la sua ideale vicinanza a don Luigi Sturzo, fu Salvatore Aldisio. Nato a Terranova (Gela) il 29 dicembre 1890, diventò leader del Partito popolare dopo il 1921 operando soprattutto nel triangolo Caltanissetta, Catania, Gela. Emarginato durante il fascismo, dopo la sbarco alleato del 1943 fu nominato prefetto di Caltanissetta. La sua parabola politica raggiunse l'apogeo con la sua nomina a ministro dell'Interno nel secondo governo Badoglio (aprile-giugno 1944) e poi con la sua nomina ad Alto commissario governativo della Sicilia, dall'11 agosto 1944 al 1946. Al Congresso interregionale della Dc tenutosi a Napoli dal 29 al 30 luglio 1944, venne cooptato nel consiglio nazionale, e il 25-26 novembre di quello stesso anno fu acclamato presidente del congresso regionale della Dc tenutosi ad Acireale. Nonostante l'emanazione di una serie di leggi di riforma agraria da parte del ministro comunista dell'Agricoltura Fausto Gullo, fu lui il vero artefice della riforma agraria in Sicilia, in quanto lavorò per piegarla agli interessi del ceto medio. Continuò a ricoprire incarichi di primo piano negli anni successivi, prima come ministro della Marina mercantile (1947-1948), e poi come ministro dei Lavori pubblici dal 1950 al 1953. Morì nel 1964.[260]

All'appello implicito e talvolta esplicito, di bandire una crociata contro gli infedeli, non potevano rimanere indifferenti i patriarchi delle "famiglie" abbarbicati nei propri territori. Non sarebbe stato loro costume starsene a guardare alla finestra lo spettacolo che si sarebbe verificato per volontà altrui. Non avrebbero avuto diritto di parola nella spartizione dei risultati che ne sarebbero derivati. I mafiosi agirono pertanto su due tempi: il primo di riconquista degli spazi perduti, il secondo di orientamento per il blocco eversivo sostenuto dai neofascisti, che si era sostanziato con la continuità dello Stato dopo lo sbarco del '43.

Figura centrale, chiamata per le sue doti naturali e criminali a rappresentarli tutti, fu Calogero Vizzini, il vecchio patriarca (era nato il 24 luglio 1877 a Villalba). Trovandosi a vivere nel centro della Sicilia, sembrava incarnarne lo spirito più profondo in una assenza cronica e secolare dello Stato, delle sue leggi e dei suoi uomini. Don Calò ebbe il suo primo incontro con la giustizia nel 1898, quando fu accusato di essere stato il mandante di un omicidio. Assolto per insufficienza di prove, negli anni successivi si legò alla banda di Paolo Vassalona e diventò un potente gabellotto. Scoppiata la prima guerra mondiale si diede al commercio clandestino, fondando una cosca che gli consentì di accumulare ingenti fortune. Denunciato al tribunale militare di Palermo per danni alla nazione in guerra, fu assolto da numerosi gravi reati per insufficienza di prove o per ritrattazione da parte di tutti i testimoni. Acquistò dopo, in un'asta pubblica, il feudo "Suora marchesa" (Serradifalco) di oltre 500 ettari demaniali e organizzò cooperative di reduci e combattenti della prima guerra mondiale, affidandole ai suoi parenti e amici. Durante il ventennio fascista fu più volte imputato e assolto. Nel 1943 venne nominato sindaco del suo paese dagli Alleati, e da questo momento intraprese una vita di relazioni e collusioni col mondo politico che faranno di lui il capo indiscusso della mafia siciliana, fino alla sua morte, avvenuta – come si conveniva ai grandi boss – per cause naturali il 12 luglio 1954. Gli succederà il boss di Mussomeli, Giuseppe Genco Russo. Uno dei suoi maggiori avversari fu Michele Pantaleone.[261]

Roma fu il centro degli intrighi e del potere. Alla capitale facevano riferimento, dopo la Liberazione del 4 giugno 1944, molti personaggi indisposti a rassegnarsi al crollo del fascismo e della monarchia. I fascisti, ma anche i liberali come Croce, ce l'avevano col re perché non meritava più la fiducia degli italiani, anche se i separatisti filoinglesi, avrebbero preferito il ritorno in grande stile della monarchia. I fascisti, che non si erano rassegnati al "disonore" dell'8 settembre, preferivano invece la repubblica.

Riferiamo – scriveva Joseph Russo dell'Oss – *che pochi giorni fa il principe di Mirto, Stefano Lanza Filangieri, presidente della Lega italica, è partito per Roma. È stato convocato dal luogotenente, il principe di Piemonte. Due giorni fa, Tommaso Leone Marchesano* [già dirigente di alto rango del partito fascista poi segretario generale della Lega italica], *è stato convocato a Roma dal principe di Mirto, membro della corte di casa Savoia. Non si hanno ancora dettagli sulla loro missione.*[262]
[...] *Il principe ha affermato* – precisava – *di essere l'unica persona in grado di far arrivare in Sicilia, da Roma, 50 milioni di lire, con l'obiettivo di salvare la causa monarchica.*[263]

Ma certi aristocratici si erano già preparati nel '42 ed erano entrati nel gioco dei Servizi.[264] Tranne a trovarseli tra i *double agent* americani come doppiogiochisti, ben pagati e protetti, molti personaggi preferirono scegliere una strada silenziosa per essere traghettati al nuovo regime. Ebbero un altrettanto doppio vantaggio: da un lato scansarono la galera, dall'altro negli apparati che andarono a dirigere continuarono la loro opera di condizionamento antidemocratico fino a rasentare una loro precisa responsabilità in molte delle vicende criminali che più o meno direttamente li travolsero.

Dal partito dell'ordine all'"affaire" stragista

Gli aristocratici, in ogni caso, svolsero un ruolo di supplenza in un'isola nella quale lo Stato era, ancora ben dopo l'8 settembre, come una nave in un oceano in gran tempesta, senza orientamenti e senza bussole. Preoccupava soprattutto un pericoloso stato di anomia, una totale assenza di regole. Nel 1944 in provincia di Palermo furono commessi 245 omicidi, in quelle di Trapani, Agrigento e Caltanissetta rispettivamente

154, 83 e 44. In sole quattro province dell'isola si contavano ben 526 omicidi, prevalentemente di stampo mafioso. A questa forma di controllo del territorio faceva riscontro la quasi totale inerzia delle forze dell'ordine. Il periodo è cruciale ed è segnato da una sorta di investitura ufficiale della mafia nel governo della politica e della società. All'archivio del Dipartimento di Stato di Washington, presso la sezione dell'*Office of Special Political Affairs*, si possono trovare due importanti dispacci segreti del console generale americano di Palermo, Alfred T. Nester, indirizzati al segretario di Stato il 21 e il 27 novembre 1944. Hanno per oggetto: *Formation of group favoring autonomy of Sicily under direction of Mafia*. Nel primo si dice che il 18 novembre il generale Giuseppe Castellano, comandante della divisione Aosta in Sicilia, si era riunito con i capimafia dell'isola, compreso il Vizzini e Virgilio Nasi boss della famosa famiglia Nasi di Trapani, chiedendo loro di "prendere il comando di un movimento mafioso per l'autonomia" che avrebbe avuto il sostegno dell'Fdos. Il generale, si spiegava, si era dimostrato molto attivo da quando aveva preso il comando nel precedente mese di ottobre, perché, da siciliano si adoperava a studiare "il problema e cercare una soluzione". Gli incontri erano stati frequenti. In uno, tenutosi a Palermo, era stato chiesto al Nasi di guidare il movimento "con l'intenzione finale di diventare 'Alto commissario'". Qui è bene precisare che le operazioni del Castellano riferite dal Nester non afferiscono a manovre per appoggiare il separatismo, quanto, in realtà, a iniziative che si collocavano dentro una precisa scelta di campo autonomistico. Si legge infatti:

> *L'Fdos, che come ho già raccontato è molto forte, certamente darà un valido aiuto ed io credo che molti seguaci di Finocchiaro Aprile, che sta perdendo popolarità e la fiducia del popolo, si uniranno ai seguaci di Nasi.*

Nel secondo dispaccio si sostiene che il problema era stato discusso a tavolino da alti ufficiali americani, nonché da Vizzini e Nasi menzionati, Calogero Volpe, Vito Fodera e Vito Guarrasi. L'8 settembre 1943 troviamo quest'ultimo ad Algeri, in missione segreta. Vi si era recato con la commissione italiana presso il comando delle forze alleate. Cosa ci stesse a fare, lui che era un semplice ufficiale di complemento, in mezzo a quegli alti ufficiali che trattavano della resa dell'Italia, non si è mai capito. Se ne può spiegare la ragione per la presenza ad Algeri di Galvano Lanza Branciforti di Trabia, amico del Guarrasi e al contempo ufficiale di ordinanza del generale Castellano che trattò la resa a Cassibile. La circostanza illuminante sta forse nel fatto che mentre Galvano Lanza e Vito Guarrasi partecipavano alle trattative di armistizio, "don Calogero Vizzini da Villalba, amministratore del feudo Polizzello di proprietà dei Lanza […] aveva svolto a livello tattico attività di preparazione dello sbarco degli Alleati in Sicilia."[265] Mafiosi o personaggi come il Guarrasi gettavano così le basi di vari accaparramenti che si prospettavano dopo la caduta del fascismo e il progressivo affermarsi dell'impianto autonomistico. Li troveremo in tutti i settori chiave del mondo finanziario e industriale siciliano nei decenni successivi allo sbarco alleato.[266] Guarrasi è stato definito "l'uomo dei misteri". Negli anni '50 è un protagonista del "milazzismo" e nel '70 lo troviamo nelle indagini sul rapimento e l'omicidio di Mauro De Mauro. Ma – scrive Sebastiano Gulisano – "nulla ha mai confermato il suo coinvolgimento."[267] Di certo si sa però che il suo nome figura tra quelli dei "fratelli" della loggia massonica coperta di via Roma 391 a Palermo.[268] Si può capire l'evoluzione ultragenerazionale di carriere simili se seguendo i curriculi di personaggi come lui si decifra la peculiarità dei segni – storici, appunto – che li connotano, lungo tappe precise. Si potrebbe dire che la loro rilevanza sta nel fatto che essi sono riusciti a inserirsi sulla cresta dell'onda, per quella forza di spinta data dalla stessa storia. Il loro merito indiscutibile è l'averne individuato la direzione. Anche per questo motivo non si può frapporre dubbio alcuno che le basi del futuro siciliano erano state già poste nel biennio '43-'44. D'altra parte le commistioni di criminalità e di progetto politico nella costruzione dell'autonomia apparivano chiare già dall'inizio.[269] Il Fronte democratico dell'ordine siciliano fu l'espediente mal riuscito, di definire politicamente il futuro della Sicilia, affidandola ai patriarchi dell'antico ordine sociale. Per tale forma di controllo che la mafia si trovava davanti come un dono su un piatto d'argento, i padrini sarebbero stati disposti a tutto. Il loro interesse non era legato a una sigla, ma alla concreta legittimazione. Il loro unico problema era scegliere al bivio tra separatismo e autonomismo. Scartata la prima ipotesi finirono per orientarsi sulla seconda. Infatti, fin dall'inizio, quando apparve prioritario intervenire sull'ordine pubblico, l'Fdos non fu contrario alla politica federalista promossa da Vittorio Emanuele Orlando, purché questa si sviluppasse nell'ambito della sfera di influenza (economica) americana. Nei comuni rurali, la vecchia mafia condusse pertanto un'intensa attività a favore dell'Fdos. Importanti decisioni furono prese nel corso di un incontro segreto presieduto da Finocchiaro Aprile tenutosi a Catania e convocato in seguito al congresso di Taormina. Tra queste, il potenziamento delle squadre di azione e la lotta dei conservatori contro il pericolo di una dittatura comunista o socialista.[270]

Il '44 fu l'anno delle grandi manovre del Castellano. Questi, lavorando per l'autonomia, evidentemente subiva le pressioni della mafia trapanese. Dopo una serie di travagliati incontri fu raggiunto un accordo che prevedeva la sostituzione del democristiano Aldisio col Nasi, definito dal Nester un "democratico-laburista" che aveva svolto "un ruolo secondario nei cambiamenti politici dell'isola" nel 1943. Gli incontri del Castellano erano stati solennizzati, poi, da una riunione tenutasi verso la fine del novembre del '44 in una villa di Castellammare del Golfo, vicina al mare, con la presenza di due luogotenenti del Nasi, dell'ex aiutante di campo nel Nordafrica e a Roma nonché del capitano Vito Guarrasi e del procuratore legale Vito Fodera.[271]

Il '44 è veramente uno snodo cruciale. Comincia a prendere forma, sotto la regia di Luigi Sturzo, rifugiato negli Stati Uniti, a Jacksonville (Florida), la Democrazia cristiana; si consolida il primo nucleo della sua futura leadership; il separatismo si dimostra sostanzialmente mafioso; nasce un partito dell'ordine che vuole mettere le cose a posto sotto il controllo diretto del capo indiscusso della mafia. Fino all'autunno del 1944, appare evidente la difficoltà americana a comprendere il separatismo (considerato una "creatura" dei servizi segreti inglesi). Nei primi quindici mesi di occupazione, gli Alleati sembrano concedere carta bianca alla mafia filoseparatista, ma è solo in seguito alla terribile strage di via Maqueda che si convincono della necessità di costituire una nuova formazione politica di orientamento autonomistico. In un ampio documento del 27 aprile 1944 (intitolato "Attività politiche ed economiche della vecchia mafia"), Scamporino definisce la mafia "cavalleresca", la distingue dalla comune delinquenza, trova normale che si occupi di politica ed economia per "metterle in riga". Sotto il primo profilo rileva che la mafia è separatista, filoamericana, molto radicata nelle campagne, predilige la Repubblica; sotto il secondo si può immaginare quale fosse il suo progetto in una terra ancora feudale.[272]

Al tentativo di accaparramento dell'attività politica ed economica, si doveva aggiungere, poi, l'interesse che essa aveva al mantenimento della pax sociale. Dopo la strage di via Maqueda, il problema dell'ordine pubblico si fece pressante e gli americani presero atto che solo la mafia era in grado di assicurare la "tranquillità" di cui la gente aveva bisogno.[273]

Dal "Rapporto sulla situazione al mese di febbraio 1946", a cura dell'808° battaglione per il controspionaggio, apprendiamo che "il separatismo è tenuto vivo con vari focolai di disordini, più che altro perché sotto il nome di 'separatisti' agiscono bande di comuni delinquenti, disertori ed evasi dal carcere all'indomani dello sbarco alleato. [...] Sono inoltre da tenere presenti le intromissioni straniere e dei partiti politici, ai quali giova lo stato di allarme e di tensione della popolazione civile."[274]

Il separatismo appare come espediente atto a mistificare la vera sostanza dei problemi. Di fatto il movimento poteva considerarsi in crisi già con la dichiarazione di guerra alla Germania da parte dell'Italia il 13 ottobre 1943 in quanto sia gli Usa che l'Inghilterra furono allora "costretti a iniziare una manovra di sganciamento, non potendo evidentemente continuare ad alimentare l'equivoco separatista, col pericolo di dover poi partecipare ad una lotta civile nel territorio di una nazione amica." Il senatore americano Joseph Geoffry, membro della Commissione per le relazioni con l'estero esplicitò apertamente tale disimpegno e sottolineò l'inscindibile legame che univa la Sicilia all'Italia. Restava la via autonomistica sostenuta dai partiti antifascisti e sancita poi dallo Statuto del 15 maggio 1946. Ma si osservi come nel biennio successivo prevalgano da un lato, la cultura del riformismo nazionale (leggi, Segni-Gullo e lotte contadine) e, dall'altro, una conflittualità esplicita tra le istanze innovatrici derivanti dall'azione del nuovo Stato, la tendenza alla sedentarietà del vecchio assetto latifondistico, le occulte forme di organizzazione illegale volte al controllo economico, sociale e politico del territorio. Al centro dei conflitti di interesse di varia natura c'era l'anima doppia dell'autonomia. Questa decolla sul crinale del '47, nel punto di maggiore spinta del movimento democratico, quando si mette in atto l'inversione di tendenza della Dc con la rottura dell'unità nazionale e col definitivo assorbimento della mafia nel nuovo blocco di potere. Tale limite di demarcazione è coincidente in modo singolare con la fase reazionaria del cosiddetto Fronte antibolscevico, punta eversiva avanzata del blocco agrario-industriale. Solitamente ci si è riferiti a esso come a una forza sostanzialmente sociale, sia pure eterogenea, ma si sono scandagliati assai poco tutti gli elementi che lo componevano, prima ancora che lo scelbismo prendesse il sopravvento. Vi si dovevano distinguere personaggi che si erano legati al potere nel frangente dell'occupazione, esponenti dell'esercito e delle forze dell'ordine, gruppi eversivi in attesa di cogliere il momento più propizio per sferrare l'attacco, per "piegare in altra direzione la politica di sviluppo democratico e d'impianto riformistico. [...] Fu appunto questa una delle ragioni che impedì alla vittoria autonomistica di porre un freno definitivo all'espansione mafiosa."[275]

A confermare la logica e lucida coerenza criminale di molti fatti avvenuti, con complicità istituzionali, nei primi anni del dopoguerra italiano basta poi l'amarezza delle valutazioni espresse dalla stessa Commissione antimafia. Questa, nell'analisi della documentazione relativa al processo su Portella, ebbe a richiedere al ministero dell'Interno una serie di documenti fondamentali per capire ciò che era successo in Sicilia nel biennio 1947-48. La risposta ci fornisce i termini del problema. La dichiarata assenza di quei documenti presso i competenti uffici della Direzione generale della Pubblica sicurezza deponeva infatti a favore di un quadro completo della vicenda deducibile dall'insieme dei tasselli, anche se parzialmente mancanti. Non si trattava di documenti di poco conto. Dovevano esserci, tra l'altro, un rapporto del '48 del prefetto Angelo Vicari su mafia e banditismo, un rapporto sull'attività dell'ufficiale americano Michael Stern, un rapporto del dottor Roselli, già questore di Palermo, "sulla eliminazione della banda Ferreri" ad opera del capitano dei carabinieri di Alcamo Roberto Giallombardo.[276] Spariti. Poletti animò le scene della vita siciliana in quegli anni (secondo semestre 1943 e inizio del '44), ma su di lui sappiamo ben poco.[277] Stern, che alla fine del '46 e l'8 maggio del '47 si era incontrato con Giuliano,[278] sembra muoversi come un fantasma calpestando appena il palcoscenico di quelle rappresentazioni. Altri personaggi, più o meno minori, sono rimasti totalmente sconosciuti. Ad esempio, il Giallombardo. Di lui sappiamo solo che nacque a Tortorici, in provincia di Messina, il 16 settembre 1915, e che nel mese di giugno del '47 è alla caserma di Alcamo, il paese di Vincenzo Rimi e Salvatore Ferreri, inteso Fra' Diavolo, capo quest'ultimo di una squadra nella banda Giuliano e autore materiale delle stragi del 1° maggio e del 22 giugno di quell'anno. Sul conto del capitano sappiamo ancora che si può leggere questa lapidaria affermazione in un *Memoriale* inviato dalla federazione del Pci di Trapani all'Antimafia: "Costui sa molte cose per la sua dimestichezza con la mafia."[279] Il suo nome sarebbe rimasto totalmente sconosciuto se egli non avesse eliminato l'intero gruppo di Fra' Diavolo, la notte della sua uccisione, avvenuta durante uno strano conflitto a fuoco che era costato al capitano prima una punizione in Calabria e poi il conferimento della medaglia d'argento al valore militare. Il documento attestante "l'onorifico titolo" è firmato da Randolfo Pacciardi. Questi per fortuna non è un illustre sconosciuto in quanto compare negli atti della Commissione Stragi in compagnia di altri personaggi di estrema destra noti per i loro collegamenti con i servizi di sicurezza.

Un rapporto della Cia (classificato "confidenziale" e datato 14 agosto 1951) accenna alla possibile creazione in autunno di un nuovo partito, il Fronte nazionale. Tra i fautori della nuova formazione politica si fanno i nomi di Borghese e dei deputati monarchici Alliata e Marchesano. In vista delle elezioni politiche del 1953, Borghese, Alliata e Marchesano puntavano a formare un partito di ispirazione monarchico-fascista.[280] Ciò depone per i rapporti pregressi che questi soggetti avevano avuto in passato, essendo improbabile che la loro reciproca conoscenza fosse nata improvvisamente in quegli anni. A completare il quadro giova anche un documento Oss, nel quale si afferma che il Partito repubblicano italiano era egemonizzato dalla massoneria e che il Pacciardi era un massone pure lui. Di rito scozzese, possiamo aggiungere noi, filoalleato. Ciò significa che era in stretto contatto, ad esempio, con l'agente Oss Frank Gigliotti (noto massone di rito scozzese), che proprio in quel periodo (gennaio 1947) porta a termine la scissione socialista di Palazzo Barberini guidata da Saragat.

Non è casuale che per i vent'anni successivi Pacciardi diventerà l'alfiere politico dell'atlantismo più spinto (costituì addirittura un movimento per una repubblica presidenziale) e che verrà ripetutamente indagato per la sua partecipazione alle più oscure trame golpiste italiane: il "Piano Solo" e il movimento neofascista clandestino "La Rosa dei Venti" di Stefano Delle Chiaie.

Il fatto che il discusso leader repubblicano venga arruolato nella nuova massoneria "americana" significa, inoltre, che la "vecchia" massoneria italiana andava perdendo i suoi romantici caratteri filomonarchici. Infatti, l'Oss di Angleton puntava a raggiungere un unico, fondamentale obiettivo: il definitivo annientamento delle forze comuniste e socialiste italiane con l'aiuto dell'ampio ventaglio della reazione italiana: la "nuova massoneria", appunto, ma anche certi settori del Vaticano, gli ex fascisti salotini, la mafia, frange dell'Arma e dell'esercito, il variegato mondo dei monarchici.[281] Quest'ultimo era stato, ed era, al centro dei travagliati rapporti tra Vaticano e Dc, tra De Gasperi e personaggi come Scelba. Ancora nel 1946 l'agente JK-23 poteva scrivere che "la più grande massa elettorale di non iscritti" su cui la Dc "poteva contare per le elezioni, era sotto la diretta influenza degli ambienti ecclesiastici e dell'Azione cattolica e non del partito." Quindi si orientava in senso monarchico. A questa circostanza doveva attribuirsi il fatto che don Sturzo veniva mantenuto lontano dall'Italia, anche se continuamente richiesto da molti dirigenti del suo partito. Si trattava di un esilio forzato voluto dal Vaticano, che spiegava anche la differenza di atteggiamento tra De Gasperi e Scelba su questioni istituzionali e sociali. Nei due casi la bussola del primo era il Vaticano, del secondo Sturzo,[282] maestro suo, di Aldisio e Mattarella. In realtà la politica di quegli anni fu animata dal parallelo sviluppo di due anime, che attraversarono tutti i partiti e orientarono in un senso o nell'altro le sorti del nostro paese. Questa linea di demarcazione interessò monarchici e repubblicani, filocostituzionalisti e quanti ritennero la Carta costituzionale un'operazione socialcomunista. Certamente a questi ultimi apparteneva Randolfo Pacciardi, già del circuito del futuro ambasciatore italiano Alberto Tarchiani e membro autorevole della *Mazzini Society*.

Nella primavera del 1964 Pacciardi fondò il movimento Nuova repubblica, e spiegò così la sua linea politica: "Con il centrosinistra abbiamo raggiunto l'acme del pericolo. Occorre agire subito." Si saprà poi che la soluzione consisteva in "un'azione dolorosa ma necessaria – proposta da Pacciardi a Roberto Podestà, ex ufficiale del Sism – per riportare l'ordine in Italia," e cioè l'eliminazione fisica di Aldo Moro. È un periodo di strette connessioni tra quel movimento, Avanguardia nazionale e Ordine nuovo. Trame tutte che trovano nel "Piano Solo" un momento acuto di pericolo per le stesse sorti della democrazia italiana. E naturalmente al suo interno Pacciardi aveva un ruolo preminente. Stando alle testimonianze rese alla Commissione stragi da Guglielmo Cerica, già ufficiale del Sifar, si prevedeva l'impiego di migliaia di carabinieri, civili ed ex militari di estrema destra per neutralizzare il Pci in caso di insurrezioni o rivolte di piazza.[283] Per cui, scrivono con puntuale analisi, che pone gravi interrogativi anche per il periodo antecedente i primi anni Cinquanta, Paolo Cucchiarelli e Aldo Giannuli, il modello di democrazia scaturito dalla Costituzione obbligò prima a un rinvio dell'attuazione della carta fondamentale dello Stato e dopo a una sua revisione mediante il pacchetto delle "leggi speciali" (1950-52).[284]

Mettere in crisi il sistema di democrazia che si stava costruendo in Italia già dal 1944-45 col nuovo sviluppo dei partiti del Cln; agire a un livello sotterraneo per creare le spinte necessarie a ribaltare l'azione delle forze di unità nazionale antifascista; rioccupare il terreno perduto con l'avanzata degli Alleati; concordando intese inedite tra questi ultimi e gli innumerevoli gruppi neofascisti per una comune lotta contro il comunismo e i pericoli di egemonia dell'Urss sull'Europa: furono questi i temi comuni a varie organizzazioni clandestine che non si erano rassegnate alla congiura di palazzo del 25 luglio né tanto meno al dopo 25 aprile '45.

Si apriva così un fronte sotterraneo, carsico, sul quale si trovarono d'accordo in primis le truppe di occupazione militare, i servizi dell'Oss e quelli del controspionaggio italiano, esponenti del Servizio informazioni e sicurezza (Sis), e vecchi burocrati dell'apparato fascista, rivalutati piuttosto che epurati, nel loro ruolo di soggetti indispensabili ad assicurare la continuità dello Stato.[285] I prefetti fascisti rimasero tutti al loro posto; i questori, molti dei quali avevano operato nell'Ovra o negli ambienti fascisti, cambiarono politicamente pelle, ma rimasero sostanzialmente quello che erano stati prima, cioè contrari alla sinistra e alla crescita democratica; il fascismo in parte diventò clandestino, in parte si trasfuse nell'Msi.[286]

Mafiosi, fascisti e servizi segreti

Questo mondo sotterraneo, capace di filtrare dal livello istituzionale a quello ipogeo invisibile, si prestò, in modo esemplare, alla sperimentazione della continuità con i nuovi bisogni dello Stato repubblicano nascente. Obiettivo: controllare i vecchi apparati, rassicurarli sul piano esistenziale e burocratico, d'ufficio, garantire il mantenimento del nuovo potere in nome di comuni obiettivi e timori. L'Oss prima e la Cia dopo furono le strutture che esercitarono per prime tale opportunità, per una sorta di notevole compatibilità occidentalistica e democratica. Nel senso più preciso che gli angloamericani erano essi stessi, prima di tutto, espressione diretta dell'Europa.

Grazie alla Commissione stragi, presieduta dal senatore Giovanni Pellegrino, oggi possiamo dire di sapere molte più cose di prima su quella storia "non più occulta" del "doppio Stato", o come altrimenti è stata definita, della "doppia lealtà" che caratterizzò i comportamenti di privati cittadini e rappresentanti delle istituzioni, prima nel periodo 1944-48 e poi in quello compreso tra il 1964 e il 1984. Il primo periodo segnò la fase iniziale della storia dei poteri occulti e le peculiarità con cui essi ebbero a strutturarsi in un preciso codice genetico. Leggiamo in un rapporto Oss del dopoguerra:

Al giorno d'oggi, l'Italia è un vasto campo di battaglia politica e di intrighi tra le maggiori potenze (Russia, Gran Bretagna e Vaticano). Una situazione dovuta alla fine del suo ruolo di grande potenza mondiale, della sua posizione strategica nel Mediterraneo e, infine, dell'assenza di un forte governo centrale.[287]

Perciò l'Italia fu interessata dall'esistenza di gruppi eversivi o similari, di cui Gladio sarà negli anni successivi il fenomeno più macroscopico. Sulle presenze di pregladiatori in Italia e in Sicilia, molti storici hanno storto la bocca. Fin qui eravamo quindi quasi rassegnati a registrare i fenomeni e non tanto gli organismi o i soggetti che li determinavano, non escluso quello che vedeva, fin dal dopoguerra, la partecipazione dell'Arma dei carabinieri a precisi piani di intervento.[288]

Sullo sfondo restavano il clima della guerra fredda, la divisione del mondo operata a Yalta, la paura del comunismo, nevralgia tipica della politica degli Stati che si ispiravano al blocco occidentale, il ruolo attivo svolto dagli Usa per prevenire e contenere eventuali avanzamenti degli schieramenti di sinistra. Gli stessi mezzi di informazione interpretarono il viaggio di De Gasperi del gennaio '47 "come una sorta di investitura nel ruolo di rappresentante dell'Italia anticomunista e come una consacrazione internazionale nel [suo] ruolo di uomo di governo." Lo lasciava trasparire anche la scarsa considerazione nella quale fu tenuto Pietro Nenni, allora ministro degli Esteri e la sua sostituzione a febbraio con Carlo Sforza. Sarà l'ambasciatore italiano a Washington, Tarchiani, a chiarire la posizione Usa durante quel fatidico viaggio: "L'America – dirà – non darà aiuti a nessun governo che non proclami e rispetti i principi della più aperta democrazia."[289] E in questo senso si doveva registrare proprio in quello stesso mese la scissione socialista di Saragat contro il patto di unità d'azione con i comunisti: il primo atto della politica italiana a favore delle richieste di garanzia degli Usa per un forte piano di aiuti all'Italia.[290]

A monte c'era stato un progressivo venir meno delle ragioni di sfiducia o di sospetto che gli Usa nutrivano nei confronti della classe dirigente italiana, compreso lo stesso Tarchiani sul quale già dal maggio del 1945 gli americani avevano istituito un corposo fascicolo.[291] D'altra parte il viaggio di De Gasperi aveva di per sé una valenza politica al di là della richiesta di aiuti economici agli Usa: serviva ad accelerare il processo interno di costruzione del centrismo. Lungo il '47 si registra pertanto una sequenza di avvenimenti, di cui la strettoria di maggio-giugno è il vertice più cruento, dentro una parabola che va dall'assassinio del sindacalista Accursio Miraglia ai fatti di Canicattì e Campobello del 21 dicembre, quando mafia e polizia sparano sui lavoratori causando quattro morti. In questo frangente la mafia svolge anche un'azione interna per il perfetto controllo della Dc. L'esempio più clamoroso è quello dell'uccisione del segretario regionale della Dc e candidato alle elezioni per la Camera, avv. Vincenzo Campo, che fu fulminato a colpi di mitra il 22 febbraio del '48.[292] La sua candidatura era stata contrastata dai gruppi mafiosi collegati con Mattarella. Analoga sorte toccherà a Pasquale Almerico, dirigente Dc inviso a Vanni Sacco. Tuttavia, nella provincia di Trapani, dopo la caduta del fascismo e l'ingresso degli americani, la mafia rimase politicamente divisa. Vi erano infatti i clan di Lauria e Cottone ad Alcamo; di Vanni Sacco a Camporeale; di Gullo a Salemi. Non mancavano poi le "famiglie" Licari e Bua di Marsala; di Giovanni Stellino, Carlo e Vincenzo Rimi, Serafino Mancuso di Alcamo, Libero Monna di Castellammare, i Tagliavia, i Daidone e i Minore di Trapani schierati con i liberali; gli altri che abbiamo citato, con i democristiani.

Vincenzo Rimi era membro del comitato direttivo della Dc alcamese, e Giovanni Stellino un attivista, sempre presente ai comizi democristiani da posti di privilegio, e cioè dal podio o dal balcone da dove parlava l'oratore.[293] Nel nisseno si deve registrare l'ambivalenza del Vizzini che nel 1947, pur essendosi appoggiato al blocco liberalqualunquista, di fatto aveva fatto votare per Salvatore Aldisio.[294] Predilezione, questa, che sospingerà altri mafiosi stante il fatto che ai tempi in cui l'onorevole sarà ministro dei Lavori pubblici, risultava essergli amico il capomafia di Bolognetta Serafino Di Peri, che Gaspare Pisciotta a Viterbo aveva definito un "assassino".[295] Questo boss era stato un testimone al processo di Viterbo. Interrogato, aveva fatto riferimento a una conversazione avvenuta tra lui, Di Maria, Pisciotta e Giuliano a seguito della lettura su alcuni giornali del resoconto di un dibattimento in cui si parlava delle indagini per accertare le generalità dell'"avvocaticchio". I giudici si erano richiamati a lui per definire l'identità di questa enigmatica figura dell'ultima scena notturna della vita del capobanda di Montelepre, con Gregorio Di Maria. È mai possibile che non si fossero chiesti cosa ci stesse a fare un mafioso di quel calibro tra quei banditi? O quali fossero le sue frequentazioni politiche? Siamo ben oltre il limite delle osservazioni fatte dal relatore di minoranza della Commissione antimafia.[296]

Ma già un anno prima – dopo una fase di gestazione che durava dal '44 – la Dc aveva assunto i caratteri di un partito dalla doppia anima, con le sue correnti di destra e di sinistra.[297] Tale doppiezza aveva riguardato anche gli atteggiamenti verso le scelte referendarie del 2 giugno, con le connesse preoccupazioni vaticane circa le derive repubblicane del partito cattolico dovute a un'eccessiva "acquiescenza" di De Gasperi nei confronti delle sinistre.

Sarà l'autonomismo invece a cementare gli interessi variegati e spesso contrapposti della Dc, col pieno coinvolgimento della mafia. Tale processo si concluse nel '47, se è vero che a questa data vediamo assieme – presente Mattarella – Vanni Sacco, Giuseppe Cottone, Vincenzo Rimi, Stellino e Munna, e se don Calò lasciava ogni sua titubanza a favore degli uomini dello scudocrociato.[298]

La Sicilia ne fu direttamente investita e molti personaggi dovettero fare i conti con se stessi, con il proprio passato e col proprio avvenire. A cominciare da Andrea Finocchiaro Aprile, figlio di un ex ministro, un grande ammiratore di Mussolini, "un fascista convinto e inamovibile nelle sue convinzioni".

È quanto leggiamo, nel 1944, in un documento dell'*Office of Strategic Services*.[299]

Il separatismo si prestò bene, dunque, a essere un brodo di coltura del neofascismo, anche se fu permeato, al suo interno, dalle grandi insoddisfazioni popolari, dallo sbandamento sociale e politico e persino da certe tensioni di giustizia e di libertà. Ma storicamente aveva alcune sue sostanziali ragioni di continuità:

> *Gli uomini che ora promuovono il separatismo con menzogne e false promesse sono gli stessi che in passato hanno permesso la nascita del fascismo in Sicilia, senza mai mantenere le promesse fatte.*[300]

Non fu il solo movimento a caratterizzare quel clima di crisi e di confusione generale. Nascevano qua e là partiti legati a qualche signore locale o a scelte fatte altrove. Si tratta, ad esempio, del Partito azzurro sorto a Catania col finanziamento dei monarchici, e del movimento dei "Combattenti".[301]

A rendersi conto del pericoloso gioco fascista in Sicilia, come in Italia, fu il capo del Si (*Secret Intelligence*), dopo un rapporto inviatogli dal capitano dei Cc Vincenzo Di Dio. Si noti la non indifferente citazione del montelemprino Giuseppe Sapienza tra gli agenti sabotatori nemici. Vi si rilevava che diversi fascisti provenienti da Firenze e da Roma si erano rifugiati a Palermo con l'obiettivo di organizzare una cellula fascista nella capitale siciliana (dicembre 1944). Essi sarebbero stati sostenuti da aiuti finanziari segreti che sarebbero stati erogati anche a sostegno di quanti avevano perduto il posto di lavoro o erano stati imprigionati dagli Alleati.[302]

Quello di Sapienza non è un nome a caso. Il campo nazifascista di villa Grezzana di Campalto (Verona), presso il quale una trentina di sabotatori come il Sapienza si esercitavano dal luglio 1944, non aveva il solo scopo di fornire ai "militi" i rudimenti di una scuola di base con maestri nazisti, per far fronte alle evenienze della guerra in atto e sviluppare iniziative (sabotaggio, spionaggio, ecc.) oltre le linee. Aveva anche la funzione di trovare, come in parecchi altri casi, le connessioni con i movimenti anticomunisti presenti in Italia, a cominciare dalla brigata Osoppo. Questa, come si sa, era formata da partigiani democristiani rimasti organizzati per combattere il comunismo dopo la caduta del fascismo, con l'intento dichiarato della guerra non ortodossa.[303] Dalla strage di Palermo del 19 ottobre '44 a quelle di Portella del primo maggio 1947 e di Partinico del 22 giugno, sembra snodarsi un unico filo conduttore: l'uso, cioè, della forza militare, più o meno direttamente impiegata, o del piombo della mafia, per mantenere l'ordine costituito o per impedire che fossero varcate certe soglie di sicurezza al di là delle quali non era consentito andare. Non lo consentiva – come abbiamo visto – il *National security council*.

Qui occorre precisare che se l'Nsc fu istituito il 26 luglio 1947 come organo di coordinamento della politica militare americana e dei servizi di intelligence (era direttamente presieduto dal presidente degli Usa), non per questo in epoca precedente gli interessi di questo paese a frapporre una "barriera all'invadenza sovietica" o a controllare lo sviluppo delle politiche degli Stati potevano essere non sufficientemente presenti. All'indomani delle stragi del 22 giugno 1947, in un marconigramma del generale di Corpo d'Armata, Fedele De Giorgis, si poteva leggere che in ogni caso la percezione popolare della diretta influenza delle organizzazioni anticomuniste nelle stragi del 22 giugno era evidente fino al punto che gli operai del Cantiere navale e della ditta Chimica Arenella di Palermo, in una pubblica manifestazione svoltasi all'indomani di quei tragici eventi, avevano preso d'assalto i locali del Fronte antibolscevico che in quei giorni rinasceva come Fronte d'azione italica.[304]

Ma che relazione c'era tra il Fronte e quelli che lo stesso Terranova, il caposquadra dei sequestri della banda Giuliano, seguendo l'accusa fatta da Pisciotta, indicava come mandanti delle stragi di maggio-giugno? Sul loro conto (il principe Gianfranco Alliata di Montereale, l'onorevole Tommaso Leone Marchesano, il deputato monarchico Giacomo Cusumano Geloso e il democristiano Bernardo Mattarella)[305] non si avviò mai un percorso giudiziario che portasse a qualche conclusione. Eppure l'Alliata – che aveva avuto nel 1945 un'esperienza di prigionia in Egitto e che troveremo poi iscritto in uno degli elenchi della P2[306] – era stato pienamente smentito circa la presunta infondatezza del memoriale datato 9 dicembre 1951 col quale Antonio Ramirez riferiva quanto confidatogli dal deputato monarchico Gioacchino Barbera. Nello studio dell'onorevole Ramirez si era tenuta una riunione tra Li Causi, Barbera, Ramirez e Montalbano, nella quale il deputato monarchico si dichiarava minacciato di morte da parte di Tommaso Marchesano. Questi gli avrebbe detto che "se fosse uscito qualcosa, per quel che concerneva i rapporti fra esponenti monarchici e la banda Giuliano, non avrebbe potuto che essere [lui] a propagarla e quindi che stesse in guardia." E il Barbera, che l'Alliata dà come aderente alla massoneria, aveva motivo di temere anche in ragione della recente rottura operatasi, proprio nel '51, in seno al Partito monarchico. C'era poi da chiedersi, rispetto a certe eredità della lotta partigiana in senso anticomunista, quanto avesse pesato l'esperienza dello Sciortino, o quella poco conosciuta dello stesso Cusumano Geloso.[307] Si sarebbe potuti partire anche da un nome fornito dallo stesso "Cacaova" quando aveva affermato: "Giovanni Provenzano conosce i nomi dei mandanti."[308] Neanche il processo contro Provenzano, Licari e Italiano approdò a nulla. Il procuratore generale presso la Corte di appello di Palermo, il 22 gennaio 1954 avviò un'istruttoria. Ma a distanza di sette anni i cacciatori, che si riteneva fossero stati posti sotto custodia del Licari durante la strage di Portella, esposero "la grave difficoltà e la scarsa probabilità di potere identificare il bandito". Fu ordinato lo stralcio degli atti circa il reato di partecipazione a banda armata del Licari e gli altri furono assolti per insufficienza di prove.[309]

Giuseppe Montalbano sperimentò per primo l'esistenza di un muro di gomma. Nel luglio del 1947, dopo la tragica fine di Ferreri e dei suoi uomini, presentò una denuncia contro l'ispettore Messana "per concorso con Ferreri Salvatore in tutti i delitti da costui commessi a far data dal 1946, dall'anno cioè in cui l'aveva fatto suo confidente; e chiarì che la denuncia contemplava anche la correità nella strage di Portella della Ginestra dato che il Ferreri aveva partecipato all'organizzazione, preparazione ed esecuzione materiale di essa." La denuncia non fu trovata e si adombrò il sospetto della soppressione del documento. Fu pertanto chiesta l'audizione del Montalbano e, cosa singolare, la corte di Viterbo alla quale era stata chiesta l'"unione agli atti" della denuncia, ne respinse l'istanza il 5 settembre 1951. Non migliore fortuna ebbe la successiva denuncia del 25 ottobre di quello stesso anno contro il Messana e i monarchici Alliata, Marchesano e Cusumano Geloso, indicati il primo come correo e gli altri come mandanti della strage. L'effetto fu solo una querela per calunnia degli interessati. Tuttavia un'inchiesta sommaria fu espletata dal procuratore generale di Palermo, che il 31 agosto 1953 ritenne che le risultanze "non si palesavano tali da consentire l'esperimento dell'azione penale nei confronti di alcuno dei denunciati" e concluse per l'archiviazione degli atti. E in tal senso decise la sezione istruttoria di Palermo con decreto del 9 dicembre 1953.

All'inizio degli anni '70, dopo le insistenti accuse dello stesso Montalbano assunte agli atti della Commissione antimafia, si riuscì a smuovere qualcosa. Quanto meno ad avere la consapevolezza che risultava impossibile andare al di sotto della superficie delle cose. Evidentemente, sotto il piano ufficiale ve ne era un altro molto sommerso, difficile da raggiungere proprio per il carattere sublegale che lo connotava. Il pericolo rosso aveva cementato assieme gli interessi e le paure di molti: dai neofascisti ai monarchici difensori del latifondo, dai democristiani collusi con la mafia agli apparati istituzionali sostanzialmente ancora orientati al vecchio regime e pertanto fibrillanti sotto l'incubo di una possibile era socialista. Ecco perché è importante la testimonianza del Calandra.

L'autenticità del documento che egli ci fornisce come atto interno "parallelo" dell'Arma viene confermata da quanto succede in seguito. Ne parla lo stesso maresciallo. Questi – racconta – consegnò la lettera al tenente colonnello Lentini, un filoseparatista, che a sua volta informò la brigata. Trascorso qualche tempo, il maresciallo ricevette un'altra lettera con la stessa intestazione. Era la prova evidente che il documento non poteva essere stato scritto da Giuliano che per altro era dotato di ben altro stile linguistico.[310]

Questa volta il maresciallo distrusse la lettera e a distanza di tempo, interrogandosi su "quella misteriosa organizzazione," annotò: "Ancora oggi non ho potuto chiarire a me stesso il significato di quella lettera anonima."

"A strong-minded man": Salvatore Giuliano, i neofascisti e l'ombra di Angleton

All'indomani dello sbarco alleato, la Sicilia contava diverse decine di bande armate: erano, in parte, eredità di un fascismo velleitario che non era riuscito, se non per azioni plateali, come l'assedio di Ganci (1926), a estirpare, dall'isola, le cause che le facevano riprodurre, un po' dovunque e quasi senza soluzione di continuità. Erano il frutto dell'incertezza, di una realtà senza Stato in grado di governarla, in mano a feudatari decaduti e a un potere mafioso che il governo militare alleato aveva contribuito a legittimare nelle campagne e nell'amministrazione della cosa pubblica. Dopo quella data, la storia, come mai era successo prima, divise gli uomini e i fatti e non tutti furono disposti a interrogarsi sulle ragioni di ciò che stava accadendo. Ci fu un grande sommovimento ideale al di là e al di qua delle linee di combattimento; ma come sempre era accaduto prevalse la forza delle armi, il potere dei più forti e dei furbi. Lo scontro fu epocale e segnò la storia futura. Ne furono una prova la parabola del banditismo, il salto di qualità delle mafie locali, la rinascita dei partiti politici, e l'insorgenza del terrorismo eversivo.

Tra tutte le bande, le sole in grado di avere una struttura organizzata e vaste ramificazioni sociali, cioè un potere di penetrazione e di protezione capillare non consentito a nessun'altra organizzazione armata (tranne, naturalmente, alla mafia), furono quelle degli Avila nella Sicilia orientale e di Salvatore Giuliano nella parte occidentale. Entrambe fecero una fine tragica. Il banditismo, tuttavia, non fu il soggetto primario delle vicende sociali di quel tempo. Dopo l'8 settembre '43 sorsero, in parte per importazione, in parte per una sorta di autodifesa dei vecchi apparati locali, vivaci gruppi di clandestini fascisti la cui azione s'intersecò col forte disagio sociale delle popolazioni, la loro fame e la loro miseria. Si sarebbe bene incontrata anche col banditismo, se su questa realtà a dettar legge non fosse stata la mafia. Le cose non potevano andare diversamente. La mafia così tornò a esercitare le sue antiche prerogative e impose il suo naturale controllo violento del territorio. Iniziava la famosa triangolazione denunciata da Gaspare Pisciotta al processo di Viterbo, urlata di fronte al giudice Gracco D'Agostino, che impotente dovette ascoltarlo. Ma i banditi nel gioco non c'erano proprio; erano solo delle pedine che avevano cominciato a muoversi, per induzione esterna, alcuni anni prima, sullo spartiacque dell'armistizio. Se ne occuparono anche gli agenti segreti americani. Primi elementi di un interesse internazionale per i banditi monteleprini ci vengono forniti, infatti, dalla fonte Z che il 2 gennaio 1944 ebbe a redigere un rapporto segreto sulle attività della mafia a Montelepre.[311] Altro elemento – se si volesse continuare – è l'asserita prigionia di Pisciotta in un mai precisato campo di concentramento tedesco. In realtà questo dato è abbastanza improponibile. È più probabile, al contrario, che "Gasparino", caduto nella rete degli Alleati, prima della presa di Roma, sia stato facile oggetto di ricatto. In un documento del Nara leggiamo:

Su richiesta del tenente colonnello Floyd C. Snowden, capo del Cic nell'area di Roma (Teatro di Operazioni nel Mediterraneo), ho condotto una indagine sul Giovannone per verificare la natura delle sue attività. […] In un primo tempo, Galotto, Lucantoni e Pisciotta sono stati internati presso il campo di prigionia 371. I tre appartenevano alla Pai (Polizia dell'Africa italiana). Lucantoni e Pisciotta sono stati successivamente rilasciati, mentre Galotto è ancora detenuto. […] Costi mi ha raccontato di aver lavorato nella Pai durante l'occupazione tedesca di Roma. Lavorava come conducente di automezzi presso il comando "Città Aperta", assieme a Galotto, Lucantoni, Pisciotta e Giovannone. Costi conosceva Giovannone perché lavorava come conducente anche per la Guardia di Finanza. Anche Galotto, Lucantoni e Pisciotta conducevano gli automezzi che rifornivano la divisione "Hermann Goering" al fronte [che passava per Monte Cassino fino alla fine di maggio del 1944]. *In data 23 maggio 1944, tutti i suddetti nominativi sono alla guida di una colonna di automezzi diretta a Francavilla al Mare, con l'ordine di rifornire le truppe tedesche. Giunti a Francavilla, Costi, Giovannone, Galotto, Lucantoni e Pisciotta decidono di attraversare le linee e raggiungere il territorio controllato dagli Alleati, per evitare di dover procedere a nord al seguito dei tedeschi. Gli uomini attraversano le linee il 23 maggio, nei pressi di Ripi e vengono immediatamente arrestati dai partigiani.*[312]

Non abbiamo, per il momento, i dati anagrafici che ci consentano di stabilire con certezza che si tratti di Gaspare Pisciotta. È proponibile, tuttavia, che questi faccia la stessa fine dell'altro monteleprino, Giuseppe Sapienza, il sabotatore di Campalto. Trovatosi sul fronte della guerra con i nazifascisti, dovette barcamenarsi in territorio liberato dagli Alleati, divenendo preda dei doppi giochi di intelligence, oltre che testimone di misteriosi incontri. Inoltre inizia la sua professione ufficiale come autista di camion e lo stesso mestiere praticherà nella banda del "re di Montelepre". Non si trascuri, ancora, il riferimento a Francavilla al Mare, da dove proviene la famiglia che ospita poche settimane dopo a Porto d'Ascoli (cittadina sull'Adriatico, a nord di Francavilla), Dante Magistrelli, Francesco Martina e Giuseppe Console che in quel periodo avevano stabilito intensi rapporti con la Sicilia e con l'area palermitana in particolare. Nel documento, gli Alleati sospettano che i cinque conducenti al servizio dei tedeschi siano in realtà agenti nazifascisti penetrati nell'Italia liberata.[313] Nell'interrogatorio al marò della Decima, Dante Magistrelli, catturato a Partinico (Palermo) nel marzo '45, leggiamo che era nato a Legnano, Milano, l'8 agosto 1919. All'inizio del febbraio '44, fu assegnato alla prima compagnia Np del capitano Nino Buttazzoni. La sua squadra, al comando del tenente Anassagora Serri, era composta da sei elementi: il sergente De Bortoli, un altro sergente di cui Magistrelli non ricorda il nome, Giovanni e Pino Console, un certo Cannamela. Il 21 marzo 1944, Buttazzoni ordinò ai cinquanta uomini delle squadre speciali di recarsi da Iesolo a Roma divisi in cinque gruppi. Della seconda squadra faceva parte Gino Locatelli di cui si parla in questo lavoro. A maggio i gruppi si incontrano con Rodolfo Ceccacci, l'ufficiale Aldo Bertucci e il tenente germanico Tommaso Hubert. Ceccacci, in particolare, era reduce da una missione nell'Italia liberata, dove si era recato oltrepassando le linee nemiche. Il 1° giugno '44 il tenente Hubert assegnò Magistrelli alla squadra di De Benedetti, assieme a Giuseppe Console, Ceccacci e altri. Tutti a bordo di un camion tedesco raggiunsero Verano (Teramo) e poi Porto d'Ascoli. Da qui Console e Magistrelli avrebbero deciso di raggiungere Partinico, aiutati da Francesco Martina, che i due avevano incontrato presso la famiglia Caratella, originaria di Francavilla al Mare, ma sfollata a Porto d'Ascoli. A settembre anche Giovanni Console raggiunge Partinico dopo avere lasciato Venezia. Ma, a questo punto, intervengono due fatti stranamente coincidenti, anche se apparentemente distinti: l'incontro con Sidari e un incontro a Roma, fallito. Si confermerebbero, in tal modo, i circuiti che legavano Pasquale Sidari ai fratelli Console di Partinico, nonché a personaggi meno conosciuti di questo paese, come Giuseppe Pagliani e Giovanni Scasso.[314]

Giovanni Console (nessun nome di copertura), figlio di Giuseppe e di Cangemi Maria Antonia, era nato il 25 febbraio 1918 a Partinico (Palermo), dove risiedeva in corso dei Mille 128. Membro della Marina militare italiana era in possesso del diploma di terza elementare. Aveva i seguenti fratelli e sorelle: Vito, 30 anni, muratore, sposato; Giuseppe, 25 anni, sarto, celibe; Salvatore, 20 anni, sarto, celibe; Rosalia, 35 anni, casalinga, sposata; Fina, 20 anni, casalinga, nubile.

Arrestato la sera del 17 marzo 1945 da agenti britannici e italiani nella sua casa di Partinico, assieme a Dante Magistrelli e a Salvatore Console, fu recluso nel carcere di Palermo e l'indomani tradotto al centro per il controspionaggio di Napoli, con l'accusa di appartenere alla rete spionistica del nemico.

Giovanni era entrato nella Marina militare italiana il 15 marzo 1938, incontrando per la prima volta il Sidari a La Spezia, a bordo del sottomarino "Morosini" e lo aveva nuovamente visto nell'ottobre del 1943 nei ranghi della Decima Mas. Il 10 febbraio 1944, lo troviamo nella squadra del tenente Anassagora Serri, di cui faceva parte il fratello Giuseppe e che si era addestrata prima a Iesolo e poi a Capena. Nel marzo del 1944 il tenente germanico Tommaso Hubert richiese la presenza della squadra a Penne (nelle Marche). "Il 20 giugno 1944, dopo aver saputo che suo fratello Giuseppe e Magistrelli avevano disertato, decise di non tornare a Penne. Assieme al fratello, infatti, aveva già pensato di disertare e di tornare in Sicilia alla prima occasione favorevole. Arrivò a Partinico il 25 agosto 1944. Verso il Natale di quell'anno incontrò il sergente Pasquale Sidari all'ingresso del teatro Finocchiaro, a Palermo (via Roma). Sidari gli raccontò di essere a Palermo con una compagnia di varietà. Interrogato dal controspionaggio italiano, affermò di conoscere Gino Locatelli, della Decima Mas, incontrato a Iesolo e a Capena. Il soggetto – concludeva il rapporto – è da considerarsi un agente sabotatore nemico." [315] Il Console, poi, negava di avere avuto a che fare con la banda Giuliano. Nel novembre e nel dicembre 1944, Giovanni assieme a Magistrelli si era recato a Napoli. "Il soggetto ammette – leggiamo – la possibilità di aver parlato della banda Giuliani al Sidari, ma nega di aver affermato che tale banda sia ben armata, composta anche da disertori tedeschi e amata dalla popolazione locale. Afferma ancora di non conoscerne l'organizzazione e gli obiettivi e di aver sentito dire che vive di furti e di saccheggi. Di conseguenza, non ritiene che essa abbia connotati politici. Nega infine di aver detto al Sidari che, assieme al Magistrelli, si sarebbe recato al nord dopo il Natale 1944 per riferire al comando della Decima Mas sulle attività della banda 'Giuliani'. Il soggetto ha solo sentito dire che il capo della banda è un uomo di circa 22-23 anni, originario di Montelepre."[316]

Come si può constatare l'interrogatorio di Giovanni Console presenta notevoli contraddizioni rispetto alle dichiarazioni di Pasquale Sidari, arrestato il 2 marzo '45 assieme a Giovanni Tarroni. I due confessano subito di essere sabotatori della Decima nell'Italia liberata e di aver incontrato i Console dai quali avevano appreso i loro contatti con la banda Giuliano. Evidentemente le dichiarazioni di Sidari e del Console risultavano contrastanti al punto che il Sim era perfettamente edotto sul calendario degli spostamenti del gruppo eversivo partinicese a Napoli e presso i centri di sabotaggio della Decima. È impensabile che i Console non conoscessero la banda visto che questa era già dentro i circuiti eversivi napoletani e romani e considerato che Partinico rientrava nell'area di influenza del bandito monteleprino.

Altre notizie si ricavano dall'interrogatorio di Giuseppe Console (20 maggio 1920, Partinico), sarto, arrestato da agenti britannici e italiani (Controspionaggio del Sim e *Field Security Service*), la sera del 16 marzo 1945, a Palermo, e recluso nel carcere di Poggioreale (Napoli). Anche le sue dichiarazioni sono spesso labili e tendenti a fornire alibi infantili. Entrato in marina il 15 luglio 1940, si era imbarcato nella corazzata "Cavour". Il 26 ottobre 1943, era venuto a sapere dal comandante Buttazzoni che gli ex parà del battaglione San Marco si stavano radunando presso la base della Decima Mas, a La Spezia. Assieme a Maroni, fu destinato al primo plotone della prima compagnia al comando del tenente Ceccacci. Nella stessa unità si trovarono assieme: Sidari, Ciancio, Rani, Becchelli, Mora, Moio e Re. Il 27 marzo 1944, il tenente Ragazzi presentò alla squadra di Anassagora Serri il tenente germanico Tommaso Hubert. La squadra Serri era composta da De Bortoli, Magistrelli, Giovanni Console, Silvestro Cannamela e da Giuseppe. Il 10 giugno 1944, durante una sosta a Porto d'Ascoli (le truppe alleate stanno per occupare la cittadina), Giuseppe fa la conoscenza di un certo Francesco Martina, originario di Palermo. Quella sera, assieme al Magistrelli, cena con il Martina presso la famiglia Pantalone (originaria di Francavilla al Mare ma sfollata a Porto d'Ascoli). Ospite di detta famiglia, il Martina si era rifugiato a Porto d'Ascoli a causa degli eventi bellici. Allora, il Magistrelli avrebbe suggerito al Console di approfittare dell'occasione per disertare e raggiungere il prima possibile Partinico, in provincia di Palermo. Il 22 giugno, Giuseppe, Martina e Magistrelli abbandonano a piedi Porto d'Ascoli e, con un camion, raggiungono Bari e poi Taranto. A Palermo, il Martina va a trovare la sua famiglia, mentre gli altri due proseguono per Partinico, dove arrivano il 27 o il 28 giugno 1944. Il Magistrelli prende alloggio presso i Console e, assieme a Giuseppe, inizia a lavorare nella friggitoria di famiglia, in Corso dei Mille, 128. Nel febbraio 1945, Giuseppe e Vito Console, un certo Paolo Aruta (un parente), e Carmelo Diliberto (un cugino) partono per Roma per intraprendere il gioco delle "Tre carte". Il gruppo tornerà a Partinico due settimane dopo. Nel dicembre 1944, il Giuseppe incontra per caso a Palermo il sergente Pasquale Sidari, conosciuto a Tarquinia un anno prima. Il Sidari racconta di essere il direttore di una compagnia di avanspettacolo presso il teatro Finocchiaro (via Roma) e che è in procinto di partire per la Calabria. Ma Giuseppe Console afferma di non sapere niente dell'esistenza di Giuliano, "perché Giuliano è di Montelepre, un paesino distante otto chilometri da Partinico. So soltanto – dice – che, poco prima del Natale 1944, alcuni membri della banda hanno ucciso un tenente dei carabinieri che transitava in motocicletta sulla strada per Montelepre."

Sebbene di scarsa educazione, Giuseppe Console possiede una viva intelligenza ed è "sveglio". "I veri motivi del viaggio a Roma – scrive il funzionario del Sim che ha il sospetto trattarsi di agenti dello spionaggio germanico – non sono ancora chiari." E aggiunge: "Occorre tenere in prigione il soggetto finché non sarà conclusa l'indagine sul gruppo Locatelli-Gallitto-Ioele (agenti nemici, Napoli). Il soggetto conosce i seguenti agenti: sottocapo Gino Locatelli, incontrato a Tarquinia; […] tenente Pia, incontrato a Iesolo. […]." La nota è firmata da Giuseppe Renno, maresciallo dei carabinieri (Sim). Sulla veridicità e credibilità del racconto di Pino Console si legga inoltre il commento del capo del controspionaggio, Camillo Pecorella.[317]

Sulla realtà dei gruppi legati a doppio filo con il neofascismo, si innestò un fatto nuovo: il ricambio tra i vecchi delatori di regime e gli uffici dell'Ovra e i nuovi soggetti, per lo più prezzolati e disposti a tutto. Erano espressione dei vecchi gerarchi, fuggiaschi costretti a lasciare i loro paesi di origine per evitare persecuzioni, o veri e propri agenti speciali della Rsi, come le rivolte del 1944-45 dovevano dimostrare, o giovani studenti, o fanatici (Giuseppe Gulino, giovane universitario fascista di Partinico, l'agente, sotto il falso nome di Renzo Renzi, a Comiso e via dicendo). La situazione è bene espressa dal caso di Gioacchino Affronti, che diventò fiduciario di un comando di polizia alleata mentre manteneva rapporti di amicizia con Calò Vizzini.[318] L'isola diventò ben presto un vespaio di spie e *double agent*. Li abbiamo già incontrati: "Z Sicana" fu l'interlocutore di Bernardo Mattarella, "Z tree" di Antonino Varvaro, capo separatista repubblicano, "JK12" di Giulio Andreotti. Vi erano poi gli addetti alle questioni più generali. "JK 23" riferiva sulla situazione politica, "Z" sui partiti, la "Pipistrella", docente universitaria a Palermo, sulla situazione locale, "Bullfrog" su mafia e situazione politica siciliana, "Scarface", su personaggi e fatti di Palermo, "Turtle" su attività di spionaggio e controspionaggio. Insomma, si poteva dire, che nessun ambito e nessun personaggio o area geografica della Sicilia, ma anche dell'Italia, restava fuori dagli interessi e dall'osservazione sistematica dei servizi strategici americani e inglesi. A essi si dovevano aggiungere quelli italiani, sia che fossero dipendenti dalla Rsi, sia che rispondessero ai nuovi governi successivi al 25 luglio '43. Si ebbe, dalla metà del '44, una sede permanente: l'X-2 (il controspionaggio dell'Oss) e il *Counter Intelligence Corps* (Cic, il controspionaggio dell'esercito Usa), con uffici a Roma in via Sicilia, 59, già sede della Confederazione fascista dei professionisti e degli artisti. Qui Angleton giunse nel novembre 1944, in qualità di capo dell'X-2. Aveva buone esperienze alle spalle: suo padre, Hugh, era stato sotto il fascismo presidente della Camera di commercio italoamericana di Milano e aveva combattuto contro Pancho Villa, in Messico. E James nutriva forti simpatie per la letteratura italiana e per i rischi dell'avventura.

È emblematica la struttura che diede ai suoi uffici: egli si piazzò al piano superiore. Negli altri piani presero posto in ordine: 1) i Cc comandati dal maresciallo Saverio Laccisaglia per le attività di controspionaggio in Italia e di collegamento tra il Cic e l'Arma; 2) il battaglione di controspionaggio del Regio Esercito italiano sotto il comando del maggiore Renzo Bonivento per le attività di controspionaggio e di collegamento tra Esercito italiano e Cic. Al capitano Pietro Fazio furono affidate le operazioni in Sicilia (Palermo). Tra gli uffici non potevano poi mancare quelli della Marina italiana, sotto la guida del capitano Carlo Resio. Attorno a essi ruotavano figure come Mike Stern, Victor Barrett e George Zappalà, che sostanzialmente avevano il compito di monitorare le attività del comunismo in Sicilia. Nella rete di Angleton entrarono, dopo le trattative che ormai conosciamo, il capo della Decima, Junio Valerio Borghese (1945) e il capitano Nino Buttazzoni, nel '46. A essi si dovevano aggiungere i fascisti che operavano attivamente in Sicilia per conto della ex Repubblica di Salò, come l'ex federale di Firenze, Fortunato Polvani; esponenti dell'Ovra, come Giulia Mantegna Alliata di Ganci, principessa di Montereale, che alla periferia di Montelepre aveva una tenuta amministrata da Vito Mazzola, cassiere della banda Giuliano, o Raimondo Lanza di Trabia. Insomma Angleton divenne il cervello di una rete vasta e centralizzata di intelligence, capace di "agganciare" la polizia politica della ex Rsi, di stringere patti insospettabili con gli uomini di Salò, di condizionare gli sviluppi della futura politica italiana, a cominciare da De Gasperi.

"Io stesso – sostiene Umberto Federico D'Amato – munito di lettere credenziali di funzionari rimasti al Sud, mi feci paracadutare nei pressi di Salò e presi contatto con Guido Leto (ex capo dell'Ovra), Ciro Verdiani, Vincenzo Di Stefano: tutti elementi direttivi della polizia della Rsi. Proposi loro un'intesa, ed essi accettarono."[319]

Nessuna intesa poteva essere consentita tra servizi italiani e vecchi fascisti, se gli americani non solo non fossero stati avvisati, ma non avessero dato il loro preciso consenso. Occorre tuttavia dire che una scarsa collaborazione veniva lamentata tra l'X-2 di Angleton e il Si di Scamporino a fronte di "importanti possibilità per il controspionaggio, come il progetto 'Brutus' e la lista del personale delle Ss a Roma." In ogni caso l'X-2 e il Si sembrava che stessero sviluppando "contatti di natura delicata con i suddetti gruppi e organizzazioni" anche se agivano in maniera separata: l'X-2 era ignaro delle attività del Si, e viceversa.[320]

Il connubio separatismo-neofascismo

Si può pacificamente sostenere, dunque, che al momento dell'ingaggio paramilitare della banda Giuliano da parte dei separatisti (settembre 1945), molti giochi fossero stati fatti. Primo tra tutti quello di salvare la banda, già dall'inizio del '44, per il potere contrattuale e politico raggiunto in virtù del suo status di dipendenza paramilitare su scala nazionale. Gli uomini di Giuliano erano rientrati, cioè, nel piano strategico di lotta anticomunista, voluto da Angleton e dai servizi italiani e supportato dalla militanza attiva delle organizzazioni neofasciste. Queste avevano i loro padri spirituali nel vecchio fascismo e traducevano la loro azione nel tentativo di riconquista sotterranea dei territori occupati dagli Alleati. L'obiettivo era di utilizzare la Sicilia come campo sperimentale di una presenza politico-militare non convenzionale, per far fronte al comunismo e assicurare la continuità della transizione dal vecchio al nuovo regime. Tale collocazione di Giuliano spiega anche i motivi per cui la sua banda fu la sola a salvarsi dalla mattanza del banditismo decretata dai boss.

Nel comitato dell'Evis, infatti, troviamo graduati dell'Esercito come il capitano Graziani o *double agent* come Galvano Lanza di Trabia.[321]

Una banda armata faceva gola a molti, la si poteva controllare a basso costo, con rischi minimi. Anche il Macrì, un paio di anni dopo, avviò trattative di aggancio.[322] Il paese di Giuliano era, per il resto, predisposto all'insorgenza del fenomeno del banditismo e alla sua trasformazione in gruppi eversivi di natura politica e terroristica. Era influenzato infatti da alcuni grandi potentati mafiosi: quelli dei Minasola e dei Miceli (Monreale); di Partinico, paese di Santo Fleres prima e Frank Coppola, meglio conosciuto come "Frank tre dita", il futuro "re" di Pomezia, dopo. Si dovevano poi aggiungere le famiglie mafiose di Domenico Albano di Borgetto e dei Cracchiolo di Terrasini, le famiglie corleonesi facenti capo a Michele Navarra e i clan di Cinisi sotto la tutela del patriarca don Masi Impastato e del suo successore, don Cesare Manzella. Notevole influenza esercitavano, ancora, i clan di Piana degli Albanesi, già regno di don Ciccio Cuccia, sindaco del paese, e di San Giuseppe Jato, dominio indiscusso di Giuseppe Troia e dei Brusca. Circa il modello organizzativo di queste famiglie e la loro monopolizzazione del territorio, ci si può riferire alla situazione corleonese, analizzata già da Carlo Alberto Dalla Chiesa e pertanto abbastanza documentata. Secondo questo modello le strutture produttive erano interamente in mano alla mafia. A ciascun feudo corrispondeva il gabelloto imposto dal boss locale. Luciano Liggio controllava il feudo *Strasatto*, Giuseppe Roffino il *Malvello*, Antonino Governali il *Ridocco*, i fratelli Mancuso il *Donna Giacoma*, Angelo Vintaloro il *Piano della Scala* e via dicendo. Neanche il paese, la sua popolazione e le sue periferie produttive, sfuggivano a tale controllo. Dopo la sostituzione di Calogero Lo Bue, a metà degli anni Quaranta, il Navarra o, come lo chiamavano i suoi compaesani, "u patri nostru", aveva diviso l'abitato in due, affidandolo a due luogotenenti: la parte alta ad Antonino Governali, detto "Funcidda", quella bassa a Vincenzo Criscione Collura. Ma egli godeva anche della parentela con Bernardo Di Miceli, suo cugino, nonché vicepretore onorario di Corleone e, come si legge in un rapporto di Agostino Vignali della squadra di polizia giudiziaria, risultava amico degli esponenti più in vista del mondo politico regionale e nazionale: dall'onorevole Giuseppe Alessi, presidente della Regione, a Calogero Volpe, da Bernardo Mattarella a Salvatore Aldisio e a Mario Scelba.[323] In virtù di simili amicizie altolocate egli non solo non sarà, per lungo tempo, riconosciuto come criminale, ma sarà insignito, con decreto del presidente della Repubblica del 2 giugno 1958, dell'onorificenza di cavaliere della Repubblica. Non esistono ragioni di sorta per cui, in tutte le altre realtà dell'isola, la mafia avrebbe dovuto rinunciare alle sue prerogative ineliminabili del controllo territoriale e alla sua mediazione con lo Stato. Del resto, come dimostreremo, le situazioni erano perfettamente analoghe. Ad esempio, nei frangenti elettorali. Le "famiglie" dell'area di Piana degli Albanesi non erano state indifferenti ai risultati elettorali del 20 aprile '47 e, anzi – come meglio vedremo – avevano dato vita a un summit proprio nei giorni che precedettero la strage. Bisogna ancora aggiungere la collocazione strategica, geograficamente marginale, ma sostanzialmente preminente sotto il profilo organizzativo, dei clan della Sicilia occidentale e, soprattutto di Castellammare del Golfo, paese di Bernardo Mattarella e di Joe Bonanno, capo indiscusso di Cosa Nostra; di Castelvetrano e Alcamo, questi ultimi capeggiati da Vincenzo Rimi, passaggio obbligato dell'uccisione del bandito Salvatore Ferreri, membro di spicco della banda Giuliano, per conto dei carabinieri.[324] Fra' Diavolo, come generalmente era chiamato, aveva 24 anni e rappresentava la banda nella provincia di Trapani, dove era nato il 21 aprile 1923. È – come vedremo – un elemento chiave in tutta questa nostra storia anche per le modalità attraverso le quali era diventato confidente dell'ispettore di Ps Ettore Messana, col quale aveva stabilito rapporti già dal 1945. Non sono del tutto chiare, infatti, le conseguenze delle profferte che il padre di Fra' Diavolo avrebbe fatto a Roma all'onorevole Salvatore Aldisio, Alto commisario per la Sicilia, per salvare il figlio dal vicolo cieco in cui si era infilato, come sono oscuri i percorsi e gli scopi per i quali quest'ultimo era venuto a contatto con il Messana. Uno era senz'altro la cattura di Giuliano, avvenuta con le necessarie complicità mafiose, eziologicamente istituzionali. Non si spiegherebbe in altro modo la trasformazione di un latitante in territorio di Firenze, in un campiere della mafia, in un confidente della polizia e, in definitiva, in un nevralgico anello di transizione dalla criminalità comune alla criminalità politica.[325] La figura di Fra' Diavolo, non meglio definita secondo i suoi connotati anagrafici, ricorre – come abbiamo visto e ancora meglio vedremo in seguito – in alcuni documenti che lo vedrebbero nel giro di gruppi terroristici neofascisti nell'area a sud di Roma e a Firenze (quasi tutti i soggetti che li componevano, esperti killer e sabotatori, avevano un doppio o triplo nome di copertura). Scomparso dalla Sicilia tra la tarda estate del '44 e il febbraio-marzo del '47, è presente sulla scena della strage di Portella e in quella di altre stragi, per essere liquidato subito dopo la conclusione di quelle operazioni.

In ultimo non è superfluo notare che la perfetta cementazione delle varie famiglie mafiose della Sicilia occidentale, in quanto cosche di Cosa Nostra, risulta da una precisa espressione linguistica di Frank Mannino a Viterbo. Riferendosi al suo arresto a villa Carolina, e quindi al tranello preparatogli, dirà: "A me si presentò Nino Miceli che mi fece conoscere Nitto Minasola dicendomi che era la stessa persona sua."[326] Cosa Nostra, appunto.[327]

La mafia fu il terreno concreto di molti passaggi eversivi; la forca caudina di molte scelte, ivi compresa la definizione del neofascismo come nodo strategico dell'investimento anticomunista voluto da molti, a cominciare da Angleton.

Giova anche la semplice constatazione che la banda Giuliano è composta quasi esclusivamente da ragazzi sui vent'anni e che essa nasce e resiste nel tempo, per ragioni che sono legate alla stessa funzione che avrebbe dovuto assolvere. Complessivamente si registrano i seguenti periodi differenziati: a) *costituzione*: 2 settembre 1943-31 gennaio 1944; b) *organizzazione all'interno del neofascismo*: 31 gennaio '44-giugno '47; c) *declino*: giugno '47-5 luglio '50.

In questa sede ci interessa particolarmente il secondo periodo, cioè l'arco temporale in cui la banda si struttura come un'isola nell'arcipelago del neofascismo: dallo sbandamento dell'8 settembre alla partecipazione di alcuni monteleprini e siciliani a gruppi paramilitari operanti nell'Italia centro-settentrionale e meridionale. Si tratta, in particolare, di Giuseppe Sapienza, classe 1918, ventisei anni, che a villa Grezzana frequenta un corso speciale di addestramento alle tecniche di sabotaggio militare; del catanese Franco Garase, elemento di congiunzione tra i gruppi eversivi romani e la banda; di Fra' Diavolo, al quale sono affidati compiti organizzativi ed esecutivi.[328] Al processo di Viterbo i giudici fecero fatica a districarsi nella selva dei nomi e nomignoli di molti imputati della banda Giuliano. Il caso più eclatante fu proprio quello di Giuseppe Sapienza. Di chi si stava parlando? A Montelepre circolavano Giuseppe Sapienza di Tommaso, inteso "Bammineddu", un altro omonimo, figlio di Francesco, inteso "Scarpe sciolte". Frank Mannino ebbe poi a precisare che conosceva due fratelli Sapienza come "i figli di Zi Tanu e Palermu" e non gli altri con quei due nomignoli, dichiarando che gli era stato riferito dal secondo che egli era stato "messo nel sacco".[329] Cioè che qualcuno lo aveva indotto a recarsi a Portella. Il dato non è marginale perché la pista per le indagini sui "picciotti" della banda era stata fornita da Fra' Diavolo, che non amava avere testimoni scomodi tra i piedi come dimostrava il fatto che, essendo stato notato dal campiere Emanuele Busellini, incontrato per caso quando i banditi si misero sulla via di ritorno dopo la strage, lo eliminò con un colpo di pistola, buttandolo in una foiba. Quindi nulla di strano che i due non sapessero nulla di Portella e che, in particolare, "Scarpe sciolte" avesse potuto sostenere di non avere reso alcuna dichiarazione ai carabinieri – poi scomparsa dagli interrogatori – e di non avere partecipato affatto alla strage del primo maggio.[330]

Del resto, nella presunta marcia di avvicinamento a Portella da parte degli uomini di Giuliano, "Scarpe sciolte" era stato visto da un solo testimone, "Bammineddu" da sette. Ma quest'ultimo, a suo vantaggio, poteva rivendicare di non aver saputo far funzionare l'arma che gli era stata data, a dimostrazione del fatto che di armi se ne intendeva proprio poco. In merito all'altro, non pochi ritennero che, giunto a Portella, neanche sapesse in che luogo si fosse venuto a trovare. Giuliano all'ultimo minuto, per dimostrare che era un capo militare, aveva comandato a diversi pastori di recarsi a trovarlo per la marcia di avvicinamento a Portella, utilizzandoli come strumenti inconsapevoli di finalità perseguite da altri.[331] Doveva dimostrare a qualcuno che era capo di un plotone organizzato. Racimolò qualche dozzina di "picciotti" che aspiravano a fare carriera nella banda e, come sempre, non si rese conto che furono proprio i "picciotti" a liquidarlo, prima ancora di Luca. Essi, ignari, furono le prime vittime del depistaggio di Ferreri, quando egli, su pressione del Paolantonio, indicò in Francesco Gaglio, inteso "Reversino", il punto di inizio degli interrogatori. Ben altri erano i protagonisti e gli scenari delle vicende di quegli anni.

La questura di Roma, diretta da Saverio Pòlito, ritenne, ad esempio, che un "emissario a Roma della banda Giuliano" fosse un certo Garase, detto "Franco", figlio di Ferdinando, deceduto, e di Sebastiana Faranda, nato a Catania il 14 febbraio 1908, bracciante disoccupato, senza fissa dimora.[332] Iscritto all'Associazione combattenti, all'Ail, all'Uq e al Partito del reduce, il Garase[333] era considerato "un poco di buono",[334] certamente un elemento che la polizia riteneva uno dei tramiti tra il fascismo di Roma e la banda Giuliano.[335] Quanto ai precedenti politici è logico pensare che molti delinquenti si fossero prestati a tutto, in quel clima di miseria e di violenza. Chi li guidava? In alcuni casi abbiamo delle risposte esplicite.[336] Strani personaggi ruotano attorno alla banda Giuliano nell'anno che precede la strage. La questura di Palermo, nel giugno 1946, fermava e identificava Giuseppe Caccini (Fiume, 1917) e Calogero Bonsignore (Caltanissetta, 1922), entrambi residenti a Roma. Il primo, noto con lo pseudonimo di "Tempesta", era stato il capo della brigata Carnia, una derivazione della brigata Osoppo e aveva alle sue dipendenze 221 uomini bene armati. Costoro si erano dati appuntamento a Roma. Quindi il Caccini e il suo accompagnatore si sarebbero recati in Sicilia, da Flavio Borghese per chiedere aiuto.[337] In un elenco di venticinque uomini della sua brigata partiti da Roma, dove si erano dati appuntamento, per il Veneto, troviamo anche De Santis, detto Marco, con la qualifica di "patriota", armato di un mitragliatore Steen.[338]

È la mafia a trasformare un "dritto" come Giuliano, caduto in disgrazia per avere ucciso il carabiniere Mancino, nel capo di una banda bene organizzata, a un certo punto inghiottita nel vortice del clandestinismo nero. O meglio, la mafia rappresentò il livello placentare in cui quella fattispecie di banditismo insorse. Ma da sola essa non spiega tale parto. La fonte Z dell'Oss, in un rapporto sull'attività della mafia a Montelepre, riferisce che i suoi membri "sono dei fuorilegge liberati dal confino all'arrivo degli americani in Sicilia".[339]

Menti superiori evidentemente agivano al di sopra di un "picciotto" destinato a diventare un capobanda. Una mente fu certamente Andrea Finocchiaro Aprile, figlio di un ex ministro e deputato al parlamento.

A parte Stern, comunque, è certo – come abbiamo visto – che Giuliano avesse, già dall'inizio del '44, rapporti non solo con i neofascisti, di cui era parte organica, ma con misteriosi emissari americani.[340] Simili collusioni avevano cominciato a definirsi e a trovare una strada operativa già all'inizio del '44 e risalivano a una fase di gestazione dell'Evis. A tale proposito, Frank Mannino ebbe a dichiarare a Viterbo che la squadra di cui faceva parte, e cioè quella di Antonino Terranova inteso "Cacaova", si era formata nell'esercito dell'Evis e il suo primo comandante era stato un ex sergente della Marina, tale Ferrari. E solo da questi i banditi avevano appreso che Giuliano era diventato il comandante di quell'esercito di volontari.[341] Di Ferrari e di qualche suo omonimo ci occuperemo tra poco. Per il momento ci basti constatare che la militarizzazione della banda non solo passava attraverso i giochi delle forze alleate, ma derivava direttamente dall'inquadramento dei banditi nell'esercito separatista.

Tra la fine di agosto e il mese di settembre 1944, il sottocentro di Messina del controspionaggio italiano arrestava: Benedetto Rizzo, ex guardia della Pai, Messina; Rosario Orlando, vicebrigadiere della Pai, Novara di Sicilia; Carmelo Mirabile, maresciallo della Pai, Castroreale; Nino Scaglione, sottotenente della Decima Flottiglia Mas (battaglione *Barbarigo*). Il suo arresto era stato richiesto dalla sezione di Palermo. Il sottotenente Scaglione, tradotto presso il centro di Roma (via Sicilia) veniva messo a disposizione di quella sezione. Il 5 settembre il sottocentro di Siracusa arrestava poi Alberto Lamendola, diciotto anni, originario di Gela, ma proveniente da Milano, dove era vissuto per quattordici anni, mentre il nucleo di Trapani ordinava il fermo del tenente Michele Gallo, richiesto dalle sezioni di Roma e di Palermo. Il nucleo avviava delle indagini su non meglio specificate imbarcazioni di piccolo cabotaggio avvistate sulla costa occidentale dell'isola. Certamente non erano comuni barche di pescatori e analoghe forme di navigazione richiamavano alla mente certe attività di sabotaggio tipiche degli Np. Nello stesso periodo, su richiesta del Cic di via Sicilia, veniva arrestato Nicola Abate, sospetto agente sabotatore nemico.

In un documento del 10 aprile 1944 leggiamo ancora che i fascisti pianesi, capeggiati dal farmacista Tommaso Schirò, avevano organizzato una sommossa con l'obiettivo di scaricarne le responsabilità sul Pci. La rivolta era fallita, ma i fascisti erano in attesa di una nuova occasione.

Quelli di Piana, sul cui territorio gravita Portella della Ginestra, non erano fascisti dell'ultima ora. Schirò era stato membro dell'Ovra (vigilanza e repressione dell'antifascismo). C'erano poi Gaetano Patti, già informatore dell'Ovra, Franco Costantino, volontario della guerra di Spagna, Cesare Gebbia, avvocato e notaio, e parecchi altri. A loro si univano, come ulteriore apporto allo schieramento anticomunista sullo scacchiere regionale, i mafiosi organizzati da don Calò Vizzini nell'Fdos. Costoro sono gli unici, pensarono a torto gli americani, capaci di mettere ordine nella grande polveriera della Sicilia. E non solo per il separatismo, la fame, o le condizioni disperate delle popolazioni, ma per altri motivi meno nobili:

Sono in corso indagini – scriveva ai primi di giugno '44 Vincenzo Di Dio, capitano dei carabinieri e capo centro della sezione per il controspionaggio del Sim (Catania) – *per verificare l'esistenza di cellule segrete del Partito fascista repubblicano (Pfr), cellule destinate a sostituire l'organizzazione dei vari gruppi fascisti nel caso il Mui finisca per essere sciolto. [...] In collaborazione con la polizia militare americana, il sottocentro di Palermo sta indagando sulla scoperta di una emittente radio clandestina. [...] Continuano le infiltrazioni nei circoli fascisti di Catania, Messina, Agrigento, Siracusa e Augusta, con l'obiettivo di verificare l'eventuale riorganizzazione dell'ex partito fascista in connessione con il Prf. [...] Il Mui (ossia il partito fascista) è cresciuto a Catania. Le nostre indagini sono quasi concluse. Si spera di arrivare all'arresto dei suoi esponenti entro i primi dieci giorni di giugno [...].*[342]

Non c'è dubbio alcuno che questi movimenti fossero collegati al separatismo. Vari incidenti occorsi nei comuni della Sicilia occidentale dimostrano che il separatismo siciliano sarebbe ricorso alla violenza armata, se non fosse riuscito nei suoi intenti utilizzando le vie legali.[343] Si capiva la natura eversiva e non locale del fenomeno e quanto esso rappresentasse una grave questione politica. Gli Alleati se la trovarono quasi subito tra i piedi e la tennero in caldo come potenziale da utilizzare, o in senso monarchico (filoinglese) o in senso repubblicano (filoamericano), in vista della chiusura della guerra di Liberazione. Varie componenti monarchiche o repubblicane, quindi, si incontrarono e tutte ebbero in comune la filigrana del neofascismo.

[...] È ormai constatato che forze di "fuori legge" non siciliane confluiscono in Sicilia: si tratta di elementi per lo più ex fascisti repubblicani, giovani, perfettamente addestrati alla guerra, che l'antifascismo perseguita e che trovano rifugio, cibo e arruolamento per combattere la guerra civile cominciata dopo l'8 settembre 1943.[...][344]

Il passo conferma ancora una volta l'afflusso di fascisti di Salò in Sicilia tra il 1943 e il 1945, quando gli Alleati già prefiguravano lo scontro finale con le forze comuniste nell'isola. Secondo altri documenti Oss, neofascisti ed Evis avrebbero combattuto insieme. Ciò porterebbe a pensare che almeno alcune frange dell'Evis sarebbero state guidate fin dall'inizio dall'Oss, costituendo gli *stay behind*, alle dipendenze di quest'ultimo, con l'obiettivo finale del blocco del comunismo. Questo almeno doveva essere il motivo per cui il duca di Carcaci nella sua villa di Catania (dove erano stati trasportati alcuni separatisti feriti nello scontro avvenuto con formazioni regolari il 29 dicembre 1945) poteva ricevere dei personaggi a bordo di una macchina militare alleata il cui autista portava sulla spallina la scritta "Poland".[345] In realtà il separatismo tenne vive le spinte sociali filooccidentali e segnò, con le sue frange più oltranziste e consapevoli, la linea di demarcazione e di opposizione al pericolo rosso.

Ne fu più o meno consapevole il "re di Montelepre", millantato per Robin Hood, in realtà elemento solidale con l'anticomunismo e l'antistatalismo dei separatisti degli anni 1944-45. Giuliano ebbe indubbiamente molte colpe, si macchiò di crimini inauditi, accettò di essere un capo separatista e colonnello di un esercito inesistente. Ebbe la vanagloria di ritenere di potere rifarsi del tragico insuccesso, accettando – come gli fecero credere – di essere di nuovo capo di un esercito, questa volta esistente, pronto a combattere il comunismo, quella "canea di rossi" contro la quale non aveva proprio nulla da dire, tranne che era fatta di contadini, braccianti e affamati di terra come lui, come la sua famiglia.

L'esperienza del separatismo lo mise in risalto come bandito politico, a differenza di altri capibanda. Gli americani lo adocchiarono subito dopo il loro arrivo e nei loro rapporti segreti scrissero che quel picciotto era un "dritto", uno che non si lasciava posare la mosca sul naso. Perciò ebbe vita più lunga degli altri capibanda, decimati quasi tutti dalle mafie locali negli anni di grazia 1945-1946, dopo che don Calò ebbe a capeggiare l'Fdos. Un partito che durò poco, perché quei tizi che andavano in giro per i vari comuni della Sicilia a trovare "amici" per lo scopo nobile di evitare tumulti, manifestazioni di piazza e soprattutto che i comunisti diffondessero il loro verbo attraverso sedi politiche e sindacali, non avevano proprio l'aria delle persone per bene, con le loro coppole storte e le lupare a tracolla.[346]

È evidente che, nel settembre 1944, varie tendenze continuavano a contrapporsi all'interno dei vari movimenti separatisti e, probabilmente, degli stessi vertici mafiosi. A maggio viene segnalata una "cospirazione fascista". Il tenente colonnello Franklyn W. Fish scrive che vi sono coinvolti noti squadristi ed ex gerarchi.

Simpatizzanti nazifascisti – spiegava – *sono attivi soprattutto in alcuni piccoli centri dell'isola, luoghi tagliati fuori dal resto del mondo. Tra questi, Piana dei Greci, Partinico, Bagheria, Monreale e Cinisi, tutti nella provincia di Palermo. [...] Il morale della popolazione è basso. Alcuni cittadini affermano che le cose funzionavano meglio durante il fascismo e che l'unico beneficio sorto dall'invasione alleata è stata la cessazione dei bombardamenti. [...] Si ritiene che un principe albanese (Mashiuma Axum), presunto erede al trono albanese e fascista rabbioso, stia organizzando vari gruppi fascisti nella provincia di Palermo. Varie fonti attendibili indicano che numerosi, noti fascisti si incontrano per promuovere le attività dei suddetti gruppi. La propaganda nazifascista è molto attiva nelle città gemelle di Petralia Sottana e Petralia Soprana, dove agiscono ex gerarchi fascisti, insegnanti, professori e medici. [...] È soggetto a stretta sorveglianza il colonnello Carcano Francesco, un elemento sospetto di spionaggio. Fonti attendibili riferiscono che ricopriva importanti incarichi nel partito fascista. È un fascista rabbioso ed ex membro della guardia personale di Mussolini. Carcano sembra essere un agente della Regia Marina italiana, con il compito di reclutare uomini e di reperire vettovaglie. Il controspionaggio del Sim, il servizio segreto dell'Esercito italiano, si sta occupando del caso assieme al Cic. Numerosi informatori e la questura stessa considerano il Carcano un individuo pericoloso e, con ogni probabilità, una spia. [...]*[347]

L'informativa era stata preceduta da una relazione più dettagliata.[348]

Fu così che Giuliano, partorito dalla mafia, venne a trovarsi in un gioco molto più grande di lui, attorniato da doppi agenti, spie, grandi latitanti e "picciotti", specialisti in sequestri di persona ed estorsioni, trafficanti d'armi e assassini, delusi per la caduta del fascismo, pronti a farlo rinascere attaccando il nuovo Stato. Questo è certo, come è certo anche che quel ruolo romantico del bandito popolare che toglieva ai ricchi per dare ai poveri fu una sorta di maschera ben modellata su un volto che non era quello reale dell'antico banditismo sociale, da sempre imperversante in Sicilia. Era, al contrario – come meglio vedremo più avanti – una maschera su un teschio, una testa di morto, quella delle squadre d'azione, delle squadre Mussolini, dei nuclei della Guardia nazionale repubblicana, dei militi della Rsi, della Decima Mas, dei battaglioni Np e degli altri gruppi organizzati sul territorio nazionale: gli eredi di Mussolini e di Alessandro Pavolini, i Pino Romualdi e i Fortunato Polvani, gli uomini asserviti al principe Valerio Pignatelli, l'anima nera meridionale del fascismo che non voleva morire.

In una nota segreta del 3 novembre 1944 sugli agenti nemici, il colonnello Hill-Dillon scrive che "Giuliani" si trovava in quel momento in territorio liberato, a Napoli o a Taranto, che aveva il grado di "secondo capo". Apparteneva al reparto "sommozzatori", di stanza a Taranto nei ranghi della Decima Flottiglia Mas. Si sarebbe quindi recato a Napoli e nell'aprile del 1944 avrebbe fatto ritorno nella Rsi assieme a Ceccacci. Si danno anche le caratteristiche fisiche del personaggio: ventotto anni, altezza metri 1,65; capelli scuri, occhi neri; fisico robusto.[349] L'età e il nome certamente non corrispondono con i connotati del bandito monteleprino. Ma occorre usare la massima cautela nel sostenere che si tratta di altro soggetto. Prima di tutto ci troviamo in una fase in cui la nomea del bandito, dopo l'uccisione del carabiniere Mancino, cominciava a essere ricorrente anche sui giornali e non è da escludere che il suo nome fosse storpiato, più o meno consapevolmente, anche dagli agenti segreti, che, conoscendolo per fama, riferivano quanto avevano sentito o risultava dai loro circuiti, specie se giornalistici. Giuliano, occorre dire, aveva fatto una vita sacrificata ed è normale che dimostrasse più anni di quelli che aveva. Inoltre tutti i documenti in cui si fa riferimento a "Giuliani" conducono alla banda monteleprina di Salvatore Giuliano. Non risulta che in quell'epoca ci fossero altre bande in Sicilia o in Italia con quel nome. Gli stessi documenti Oss qualche volta lo citano come "Giuliano", qualche altra come "Giuliani". Riconducono, comunque, allo stesso soggetto. Tutti riguardano il circuito nazifascista che passa attraverso i fratelli Giuseppe e Giovanni Console, partinicesi che vivono nell'area di Giuliano, Dante Magistrelli, Pasquale Sidari, Gino Locatelli, Giuseppe Sapienza che a Montelepre era di casa, lo stesso Fra' Diavolo. Quest'ultimo si muove attorno alle operazioni decise da Tommaso David, di cui abbiamo già parlato. Ora la domanda che ci si pone è questa: perché Giuliano si sarebbe dovuto trovare a Taranto e a

Napoli per poi passare nella Rsi? Il motivo è analogo a quello per cui Fra' Diavolo venne a trovarsi a Esperia e poi a Firenze. Solo che Giuliano anticipò di almeno sei mesi il percorso di Ferreri. Entrambi scappano dopo un omicidio. Tentano di risalire la penisola. Forse sperano che andando a combattere con i fascisti nell'Italia non ancora liberata, possono acquisire dei meriti ed evitare la galera. Qualcuno dovette consigliarli, indirizzarli. "Turiddu" fece da battistrada. Appena guarito dalle ferite riportate durante il conflitto con Mancino nel settembre del '43, lasciò la Sicilia. In Calabria s'imbatté nei primi nuclei armati di Pignatelli, che gli promisero lo spostamento del processo a suo carico a Cosenza, gli diedero aiuto e protezione; lo inquadrarono militarmente e ne fecero un simbolo o un auspicio delle loro future battaglie. Giuliano in fuga, non ancora bandito, fu, infatti, il primo emblema popolare della lotta contro lo Stato. Non fu difficile, perciò, a quanti non si rassegnarono alla "vergogna" dell'8 settembre, averlo come una loro mascotte. Alcuni dati rafforzano questa ipotesi. Il primo è il fatto che in realtà il processo contro Giuliano per l'uccisione di Mancino si tenne a Cosenza, quando si sarebbe dovuto svolgere, per competenza territoriale, a Palermo; il secondo è che, nel semestre del quale stiamo parlando, entrano a far parte della compagnia di Rodolfo Ceccacci due partinicesi che operano nel territorio di Giuliano: i fratelli Giuseppe e Giovanni Console, di professione paracadutisti. Essi, nella primavera del '44, furono aggregati a una nuova squadra del gruppo Ceccacci, comandata da Anassagora Serri. Vi troviamo anche Silvestro Cannamela e Renzo de Bortoli, quest'ultimo un ex sommergibilista.[350] Ma a quella data molte cose erano già accadute. Ad esempio, la nascita, a gennaio, della banda monteleprina, a seguito di una straordinaria evasione in massa di una serie di criminali rinchiusi nelle carceri di Monreale. Fu quello il primo segnale delle complicità istituzionali che accompagnarono tutta la vicenda di Giuliano. Non è infondata l'ipotesi che il bandito, di ritorno dalle zone di combattimento attorno alla linea Gustav, abbia avuto il mandato di fondare una banda legata alla rete sotterranea che passava dal principe Pignatelli agli uomini della Decima Flottiglia Mas e faceva capo, quindi, agli uomini più in vista della Rsi. In virtù dell'incontro con Ceccacci, le sorti del bandito cambiarono. Da povero che spara a un carabiniere per difendere il suo sacco di farina sequestratogli a un posto di blocco (2 settembre 1943), egli diventa capo di una banda del tutto singolare. I suoi membri non hanno la coscienza politica dei militi organizzati nelle fila di Ceccacci o di Buttazzoni. Il processo di acculturazione ideologica avverrà progressivamente con l'adesione di pochi elementi costretti a vivere situazioni analoghe a quella del loro capo. Si tratta di Pasquale "Pino" Sciortino (cognato di Giuliano e organizzatore degli attentati alle Camere del lavoro del 22 giugno '47); Gaspare Pisciotta, (forse uno degli autisti della divisione Goering nella Roma ancora occupata dai nazisti), che troviamo a Montelepre nell'estate del 1944, probabilmente con compiti di spionaggio a favore dei nazifascisti; Salvatore Ferreri (divenuto capo, forse, della squadra "Eliminazioni" del gruppo di Tommaso David: rientra temporaneamente in Sicilia con la nascita dell'Evis, nel settembre del 1945). Tutti perfettamente inseriti sul fronte della guerra e tutti facili prede di due padroni: i neofascisti prima e i capi dei servizi segreti delle truppe di occupazione, dopo. Naturalmente uomini come loro rappresentarono una fattispecie singolare nell'organizzazione più complessiva del neofascismo italiano, in quanto il loro carattere distintivo fu la capacità di rispondere al comando. La stessa strage del 1° maggio 1947 avvenne solo quando a Giuliano pervenne l'ordine di andare a sparare. Ma siamo già a tre anni di distanza dai suoi primi approcci col mondo del neofascismo. Allora la situazione era diversa con i tedeschi che giocavano in casa, con l'attivismo delle autorità della Rsi, con la nascita delle scuole di sabotaggio per giovani allievi desiderosi di entrare nei ranghi della Decima del principe Borghese. Non stupisce, quindi, che Hill-Dillon, nell'accennare ai rapporti di "Giuliani" con Ceccacci, consideri il primo un "secondo capo" e gli attribuisca la qualifica di "sommozzatore". Era, questo, un passaggio obbligato per inserire il nuovo milite in posti di responsabilità della Decima e quindi tra le scelte strategiche della Rsi. Non è un caso che lo stesso Hill-Dillon, nel riferirsi ai rapporti tra 'Giuliani' e Ceccacci, in una sua nota del 3 novembre 1944, si occupi contemporaneamente di quanto accadeva a villa Grezzana di Campalto (Verona), segnalando la speciale missione nella provincia di Palermo del milite monteleprino Giuseppe Sapienza. Nelle stesse settimane giungono a Palermo il nuotatore paracadutista Giovanni Tarroni e il graduato del battaglione Vega della Decima Mas, Pasquale Sidari, con compiti di collegamento della rete sovversiva nell'Italia meridionale. Alla fine del '44 il circuito delle relazioni poste alla base dell'azione di quanti erano rimasti a combattere dalla parte dei tedeschi si era praticamente concluso. A questo punto non sfugge il profilo "professionale" di criminali come Giuliano e Ferreri. Sono entrambi killer di alto profilo, abili sabotatori, specializzati in attentati e sequestri di persona. Questi ultimi finalizzati all'autofinanziamento. Questo fu il carattere fondante del neofascismo in Sicilia fino agli anni Settanta del '900: l'accumulazione illegale per la sovversione. Ben altro poteva dirsi il profilo di molti di quei personaggi che, lasciando la penisola, trovarono in Sicilia, il campo sperimentale della loro lotta contro il nuovo Stato.

Polvani, ex federale di Firenze, aveva pensato di andare a Palermo, già nel 1945, per dirigere, dopo essere stato comandante della Brigata nera "Manganelli", il Centro nazionale fascista della capitale isolana, rappresentandone la punta più avanzata.[351] Nel febbraio 1946 George Smith, dell'Ssu, scriveva inoltre che vi erano le prove dell'esistenza di "numerose piccole organizzazioni neofasciste (Sam, Movimento universitario nazionale, ecc.) e di personaggi come il Polvani, intenzionati a non demordere circa le attività di sobillazione politica e sociale. Questi, si legge nel documento, era riuscito a condurre sotto il suo comando i fascisti già selezionati da "Pavolini e dai tedeschi per formare una Quinta Colonna nell'Italia liberata".[352]

La caratteristica dei gruppi spediti nelle varie parti con compiti di sabotaggio e spionaggio fu quella di essere piccoli e agili. Dovevano colpire ed eclissarsi. I nuclei più consistenti e preparati furono quelli addestrati da Mario Rossi a Montorfano. Verso il 15 marzo del 1945, il comandante del battaglione Vega – come abbiamo visto – convocò nel suo ufficio di Montorfano sei ufficiali, e parlò loro del pericolo comunista e della necessità di creare una forza in grado di controbilanciarlo. In caso di aggressione armata da parte comunista, i commandos avrebbero subito messo in atto tattiche di guerriglia clandestina.[353] Nell'aprile del 1945 – scrive l'Oss in un rapporto segretissimo sul principe Valerio Borghese – "cinque piccoli gruppi di nove uomini ciascuno furono spediti nelle principali città del Nord Italia per preparare azioni in vista dell'avanzata alleata." Le missioni speciali della Decima furono affidate al battaglione Vega, composto, alla fine del '44, da circa duecento uomini, al comando di Mario Rossi. Ne fece parte attiva Buttazzoni, già noto per i crimini di Asiago.

Ma la collaborazione tra Angleton e Buttazzoni poteva essere datata a epoca anteriore. Da un documento Oss apprendiamo, infatti, che nel maggio 1944 Rossi venne a sapere che quattro agenti alleati erano sbarcati sulla spiaggia di Iesolo ed erano stati catturati da alcuni uomini del battaglione Np. Tre vennero consegnati ai tedeschi, il quarto, un certo Baccarini, venne trasferito al quartiere generale del battaglione agli ordini di Buttazzoni. Successivamente venne accompagnato presso l'abitazione di questi, dove si trovava ben sistemata una radio ricetrasmittente. Giorni dopo, Baccarini ricevette un'automobile e del denaro e partì per una destinazione ignota.[354] Il tenente colonnello De Leo (Decima Mas) confermerà la versione di Rossi.[355]

A cosa mirava questo sottobosco di trame non è difficile o azzardato supporre. Tutto aveva avuto inizio dagli accordi del principe nero con i più alti rappresentanti dello Stato, durante il secondo governo Badoglio e i due successivi governi di Ivanoe Bonomi.

[1] Cfr. Città giudiziaria, Atti della II Corte di Appello, piazzale Clodio, Roma, processo 13/50 (da ora Agca). Le indagini furono chiuse di fatto con il *Rapporto giudiziario n. 37* del 4 settembre 1947 che doveva segnare l'inizio di un percorso autonomo e critico dei magistrati e invece fu al contempo atto di accusa e depistaggio. Esso fu confermato dalla sentenza della Seconda Corte d'Assise di Roma che, il 10 agosto 1956, lasciò quasi inalterato il contenuto della precedente sentenza (Viterbo, 3 maggio 1952).

[2] Cominciò la sua carriera criminale con l'uccisione di un carabiniere (settembre 1943) e la proseguì, protetto dalla mafia locale, fino alla militarizzazione separatista della sua banda e – come vedremo – alla sua sottomissione all'eversione neofascista nazionale.

[3] Cfr. National Archives and Records Administration, Maryland, College Park (da ora Nara), Rg. 226, s. 174, b. 1, f. 1, segretissimo, 17 ottobre 1945. I documenti del Nara sulle interferenze del Vaticano sulla vita della Dc e sui suoi dirigenti sono innumerevoli. Qui, ad esempio, leggiamo: "Su istruzioni del Papa, monsignor Montini ha convocato Alcide De Gasperi per comunicargli le ultime direttive papali e le vedute della Santa Sede sui rapporti tra la Dc e l'esapartito del Cln". E in un altro documento: "De Gasperi è stato convocato dal Papa per un colloquio privato. [...] Il Papa si è trovato d'accordo con De Gasperi su diversi punti e gli ha garantito piena libertà d'azione, purché si attenga alle direttive tracciate dalla Santa Sede". Cfr. *ibidem*, 19 novembre 1945. E ancora: "Su istruzioni del Papa, il 20 ottobre u. s. monsignor Giovanni Battista Montini, vice segretario di Stato, ha inviato una lettera a De Gasperi, leader della Dc, contenente le direttive che il partito dovrà seguire. I punti principali della nota sono i seguenti: occorre tenere a mente che comunisti, socialisti, liberali, repubblicani, democratici del lavoro e azionisti sono tendenzialmente anticattolici. I loro programmi politici mirano a secolarizzare l'Italia, a spezzare i rapporti tra lo Stato italiano e la Chiesa e, in un secondo momento, a promuovere la legge per il divorzio. Se i suddetti partiti riuscissero ad assicurarsi la maggioranza nell'Assemblea Costituente, il Concordato tra il Vaticano e l'Italia perderebbe ogni valore e il paese diventerebbe preda delle forze anticattoliche; la Dc deve scegliere i suoi militanti tra i gruppi politici estranei ai suddetti partiti. I loro voti farebbero così da contrappeso alle forze di opposizione; la Dc deve capire che la questione istituzionale è secondaria rispetto alla discussione sulla nuova Costituzione italiana." Cfr. Nara, Rg. 226, s. 174, b. 1, f. 1, segretissimo, 22 ottobre 1945.

[4] Cfr. Vincenzo Vasile, *Salvatore Giuliano bandito a stelle e strisce*, Milano, Baldini Castoldi Dalai 2004.

[5] Cfr. Massimiliano Griner, *Nell'ingranaggio. La scomparsa di Mauro De Mauro*, Firenze, Vallecchi 2003, pp. 31-57.

[6] Cfr. *ibidem*, pp. 119-122.

[7] Cfr. Pino Arlacchi, *Gli uomini del disonore. La mafia siciliana nella vita del grande pentito Antonino Calderone*, Milano, Mondadori, 1992, p 96.

[8] Basti pensare che quell'anno si apre con l'assassinio del più grande dirigente sindacale siciliano di quel tempo, Accursio Miraglia di Sciacca,

prosegue con Portella e le stragi del 22 giugno, nonché con l'assassinio del segretario della Federterra di Terrasini Giuseppe Maniaci, e di Vito Pipitone, vicesegretario della stessa organizzazione di Marsala. Contemporaneamente si erano registrati a Milano e in altre città d'Italia attacchi con mitra e bombe a mano, contro le sedi di sinistra. Fatti che Giuseppe Di Vittorio e Giancarlo Pajetta ebbero a denunciare come dovuti al fascismo. Cfr. Assemblea Costituente, seduta del 12 novembre 1947, CCLXXXIX, pp. 2021-2078.

[9] Cfr. Nicola Tranfaglia, *Come nasce la Repubblica, cit.*

[10] Cfr. Acs (Archivio centrale dello Stato) PCM, 1944-47, b. 3338. Nel marconigramma del Comandante generale di Corpo d'Armata, Fedele De Giorgis, 23 giugno 1947, n. 473/4, si fa riferimento più dettagliato all'eccidio di Partinico, dimostrandosi l'intenzione stragista dell'attentato: "Perdite causate essenzialmente colpi mitra perché esplosioni bombe scopo incendio et distruzione locale verificatasi quando colpiti avevano cercato riparo interno sezione et immediate adiacenze. Bossoli mitra rinvenuti quarantasei. Anche qui [come a Carini, *N.d.A.*] rinvenuti manifestini crociata antibolscevica stampati macchia recano firma dattilografata Giuliano et località suo quartiere generale". Gli attentati del 22 giugno precisa poi il ministro Scelba "si ritiene siano stati compiuti per la maggior parte, dalle stesse persone a bordo di un'automobile.

[11] Cfr. *ivi*, allegato alla lettera di Fedele De Giorgis, prot. RP 56/247 del 6 luglio 1947·

[12] 24 giugno 1947.

[13] Cfr. Nara, Rg. 226, s.210, b.432, f.8. Ora in N. Tranfaglia, *Come nasce la Repubblica,* cit., pp. 384-400. Datato 16 maggio 1946, il *Manuale di intelligenza per la propaganda occulta* fu spedito dal Si (*Secret Intelligence*, Dipartimento della Guerra di Washington) a tutti i capi area perché lo illustrassero ai capi settori del servizio di intelligence. Tema del manuale: la propaganda occulta e la pubblica opinione. Un testo, possiamo dire senza tema di sbagliare, valido ancora oggi per l'Afghanistan o per l'Iraq.

[14] Cfr. Nara, Rg. 226, serie 210, busta 525, fascicolo 45. *Principali successi della sezione italiana della Secret Intelligence fin dai suoi esordi.* Data: 12 gennaio 1945. Class.: segreto. Redattore: Earl Brennan, capo della sezione italiana dell'Oss, Washington. Un quadro dettagliato degli eventi che avrebbero portato alla caduta di Mussolini è contenuto nel diario segreto del generale Giuseppe Castellano, in Nara, cit., Rg 226 (casellario Oss), serie 92, busta 621, fascicolo 5.

[15] Cfr. Documento inviato all'autore da Mimmo Franzinelli, segnato PCM 1944-47, b. 3338, rapporto n. 353/54 del 28 giugno 1947. Naturalmente non contiamo tutta la documentazione ripresa in questa ricerca, grazie agli archivi del Nara e del Sis, che sono soltanto i due luoghi principali che abbiamo consultato, tra i tanti che ancora rimangono da studiare.

[16] Cfr. Agca, cit., Cav (Corte di Assise di Viterbo), *Sentenza* del 3 maggio 1952.

[17] Cfr. Roberto Faenza e Massimo Fini, *Gli americani in Italia*, Milano, Feltrinelli 1976, p. 13.

[18] Cfr. Falcone Lucifero, *L'ultimo re. I diari del ministro della Real Ca-*

sa. 1944-1946, a cura di A. Lucifero e F. Perfetti, Milano, Mondatori 2002, p. 153

[19] Cfr. *ibidem*, p. 155

[20] Cfr. George S. Patton jr., *Patton generale d'acciaio. Come ho vinto la guerra*, Milano, Rizzoli 2002, p.75

[21] Cfr. Daniele Lembo, *I Servizi segreti di Salò,* MA.RO editrice 2001, p. 27

[22] Le prime azioni dei gruppi spontanei che avrebbero poi dato vita all'Evis, si realizzarono a Catania, nell'autunno del '44 e nella zona di Ragusa, nel gennaio del 1945. Come vedremo, gli elementi neofascisti avevano già infiltrato le fila del separatismo armato. È significativo il quadro cronologico degli eventi: l'Evis, ufficialmente, nasce nel maggio del '45 sotto la guida di Antonio Canepa (1908-45). In un certo senso, questi rappresentava l'ala di sinistra e insurrezionale del movimento, certamente invisa ai poteri forti dell'isola. Non è un caso, infatti, che il Canepa, assieme ai suoi principali compagni di lotta, viene ucciso in un agguato tesogli dai carabinieri, il 17 giugno 1945. Pochi giorni dopo, Salvatore Ferreri, alias Fra' Diavolo, riceve una carta di identità falsa (28 giugno), entrando nell'orbita di Messana, quando questi era già fresco di nomina come ispettore di Ps per la Sicilia. A settembre i giochi sono già fatti: Giuliano diventa colonnello dell'Evis, avendo al suo fianco, come luogotenente, proprio il Ferreri. A ottobre iniziano le azioni terroristiche della nuova banda.

[23] Cfr. Nara, 226, s. 108, b. 113, f. j-201, Titolo: *Finocchiaro Aprile, leader separatista siciliano* (30 marzo 1944). Mittente: Vincent Scamporino, capo del Si per il teatro di operazioni nel Mediterraneo. Destinatari: colonnello E. J. P. Glavin, comandante dell'Oss nel teatro nordafricano (Algeri); Whitney H. Shepardson, direttore del Si (Washington); Earl Brennan, capo del settore italiano del Si (Washington), class.: segreto.

[24] Cfr. Nara, Rg. 226, s. 108, b. 113, f. j-201, Titolo: *Colloquio con Andrea Finocchiaro Aprile* (25 aprile 1944), class.: segreto

[25] Cfr. Nara., cit., Rg. 226, s. 97, b. 19, f. 331, Titolo: *I mafiosi* (18 luglio 1943). Mittente: sezione sperimentale G - 3. Destinatari: colonnello Sharp (Jica); capitano Major (Jica). Class.: segreto.

[26] Cfr. Nara., Rg. 226, s. 108, b. 117, f. j-353, Titolo: *Estratti dal rapporto mensile del Sim, settore per il controspionaggio in Sicilia e in Calabria* (9 dicembre 1944). Fonti: Sicana e Turtle, class.: segreto. Leggiamo: "Alcuni ex fascisti sono entrati nel Cln (una diversa forma di dittatura); altri si sono unificati nella speranza di costituire un movimento rivoluzionario fascista. I partiti monarchici si stanno organizzando nelle regioni dell'interno e nei grandi centri rurali. Vi prendono parte gruppi di intellettuali, professionisti, proprietari terrieri e altri che vedono nella monarchia sabauda la loro salvezza politica. [...] Alcuni fascisti repubblicani, ex membri del partito fascista di Catania, vengono indagati in questi giorni. Si sospetta che forniscano informazioni ad una organizzazione nemica con succursali a Palermo, Bari, Napoli, Roma e Firenze."

[27] Cfr. Nara, Rg. 226, s. 108, b. 150, f. jp-1300.

[28] Cfr. Nara, Rg. 226, s. 108, b. 149, f. jp-875.

[29] Valgano le seguenti citazioni: "Prima di partire per la Sicilia, dove di

recente è stato nominato arcivescovo di Palermo, monsignor Ernesto Ruffini ha ricevuto dal Papa le seguenti direttive: [...] la ricostruzione e la futura prosperità dell'Italia sono decisamente basate su una politica di destra, che salverà il paese da ogni avventura rivoluzionaria o sovversiva [...] [...] monsignor Ruffini dovrà sforzarsi di assicurare i siciliani che la Santa Sede segue con estremo interesse tutti problemi dell'isola. Se la Dc si schierasse ufficialmente per la repubblica, perderebbe più dell'ottanta per cento dei suoi militanti nell'Italia meridionale e in Sicilia." "[...] È in aumento la reazione di molti partiti contro il Cln, specialmente contro i partiti di sinistra. Il Cln è in minoranza. L'ottanta per cento dei liberali e il settanta per cento dei democristiani hanno abbandonato il Cln. Possiamo quindi affermare che il Cln ha virtualmente smesso di ricoprire un ruolo attivo nella vita politica siciliana. Numerosi agenti della polizia militare americana sono arrivati in Sicilia per limitare la libertà di azione dei sovversivi. La Dc e i liberali sono ormai pronti a rompere i rapporti con il Cln per unirsi ai movimenti reazionari." Cfr. Nara, Rg. 226, s. 174, b. 1, f. 1, 22 ottobre 1945, segretissimo. Cfr. sullo stesso argomento *ibidem*, s. 174, b. 1, f. 2, 27 novembre 1945, segretissimo. Leggiamo ancora: "A nome degli angloamericani, Stone ha ringraziato il Papa per la cooperazione ricevuta dalla Santa Sede, dai vescovi, dal clero e dai cattolici siciliani nel miglioramento delle condizioni dell'isola e nella promozione dell'unità con l'Italia; soprattutto, per l'aiuto dimostrato nella lotta al comunismo e ai gruppi della sinistra, formazioni che, a causa dei loro legami con l'Unione Sovietica, hanno tentato di creare una situazione pericolosa per l'isola."

[30] Cfr. Nara, cit., W.H. Shepardson ad Earl Brennan, Rg. 226, s. 108B, b. 57, f. 473, Class: segreto.

[31] Cfr. Nara, cit., Scamporino a Brennan, Rg. 226, s. 108B, b. 56, f. 469, Titolo: *Varie* (2 ottobre 1944). Mittente: Vincent Scamporino, capo del settore italiano del Si. Destinatari: direttore dell'Oss (Washington); Earl Brennan, capo del settore italiano del Si (Washington), class.: segreto. "[...] In riferimento alla Sua lettera n. 173 (1), i nomi in codice (che riporto di seguito) riflettono alcune caratteristiche degli elementi con cui trattiamo e che vengono utilizzati dall'ufficio di Palermo. In un altro allegato, Le forniremo i nomi delle fonti e una breve descrizione di ognuno, secondo il seguente ordine: a) Scarface (lo sfregiato); b) Steelman (l'uomo d'acciaio); c) The Senator; d) John Hancock; e) La Pipistrella; f) Marco Polo; g) Mourner (l'uomo in lutto). [...]." Un'integrazione dell'elenco si riferisce ai seguenti nomi in codice: 1) Detroit; 2) Primo; 3) Dearwon; 4) Daddy; 5) Turtle; 6) Fox; 7) Arex; 8) Bullfrog; 9) Pope; 10) Cassidy; 11) Goldust Twins; 12) St. Anthony & Madame La Farce. Cfr. Nara, cit., Scamporino a Shepardson, Rg. 226, s. 108B, b. 43, f. j-009-10.

[32] Cfr. Filippo Gaja, *L'esercito della lupara,* Milano, Area 1962, p. 82

[33] Cfr. N. Gentile, *Vita di capomafia,* Roma, Editori Riuniti, 1963, p. 163.

[34] Cfr. G. Maxwell, *Dagli amici mi guardi Iddio,* Milano, Feltrinelli 1957, p. 65.

[35] Cfr. G. Casarrubea, *Placido Rizzotto e la mafia corleonese,* in *Segno,* n. 151, gennaio 1994; e Id., *Alle origini della mafia di Stato,* ivi, nn. 153-154, marzo-aprile 1994.

[36] Cfr. F. Lucifero, *L'ultimo Re,* cit., p. 12, 26 febbraio 1944. Scriveva anche: "A colazione all'Albergo Impero ho conosciuto ieri sera l'onorevole Guarino Amella, che ci parla della Sicilia e delle gravi condizioni dell'ordine pubblico. Non c'è più sicurezza: il brigantaggio infesta campagne e paesi. I carabinieri sono complici e bisognerebbe cambiarli tutti, dal comandante della Legione in poi."

[37] Cfr. *ibidem*, Roma, 24 ottobre 1944, p. 173.

[38] Cfr. H. Woller, *I conti con il fascismo. L'epurazione in Italia 1943-1948*, Bologna, Il Mulino, 1997, p. 483

[39] Cfr. Nara, Rg. 226, serie 108A, b. 258, f. jzx-2080. L'agente scriveva: "I Mezzi di Sabotaggio utilizzano esplosivi convenzionali. L'addestramento del personale per guidare questi mezzi è di fondamentale importanza. I suoi appartenenti sono nuotatori, sommozzatori e paracadutisti."

[40] Cfr. *Valerio Borghese ci serviva*, in *Epoca*, 11 febbraio 1976, pp. 26-27. "Intorno al febbraio 1945 l'Oss venne a sapere da fonti molto attendibili che il governo nazista stava mettendo a punto un piano che prevedeva la creazione di un'ultima isola di resistenza in Austria, dopo la completa distruzione dell'Italia del Nord da parte delle truppe in ritirata. Questa politica della 'terra bruciata', che sarebbe costata all'Italia tutti i suoi porti, le sue fabbriche e le sue vie di comunicazione, aveva come obiettivo di creare una 'situazione rivoluzionaria' che avrebbe potuto sfociare in uno scontro tra i sovietici e gli alleati occidentali, da cui Hitler sperava di trarre profitto."

[41] Cfr. Nara, Rg. 226, s. 108A, b. 254, f. *J.V Borghese*: "Il soggetto ha dato l'impressione di voler cooperare – scrive Rocca – e, nel corso dell'interrogatorio, ha insistito sui precisi obiettivi della rete clandestina postbellica della Decima Mas."

[42] Cfr. Nara, Rg. 226, s. 108A, b. 253, f. jzx-1100.

[43] Cfr. Nara, Rg. 226, s. 108A, b. 259, f. jzx-5180. Oggetto del rapporto: *Fughe dal campo di prigionia "U" di Ancona.*

[44] Cfr. Nara, Rg. 226, s. 108A, b. 272, f. jzx-7740. *Movimento neofascista* (10 aprile 1946). "Sostiene che i comunisti, e quindi la Russia, stanno guadagnando il controllo dell'Italia. I neofascisti sono un forte bastione contro il comunismo e dovrebbe essere loro permesso di rientrare nella vita politica italiana, per continuare a dare un contributo alla sconfitta del comunismo. Gli Stati Uniti hanno commesso gravi errori sull'Italia. Gli Stati Uniti non desiderano certo che il bolscevismo prenda piede in Italia: dovrebbero quindi aprire negoziati con i neofascisti per sostenerli. In cambio, grazie ai neofascisti (che sono fortemente organizzati e contano migliaia di militanti) gli Stati Uniti sarebbero così in grado di controllare appieno la situazione politica italiana."

[45] Cfr. *ibidem*. Più avanti leggiamo: "Alla fine di febbraio, il centro neofascista di Roma ha preparato un rapporto intitolato 'Gli Stati Uniti e l'Italia', che è stato recapitato al Papa. In sintesi, il rapporto sostiene che: è d'interesse degli Stati Uniti che l'Italia torni ad essere una nazione forte; un'Italia forte diverrebbe una fonte di investimenti economici per gli Stati Uniti; l'Italia può diventare una base mediterranea per gli Stati Uniti in lotta contro l'Inghilterra e la Russia.' 'Se gli Stati Uniti abbandonano l'Italia, il popolo italiano si rivolterà contro gli americani per essere stato prima scon-

fitto e poi abbandonato. L'Italia diverrà un focolaio di infezione sociale per l'Europa e il mondo. Se l'Italia diventa comunista, ciò porterà alla nascita di una repubblica sovietica nel bacino mediterraneo.'" "Il 4 aprile la fonte [Buttazzoni] ci ha fatto pervenire un dattiloscritto intitolato *Sommario della situazione generale al 1 aprile 1946*. La fonte afferma di essere in contatto con Valerio Borghese, della Decima Mas attualmente internato a Procida, e con altri esponenti della Decima Mas detenuti nel medesimo carcere. Il rapporto è stato da lui compilato dopo uno scambio di opinioni con i suddetti. I punti principali possono essere sintetizzati nel modo seguente:

– Attualmente, vi sono due potenze in lotta per la supremazia mondiale: gli Stati Uniti d'America e l'Unione Sovietica.

– Guidati da Mosca, i comunisti sono divenuti i padroni dell'Italia.

– La questione monarchica è stata creata artificialmente dai comunisti, dal momento che una monarchia non può diventare parte dell'Unione Sovietica.

– Anche se la monarchia vincesse il referendum, i comunisti proclamerebbero la vittoria della repubblica. In un secondo momento, questa entrerebbe a far parte dell'Unione Sovietica. Può scoppiare una guerra civile."

[46] Cfr. Nara, Rg. 226, s. 108A, b. 259, f. jzx-5180 e b. 261, f. jrx-5540. Ora in N. Tranfaglia, *Come nasce la Repubblica*, cit., pp. 61-67.

[47] Cfr. Nara, Rg. 226, s. 174, b. 126, f. 952 memo.

[48] Cfr. Nara, Rg. 226, s. 108A, b. 260, f. jzx-5403 memo.

[49] Cfr. Nara, Rg. 226, s. 108A, b. 254, f. jzx-1300, *top secret*, 19 maggio 1945.

[50] Cfr. Nara, Rg. 226, s. 108A, b. 270, f. jzx-7580.

[51] Cfr. Nara, Rg. 226, s. 108A, b. 232, f. jrx-3880.

[52] Cfr. Nara, Rg. 226, s. 108A, b. 267, f. jzx-6380. "Molti elementi, giovani esaltati o ex gerarchi che lottano per sopravvivere, dispongono ovunque di denaro e di armi. A Milano e a Roma dispongono di aderenze ed appoggi. Sacerdoti li aiutano per carità cristiana o per evitare che affluiscano al comunismo. Un periodico bolognese, *Cronache*, fa rivelazioni piuttosto precise sulla efficienza del movimento, ne indica i capi (Romualdi, Galbiati, Scorza), le formazioni (gruppi 'giovanisti', Squadre Azione Mussolini (Sam), Gruppi Azione Mussolini (Gam), gruppi segreti del 'Lupo' e della 'Decima'. Le notizie di *Cronache* del 9.11.46 corrispondono in tutto a notizie avute da due fonti confidenziali molto attendibili."

[53] Cfr. Nara, Rg. 226, s. 108A, b. 272, f. jzx-7740.

[54] Cfr. *ibidem*.

[55] Cfr. Nara, Rg. 226 archivio informatizzato della Cia (doc. databile alla fine del '47).

[56] Cfr. Nara, Rg. 226, s. 108A, b. 268, f. jzx-6620, datato 18 marzo 1946 e intitolato *Rapporto sulle attività della sezione italiana dell'Ssu nei mesi di novembre e dicembre 1945 e gennaio 1946*, paragrafo 33.

[57] Cfr. Nara, Rg. 226, s. 108, b. 122, f. J-850, *Rapporto del Vaticano* – Mittente Vincent Scamporino a W. Shepardson; R. Brennan. Fonti: Portius e Torre. Leggiamo: "Divisa dai nazionalismi e dalle rivalità, l'Europa verrà

abbandonata alla mercé della Russia, che potrebbe unificare un continente esausto e in rovina sotto la bandiera totalitaria e imperialista di Mosca. La Santa Sede potrebbe fornire tutto il suo supporto morale e spirituale agli Stati Uniti, se questi promuovessero l'unione delle piccole e medie potenze in un unico blocco per resistere alla penetrazione sovietica."

[58] Cfr. anche Acs, ministero dell'Interno, Direz. Gen. PS, b. 1, 10 ottobre 1945, oggetto: *Fascisti già operanti al Nord da ricercare*.

[59] Cfr. Acs, Sis, f. LP 155, b. 46, oggetto: *Fronte internazionale antibolscevico*, nota del 9 luglio 1947 e ivi, *Fronte internazionale antibolscevico, sezione italiana*, nota di Marco Romani del Direttorio Nazionale, 6 agosto 1947.

[60] Cfr. Acs, Sis, f. LP 155, b. 46, nota del 2 ottobre 1947.

[61] Cfr. Acs, Sis, f. LP 155, b. 46, nota del 30 agosto 1947.

[62] Cfr. *ibidem*, nota datata Roma, 15 luglio 1947.

[63] Cfr. *ibidem*, nota datata Roma, 8 luglio 1947.

[64] Cfr. Acs, f. LP 155, b. 46, *Fronte internazionale antibolscevico*, 25 giugno 1947.

[65] Cfr. *ibidem*, LP 138, b. 46, *Esercito clandestino anticomunista*. "Gli uomini dell'Eca – si legge in un documento redatto probabilmente da un informatore anonimo – sono soldati, combattenti e reduci di tutte le guerre, pronti a riprendere le armi per riportare l'ordine e la disciplina. L'Eca è diretto da un comandante generale, da un esecutivo provvisorio e da un comando generale. Quali organismi consultivi ha il consiglio di guerra, il consiglio politico e la commissione economica. L'Eca è presente in tutta Italia con i suoi comandi regionali e provinciali e continua nel suo lavoro organizzativo estendendo giornalmente il suo fronte. A tutt'oggi conta oltre ottantamila militanti. Ogni centro Eca dispone di particolari squadre di pronto impiego e di attivisti informatori e sabotatori. [...] L'Eca è presente dovunque, da Torino a Udine, da Trieste a Palermo e Cagliari. È particolarmente organizzato a Roma, ove dispone di quattromila uomini."

[66] Cfr. *ibidem*, appunti vistati dal capo della Polizia, 26 settembre 1947 e 2 luglio 1947. Altre sigle che incontriamo sono l'*Una* (Unione nazionale anticomunista), il *Movimento italo-americano* (appoggiava gli ex gerarchi fascisti), *ibidem*, Acs, LP 66, b. 45, 10 ottobre 1946. Vi erano poi i gruppi universitari fascisti (Guf). A parte – ma non secondariamente – andavano considerate le organizzazioni volte all'espatrio degli ex gerarchi nazisti dall'Europa, molti dei quali prenderanno la via del Sudamerica. Tra costoro Fortunato Polvani, Bormann, Gradenigo e Mengele. Si tratta dell'"Operazione Conventi", secondo Gianni Cipriani messa in atto dal 1945 dall'Oss e dal Vaticano.

[67] Cfr. Acs, Sis, f. LP 40, b. 44, *Arditi*, appunto 11 ottobre 1947.

[68] Cfr. Acs, Sis, f. LP 113, b. 45, *Unione patriottica anticomunista*, informativa del 1° giugno 1947. L'informatore scriveva: "I Carabinieri stanno accantonando le armi per l'Upa che ha messo da oggi le sue forze in stato di preallarme. Pare che i Carabinieri insistano nel tentativo di un colpo di mano a loro esclusivo beneficio servendosi delle sole forze dell'Upa nella quasi totalità monarchica, con la promessa dell'immediato ritorno del re. Hanno, fra l'altro, fatto presente che per la sicurezza del Paese, il mantenimento dell'ordine verrebbe affidato esclusivamente all'Arma."

[69] Cfr. *ibidem*, *Pro-memoria*, del 7 giugno 1946.

[70] Cfr. Nara, Rg. 226, s. 108, b. 232, f. jrx-3880. *Sommario sulla sicurezza n. 26*, 5 luglio 1946, Redattori: capitani C. Forgione e P. Corso – Destinazione: Rome, Area Allied Command, p. 2, parag. C.: "La Questura ha scoperto e sgominato una nuova branca del movimento neofascista. È stato provato che un'organizzazione nota come 'Gli Arditi' (truppe d'assalto o commandos), che cercava di farsi passare come una organizzazione di mutua assistenza per veterani, era in realtà l'ennesimo gruppo fascista. Per mascherarsi, gli 'Arditi' si erano affiliati all'"Associazione Nazionale Combattenti e 'Reduci', un'organizzazione di veterani legalmente riconosciuta. Tra gli 'Arditi' arrestati all'inizio del mese, 29 sono stati accusati di organizzazione sovversiva. […] Prima delle elezioni del 2 giugno venivano appoggiati dal 'Partito Monarchico Democratico' (un partito minoritario nell'area monarchica). Attraverso il Pmd, gli 'Arditi' cercavano di collaborare con la monarchia. In caso di vittoria, avrebbero puntato ad ottenere riconoscimenti e posizioni di potere. Intendevano organizzare un movimento clandestino armato composto da bande tra loro indipendenti. Al momento opportuno, si sarebbe formata una divisione militare illegale e clandestina. Il loro quartier generale era situato a Napoli. Vi sono prove che Carlo Scorza, ex segretario del partito fascista repubblicano, era affiliato agli 'Arditi' e che in tempi recenti aveva visitato Napoli per passare in rassegna il movimento. Due degli arrestati erano candidati alle elezioni per la Costituente nelle liste del 'Movimento dell'Uomo Qualunque' e del 'Blocco della Libertà'."

[71] Cfr. Daniele Lembo, *I Servizi segreti di Salò*, cit., p. 146.

[72] Cfr. *ibidem*.

[73] Cfr. Nara, Rg. 226, s. 174, b. 36, f. 253, Titolo: *Retata del movimento clandestino della Decima Mas a Bologna e a Modena, Data*: 16 giugno 1945, class.: segreto, Redattore: tenente colonnello Stephen Spingarn (Cic).

[74] Cfr. *ibidem*

[75] Cfr. N. Tranfaglia, *Come nasce la Repubblica*, cit., pp. 113-115.

[76] Cfr. Nara, Rg. 226, s. 174, b. 36, f. 25.

[77] Cfr. Nara, Rg. 226, s. 108, b. 156, f. jr-2200, *Preoccupazioni del papa a proposito del ritiro delle truppe alleate*, Data: 6 luglio 1945. class.: segreto – Fonti: "Z", Harte, Anchor. Circa le paure del Vaticano: "Il papa è preoccupato del fatto che le truppe alleate possano essere ritirate dall'Italia troppo rapidamente. Pacelli ha l'impressione che vi sia il pericolo concreto di una presa violenta del potere, nel caso le forze alleate vengano rimosse prima che la situazione italiana non si sia stabilizzata del tutto. Il Papa teme che gli Alleati perdano i frutti della loro vittoria militare."

[78] Cfr. Nara, Rg. 226, s. 108A, b. 232, f. jrx-3880, *Sommario sulla sicurezza n. 25*, data: 5 luglio 194, class.: segreto. Destinatario: Rome - Area Allied Command. Redattori: Forgione e Corso, pag. 10, paragrafo: *Notizie dal Vaticano*. In un altro documento leggiamo: "Pio XII ha compreso la necessità di difendere la Chiesa, impegnata in una dura e lunga lotta contro il bolscevismo, distruttore dei valori cristiani dell'umanità, e contro lo scetticismo spirituale e il materialismo, retaggi della guerra". Cfr.

anche Nara, Rg 226, s. 108A, b. 272, f. jzx-7740. *Rapporto sulla situazione del marzo 1946*, class.: segreto, Redattore: Battaglione 808 di controspionaggio del Regio Esercito Italiano. Nel primo documento citato leggiamo: "Mercoledì 19 giugno, il papa ha ricevuto in udienza privata monsignor Primo Principi e monsignor Giulio Guidotti, esperti finanziari della Santa Sede. Il tema della riunione era il pericolo che potrebbe gravare sulle proprietà indirette della Chiesa in Italia, nel caso la neonata repubblica applicasse i programmi finanziari redatti dal Pci e nel caso il ministro delle finanze del nuovo governo fosse un comunista. Al contrario delle proprietà dirette, in Italia le proprietà indirette non godono di speciali prerogative: verrebbero considerate proprietà comuni e soggette alle leggi finanziarie che regolano la proprietà privata, secondo le misure prese dal governo. Il papa ha chiesto ai due monsignori una lista di tali proprietà e un rapporto dettagliato al riguardo. Verranno così prese le necessarie misure. In precedenza, il 1° giugno, il papa aveva invitato tutti i cristiani a votare per la forma di governo che faccia propri i principi ideali della civiltà cristiana. Ha evitato di menzionare partiti politici o istituzioni governative, ma il suo discorso era costruito in modo tale da sostenere il partito democristiano e la monarchia."

[79] Cfr. Nara, Rg. 226, s. 108A, b. 257, f. jzx-1860. Titolo: *Operazione clandestina del Sis nell'Italia settentrionale*, Data: 3 agosto 1945, class.: segreto – Fonte: maggiore Francesco Putzolu – Destinazione: Oss Washington. Sugli incontri segreti di Giorgio Zanardi e Francesco Putzolu con Borghese, cfr. N. Tranfaglia, *Come nasce la Repubblica*, cit., pp. 3-88.

[80] Cfr. *ibidem,* punti 15 e 16. "Mi decisi ad avvicinare Borghese, soprattutto da quando avevo saputo da un alto dirigente del governo che il comandante e la Decima Mas non erano ben visti dai fascisti del Garda. [...] Verso la fine di gennaio del 1945 riuscii ad ottenere un incontro. Fu abbastanza imbarazzante: non volevo rivelare le mie opinioni prima di conoscere le sue e, al contempo, desideravo che lui svelasse le sue intenzioni. Borghese dichiarò di non essere un fascista: anzi, di essere visto con diffidenza dai gerarchi fascisti. Mussolini lo aveva informato che vi era un dossier contro di lui: lo accusavano di tramare la costruzione di un esercito autonomo per opporsi alle forze repubblicane. Borghese replicò che la Decima Mas era apolitica e che il suo obiettivo era solo quello di preservare l'onore dell'Esercito italiano. La Decima sarebbe stata fedele all'alleato germanico finché questo non avesse agito apertamente contro gli interessi italiani. Disse poi di aver combattuto i partigiani solo quando questi attaccavano le unità della Decima. Al momento, aveva impartito ordini di non entrare in conflitto con loro. Già varie volte aveva avuto colloqui con alcuni capi partigiani nel corso di scambi di prigionieri, ma non era mai riuscito a raggiungere nessun tipo di accordo. Borghese era convinto che io fossi un partigiano, nel qual caso avrebbe apprezzato che io tornassi sulle montagne per combatterlo apertamente."

[81] Cfr. *ibidem*, punto 19.

[82] Cfr. *ibidem*, punto 20. "Borghese ha sostenuto di essere d'accordo con Roma sulla salvaguardia delle proprietà della Marina nell'Italia settentrionale e di aver già incontrato due agenti di Roma, dicendo loro che si doveva ap-

prezzare il fatto che agiva nell'interesse della nazione. Ha poi aggiunto che mi avrebbe procurato una radio ricetrasmittente per comunicare con il Sis, a Roma e che io dovevo rimanere personalmente in contatto con lui."

[83] Cfr. *ibidem*, punto 21.

[84] Cfr. *ibidem*, punto 34. "Alle ore 14.00 (del 24 aprile) lasciai piazza Fiume [a Milano, N.d.A.] e mi recai ad incontrare i due messaggeri che il Clnai mi aveva promesso. In via Poma trovai un numero considerevole di partigiani che si erano già radunati nell'edificio del comando di polizia. Subito dopo arrivò il secondo battaglione (brigata "Franco") della divisione partigiana "Ticino". Il capo partigiano Puleo mi chiese allora di rimanere con lui per organizzare le squadre armate. La zona infatti era vicina ad alcune barricate tedesche e si erano già verificate alcune sparatorie."

[85] Cfr. *ibidem*. Racconta Putzolu "[...] Il 1° maggio sono stato invitato a comparire dinanzi al capitano Titolo, della Marina statunitense, in via Telesio, 8. Titolo era informato sulla mia missione (che apprezzava) e mi ha chiesto informazioni su Borghese. Mi fece capire che era desiderio della Marina americana mettere Borghese al sicuro per evitare future rappresaglie violente. Io replicai di non sapere dove fosse Borghese, il che era vero."

[86] Cfr. Pino Romualdi, *Fascismo repubblicano*, Milano, Sugarco edizioni, 1992, p. 127.

[87] Cfr. Nara, Rg. 226, s. 174, b. 117, f. 892.

[88] Cfr. *ibidem*.

[89] Cfr. ACS, Sis, b. 29, f. HP8, nota datata Roma, 10 aprile 1945.

[90] Cfr. Nara, Rg. 226, s. 174, b. 137, f. 1032.

[91] Cfr. Nara, Rg. 226, s. 174, b. 137, f. 1031. Titolo: *La strategia del Pci nel prossimo futuro*, Data: 16 aprile 1947, class.: confidenziale. "L'obiettivo [del Pci, N.d.A.] è quello di forzare le dimissioni del governo in carica per formare un nuovo governo con un ministro dell'Interno comunista. Ciò è considerato fondamentale in vista delle elezioni [politiche, N.d.A.] che si terranno alla fine dei lavori dell'Assemblea costituente. Si ritiene che la resa dei conti avverrà tra la fine di maggio e l'inizio di giugno. [...] Come contromisura contro la violenza comunista, nella città di Napoli il Movimento sociale italiano (Msi) ha iniziato a distribuire armi automatiche tra i suoi militanti ed ha nominato un generale (la cui identità ci è ignota) al comando delle fazioni."

[92] Cfr. Acs, fondo Sis, b. 56, f. MP44, *Detenuti politici*.

[93] Tra i titolari del gabinetto figuravano Roberto Bonciani, identificato dopo per Gernardo Bordini, Legnano, 1912; Luigi Mengoni, Bianca Maffi, classe 1914, Wilma Natali, classe 1925. In Acs, Sis, b. 38, f. HP40, nota del questore di Milano, div. I, prot. 15/500 UP, 13 marzo 1947. La relazione relativa fu inviata l'11 agosto 1946 all'Fss (*Field security service*) e riguardava una organizzazione che dopo il settembre 1943, si era messa a fabbricare "penne stilografiche esplosive."

[94] Cfr. Acs, Sis, *Relazione* allegata dal questore di Milano all'Fss, 6 novembre 1946, b. 38, f. HP40.

[95] Di questo personaggio sappiamo solo che si accompagnava spesso al Del Massa e che, pertanto, doveva essere molto addentro ai giri di que-

sto gruppo neofascista dinamitardo. Si tratta, forse, di un doppio agente, o di un fascista pentito, quando le cose cominciarono a cambiare nel '46.

[96] Cfr. *ibidem*

[97] Cfr. Nara, Rg. 226, s. 174, b. 35, f. 245, *Organizzazione segreta fascista diretta da Puccio Pucci e Aniceto del Massa*, documento dei primi mesi del 1945; class: segreto (segue l'elenco completo dei membri dell'organizzazione. Essi sono divisi in 5 gruppi: "Segretari", "Capigruppo per l'Italia liberata", "Capigruppo antipartigiani", "Isolati per l'Italia liberata", "Isolati antipartigiani".

[98] Cfr. *ibidem*. "Barsi teneva tutto lo schedario e le relative cartelle personali dei 350 affiliati all'organizzazione. Il Del Massa impartiva gli ordini ai capi sabotatori, tra cui il capitano Materassi, tenente Danè, capitano Pilotto, tenente Tacin Omero, tenente Gobesi, tenente Destrini, e il fidanzato di sua figlia, Bartezzati Ugo. A loro volta i capigruppo impartivano gli ordini agli agenti delle loro squadre. Lo stipendio si aggirava dalle lire 10 000 alle lire 15 000, veniva prelevato dal Del Massa e consegnato ai soprannominati ufficiali per la distribuzione." "Il Del Massa era sempre fornito di assegni della Banca Nazionale del Lavoro per le somme di lire 500.000 e biglietti da mille con serie Z36 e F31."

[99] Cfr. Acs, Sis, b.56, f. MP 44, *Attività fascista nel Lazio*, appunto segnato 224-77668 del 24 giugno 1946.

[100] Cfr. Acs, Sis, b.38, f. HP40, *Penne stilografiche esplosive*.

[101] Cfr. Aldo Giannuli, *Salvatore Giuliano, un bandito fascista*, in *Libertaria*, ottobre-dicembre 2003, pp. 48 e sgg. Scrive Giannuli: "Gli episodi di 'guerra dietro le linee' del clandestinismo fascista ebbero carattere spontaneo solo in una prima fase, successivamente furono inquadrati all'interno di una struttura coordinata direttamente dai servizi segreti di Salò (in particolare della Gnr); questa struttura non finì il 25 aprile 1945, ma sopravvisse per diversi anni, intrecciandosi con la vicenda terroristica delle Squadre d'Azione Mussolini e del Partito fascista democratico prima e del Msi dopo; questa stessa struttura, già dalle ultime fasi della guerra prese contatti con gli americani riuscendo a stabilire, pochi mesi dopo, un rapporto di collaborazione in chiave anticomunista."

[102] Cfr. Nara, Rg. 226, s. 174, b. 115, f. 877, *Rapporto situazione al mese di gennaio 1945*, febbraio 1945, class. : segreto. Firmato: 808° battaglione per il controspionaggio (Roma).

[103] Cfr. Nara, Rg. 226, s. 174, b. 33, f. 234, *Capitano Aniceto Del Massa*, 14 agosto 1945, class.: segreto.

[104] Cfr. Acs, Sis, *Relazione*, b. 38, f. HP40, allegata alla nota del questore di Milano all'Fss.

[105] Cfr. Nara, Rg. 226, s. 174, b. 33, f. 234, *Capitano Aniceto Del Massa*, cit.

[106] Cfr. *ibidem*.

[107] Cfr. *ibidem*, Rg. 226, s. 74, b. 161, f. 1195, *Personalità italiane appartenenti alla rete spionistica del nemico (SM Regio Esercito)*, 1° luglio 1945, segreto. Nonostante queste valutazioni, troviamo la sua biografia nel sito web del ministero della Difesa www.marina.difesa.it/storia/movm/ che certamente sconosce le carte del Nara, ma non può ignorare l'appartenenza del David ai servizi segreti della Rsi.

[108] Cfr. Nara, Rg. 226, s. 174, b. 85, f. 713 *Il colonnello David e il suo gruppo,* 6 agosto 1945, class.: segreto.

[109] Cfr. A. Bertucci, *Guerra segreta oltre le linee*, Milano, Mursia, 1998, pp. 148-149.

[110] Cfr. C. Costa, *Servizio segreto. Le mie avventure in difesa della Patria oltre le linee nemiche,* prefazione di Bartolo Gallitto, Roma, Edizioni Settimo Sigillo, 1998.

[111] Cfr. V. Vasile, *Turiddu Giuliano*, Roma, Nuova iniziativa editoriale, 2005, p. 90 in particolare il saggio di A Giannuli, *Il clandestinismo fascista durante la guerra.*

[112] Cfr. Nara, Rg. 226, s. 174, b. 85, f. 713 *Il colonnello David e il suo gruppo,* 6 agosto 1945, class.: segreto.

[113] Cfr. Nara, Rg. 226, s. 121, b. 62, f. "Aurora", cablogramma n. 281, 26 aprile 1945, Mittente: Westwood, Destinatario: Firenze, class.: segreto. Un fascicolo sul gruppo 'Urri' si trova tra i documenti di Gladio, sul quale indaga anche il giudice Salvini.

[114] Cfr. Nara, Rg. 226, s. 174, b. 4, f. 41, *Elementi nemici recalcitranti*, 30 luglio 1945, class.: riservato. "[...] Il battaglione Np è stato costituito a San Bartolomeo (La Spezia) nel febbraio 1944, come corpo speciale delle unità dei paracadutisti e dei nuotatori. Sebbene composto da elementi del reggimento San Marco, operava in totale indipendenza. Gli Np erano al comando del capitano Nino Buttazzoni. [...] Nel febbraio 1944, Buttazzoni inviò un gruppo di circa 30 uomini, comandati dal sottotenente Ceccacci e dal sottotenente Regazzi, a Capena, perché si unissero al Trupp 257. [...] In maggio, mentre il battaglione si trovava ancora a Iesolo, due squadre al comando dei sottotenenti Kummel e Zanelli vennero addestrate per una missione di sabotaggio. Tali unità rimasero con il Trupp 257 fino alla loro cattura da parte alleata. [...]." *Battaglione Autonomo Nuotatori - Paracadutisti (Np).* Data: manca. Cfr. Nara, Rg. 226, s. 174, b. 10, fascicoli 88 e 89, class.: segretissimo.

[115] Cfr. Nara, Rg. 226, s. 210, b. 441, f. 5 (cablogramma, n° 752, Boston series).

[116] Cfr. Nara, Rg. 226, s. 174, b. 5, f. 48, *Note sul controspionaggio in Italia* n. 8, 12 aprile 1945, class.: segreto. Firmato: Arthur R. Blom, Cic.

[117] Cfr. Acs, Sis, f. LP71, b. 45, *Movimenti politici anticomunisti*, appunto della Direzione generale della Ps. Div. AGR, sez. Iª, Roma, 15 ottobre 1946.

[118] Cfr. Acs, XII/1, fasc. Ovra. *Elenco dei funzionari di Ps che hanno prestato servizio all'Ovra e che ora si trovano in territorio liberato. In servizio all'8 settembre 1943.* [...] Acs/Sis, b. 3, f. *Funzionari dell'Ovra: Martina Francesco*. Sul conto del funzionario la questura di Roma aveva già fornito dirette informazioni in risposta al foglio 333/1909 del 21.10.44. "Nell'ambito della Dg, il Martina – si legge – è noto come fascista fanatico, tanto che ostentava nel periodo dall'8 settembre 1943 al 5 giugno u.s., il distintivo di iscrizione al fascio repubblicano. [...]." Si tratta del "noto Martina, capo della banda Giuliani" di cui parla Giannuli nel saggio su *Libertaria* (cit., p. 56), a contatto con la Corbellini a Palermo nel 1947. Se le carte Oss non mentono, il Francesco Martina che accompagna Magi-

strelli e Giuseppe Console a Palermo (fine giugno 1944, poche settimane dopo la liberazione di Roma) è l'agente dell'Ovra di cui sopra. Il dato è interessante: Martina sarebbe così l'elemento neofascista di continuità nella banda Giuliano, tra il 1944 e il 1947.

[119] Cfr. Nara, cit., Rg. 226, s. 174, b. 71, f. 648, *Interrogatorio di Grauso Salvatore (agente dell'Ovra)*, Firmato: William W. Tyng, agente speciale (Cic), 18 luglio 1944, class.: segreto.

[120] Cfr. Nara, Rg. 226, s. 174, b. 117, f. 894.

[121] Cfr. Nara, Rg. 226, s. 174, b. 85, f. 715, *Centro informazioni politiche (Cip)*, 24 agosto 1945, class: segreto. Si procedette all'arresto del Finizio e di alcuni elementi alle dipendenze dello stesso, presto rimessi in libertà dal ministero dell'Interno. Il questore ausiliario passò a collaborare con le Ss germaniche, assumendo il grado di tenente colonnello delle Ss italiane. [...] Nel 1946 venne condannato a 30 anni di reclusione per "collaborazionismo con il nemico invasore."

[122] Cfr. Nara, Rg. 226, s. 174, b. 89, f. 738, *Gradenigo Gaio*, 30 luglio 1946, class.: segreto.

[123] Cfr. Nara, Rg. 226, s, 174, b. 119, f. 899, *Notizie relative all'organizzazione ed ai quadri di alcune squadre di polizia politica*, 25 agosto 1944, class.: segreto.

[124] Cfr. Nara, Rg. 226, s. 174, b. 109, f. 839, *Quinto Gruppo "Agostini" (Sd)*, 11 settembre 1944, class.: segreto.

[125] Cfr. Acs, Sis, b. 38, , f. HP59, Titolo: *Complotti ed attività contro i responsabili del Pci*, riservatissima, raccomandata, 27 luglio 1947, firmato: per il Capo della polizia. "È stato riferito che elementi, non ancora individuati, lavorerebbero intensamente in questi giorni nei confronti di elementi giuliani che sono abitudinari del dormitorio istituito presso i profughi e i reduci alla Stazione Termini di Roma, allo scopo di organizzare gruppi di uomini destinati ad azioni di piazza in Roma e nella Venezia Giulia, all'evidente scopo di aggravare con atti inconsulti (si parla anche con insistenza, di un attentato contro Tito) la situazione nazionale ed internazionale. L'iniziativa partirebbe dalle Sam (Squadre d'Azione Mussolini) già rappresentate a Roma dalla nota Selene Corbellini, in collaborazione col sedicente col. Paradisi detto anche Minelli."

[126] Cfr. N. Tranfaglia, *Come nasce la Repubblica*, cit., p. 206, nota 98, *Attività del bandito Giuliano in Sicilia*, punto 1 (paragrafo 3).

[127] Cfr. N. Tranfaglia, *Come nasce la Repubblica*, cit., p.424.

[128] Cfr. Nara, Rg. 226, s. 108, b. 154, f. jr-1300.

[129] Cfr. Acs, Sis, f. LP 71, b. 45, *Movimenti politici anticomunisti*, questura di Novara, 16 maggio 1947, *Denuncia a carico di Pierino Giacobbe ed altri, per tentata costituzione di bande armate allo scopo di agire contro il partito comunista e di suscitare la guerra civile*.

[130] Cfr. Falcone Lucifero, *L'ultimo Re*, cit., p. 329

[131] Cfr. Nara, Rg. 226, serie 108, busta 154, fascicolo jr-1300.

[132] Cfr. sito internet www.amicifolgore.com in data 26 novembre 2003.

[133] Cfr. Nara, Rg. 226, s. 108, b. 154, f. jr-1300, poi in N. Tranfaglia, *Come nasce la Repubblica*, cit., p. 72, nota n. 64. "Sospettiamo che il Mui

sia un movimento fascista molto diffuso tra gli studenti. Il suo quartier generale si trova presso la casa di Angelo Maccarone, un fascista convinto e proprietario di una sartoria in cui venivano confezionate uniformi del regime. I suoi aderenti utilizzano il linguaggio e i metodi tipici dei fascisti. Molti studenti che militavano nel movimento sono stati arrestati. Due di questi avevano anche tentato di attraversare il fiume Volturno per unirsi ai fascisti repubblicani."

[134] Cfr. D. Lembo, *Taranto: fate saltare quel ponte*, Ma.ro, Pavia, p. 101

[135] Cfr. G. Casarrubea, *Portella della Ginestra. Microstoria di una strage di Stato*, Milano, Franco Angeli 1997, p. 28.

[136] Cfr. "Italia tricolore per la III Repubblica", n. 1, 30 gennaio 1995. "Questi seppe radunare attorno a sé tutte le vibranti energie patriottiche presenti nel sud Italia. Il principe operò in un primo tempo in Calabria, da dove si trasferì in Campania al fine di realizzare un contatto tra i gruppi calabri e quelli partenopei. Nel capoluogo campano prese contatti anche con un gruppo di patrioti provenienti da Castellammare di Stabia, città che, tra l'altro, era stata obiettivo di una missione a carattere propagandistico ed informativo da parte di una pattuglia di Np".

[137] Cfr. G. Casarrubea, *Portella della Ginestra*, cit.

[138] Cfr. Nara, Rg. 226, s. 174, b. 26, f. 182 *Interrogatorio di Helmut Haeusgen*, class.: segretissimo, 28 giugno 1945

[139] Cfr. D. Lembo, *I servizi segreti di Salò*, cit., pp. 65-67.

[140] Cfr. Federazione nazionale combattenti repubblicani, *Statuto costitutivo*, allegato alla nota del questore di Roma, Saverio Polito, del 24 ottobre 1947 diretta al ministro dell'Interno, alla Direzione generale di Ps, alla Divisione del Sis, sez. 2ª, in Acs, Sis, b. 39, fasc. HP74 sul tema *Federazione nazionale combattenti repubblicani*. Sul "Partito fascista repubblicano", si può leggere un promemoria, al fasc. HP68.

[141] Cfr. Acs, Sis, b. 42. Rapporto del questore di Roma, Saverio Pòlito, al ministro dell'Interno, 24 ottobre 1947.

[142] Cfr. Acs, Sis, b. 39, f. HP68, Roma, 17 settembre 1947.

[143] Cfr. Raffaele La Serra, *Il battaglione guastatori alpini Valanga della Decima Mas*, Monfalcone, 2001, pp. 185-187.

[144] Cfr. Pci, *La verità sul bandito Giuliano*, Roma, supplemento al n. 24 del periodico *Propaganda*, 1949. Sul Luca si avevano le seguenti informazioni, consultabili nel supplemento sopra citato: "È un ex appartenente al Sim, quel Servizio informazioni militari che, ufficialmente disciolto all'indomani della sconfitta militare fascista, pur nondimeno ha continuato nell'ombra ad intessere le sue trame equivoche ed antinazionali. Strumento indispensabile della diplomazia segreta del fascismo, della monarchia e dello Stato Maggiore militare, esso ha sulla coscienza la preparazione di tutti gli intrighi internazionali che precedettero le guerre di aggressione fasciste alla Spagna, all'Albania, alla Grecia. Specializzatosi nel corso dell'ultima guerra nel doppio gioco a favore dei gruppi più reazionari anglosassoni, esso [il Sim, *N.d.A.*] ha messo oggi tutti i suoi più compromessi elementi al servizio dichiarato dell'imperialismo americano. [...] Se il governo della Dc ha creduto opportuno inviare in Sicilia quest'uomo, notoriamente legato attraverso il Sim agli agenti di Roatta, l'unica conclusione

possibile è che la Dc abbia anche in questo caso agito come rappresentante di interessi stranieri in Italia, di interessi antinazionali, della volontà americana di disporre di una porzione del nostro territorio nazionale completamente e senza doverne rendere conto a nessuno. [...]."

[145] Cfr. Nara, documento statunitense *Principali risultati ottenuti dalla sezione italiana del Si,* data: 12 gennaio 1945, ora in N. Tranfaglia, *Come nasce la Repubblica,* cit., p. 285, nota n. 64. "[...] Ugo Luca è un colonnello dei carabinieri. Ha anche lavorato per il ministero dell'Aeronautica ed è stato un agente speciale per Guariglia, l'ex ambasciatore italiano in Turchia. [...] Luca incontrò Guariglia in Turchia, dove era solito recarsi in missioni speciali per il Duce. Il colonnello convinse Mussolini di essere amico di Saracoglu, il ministro degli esteri turco, riuscendo così a farsi inviare in Turchia in qualità di osservatore e di agente speciale. Su ordini di Mussolini, Luca viaggiò in Turchia due mesi prima della caduta del fascismo [maggio 1943, *N.d.A.*]. Prima di partire, raccontò ad alcuni suoi amici che il Duce lo aveva ricevuto nel suo studio per dirgli le seguenti parole: 'Andrete in Turchia per cercare un accordo di pace con la Russia utilizzando i Vostri contatti con Saracoglu. Sia ben chiaro che non Vi sto affidando alcuna missione ufficiale. Se verrete scoperto, dovrete affermare di essere un avventuriero che agisce per conto proprio'. In conclusione, possiamo dire che il colonnello Luca è sempre stato molto vicino a Mussolini e al regime fascista."

[146] I due memoriali di Giuliano conosciuti sono riportati in G. Casarrubea, *Portella della Ginestra,* cit., appendice. Il memoriale del maggio '50, unitamente alla busta chiusa con sigilli di ceralacca, si trova in Archivio generale della Corte di Appello di Roma, (da ora Agca, Cav), cartella 6, vol. Z, n. 3. Risulta trasmesso in plico alla procura generale di Palermo con nota 614 del 28 luglio 1951, e descritto nel verbale di udienza del 30 luglio 1951, ff. 691 e sgg, vol. V.

[147] Cfr. *ibidem, Esame di testimone con giuramento,* teste Antonio Perenze, cartella 4, vol. V, n. 5, ff. 611 retro e 612.

[148] Cfr. A. Petacco, *Il superfascista. Vita e morte di Alessandro Pavolini,* Mondatori, 1998, p. 100.

[149] Cfr. Agca., cit., cartella n. 5. vol. V. n. 9, f. 1226. Di certo si sa che Mannino dichiarava di essere stato in corrispondenza con la giornalista dal 1948 e che le lettere relative si trovavano sequestrate al Cfrb (Comando forze repressione banditismo) di Palermo. Ma di queste non abbiamo traccia.

[150] Cfr. *Atti parlamentari, Camera dei deputati, seduta del 10 maggio 1951,* p. 27943.

[151] Cfr. *ibidem,* si tratta di una lettera scritta dalla giornalista all'onorevole Guadalupi, qualche giorno dopo il 5 luglio 1950.

[152] Cfr. E. Magrì, *Salvatore Giuliano,* Milano, Mondadori, 1987, pp. 158-161.

[153] Cfr. Agca, cit., II Corte d'Appello di Roma, *Sentenza* del 10 agosto 1956, cartella 8, vol. 3°, f. 632.

[154] Cfr. Acs, Sis, b. 38, f. HP59, Roma, 25 luglio 1947. Il Carlese (o Carlesi) fu denunciato per collaborazionismo e rimase detenuto dall'agosto 1945 al 22 giugno 1946, data dell'amnistia. L'Ozna era il servizio di in-

telligence iugoslavo ai tempi di Tito. La Corbelllini era nata a Piacenza il 27 luglio 1906. Ricercata da parecchie questure, era stata condannata dalla Corte di Assise straordinaria di Cremona a 8 anni e 4 mesi di reclusione per collaborazionismo avendo prestato servizio come confidente nell'U.p.i. della Gnr di quella città. Cfr. ivi, nota del questore Polito al ministro dell'interno, alla direz. gen. Di Ps e alla Div SIS, sezione II, 16 settembre 1947. A proposito della Corbellini: "A questo proposito, scriveva il sostituto del capo della polizia, circolerebbe tra i predetti abbondante denaro (si parla di veri e propri ingaggi a lire 10.000 l'uno), col quale, dopo abbondanti libazioni effettuate nei locali romani di via Vicenza, via Marghera, via Milazzo e via Marsala, giuliani e sloveni si abbandonerebbero ad aperta propaganda fascista, pronunciando frasi di sorda minaccia all'indirizzo dei partiti di sinistra e di quelli al governo. Sarebbe opportuno proporre l'intensificazione dei servizi di polizia nella zona e il trasferimento del dormitorio, da far sorvegliare anche per l'attività che vi svolgerebbe l'Ozna dal centro alla periferia. La Corbellini sarebbe reperibile a Milano negli ambienti politici frequentati dal comm. Adorato Carlese, via Generale Covoni, 24."

[155] Cfr. Nara, cit., Rg. 226, s. 108, b. 117, f. j-353 – *Rapporto sul mese di settembre 1944,* 5 ottobre 1944 (sezione del controspionaggio del Sim, Catania, Sicilia) Vincent J. Scamporino, al colonnello E. J. F. Glavin, comandante dell'Oss nel teatro nordafricano (Algeri); W.H. Shepardson, direttore del Si (Washington); Earl Brennan, capo della sezione italiana del Si (Washington), class.: segreto

[156] Cfr. Acs, Sis, b. 38, f. HP40, *Relazione allegata alla nota del questore di Milano all'Ufficio Fss,* 6 novembre 1946.

[157] Cfr. Nara, Rg. 226, s. 174, b. 33, f. 238 – *Interrogatorio di Francesco Dionisio, agente dello Sd,* 12 novembre 1944, class. segreto. Firmato: Robinson C. Bellin, capitano dell'aeronautica militare statunitense. [...] Paracadutisti italiani citati nell'interrogatorio: [...] Rossi, 22 anni. Altezza: 1 metro e 60 centimetri. Peso: 70 chilogrammi. Corporatura media, carnagione scura, volto ovale. Sabotatore della Decima Flottiglia Mas [nella lista, troviamo ancora una volta anche il nome di Giuseppe Sapienza, *N.d.A.*].

[158] "La Raam è una organizzazione anticomunista promonarchica ed è stata costituita all'interno delle forze armate italiane, al comando del maresciallo Messe. È formata da piccoli gruppi di sei o sette persone guidate da ufficiali dell'Esercito, della Marina o dei carabinieri. Si contano anche molti civili [...]. Si dice stiano preparando in segreto un'insurrezione armata con l'aiuto dei partiti politici che sostengono. I principali centri di attività di questi gruppi sono Roma, Milano, Napoli, Cesano, Aurelia e l'Alto Adige." Cfr. Nara, Rg. 226, s. 108A, b. 270, f. jzx-7000.

[159] Cfr. Nara, Rg. 226, s. 108A, b. 225, f. jrx-1320.

[160] Cfr. Acs/Sis, b. 41, f. *Attivita' eversive,* Palermo, 5 ottobre 1946.

[161] Cfr. Acs, P.S., H2 ('44-'47), b. 211, f. 146, R. Questura di Roma. Nota del 24 maggio 1947. *De Carolis Giuseppe. Rivelazioni circa un complotto organizzato da un movimento neofascista clandestino.* Si tratta di un ampio documento di 12 pagine a firma del questore Saverio Polito. Non

è superfluo, forse, far notare che Fra' Diavolo [Salvatore Ferreri, *N.d.A.*] comincia la sua carriera criminale con l'uccisione dell'autista Monticciolo, nel 1944, con lo scopo di impossessarsi della macchina di questi.

[162] Cfr. R. Campbell, *Operazione Lucky Luciano. La collaborazione segreta tra mafia e marina statunitense durante la seconda guerra mondiale*, Milano, Mondatori 1978, p. 13

[163] Cfr. Nara, Rg. 226, s. 108, b. 151, punto 1.

[164] Cfr. *ibidem*, punto 4.

[165] Cfr. *ibidem*.

[166] Cfr. P. Cucchiarelli, A. Giannuli, *Lo Stato parallelo*, cit., pp. 409-411; G. Casarrubea, *Portella della Ginestra. Microstoria di una strage di Stato,* cit., pp. 88-91 e *passim*. Cfr. ancora il *Promemoria della segreteria Regionale della Cgil alla Commissione d'Inchiesta sulla mafia*, Palermo, ottobre 1963, in Cpim, cit., vol. III, tomo I, pp. 195 e sgg; U. Santino, *Sicilia 102. Caduti nella lotta contro la mafia e per la democrazia dal 1893 al 1994,* Palermo, Centro siciliano di documentazione "Giuseppe Impastato" 1995, pp. 29-40. Per il dato sulla riunione interprovinciale della mafia, cfr. N. Tranfaglia, *Come nasce la Repubblica*, cit., note dello scrivente, in particolare quelle al capitolo *Gli alleati in Sicilia*, pp. 89 e sgg.

[167] Li Causi fu il primo a denunciare il fatto che Messana risultava incluso in un elenco di criminali di guerra di un paese straniero vicino all'Italia. Cfr. Discorso all'Assemblea Costituente, 15 luglio 1947, poi in *Girolamo Li Causi e la sua azione politica in Sicilia,* a cura di F. Grasso, Palermo, Edizioni Libri siciliani 1966, p. 145. Come meglio vedremo il giudizio di Li Causi sarà confermato dai documenti che abbiamo reperito presso il Nara.

[168] Cfr. Acs, Sis, b. 54, f. MP21, 19 agosto 1944.

[169] Cfr. *ibidem*, b. 23, f. *Carte da tenere agli atti*, senza data, ma probabilmente inizio del 1945. Si può ipotizzare che la nomina a ispettore generale di Ps in Sicilia del Messana, assolutamente incompatibile col clima dei governi Cln, sia il risultato di una operazione di "copertura" voluta dai servizi segreti italiani su disposizione di quelli statunitensi. Essa cioè rientrerebbe in una collocazione strategica per le finalità di breve e medio termine richieste dalla eccezionalità delle condizioni politiche e sociali della Sicilia esistenti già nel '44.

[170] Cfr. Acs, Sis, b. 40, f. *Criminali di guerra*. Oggetto: *Dott. Messana*, class.: segreto. Data: manca, probabilmente del 1945. Stralcio relazione n. 12: omissis. "Alla questura di Lubiana si eseguivano torture. Il tenente Scappafora dirigeva le operazioni di tortura, mentre il questore Messana esortava personalmente gli aguzzini ad infierire contro le vittime. [...] Messana era considerato uno dei maggiori carnefici."

[171] Cfr. Nara, Rg. 226, s. 210, b. 42, Titolo: *Connazionali Renato Carmine Senise e Adolfo Todini* (Regia Questura di Roma), 28 agosto 1944, class.: segreto. "Conduceva vita dispendiosa e galante, era dedito al gioco d'azzardo e pare vivesse di imbrogli e loschi commerci. Il Genovese, che in New York possedeva una azienda per il commercio della carta, si dice dovette allontanarsi dall'America dove lasciò moglie e figli perché implicato in grave reato di contrabbando. Con i capitali da lui portati in Italia, pare abbia finanziato per Lire 632 000 l'azienda elettrica società

anonima 'Carmine Russo' in Nola, avrebbe acquistato otto ettari di terreno nel nolano, nonché quattromila metri quadrati di suolo edificatorio in Napoli ed acquistato buoni del tesoro per circa Lire 800.000. Il Genovese, nel luglio 1943, fu rimpatriato da quest'Ufficio nel comune di Rocca Rainola (Napoli)."

[172] Iniziato nel 1945, il processo si concluse l'11 giugno 1946 con l'assoluzione di Genovese. Cfr. O. Demaris, *Lucky Luciano*, Derby (Connecticut), Monarch Books, 1961, pp. 135-137.

[173] Cfr. Dom Frasca, *King of Crime*, New York, Crown Publishers, 1959, p. 103.

[174] Nara, Rg. 226, s. 108A, b. 268, f. jzx-6620. Rapporto di Angleton, 18 marzo 1946.

[175] Cfr. *Portella della Ginestra 1947-1997: tra storia e memoria*, Palermo, Biblioteca comunale, 1997. La foto è a pag. 23. Erroneamente, Genovese è scambiato per Mike Stern.

[176] Cfr. allegato a Nara, Rg. 170, s. 71A - 3555, b. 2, f. 8, lettera di J. M. Balsamo al capo della polizia presso il ministero dell'Interno, 2 aprile 1947. Scrive il funzionario: "Ho avuto modo di conoscere le qualità e la serietà del sign. Lucania, il quale è cittadino italiano, tanto che il 19 dicembre 1946 egli fece da padrino al battesimo della mia bambina Maria Francesca e, poiché assente, si fece rappresentare per procura. Ho apprezzato nel Lucania la lealtà e la correttezza di tutti i suoi atti, specie durante tutto il tempo che egli trascorse in Italia, e sono perciò in grado di garantirlo nella sua condotta morale e civile."

[177] Cfr. *ibidem*. Sui rapporti tra Costello e Luciano cfr. Nara, Rg. 170, s. 71A-3555, b. 1, f. 3, 1951, *Memorandum for mr. H.J. Anslinger, commissioner of narcotics*, 5 febbraio 1951. Una scheda biografica, datata 12 gennaio 1947 ivi, nota di Henry Manfredi, agente speciale del Cid, *Salvatore Lucania, summary of information*.

[178] Cfr. N. Tranfaglia, *Come nasce la Repubblica*, cit., p. 209. Nel documento originale vi è un errore di battitura da parte del funzionario che lo compila: scrive 2 gennaio, anziché 2 maggio 1947.

[179] Titolo dell'articolo: *Seguite la Dodge rossa* a firma di Tommaso Besozzi.

[180] Cfr. articolo di A. Giannuli in *Libertaria*, cit.

[181] Cfr. *L'Europeo*, 18 maggio 1947, titolo: *La mafia condanna a morte il Pci*.

[182] Cfr. E. Magrì, *Salvatore Giuliano*, cit., p. 121.

[183] Cfr. Agca, cit., processo 13/50, cartella n. 1. vol. B, Legione Carabinieri Palermo, Gruppo Interno, 26.6.1947. All'Ispettorato generale di PS per la Sicilia - Palermo -Alla Procura della Repubblica del Tribunale di Palermo, con oggetto: *Azione terroristica contro le sedi dei partiti di sinistra di Partinico, Carini, Borgetto, S. Giuseppe Jato, Monreale e Cinisi*.

[184] Cfr. *ibidem*, Stazione dei Cc di Cinisi, rapporto giudiziario n. 36 del 26.6.47. Da un doc. Sis del 17 ottobre 1946, b. 60, f. *Roma, manifestazione in piazza Viminale*, apprendiamo che le forze di Ps italiane erano dotate di autocarri Dodge statunitensi.

[185] Cfr. Nara, *Drugs enforcement administration* (Dea), Stati Uniti, *In-*

terrogatorio della Guardia di Finanza (Roma), 5 maggio 1951, Rg. 170, s. 71A-3555, b. 1, f. 3, class.: segreto

[186] Cfr. *ibidem,* scheda biografica di Salvatore Lucania, primavera o estate del 1947, Rg. 170, s. 71A-3555, b. 1, f. 3, class.: segreto.

[187] Cfr. Nara, Rg. 170, s. 71A-3555, b. 1, f. 2.

[188] Cfr. F. Barone, *Una vita per Giuliano*, Genova, Immordino editore 1968, *passim.*

[189] Cfr. Nara, *Notizie varie riguardanti Salvatore Lucania, alias Lucky Luciano*, 16 agosto 1951, Rg., 170, s. 71A-3555, b. 1, f. 3, class.: segreto. Leggiamo infatti: "Pagando tangenti ad alcuni funzionari della polizia italiana, Luciano è riuscito ad assicurarsi l'immunità. [...] Forzato a tornare in Sicilia nel 1947, Luciano era solito pagare tangenti settimanali al commissario Guarino, capo della squadra mobile di Palermo. I pagamenti avvenivano all'hotel delle Palme. La mia fonte è stata testimone di alcuni di questi pagamenti. Inoltre, numerosi gangster siculo - americani erano soliti rivolgersi a Luciano perché 'aggiustasse' i loro arresti." Firmato: Joseph Amato, agente della squadra narcotici.

[190] Cfr. Nara, Dea, Rg. 170, s. 71A-3555, b. 1, f. 3 (1951), 12 gennaio 1947, class.: segreto.

[191] Cfr. *ibidem*, 18 aprile 1947, Rg. 170, s. 71A-3555, b. 2, f. 8, class.: segreto

[192] Cfr. *ibidem*, 19 giugno 1946, rapporto redatto dal Cic.

[193] Cfr. *ibidem*, Titolo: *Arrivo a Genova di Salvatore Lucania, alias Lucky Luciano,* 15 aprile 1947, Rg. 170, s. 71A-3555, b. 2, f. 8, confidenziale, nota diretta al segretario di Stato, Washington, firmata da Lester L. Schnare, console generale americano a Genova.

[194] Cfr. Nara, Rg. 170, s. 71A-3555, b. 2, f. 8, *Interrogatorio di Iole Inciardi,* 19 luglio 1949, class.: segreto.

[195] Nara, Rg. 170, s. 71A-3555, b. 1, f. 2, segreto, titolo: *Salvatore Lucania, alias Lucky Luciano, e contessa Maria Piscitelli Taeggi De Vito*, 1° luglio 1959. class.: segreto.

[196] Cfr. Nara, Rg. 226, s. 106, b. 67, f. 350, titolo: *Membri del Comitato Americano per la Democrazia Italiana* (senza data), class.: segreto.

[197] Cfr. ivi, Rg. 226, s. 106, b. 26, f. 113, titolo: *Conversazione con il sindacalista italiano Luigi Antonini* (Boston, 4 giugno 1944), class.: segreto. Rivolgendosi agli americani, Antonini, si chiedeva, ad esempio, come potessero fare a ignorare che Togliatti era tornato da Mosca, come portatore dei mandati di Stalin, e che si poteva preparare una nuova guerra se i comunisti avessero conquistato il potere. Aggiungeva poi le sue lamentele sulla debolezza della posizione di Sturzo, costretto a un lungo soggiorno in America.

[198] Cfr. Nara, Rg. 226, s. 210, b. 357, f. 1: Rapporto del 10 giugno 1946 dello *Strategic Services Unit,* War Department, Mission to Germany; oggetto: *Conference of Ssu Representatives, Heidelberg, 27-28 May 1946;* indirizzato a: Director only, Ssu, Washington Dc, Usa.

[199] Cfr. N. Buttazzoni, *Solo per la bandiera,* Milano, Mursia 2002, p. 125.

[200] Cfr. Acs, Sis, Lp 109, b. 45, nota su *Terrorismo ebraico* (1946/1947).

[201] Cfr. *ibidem*.

[202] Cfr. N. Tranfaglia, *Come nasce la Repubblica*, cit., *Il movimento neofascista*, p. 80.

[203] Cfr. N. Buttazzoni, *Solo per la bandiera*, cit., pag. 121-126.

[204] Cfr. Nara, cit., Rg. 226, s. 174, b. 30, f. 208, *Cavarra Loris, agente sabotatore della Decima Mas*, 24 maggio 1945, class.: segreto.

[205] Cfr. Nara, Rg. 226, s. 174, b. 138, f. 1034, *Cavarra Loris,* 21 gennaio 1946, class.: segreto. Firmato: maresciallo T. Nardovili e R. De Gaetano, ore 11.50. [...] Al comando stazione, San Giovanni: at fono odierno n. 17/32. "Comunicasi che fermo Cavarra Loris, già appartenente Decima Flottiglia Mas e successivamente evasione campo concentramento Terni, non interessa più comando polizia alleata. Pertanto pregasi trasmettere all'ufficio del Cic sito via Sicilia 59 soltanto copia dell'interrogatorio fatto al Cavarra." Firmato: maresciallo dei carabinieri Saverio Laccisaglia.

[206] Cfr. Falcone Lucifero, *L'ultimo re*, cit., p. 191, 8 novembre 1944. "Stamani assieme a Infante mi reco dal Principe. In anticamera Infante mi presenta l'avvocato Raoul Palermi, Gran Maestro della massoneria di non ricordo se Palazzo Giustiniani o piazza del Gesù. Un omino col collo affondato in un grande colletto inamidato e gli occhiali. Sa tante cose e soprattutto, da buon massone, conosce molte manovre di corridoio. Mi chiede informazioni sul Partito agrario italiano -che fa capo a un tal Ostuni Messineo – del quale mi interessai come ministro d'Agricoltura. Pare sia un poco di buono. Palermi mi dice risultargli che sia pagato dall'Oss."

[207] Cfr. Cav, *Sentenza*, cit., f. 210.

[208] Cfr. Cpim-Ai, *Testo delle dichiarazioni del generale dei carabinieri in congedo Giacinto Paolantonio,* 25. "Secondo me Giuliano, con l'uccisione di un certo numero di comunisti, di 'vili rossi', come lui si esprimeva, intendeva accaparrarsi benemerenze presso gli americani, che, per mezzo di elementi isolati, di giornalisti di quella nazione, desiderosi di scrivere sui loro giornali un 'buon pezzo' lo avevano avvicinato, lusingato, gli avevano fatto promesse. Giuliano sperava così di accaparrarsi benemerenze presso gli americani e che questi lo avrebbero poi aiutato con la sua banda ad espatriare e a trovare una buona sistemazione in America. Non è da escludere che qualche americano, non le autorità di quel paese, gli abbia promesso l'espatrio negli USA.", marzo 1969, allegato 6, p. 422.

[209] Cfr. Cpim-Pg, nota prot. 3235 del 4 giugno 1947 dell'Ispettore generale di Ps al capo della Polizia, doc. XXIII, n. 22, pubblicazione comunicata alle Presidenze il 26 gennaio 1999, p. 398. "Il Giuliano va in cerca di armi automatiche e a lui furono portati tredici dei quattordici mitra rubati, con la connivenza dell'aviere scelto Lo Dico Salvatore, dell'armeria dell'aeroporto di Boccadifalco (Palermo) oggetto della segnalazione del Comando dei carabinieri presso l'Aeronautica di Palermo in data 22 maggio scorso n° 136/1. Intanto, dalla medesima fonte fiduciaria, ho appreso che il Giuliano, in questi ultimi tempi, ha avuto frequenti contatti con emissari americani, i quali lo avrebbero incaricato di compiere delle aggressioni ai maggiori esponenti del Partito Comunista della Sicilia, principale tra essi l'on. Girolamo Li Causi."

[210] Cfr. P. Cucchiarelli e A. Giannuli, *Lo Stato parallelo*, cit., pp. 68 e 297.

[211] Cfr. Agca, cit., Cav, cartella 5, vol. V, n. 8, f. 1039. Il Ramirez era stato deputato regionale della Sicilia, e si era occupato, all'epoca del processo di Viterbo, dei rapporti tra il procuratore Pili e l'ufficio legislativo regionale. Chiestane la citazione dall'avv. Tino, per un suo discorso pronunciato all'Ars, nel settembre del 1951, la Corte ritenne prematura la proposta.

[212] Cfr. Cpim-Ai, cit., *Testo delle dichiarazioni dell'onorevole Giovanni Francesco Alliata,* 16 aprile 1970, allegato 14.

[213] Cfr. *ibidem.*

[214] Cfr. F. Lucifero, *L'ultimo re*, cit., pp. 329, 356-357.

[215] Cfr. Nara, Rg. 226, s. 108, b. 117, f. j-301, 15 febbraio 1944, da Vincent J. Scamporino a E.J.F. Glavin (Algeri); W.H. Shepardson; Earl Brennan, capo della sezione italiana del Si (Washington), class.: segreto. "Di famiglia siciliana, ha sempre vissuto a Roma in maniera dissipata. Molto noto negli ambienti mondani e cinematografici della capitale, era amico di Vittorio Mussolini e di Edda Ciano (di cui è stato amante). [...] Giocatore di professione e donnaiolo, non è chiaro come sia stato ingaggiato dall'esercito italiano (con il grado di sottotenente) nei ranghi del Sim. Sembra inoltre che sia stato Lanza a incontrare il generale americano incaricato di apporre gli ultimi ritocchi all'armistizio. [...] Un mese fa è stato arruolato dall'Oss, alle dipendenze del capitano Bourgoin."

[216] Cfr. *ibidem* (punto 6). In un rapporto del 26 luglio 1945, *Principe Raimondo Lanza,* leggiamo (punto 1): "Varie personalità italiane hanno fatto pressione sulle agenzie spionistiche alleate affinché il soggetto venga processato per le sue passate attività fasciste."

[217] Cfr. *ibidem* (punto 11): La fonte del rapporto è l'agente Oss JK-004, lo stesso che è in contatto con Verdiani all'indomani della Liberazione. Ma un altro documento è più preciso: "Il soggetto è un ex agente dell'Oss, inviato a Roma come membro della rete Bourgoin.[...] Il 19 aprile 1944 è stato fatto sbarcare in territorio nemico sulla costa adriatica. Ha poi agito come ufficiale di collegamento per l'Oss in Italia."

[218] Cfr. *ibidem.*

[219] Cfr. W. Colby, *La mia vita nella Cia*, Milano, Mursia 1981.

[220] Cfr. P. Cucchiarelli, A. Giannuli, *Lo Stato parallelo,* cit., p. 348. "L'Italia è sempre stata considerata un paese chiave della Cia. Dopo la II guerra mondiale gli Stati Uniti hanno finanziato la Dc e chiunque fosse disposto a collaborare con loro, attraverso molti canali e servendosi di chiunque.[...] La mafia, per sua natura anticomunista, è uno degli elementi su cui poggia la Cia per tenere sotto controllo l'Italia."

[221] Cfr. F. Gaja, *La CIA in Italia,* in *Maquis, mensile di informazione politica e militare internazionale,* n. 3, dicembre 1974.

[222] Cfr. P. Cucchiarelli, A. Giannuli, *Lo Stato parallelo,* cit., p. 36 e p. 89.

[223] Cfr. *ibidem,* pp. 36-37.

[224] Il nome di Alliata di Montereale (1921-1984) figura anche in un ampio rapporto del 1974 inviato da Giulio Andreotti al Tribunale di Roma nel quale venivano messi insieme la Rosa dei Venti, il golpe Borghese e altri tentativi all'interno delle forze armate. Oltre al coinvolgimento di personaggi del mondo industriale e finanziario, vi figura anche quello di

Pacciardi, e, dietro le quinte, quello di Licio Gelli. Come dichiarerà Attilio Lercari, responsabile della Rosa dei Venti, e uomo legato al gruppo Piaggio, il Sid e il comando dei carabinieri sarebbero stati al corrente dei piani eversivi. *Ibidem*, p. 297.

[225] Cfr. Nara, Rg. 226, s. 210, b. 432, f. 8. Data: 16 maggio 1946. class.: segreto. Redattore: Sezione di Propaganda del *Secret intelligence, Strategic Services Unit (Ssu),* Dipartimento della Guerra, Washington. Destinatari: tutti i capi area. "La propaganda occulta è uno dei più efficaci mezzi attraverso i quali un governo, un'organizzazione o un gruppo può esercitare segrete pressioni, che possono essere di natura politica, economica o militare (in patria o all'estero). Dal momento che non agisce alla luce del sole, la propaganda occulta viene frequentemente individuata quando ha già raggiunto i propri obiettivi, che possono essere: la fomentazione di sommosse, di azioni di resistenza o di rivolte, la provocazione di cambiamenti politici, le infiltrazioni in campo commerciale ed economico, l'indebolimento del morale di un popolo o di un esercito. L'esperienza ha dimostrato che la propaganda occulta è un'arma internazionale, sia in pace che in guerra. [...] L'applicazione dei più avanzati studi psicologici punta a manipolare l'opinione pubblica dei popoli senza che questi ne abbiano coscienza. La propaganda occulta permette inoltre di individuare le intenzioni di quei governi stranieri, movimenti politici o gruppi di pressione contrari agli interessi americani." Interessante, poi, il riferimento alla categoria dei "falsi incidenti": "Nella categoria dei falsi incidenti possiamo annoverare: (a) la provocazione di scontri; (b) la provocazione di controversie; (c) la fomentazione di violenze. [...] I falsi incidenti sono il pretesto più utilizzato per: (a) modificare l'atteggiamento dell'opinione pubblica; (b) provocare interventi ufficiali, militari e diplomatici; (c) aprire controversie internazionali o, addirittura, scatenare guerre. La provocazione di falsi incidenti è spesso preceduta da un periodo di preparazione. [...] Esempi: l'attentato alla ferrovia di Mukden nel 1931, fornì il pretesto ai giapponesi per l'invasione della Manciuria; il falso incidente di frontiera con l'Abissinia permise a Mussolini di conquistare quella nazione; l'incendio del Reichstag fu organizzato dai nazisti per abolire il parlamento tedesco."

[226] Cfr. N. Tranfaglia, *Come nasce la Repubblica*, cit., p. 347, nota 120.

[227] Cfr. P. Cucchiarelli, A. Giannuli, *Lo Stato parallelo*, cit., p. 316. "...Creare uno stato di tensione che favorisca o una reazione armata o l'instaurazione di un regime di destra, presidenzialista, o l'intervento dell'esercito dopo la discesa in piazza della sinistra, magari provocata con azioni violente. Dirà Fumagalli: 'Volevamo creare il caos in modo che poi sarebbero intervenuti i militari a rimettere ordine nel paese. Dopo di che sarebbe stata istituita una repubblica presidenziale, guidata da un uomo forte che loro avevano già individuato'. Nelle intercettazioni di Orlandini si cita, a tal proposito, Randolfo Pacciardi."

[228] Cfr. Delia Parrinello, *Cinquant'anni senza verità*, in *Famiglia Cristiana*, anno LXVII, n. 18, 30 aprile 1997, p. 65.

[229] Cfr. Giuseppe De Lutiis, *Il lato oscuro del potere. Associazioni politiche e strutture paramilitari segrete dal 1946 ad oggi*, Roma, Editori Riuniti 1996, pp. 5-8.

[230] Cfr. Carlo Ruta, *Il binomio Giuliano-Scelba. Un mistero della Repubblica?*, Soveria Mannelli, Rubbettino 1995, p. 32; e in G. Casarrubea, *Portella della Ginestra* cit. p. 88.

[231] Cfr. Nico Perrone, *De Gasperi e l'America*, cit., pp. 63-64.

[232] Cfr. Ernesto Ragionieri, *Novità istituzionali e chiusure politiche. La fine dell'unità antifascista*, in *Storia d'Italia, Dall'Unità a oggi*, Torino, Einaudi, 4***, pp. 2462-2463. "Essa aveva un significato generale implicito, ma abbastanza chiaro: da un lato costituiva la prima attuazione della strategia del *containment* nei confronti di ogni ulteriore espansione dell'influenza sovietica e, dall'altro, come immediato corollario, implicava una più rigorosa organizzazione politica ed economica della sfera di influenza americana." [...]. Così, l'Italia veniva sostanzialmente ad aggiungersi al novero degli Stati nei quali l'enorme pressione originata dalla 'guerra fredda' si imponeva al libero gioco delle forze endogene della società, in modo da favorire nell'immediato quelle che in nome della conservazione puntavano sulla divisione."

[233] Cfr. Nara, Rg. 226, s. 174, b. 88, f. 730, *Movimenti neofascisti,* rapporto segreto del 13 maggio 1946.

[234] Sulla banda Koch si può consultare il pregevole volume di Massimiliano Griner, *La banda Koch*, Torino, Bollati Boringhieri 2000.

[235] Cfr. G. De Lutiis, *Il lato oscuro del potere*, cit., p. 25. Scrive De Lutiis a proposito dell'Armata italiana della libertà (Ail), diretta dal colonnello Musco: "Sull'attività del Musco non esistono notizie certe; si sa solo che nell'ottobre del 1947 egli deposita presso l'ambasciata statunitense a Roma un promemoria riservato contenente l'elenco dei 'membri principali del comitato centrale' dell'Ail: sono 35 nomi, fra i quali figurano dieci generali e quattro ammiragli. Alcuni mesi prima, il reverendo Frank Gigliotti, alto dignitario della massoneria californiana e fiduciario dei servizi di controspionaggio statunitensi, aveva detto a Walter Dowling, membro della divisione affari europei del dipartimento di Stato: 'Ci sono in Italia 50 generali che si stanno organizzando per un colpo di Stato. Sono tutti anticomunisti e sono pronti a tutto' [...] Siamo nel periodo tra il 1947 e il 1948. Vedremo successivamente come in quegli stessi mesi, al ministero dell'Interno, Mario Scelba e il generale Pièche avevano predisposto una rete di prefetti 'ombra' regionali che, in caso di necessità, avrebbero destituito i prefetti legali assumendo tutti i poteri nelle rispettive regioni di competenza."

[236] Cfr. *ibidem*, p. 27

[237] Cfr. Acs, fondo Sis, b. 80, f. OP74, *Attività russa in Italia*. Leggiamo: "Tutti gli elementi comunisti attivisti [...] pensano tenacemente di creare il colpo di Stato in Spagna prima ancora di farlo in Italia. Dove invece mantengono viva agitazione fino al momento che verrà loro comandato di agire. Tra quelle sigle la più importante sarebbe stata la Nkvd, e cioè il Commissariato popolare per la difesa dello Stato, che aveva una sezione politica nella Gpu (Polizia segreta russa)."

[238] Cfr. N. Perrone, *De Gasperi e l'America*, cit., p. 74. La direttiva del Nsc è del 26 luglio 1947. A tale proposito, scrive il Perrone: "Quando si parla di mezzi per combattere il Pci, la direttiva del National Security

Council (Nsc) del 1947, riprodotta nella raccolta a stampa dei documenti diplomatici americani, reca una censura segnalata da alcuni puntini. Tuttavia una ricerca in un archivio periferico, mi ha consentito di reperire l'originale, integro, del documento fondamentale che tratta questo problema. Nella raccolta a stampa si legge che, per combattere la propaganda comunista, non solo occorre attuare un programma d'informazione, ma bisogna servirsi anche di 'tutti gli altri mezzi praticabili'. 'Mezzi praticabili', nello spirito del documento, deve significare concretamente realizzabili, e non necessariamente legali. Non sembri questa – chiarisce lo studioso – una mia conclusione arbitraria. Essa deriva invece, dal leggere che, fra i "mezzi praticabili" s'include persino – è questa la parte omessa nella raccolta a stampa dei documenti diplomatici americani, e da me reperita negli archivi di *Independence, Missouri* – l'uso di 'fondi non registrati' ('*unvouchered funds*'), quelli che nel linguaggio corrente vengono indicati come fondi neri o sottobanco."

[239] Cfr. *ibidem,* pp. 79-80: "Un'aporia, in un ragionamento che asseriva di impernearsi sulla democrazia, mentre negava agli italiani la capacità di determinare i propri affari in assenza della tutela di eserciti stranieri. Nello stesso tempo, un avvilente implorare e confidarsi con la potenza straniera, persino nelle più delicate questioni concernenti la formazione del governo e l'orientamento politico di carabinieri e polizia [...] Nell'eventualità di un'insurrezione comunista [...] soltanto i carabinieri venivano ritenuti una forza.' 'affidabile' sebbene dislocati per lo più in piccole località."

[240] Cfr. *ibidem,* p.89.

[241] Cfr. G. Calandra, *Memoriale*, cit., fasc. II, p. 121.

[242] Cfr. Agca, cit., Corte di Assise di Viterbo (Cav), *Dichiarazione di Antonino Terranova,* dibattimento del 1° maggio 1951, cart. 8, ff. 5 e 11.

[243] Cfr. Agca, Cav, cit., *Esame di testimone con giuramento*, teste Antonio Perenze, cart. 4, vol. V, n. 5, dibattimento del 19 luglio 1951.

[244] Cfr. *ibidem.*

[245] Cfr. Cpim-Ai, allegato 4, cit., p. 127.

[246] Cfr. Nara, Rg. 226, s. 108 A, b. 261, f. jrz-5560.

[247] Cfr. Nara, Rg. 226, s. 108A, b. 256, f. jzx-1654.

[248] Su Verdiani, cfr. il rapporto *Appunti sulla situazione politica italiana* del 24 maggio 1946, nell'antologia più volte richiamata di N. Tranfaglia. Sul ruolo svolto dall'ispettore nelle vicende della banda Giuliano, cfr. le opere di Giuseppe Casarrubea, cit.

[249] "Si cita ad esempio il caso del Questore di Roma sostituito alla fine di aprile dal comm. Ciro Verdiani", 24 maggio 1946, cit. "Una serie di provvedimenti evidentemente furono attuati al solo scopo di favorire il successo della tendenza repubblicana e delle sinistre, tra cui la sostituzione, alla vigilia delle elezioni, di questori e prefetti, disorganizzando così l'amministrazione dello Stato perifericamente a beneficio dei partiti organizzati. Le sostituzioni sono state fatte in particolare con il criterio di eliminare uomini ritenuti fedeli alle tradizioni monarchiche, rimpiazzandoli con individui di fiducia o legati ai partiti."

[250] Cfr. N. Tranfaglia, *Come nasce la Repubblica*, cit., pp. 335-336.

[251] Cfr. Cpim, *I dibattiti parlamentari sul fenomeno della mafia in Sicilia e l'istituzione della Commissione d'Inchiesta,* in *Relazione conclusiva,* doc. XXIII n. 2, p. 13.

[252] Cfr. Cpim-Pg, doc. XXIII, n. 6, parte prima, pp. 204-206. La biografia è tratta da una sintesi tracciata dallo stesso Li Causi nel 1952, ed esposta dallo stesso senatore nella seduta della Camera dei Deputati del 13 ottobre 1960. Cfr. anche *Mafia, politica e poteri pubblici attraverso la storia di Luciano Liggio. Relazione [di minoranza] del senatore Pisanò,* in Cpim, *Relazione conclusiva di maggioranza* e *Relazioni di minoranza, comunicate al Presidente delle Camere il 4 febbraio 1976,* pp. 1009-1012.

[253] Cfr. *Relazione* del senatore Pisanò, cit., p. 1012.

[254] Cfr. Roberto Faenza, Massimo Fini, *Gli americani in Italia,* cit. Il giornalista Mike Stern arriva in Italia nel 1943, assieme alle truppe alleate, ed è tra i primi reporter americani a raccontare la liberazione di Roma (giugno 1944). Nei vent'anni successivi risiede in Italia, scrive per le più prestigiose testate giornalistiche e collabora con registi del calibro di Roberto Rossellini e Vittorio De Sica. L'8 maggio 1947 "intervista" Salvatore Giuliano (la strage era avvenuta appena una settimana prima). Corredato da numerose foto, lo scoop è pubblicato dalla rivista americana *True* e contribuisce non poco a forgiare il mito del "re di Montelepre". Stern agisce da referente dell'intelligence Usa. Sulla questione interviene Chilanti con un lungo articolo pubblicato il 26 novembre 1960, sul quotidiano *Paese Sera,* dal titolo: *Le due lettere del bandito Giuliano.* Chilanti entra in possesso della copia fotografica di due biglietti inviati dal bandito a Stern presso la sede romana della stampa estera, in via della Mercede, Roma. In cambio del suo contributo alla lotta contro i "vili rossi", Giuliano chiede all'agente statunitense di essere messo a contatto con un non meglio precisato "comando americano".

[255] Cfr. Acs, Sis, b. 29, f. HP8, *Quinta colonna,* Roma, nota del 30 dicembre 1944.

[256] Cfr. *ibidem,* Roma, 30 gennaio 1945.

[257] Cfr. Acs, Sis, b. 55, f. MP23, *Città del Vaticano,* Notiziario 1-15 aprile 1946, 29 aprile 1946.

[258] Cfr. *ibidem,* nota datata Roma, 9 ottobre 1946.

[259] Cfr. Cardinale Ernesto Ruffini, *Il vero volto della Sicilia,* lettera pastorale, Palermo, 1964. Sulla figura e l'opera di Ruffini cfr. A. Romano, *Ernesto Ruffini, Cardinale arcivescovo di Palermo* (1946-1967), Salvatore Sciascia editore, Caltanissetta-Roma 2002, Studi del Centro "A. Cammarata", collana diretta da Cataldo Naro. Una biografia agiografica di Ruffini è stata tracciata da mons. G. Petralia, *Il cardinale Ernesto Ruffini, Arcivescovo di Palermo,* Città del Vaticano, 1989. Circa i limiti della lotta antimodernista, cfr. lo stesso P. Scoppola, *Crisi modernista e rinnovamento cattolico in Italia,* Bologna, 1961. Cfr. anche Maurilio Guasco, *Storia del clero in Italia dall'Ottocento ad oggi,* Roma- Bari, 1997, pp. 152-155.

[260] Su Aldisio, cfr. *Salvatore Aldisio. Cristianesimo e democrazia nell'esperienza di un leader del movimento cattolico siciliano,* in Atti del convegno di studi storici, Gela (Caltanissetta), 28 marzo 1998, a cura di C. Naro, Salvatore Sciascia editore 1999.

[261] Michele Pantaleone è una delle voci più autentiche dell'antimafia siciliana. Nato a Villalba nel 1912, si forma alla cultura legalitaria paterna. Figlio di Gennaro, un avvocato repubblicano, dopo la liberazione, nel 1943, diventa segretario della sezione socialista del suo paese. In tale veste è coinvolto nel conflitto armato che il capomafia locale Vizzini organizza, l'anno successivo, contro il dirigente comunista Girolamo Li Causi, durante un comizio di quest'ultimo nella piazza del paese. Dal 1947 al 1951 è deputato all'Assemblea regionale ottenendo la rielezione dal 1967 al 1971. Pubblica nel 1962, con Einaudi, il famoso *Mafia e politica*, e negli anni successivi opere grazie alle quali la mafia sarà conosciuta in tutta Italia: *Mafia e Droga* nel 1966, *Antimafia occasione mancata* nel 1969, *L'industria del potere* nel 1972. Il suo carattere polemico gli procura un rapporto conflittuale con la sinistra, ma anche querele a raffica da parte di vecchi notabili della Dc. Memorabili quelle di due ex ministri: Bernardo Mattarella e Giovanni Gioia. I processi che ne derivano lo vedono nel primo caso condannato, nel secondo assolto. Ma i suoi strali sono diretti anche contro il sindaco comunista di Villalba, Luigi Lumia: è condannato in primo grado a quattro anni per calunnia. È molto vicino a Danilo Dolci e a intellettuali come Carlo Levi. Muore a Palermo il 12 febbraio 2002.

[262] Cfr. Nara, Rg. 226, s. 108, b. 145, *Esponenti della Lega Italica convocati a Roma da Umberto* (7 maggio 1945), Mittente: Joseph P. Russo, Destinatario: Alfred T. Nester, console generale italiano a Palermo, class.: segreto.

[263] Cfr. Nara, Rg. 226, s. 108, b. 119, f. j-550 – *Incontro con il principe di Mirto, presidente della Lega Italica in Sicilia* (8 giugno 1944) – Fonti: Z e Italian. Class.: confidenziale.

[264] Cfr. Nara, Rg. 226, s. 92A, b. 12, f. 179, *Angelo Lanza di Trabia* (19 settembre 1942). Mittente: Earl Brennan; destinatario: dott. Baker, class.: segreto. "Il signor Trabia entrerà nella scuola del Si (Secret Intelligence) il prossimo 21 settembre. Sosterrà un addestramento di 4 settimane. [...] Il suo nome in codice per le comunicazioni verrà deciso dopo il periodo di trasferimento. [...] Il signor Trabia è un cittadino americano naturalizzato ed è arrivato negli Stati Uniti nel 1936. [...] Ha lasciato l'Italia per le sue idee antifasciste. È in contatto con la Mazzini Society ed è nella lista nera dei fascisti."

[265] Cfr. Cpim cit., *Relazione di minoranza del deputato Giuseppe Niccolai,* parte terza, pp.1092-1093.

[266] L'interminabile elenco delle società di cui il Guarrasi sarà amministratore, o azionista o socio fondatore o altro, è contenuto nella relazione del Niccolai cit., pp. 1094-1096. Tra le tante ricordiamo qui la Società siciliana mineraria (Sosimi), la società per la ricerca e lo sfruttamento in Sicilia di giacimenti di idrocarburi liquidi e gassosi (Somis), la società per l'industria zolfifera siciliana (Sochimisi), una collegata dell'Ems di cui era presidente il senatore democristiano Graziano Verzotto (poi latitante in Libano per i fondi neri versati nelle banche di Sindona), la Saget, per la gestione delle tonnare e della pesca.

[267] Cfr. *I Siciliani*, fondato da Giuseppe Fava, anno XIII, n. 1, gennaio 1996.

[268] Cfr. *Indice dei nomi proibiti*, in *I Siciliani*, anno XIII, n. 1, gennaio 1996.

[269] Cfr. Nara, Rg. 226, s. 108, b. 149, f. jp-773 (anche in: b. 147, f. jn-850), *L'atteggiamento di Aldisio nei confronti dell'autonomia siciliana* (6 settembre 1944), paragrafo 2. "Il nuovo alto commissario per la Sicilia, Salvatore Aldisio, democristiano, vede con favore l'instaurazione dell'autonomia amministrativa decentralizzata, che prevederebbe il pagamento di tasse al governo italiano, come risposta alla 'questione siciliana'. Aldisio ha fatto tali rivelazioni ieri nel corso di un incontro segreto con alcuni esponenti democristiani di ispirazione separatista. Costoro hanno chiesto in maniera diretta ad Aldisio se fosse d'accordo con l'autonomia amministrativa per la Sicilia, con il taglio assoluto del pagamento di imposte al governo italiano. Era presente il dott. Calogero Volpe, democristiano filoseparatista, medico di Mussomeli (Caltanissetta) ed esponente di primo piano dell'alta mafia. Volpe ha accompagnato Aldisio nel suo recente viaggio aereo a Roma. Il dott. Volpe è molto vicino al cavalier Calogero Vizzini, capo del Fronte Democratico d'Ordine e (si dice) numero uno dell'alta mafia."

[270] Cfr. Nara, Rg. 226, s. 108, b. 117, f. j-353, nota di Vincenzo Di Dio, capitano dei carabinieri e capo centro della sezione per il controspionaggio del Sim (Catania).

[271] Cfr. Relazione di Niccolai, cit., pp. 1121-1122. I dispacci del Nester sono riportati in copia degli originali.

[272] Nara, Rg. 226, s. 108, b.147, f. jp-600.

[273] Nara, Rg. 226, s. 108, b. 150, f. jp-1025. Un rapporto Oss del 17 novembre 1944, redatto da Vincent Scamporino per il colonnello Glavin (titolo: "Incontro dell'alta mafia a Palermo"), così recita: "Si sono svolti frequenti incontri politici tra i capimafia di Palermo e di Caltanissetta.. Uno di questi incontri si è recentemente svolto all'Hotel Sole di Palermo ed un altro al Grand Hotel di Caltanissetta. Lo scorso 23 aprile due tra i più importanti capimafia hanno fatto rivelazioni confidenziali ad alcuni interlocutori di fiducia. Il tema era la conferenza economica a cui hanno partecipato a Palermo [...]. I due capimafia erano il cavalier Calogero Vizzini, di Caltanissetta (un ricco proprietario agricolo ed uno dei più importanti capimafia siciliani) e il dott. Volpe, medico e chirurgo. Si dice che il padre e il fratello di Volpe siano elementi americani della mafia siciliana. Il padre e il fratello del dott. Volpe risiedono negli Stati Uniti e sono cittadini americani [...]. Domenica 24 aprile, due persone (Basile e D'Azzo, noti come "luogotenenti" dei capimafia) hanno visitato varie città della provincia di Palermo. Secondo fonti attendibili, il loro obiettivo era rinsaldare i contatti in queste città e rendere noti i desideri dei capimafia [...]. Uno dei portavoce è stato interpellato da un esponente locale su cosa si debba fare perché la Sicilia diventi un protettorato americano. Il portavoce della mafia (non identificato) ha risposto che al momento gli americani sono occupati dalla guerra in corso. Di conseguenza, dovrebbero essere gli stessi siciliani ad unirsi contro tutte le altre formazioni politiche (che tendono ad avvelenare il popolo come nel caso del fascismo) e a dichiarare una Repubblica Democratica Siciliana sotto il protettorato americano. I capi locali hanno assicurato ai due luogotenenti che il popolo avrebbe seguito spontaneamente tale politica ed hanno proposto di svolgere pubblici incontri nei vari comuni."

[274] College Park conserva numerosi documenti sul Movimento per l'indipendenza della Sicilia (Mis). Cfr. Nara, Rg. 226, s. 108A, b. 268, f. jzx-6620. In un documento del 12 febbraio 1946 intitolato *Riassunto dell'attività mensile*, l'agente italiano JK23 segnala che "trae valore l'opinione che il Mis sia alimentato allo scopo di attirare in Sicilia e di impegnarvi il maggior numero possibile di agenti dell'ordine, per indebolire la possibilità di reazione di questi nel caso prenda corpo un'insurrezione estremista nell'Italia settentrionale. [...] Occorre tenere presente che alla base del Mis vi sono concreti interessi estranei alla Sicilia. Alcuni sono stati individuati all'interno, altri si possono facilmente desumere dall'arresto di elementi jugoslavi." Cfr. Nara, Rg. 226, s. 108A, b. 265, f. jzx-6140. Con tutta evidenza, si fanno derivare i disordini da presunti interessi dell'Urss (via Pci) sull'isola. Ma tale affermazione è contraddetta dalla posizione assunta contro il separatismo, già il 19 dicembre 1943, da una missione delle nazioni alleate guidata da Andrei Visinskij, viceministro degli esteri sovietico. L'episodio è ricordato da Giuseppe Montalbano, uno dei massimi dirigenti siciliani del Pci, in un articolo pubblicato l'11 novembre 1950 sul settimanale *Il Siciliano Nuovo*. È invece l'Oss a disporre di *double agent* tra i capi del Mis (e non solo), come si legge in un documento del 10 febbraio 1945 in cui l'agente Z tree riferisce su una conversazione sostenuta con Antonino Varvaro, segretario generale del movimento separatista. Cfr. Nara, Rg. 226, s. 108, b. 150, f. jp-1300. Infine, in un rapporto del 30 aprile 1946 intitolato *La situazione politica siciliana*, l'agente JK 23 annota che "vi è tuttora una corrente di grandi capitalisti e di proprietari che vedrebbero volentieri un distacco dell'isola dall'Italia per sfuggire al pericolo di sopravvento delle correnti della sinistra, con conseguenze facilmente prevedibili in campo sociale ed economico. [...] Vi è quindi il timore di soluzioni rivoluzionarie per la situazione politica italiana. [...] Il Mis aspira al raggiungimento di una effettiva indipendenza dell'isola, legandola all'Italia con vincoli federali. Anche il discorso pronunciato a Siracusa dall'on. Finocchiaro Aprile, il 7 aprile, ha confermato pienamente la posizione politica ed elettorale del movimento, e cioè la netta opposizione al governo del Cln e ai grandi partiti nazionali di massa, principalmente il socialista e il comunista." Cfr. Nara, Rg. 226, s. 108A, b. 274, f. jzx-7040. Sulla strage di via Maqueda (la divisione "Sabauda" apre il fuoco sulla folla che urla "pane e lavoro", uccidendo 24 persone e ferendone 158), College Park conserva un rapporto Oss del 13 novembre 1944 in cui Vincenzo Purpura (leader del Partito d'Azione in Sicilia e testimone oculare dell'eccidio) sostiene che "i primi a sparare furono senza alcun dubbio i soldati". Purpura, assieme a Gioacchino Affronti, era un *double agent* degli americani.

[275] Cfr. Cpim, *Relazione conclusiva* di maggioranza, cit., pp. 113-123.
[276] Cfr. Cpim, *Promemoria*, cit., p. 35.
[277] Poletti ebbe dal governo americano il compito di preparare la struttura del governo militare alleato, assieme a James Dunn e William White. Intervistato alcuni anni fa da Gianni Pugliesi, negherà che Lucky Luciano e la mafia abbiano avuto un qualche ruolo nell'occupazione militare dell'isola. Dell'Evis dirà: "Io non ho mai sentito parlare di questo movimento." È l'ideatore dell'ufficio di commissario regionale della Sici-

lia. Cfr. Regione Siciliana-Università degli Studi di Palermo, *I protagonisti. La storia dell'Italia attraverso i siciliani illustri. Gli anni difficili dell'Autonomia,* Palermo, 1993, pp. 13-46.

[278] Cfr. Vito Sansone e Gastone Ingrasci, in Cpim-Pg, parte quinta, p. 663 e *ibidem*, *Fascicolo relativo al giornalista Michele Stern*, trasmesso dal ministero degli Affari esteri il 25 febbraio 1971, p. 619 e sgg.

[279] Cfr. Cpim, *Memoriale trasmesso il 16 febbraio 1965 dalla federazione del PCI di Trapani,* allegato n. 3 alla *Relazione di minoranza,* cit., p. 817.

[280] Cfr. Nara, archivio informatizzato della Cia, rapporto del 30 novembre 1951 (data dell'informazione: 14 agosto 1951). Titolo: *Creazione di un Fronte Nazionale.*

[281] Cfr. Nara, Rg. 226, s. 174, b. 141, f. 1047.

[282] Cfr. Nara, Rg. 226, s. 108A, b. 273, f. jzx-7860. *Rapporto politico italiano,* 19 aprile 1946. class.: segreto.

[283] Cfr. P. Chucchiarelli, A. Giannuli, *Lo Stato parallelo*, cit., pp. 242-246. "Nel fascicolo del Sid, che Miceli definì subito incompleto e purgato di nomi e circostanze importanti, si ricostruiva dettagliatamente la vicenda di Borghese collegandola ad altri tentativi di golpe come la Rosa dei Venti, l'azione svolta dalle Forze Armate dal generale Ugo Ricci, l'attività di 'collegamento politico' che faceva capo ad Edgardo Sogno e Randolfo Pacciardi". Ivi, pp. 252-253.

[284] Cfr. *ibidem,* pp.68-69. Ulteriori riferimenti a Pacciardi possono cogliersi nelle affermazioni di Adriano Tilgher e Stefano Delle Chiaie nella presentazione del volume *Il meccanismo diabolico*, cit., ivi, p. 244. Il nome dell'ex ministro della Difesa ricorre, in ogni caso, in tutta la stagione dei golpe che va dal 1969 al 1976 e comprende una serie di gruppi pronti a tutto come On, An, La Fenice, il Mar, la Rosa dei Venti, Ordine nero, ecc. Si documentano anche rapporti tra An e Frank Coppola che aveva messo a disposizione del gruppo eversivo la sua villa di Pomezia. *Ibidem,* p. 278. Erano previsti i seguenti interventi: "regolamentazione restrittiva del diritto di sciopero, limitazioni dell'autonomia degli enti locali, forme di censura sulla stampa, legge 'polivalente' contro i partiti totalitari, attuazione della Difesa civile e militarizzazione dell'ordine pubblico. In particolare quest'ultima proposta appare come un evidente tentativo di fornire una copertura legale alla milizia clandestina già operante in formazioni come la Osoppo ("O"). "Ma quel progetto di revisione autoritaria della Costituzione non ebbe successo. Infatti, la sconfitta della "legge truffa" ebbe, sul piano italiano, un effetto analogo a quello della guerra di Corea su quello internazionale: rappresentò il tramonto di ogni ipotesi di rapida liquidazione del Pci che si rivelava, così, una costante di lungo periodo del sistema politico italiano." "La crisi del centrismo in Italia – concludono – si sviluppò, dunque, parallelamente alla crisi del primo atlantismo: e l'Italia fu con la Francia, il barometro più sensibile del mutamento del clima internazionale."

[285] In un rapporto sulla situazione italiana (marzo 1946), il battaglione 808° di controspionaggio (dipendente dall'Oss) allega l'intero organigramma della struttura spionistica in Italia. A Palermo, troviamo il capi-

tano dei Rr.Cc. Pietro Fazio; a Catania il capitano dei Rr.Cc. Lazzaro Panato. In totale, sono 37 gli agenti italiani del battaglione 808 di C.s. dislocati in Sicilia. In un documento del 13 maggio 1946 (*The National Front*), leggiamo: "Romualdi, Carlo. Ingegnere. Collaboratore di Polvani. Dal momento che Polvani è rimasto in Sicilia per un lungo periodo, Romualdi mantiene i contatti tra la Sicilia, Roma e il nord Italia". Cfr. Nara, Rg. 226, s. 108A, b. 226, f. jrx-3100.

[286] Cfr. Pier Giuseppe Murgia, *Il Vento del Nord. Storia e cronaca del fascismo dopo la Resistenza (1945-1950)*, Milano, SugarCo edizioni 1975, p. 86. Un'analisi approfondita sull'epurazione in Italia, si può leggere in H. Woller, *I conti col fascismo*, cit.

[287] Cfr. Nara, Rg. 226, s. 210, b. 525, f. 45, *La guerra segreta in Italia*. Data probabile: 1946 o 1947. Redattore: anonimo. Si tratta di un documento di sei pagine sui possibili sviluppi dello spionaggio delle potenze straniere in Italia. Il Vaticano emerge come alleato occulto ma fondamentale nelle operazioni dell'Oss in Italia. Illustrativo, poi, il fascicolo su *Attività delle sezioni italiana e albanese del secret intelligence*, data: 15 ottobre 1945. class.: segreto. Si tratta di un ampio rapporto riassuntivo delle attività di intelligence realizzate in Italia tra il 1943 e il 1945. Leggiamo (a pagina 1): [...] "Il primo obiettivo era quello di stabilire e mantenere una copertura completa del territorio nemico [la Rsi, *N.d.A.*] tramite gruppi [dell'Oss, *N.d.A.*] operanti sul campo. [...] Sono state così organizzate 29 basi clandestine, 25 delle quali in territorio nemico. Tra queste, 28 erano dotate di radio ricetrasmittenti per comunicare con le basi operanti nell'Italia liberata. [...]." Sono questi i commandos dell'Oss operanti clandestinamente nella Rsi a cui fa riferimento il principe Borghese nel già citato rapporto dell'agente del Sis Francesco Putzolu, commandos con i quali Borghese era in permanente e segreto contatto fin dall'estate-autunno del 1944 (il principe, infatti, accenna a contatti radio con l'Italia liberata). Il rapporto redige poi l'elenco dei gerarchi repubblichini (tra questi, il maresciallo Graziani) catturati dall'Oss durante la disfatta nazifascista al nord. È significativo che dall'elenco dei nomi manchi proprio il principe Borghese: la sua cattura (ma dovremmo dire la sua "liberazione") aveva evidentemente carattere di massima segretezza ed era probabilmente nota soltanto ad Angleton e ai suoi più stretti collaboratori (Resio e Calderon). Segue poi l'elenco delle bande partigiane appoggiate dagli Alleati ed è curioso che manchi proprio la brigata "bianca" dei partigiani della Osoppo (in contatto segreto, come sappiamo, con l'Oss e la Decima Mas negli ultimi mesi di guerra). Vi è poi un riferimento al Vaticano (a pagina 6): "Utilizzando vari canali (diretti e clandestini), è stato possibile reperire informazioni accessibili solo presso il Vaticano, informazioni che riguardavano l'Italia e altre potenze straniere. Simili infiltrazioni sono state messe in atto anche presso la casa regnante dei Savoia e il governo Badoglio." Ancora una volta, il Vaticano emerge come alleato occulto ma fondamentale nelle operazioni dell'Oss in Italia.

[288] Cfr. P. Cucchiarelli, A. Giannuli, cit., p. 365.

[289] Cfr. N. Perrone, *De Gasperi e l'America*, cit., pp.40-46.

[290] Cfr.i *ibidem*, p. 17; sulla scissione saragattiana, a p. 71, giusta-

mente scrive Perrone: "Le nostre richieste di soccorso faranno breccia, non per simili motivazioni [le disastrose condizioni economiche dell'Italia, *N.d.A.*], ma solo quando la convenienza politica di creare in Italia un forte fronte anticomunista orienterà gli Stati Uniti a un diverso interesse per il nostro paese."

[291] Cfr. Nara, cit., Rg. 226, s. 108B, b. 43, f. 009/12. Titolo: *L'ambasciata italiana a Washington*, 2 maggio 1945. Mittente: Earl Brennan (Washington) – Destinatario: Vincent J. Scamporino (Roma), class.: segreto. Brennan scriveva: "Ritengo opportuno e necessario raccogliere più informazioni possibili sui vari componenti dell'ambasciata: loro passato, relazioni politiche, passato familiare e razziale e loro possibili connessioni con il Sim o altri servizi di intelligence italiani o stranieri. [...]." Segue l'elenco integrale del personale dell'ambasciata, con Tarchiani in testa.

[292] Cfr. Cpim, *Memoriale trasmesso il 18 gennaio 1964 dalla federazione del Pci di Agrigento e Sciacca,* cit., p. 710-733.

[293] Cpim, *Memoriale trasmesso il 16 febbraio 1965 dalla federazione del Pci di Trapani,* cit., p. 815. Lo stesso Stellino sarà uno degli arrestati dopo i fatti del 22 giugno assieme al suo compaesano Vito Jemolo.

[294] Cpim, cit., *Testo delle dichiarazioni di Michele Pantaleone rese alla Commissione parlamentare ecc., il 30 ottobre 1963,* vol. III, tomo I, p. 165. Uguale predilezione avrà poi altro boss di prim'ordine, quale fu Frank Coppola, per lo stesso onorevole, in epoca successiva.: cfr. ivi, capitolo secondo, *Il dominio di Lucky Luciano,* in *Relazione di maggioranza*, pp. 353 e sgg.

[295] Cfr. G. Calandra, *Memoriale,* copia del testo dattiloscritto, fasc. III, p. 275. Alle pp. 275-279 l'autore riporta una memoria personale relativa all'interesse avuto dalle gerarchie dell'Arma dei carabinieri per il sostegno dello stesso Calandra alle campagne elettorali dell'Aldisio che si chiudevano con banchetti ai quali partecipavano assieme al prefetto Vicari, personaggi come Calogero Volpe, Genco Russo e lo stesso Vizzini. Pisciotta, nel procedimento penale contro Giovanni Provenzano, dichiarava al procuratore generale di avere sentito parlare di Di Peri come capomafia, e di averlo conosciuto come detenuto solo all'Ucciardone. Asseriva ancora che all'epoca in cui era latitante aveva notizia di tutti i mafiosi della Sicilia "poiché ogni paese ha il suo capo e i suoi dipendenti". Il Di Peri era entrato in contatto con Giuliano all'epoca del separatismo. Cfr. Agca, Tpui, *Procedimento penale contro Giovanni Provenzano,* cit., cartella 8, cont. da p. 1027.

[296] Cfr. *ibidem, Relazione di minoranza,* pp. 574-575. "Si manifestò subito, nell'azione dell'Alto commissario Aldisio, la doppia anima della politica che poi la Democrazia cristiana seguirà negli anni successivi: da un lato, un programma di riforme e di sviluppo democratico e dall'altro la ricerca di un compromesso con i ceti parassitari isolani. Questa contraddizione trovò un nodo risolutore nella rottura dell'unità antifascista nella primavera del 1947."

[297] Cfr. Nara, Rg. 226, s. 108A, b. 270, f. jzx-7000. L'anonimo redattore scriveva a JK16, in *Tendenze di Destra e di Sinistra nella Dc,* 27 febbraio 1946. Class.: segreto. "Nella Dc, vi è una forte tendenza a dividersi

in correnti di destra e di sinistra. Tale tendenza verrà sicuramente sfruttata dai partiti di destra e di sinistra nel momento in cui la Dc deciderà se appoggiare la monarchia o la repubblica."

[298] Cfr. Cpim, cit., *Memoriale trasmesso il 16 febbraio 1965 dalla federazione del PCI di Trapani,* cit., p. 796.

[299] Cfr. Nara, Rg. 226, s 108, b. 113, f. j-201, mittente: Vincent Scamporino, capo del Si per il teatro di operazioni nel Mediterraneo. Destinatari: colonnello Edward J. Glavin, comandante dell'Oss nel teatro nordafricano; Whitney H. Shepardson, capo del Si; Earl Brennan, capo del settore italiano del Si (Washington), class.: segreto. "Al momento, Finocchiaro Aprile si spaccia come vittima dell'ex governo fascista ma, in verità, egli cerca di farsi amici i britannici e gli americani con l'obiettivo di ottenere informazioni utili alla sua causa e a quella fascista. Finocchiaro è stato uno dei primi collaboratori di Mussolini, e non è vero, come vuole far credere, che punti all'indipendenza della Sicilia. Sotto ogni aspetto, è un uomo pericoloso e dovrebbe essere tenuto sotto costante sorveglianza. In data 15 aprile 1939, Finocchiaro spedì un telegramma di congratulazioni a Mussolini, approvando in pieno i crimini del regime fascista. [...] Il suddetto telegramma fu pubblicato dal *Giornale d'Italia,* in occasione dell'annessione dell'Albania in Italia: 'Da vecchio rappresentante del popolo italoalbanese in Sicilia, e orgoglioso della gloria di Francesco Crispi, condivido la gioia per la felice unione tra Italia e Albania, dovuta al Vostro grande genio. Firmato: Andrea Finocchiaro Aprile.'"

[300] Cfr. Nara, Rg. 226, s. 108, b. 113, f. j-225, *Le opinioni della mafia sul separatismo siciliano* (9 gennaio 1944). Fonti: Z e un membro della mafia. Class.: segreto.

[301] Cfr. Nara, Rg. 226, s. 108, b. 113, f. j-201, *Il partito Azzurro a Catania* (9 gennaio 1944), class.: segreto. Stando a Falcone Lucifero, ministro della Real Casa, la monarchia aveva degli scheletri negli armadi. La prova gli sarebbe derivata da un colloquio col commendator Speranza, massone di piazza del Gesù e capo ufficio stampa del ministero delle Comunicazioni, il quale gli aveva riferito che l'Ovra aveva tra i suoi materiali dei fascicoli su Casa Savoia, che con un elevato compenso in denaro, potevano essere fatti sparire. L'operazione fu conclusa da lì a pochi giorni, grazie all'intervento del capo della polizia che mandò al ministro le carte e questi le bruciò nel suo caminetto.

[302] Cfr. Nara, cit., Rg. 226, s. 108, b. 117, f. j-353 *Rapporto mensile (dicembre) preparato dalla sezione per il controspionaggio del Sim* (6 gennaio 1945). Vincent Scamporino a Whitney H. Shepardson, capo del Si; Earl Brennan, capo del settore italiano del Si (Washington, fonti: Sicana e Turale. class.: segreto. "Sebbene il principale interesse delle organizzazioni fasciste sia centrato sulla situazione politica siciliana, è indubbio che queste prestano attenzione anche alle condizioni morali della popolazione e all'ordine pubblico. Lo scorso 15 dicembre, la radio della Rsi ha diffuso un dettagliato resoconto sui recenti eventi siciliani, soprattutto sulla sommossa di Catania. Tale trasmissione ha finito per convincere il sottoscritto che, da qualche parte nella Sicilia orientale, funzioni un'emittente radio clandestina. [...] Dal momento che elementi non siciliani hanno disertato

dalla Divisione Sabauda, si sta investigando per verificare l'esistenza di una organizzazione straniera che mira a provocare diserzioni di massa. [...] Giuseppe Sapienza, di Giuseppe e Purpura Caterina, nato a Montelepre (Palermo) il 19 aprile 1918, celibe, massone, che era stato inviato in missione nell'Italia liberata, è stato identificato come un agente sabotatore nemico. [...] Il noto Myhedin Maschuni, arrestato lo scorso 1° dicembre, è stato successivamente rilasciato dall'Fss. Al controspionaggio non è stato possibile raccogliere alcuna prova contro di lui. [...] La serie di gravi incidenti occorsi, nella seconda metà di dicembre, mi porta a sospettare che tra i sovversivi via siano elementi in contatto con il nemico. Le indagini svolte escludono l'esistenza di una simile organizzazione. Tuttavia, è fuor di dubbio che lo scontento originato dalla chiamata alle armi dei nati nel 1922, nel 1923 e nel 1924 è stato provocato dal separatismo siciliano, da delinquenti e da elementi del soppresso partito fascista. [...]"

[303] Cfr. G. De Lutiis, *Il lato oscuro del potere*, cit., pp. 16-18.

[304] Comando generale dell'Arma dei carabinieri, prot. R.P. n. 473/8, 25 giugno 1947 a firma Fedele De Giorgis. Documento fornitomi da Mimmo Franzinelli, Pcm, 1944-47, b. 3338. In un documento del vicecomandante generale dell'Arma, Leonetto Taddei, del 14 giugno 1947, quindi in data anteriore alle stragi, si rileva che "il bandito ha assoldato una cinquantina di nuovi elementi. Quattordici mitra sottratti all'aeroporto di Boccadifalco (Palermo) sono andati alla banda Giuliano." Si paventano quindi nuovi attentati contro la sinistra.

[305] Cfr. Agca, cit., cart. 8, f. 5, p. 16.

[306] Cfr. *Gli uomini della P2 in Sicilia: chi e dove,* in *I Siciliani*, marzo-aprile 1985, nn. 26-27.

[307] Cfr. Cpim, *Atti interni*, cit., *Testo delle dichiarazioni dell'onorevole Giovanni Francesco Alliata rese al comitato d'indagine nella seduta del 16 aprile 1970*, allegato 14, p. 512. Nel dicembre del '51 il Barbera capeggiava a Palermo il Partito nazionale monarchico, mentre, Leone Marchesano, Alliata e Cusumano Geloso avevano fondato il Fronte nazionale monarchico.

[308] Cfr. Agca, Cav. cit., *Dichiarazione di Antonino Terranova*, cit., p. 21.

[309] Cfr. Agca, II Corte di Appello di Roma, *Sentenza*, 10 agosto 1956, vol. II, pp. 282-283, 333, 339.

[310] Cfr. Giuseppe Calandra, *Memoriale*, cit. Il testo recitava in questo modo: "Caro collega, uno di noi tradendo la riservatezza ha inviato al nostro colonnello comandante la nostra precedente circolare. Il colonnello ha dovuto fare buon viso a cattivo giuoco e rispondere con una circolare che presto riceverai sconfessando il nostro movimento. Non impressionarti perché è una pura formalità e ve lo dimostra il fatto che prima della smentita ufficiale vi perviene la presente. Ripetiamo è una formalità a cui il nostro colonnello non poteva sottrarsi. Uniamoci compatti e partiamo alla riscossa contro il comunismo oppressore. Viva i carabinieri. (Forca)."

[311] Cfr. N. Tranfaglia, *Come nasce la Repubblica*, cit., p. 106.

[312] Cfr. Nara, Rg. 226, s. 174, b. 117, f. 894, *Giovannone Nicola, guardia di finanza,* 12 febbraio '45. . [...] Firmato: George V. Terry, agente speciale (Cic).

[313] Cfr. *ibidem*.

[314] Cfr. Nara, Rg. 226, s. 174, b. 40, f. 313, *Magistrelli Dante (agente nemico)*, 12 maggio 1945, segreto, documento in inglese del Cic, tradotto da un rapporto del Sim, Napoli, del 7 maggio 1945. Nelle prime pagine del rapporto, Magistrelli racconta di essere in Marina dal 1939 e di essersi arruolato nella Decima Mas di Borghese all'indomani dell'8 settembre 1943. Prima di partire in missione per l'Italia liberata partecipa a rastrellamenti e a fucilazioni di partigiani nella zona del Gran Sasso. Nel dicembre 1944, Giuseppe Console incontra a Palermo, in via Roma, il sergente Pasquale Sidari del battaglione San Marco. Il Sidari, che è assieme ad una ragazza, afferma di essere il direttore di una compagnia di varietà. Il 15 febbraio 1945, Pino Console, Vito Console e un loro amico partono per Roma per intraprendere "il gioco delle Tre Carte". Verso il 21 febbraio 1945, anche il soggetto, Giovanni Console e tre altri individui di Partinico (Pagliani Giuseppe, Scasso Giovanni e un certo "Ciccio") partono per Roma con lo stesso obiettivo. In località Cannitello (Reggio Calabria), i tre incontrano Pino Console, che li dissuade dal recarsi a Roma: la polizia, infatti, non permette "il gioco delle Tre Carte". [...] Il soggetto e Giovanni Console ritornano quindi a Partinico, dove vengono arrestati dalla polizia italiana e britannica nella notte tra il 17 e il 18 marzo 1945. Questo il giudizio dell'agente Sim su Magistrelli: "Il soggetto è intelligente e sicuro di sé. [...] Riteniamo che abbia ricevuto istruzioni per una missione da svolgere nell'Italia liberata, sebbene sia stato abile nel mostrare come spontanea la decisione di disertare assieme a Pino Console. [...] Il soggetto è da considerare un agente sabotatore al servizio del nemico. [...] Al momento si trova recluso in isolamento presso il carcere di Poggioreale. [...] Firmato: Minucci Francesco (Sim). [...] Commento del capo del centro per il controspionaggio: "Sono d'accordo. Non vi è il minimo dubbio che il soggetto appartenga all'organizzazione di spionaggio e sabotaggio al comando del tenente Hubert e che sia stato reclutato tra i militi della Decima Mas." Firmato: Camillo Pecorella, maggiore dei carabinieri (Sim).

[315] Cfr. *ibidem, Interrogatorio supplementare* del 17 aprile 1945 (Napoli).

[316] Cfr. Nara, Rg. 226, s. 174, b. 40, f. 312, class.: segreto, 13 aprile 1945, *Console, Giovanni (agente nemico)*, documento in inglese del Cic, tradotto da un rapporto del Sim, Napoli, del 7 aprile 1945.

[317] Cfr. Nara, Rg. 226, s. 174, b. 40, f. 312, *Console Giuseppe (agente nemico)*, 11 aprile 1945, segreto, documento in inglese del Cic, tradotto da un rapporto del Sim, Napoli, del 7 aprile 1945. Altro elemento sottoposto a interrogatorio è Salvatore Console (nato il 31 ottobre 1925 a Partinico), celibe, di professione sarto, abitante con i fratelli. Dalle dichiarazioni di quest'ultimo, riprese dal maggiore dei carabinieri Camillo Pecorella (Sim), emerge che la banda Giuliano, era ben dotata di armi e composta anche da disertori tedeschi. "Tace sulle istruzioni da lui ricevute per intraprendere azioni di sabotaggio e, messo alle strette, ha fornito dichiarazioni confuse e incomplete. Ha cercato di minimizzare i suoi rapporti con il Sidari (a noi noto tramite gli interrogatori di Locatelli Gino, Napoli) e nega di conoscere Giuliano e la sua banda. La banda Giuliano potrebbe essere composta solo da criminali comuni senza alcun ideale

politico, ma occorre considerare che detta banda costituisce un fattore di grave disturbo dell'ordine pubblico e che potrebbe servire gli interessi dei servizi segreti germanici. Tramite il centro per il controspionaggio di Catania, sono in corso indagini per verificare se il soggetto abbia mai *avuto rapporti con i vari membri della banda*. [...] È chiaro che il soggetto faceva parte di un gruppo di sabotaggio agli ordini dei germanici. In Sicilia si è spacciato per disertore, così celando il suo reale status militare. [...] Suggerisco che sia processato da una corte militare italiana con l'accusa di aver favorito il nemico."

[318] Cfr. Acs, fondo Sis, b. 18, f. *Gioacchino Affronti*, class.: segreto, Prefettura di Palermo, 5 settembre 1945.

[319] Cfr. M. Tedeschi, *Il favoloso Angleton*, in *Il Borghese*, 12 luglio 1987, p. 652.

[320] Cfr. Nara, cit., Rg. 226, s. 108B, b. 41, f. j-002. Mittente: Milton Katz. Destinatario: Si e Medto, class.: segreto. *Rapporto sulla visita all'ufficio di Roma dell'Oss* (10 novembre 1944). Un elenco completo degli agenti del Si in Italia al maggio del 1945 è contenuto ivi, b. 65, f. 510. Nota di Richard Mazzarrini a W. Shepardson, capo del Si e a Earl Brennan, capo del settore italiano del Si.

[321] Cfr. Sandro Attanasio, Pasquale "Pino" Sciortino, *Storia di Salvatore Giuliano di Montelepre*, Palermo, Edikronos 1985, pp. 27-30. Ecco come Pasquale Sciortino, l'intellettuale della banda, si riferiva, appunto, al Graziani: "Il capitano Graziani, che aveva esperienza di guerra, si dilungò su argomenti di organizzazione e di tecnica militare, precisando che i nuclei armati dovevano essere addestrati secondo la tecnica della guerriglia e non in base a quella tradizionale o di caserma." "Anche perché non abbiamo il tempo, né le possibilità finanziarie di dare vita a numerose e consistenti unità armate. Alla quantità dobbiamo opporre la qualità e la tecnica."

[322] Cfr. Acs/Sis, b. 41, f. *Formazioni clandestine armate*. Oggetto: *Macri*, class.: segreto, 31 dicembre 1946. Vi si legge: "Il Macri (Movimento anticomunista repubblicano italiano) è organizzato militarmente, forte di undicimila uomini tratti dai quadri dei vari partiti di centrodestra purché decisamente anticomunisti. [...] Sono in corso trattative, il cui esito favorevole è dato per certo, con i capi dell'Evis e con Giuliano. [...]."

[323] Cfr. *Proposta di confino a carico di Michele Navarra,* indirizzata dal capitano comandante la compagnia dei carabinieri di Corleone, Generoso Tozza, alla questura di Palermo, 23 ottobre 1948, e Cpim in Sicilia (legge 20 dicembre 1962, n. 1720), *Relazione sui rapporti tra mafia e banditismo in Sicilia*, V legislatura, doc. XXIII 2-*sexies*, cit., relatore Marzio Bernardinetti. Si tratta della commissione presieduta da Franco Cattanei. La relazione è integralmente riprodotta in N. Tranfaglia, *Mafia, politica e affari. 1943-1991,* Bari, Laterza 1992. Documentazione allegata, vol. IV, tomo diciassettesimo, p. 184 e, *ibidem*, doc. 713, pp. 357-366.

[324] Cfr. S. Lupo, *Storia della mafia. Dalle origini ai nostri giorni,* Roma, Donzelli 1993, p. 164.

[325] Vito Ferreri, padre di Salvatore, aveva a Firenze una casa in Borgo Tegolari 5, e gestiva un ristorante in via Palazzolo Rossi, 11. Non aveva

motivo, quindi, di trasferirsi in Sicilia per consegnare il figlio alla banda Giuliano da cui era fuggito alcuni anni prima. Fra' Diavolo cominciò a fare il campiere in contrada *Disisa*, sottoposta al controllo di quattro famiglie mafiose: quelle di Partinico, San Giuseppe Jato, San Cipirello, e Camporeale, circolando con una carta di identità intestata a Salvo Rossi. Cfr. Agca cit., dibattimento del 31 luglio '51, vol. V, n. 6, f. 709.

[326] Cfr. Agca, cit., Cav, dibattimento del 12 ottobre 1951, cartella 5. vol. V, n. 9, f. 1139

[327] Cfr. Rapporto del 9 ottobre 1946 trasmesso dal generale di divisione Amedeo Branca al comando generale dell'arma dei carabinieri, in Cpim, cit., Atti interni, allegato n. 2, pp. 73-74. "La mafia, organizzazione interprovinciale occulta, con tentacoli segreti che affiorano in tutti gli strati sociali, con obiettivo esclusivo l'indebito arricchimento a danno degli onesti e degli indifesi, ha ricostituito le sue cellule o 'famiglie', come qui vengono chiamate in gergo, specialmente nelle province di Palermo, Trapani, Caltanissetta, Enna ed Agrigento. La mafia, come prima dell'avvento del fascismo al potere, è già riuscita a imporre ai proprietari, campieri e impiegati di suo gradimento, a far concedere in gabella terreni o aziende agricole a buon prezzo ai suoi affiliati, ad influenzare, in certo qual modo, con la violenza, anche la vita pubblica, ostacolando non solo l'attività dei singoli privati, ma tentando di opporsi con minacce e violenza, a danno dei capi e dei dirigenti di organizzazioni sindacali, alle recenti conquiste dei lavoratori (divisione dei prodotti agricoli, concessioni di terre, ammassi ecc.). [...] Attraverso il separatismo alcune bande armate hanno trovato l'appoggio e l'approvazione della mafia ed hanno tentato, anche, di giustificare i loro crimini."

[328] Cfr. N. Tranfaglia, *Come nasce la Repubblica*, cit., p. 205.

[329] Cfr. Agca, Cav., cit., *Dichiarazioni* di Terranova Antonino, aprile 1951 e sgg.

[330] Cfr. Agca, Cav., cit., *Dichiarazioni* di Sapienza Giuseppe di Francesco nell'udienza del 26 giugno 1951.

[331] Cfr. *ibidem*, dichiarazioni di Frank Mannino. Durante il dibattimento, questi venne messo a confronto con "Scarpe sciolte" il quale respinse le accuse di partecipazione alla strage rivoltegli dal Mannino definendolo "privo di coscienza" e degno di "essere sputato in faccia". Quindi, a suo giudizio, "Ciccio Lampo" depistava il processo, contribuendo, a spingere i giudici su una strada sbagliata. Continuava, in tal modo, l'azione avviata da Fra' Diavolo, quando indicò in Francesco Gaglio inteso "Reversino" il punto di partenza per le indagini.

[332] Cfr. Acs, b. 39, f. HP68, Nota informativa urgente, 1° agosto 1947, 224-58653 allegata alla raccomandata a mano, riservata personale del ministero dell'Interno al questore di Roma, con oggetto "Partito fascista repubblicano", div. Sis, sez. II.

[333] Cfr. Acs, Sis, b.39, f. HP68, il questore Saverio Polito al ministero dell'Interno, 20 settembre 1947.

[334] Cfr. *ibidem*, il questore di Roma al ministero dell'Interno, 9 marzo 1948. Il 28 luglio 1947 si riferisce: "Giunto ieri sera a Roma dalla Toscana (sarebbe stato a Firenze ed Arezzo), avrebbe avuto colloqui con Di

Franco e Piccioni del Pfr. Avrebbero aderito al nuovo partito la quasi totalità degli iscritti alla sezione romana del Partito nazionale fusionista con l'avv. Arani e i professori Dominaci e Trillini [in numero – pare – di 700, *N.d.A.*] e Vittorio Baldoni, capo di una formazione neofascista, i cui iscritti ammonterebbero in Roma a 800 persone. I dirigenti dello stesso partito destinati al Nord o al Sud verrebbero muniti di foto dell'ex duce".

[335] Cfr. *ibidem*. "Risulta – scriveva Polito – un ex ammonito, pericoloso pregiudicato dedito alla sfruttamento di prostitute, furti, truffe, istigazione alla prostituzione, ricettazione, ratto di minorenne, sequestro di persona, violenza carnale, adulterio, lesioni, concubinato, appropriazione indebita e contravvenzioni al monito. Non ha precedenti politici."

[336] Cfr. ivi, b. 38, f. HP59, titolo *Complotti ed attività contro i responsabili del Pci*, nota dell'11 aprile 1947, 224.54381, il ministro dell'Interno al questore di Roma. Altra nota del 3 ottobre 1947 segnala che "elementi dell'Associazione Arditi" stanno preparando un altro attentato contro Togliatti. "Il dott. Amedeo Como già segnalato ha comunicato che Turati, Pini ed altri intenderebbero far compiere attentati contro esponenti del Pci cominciando da Togliatti. Parrebbe che detti gruppi, a corto di danaro, intendessero procurarselo con un progettato assalto ad una banca. Si sta provvedendo, secondo il Como, da parte di altro gruppo all'impianto di una radio trasmittente nei pressi di via Nomentana."

[337] Cfr. Acs, Sis, Regia questura di Roma, f. LP 39, b. 44, *Denuncia in stato di arresto a carico di Giuseppe Caccini e Calogero Bonsignore, responsabili di partecipazione a un movimento neofascista e a costituzione di bande armate*. Rapporto di Ciro Verdiani del 26 giugno 1946.

[338] Tra le armi in dotazione ai suoi uomini, vi erano i mitragliatori Breda, 20 mm., 1585 fucili 91, oltre 2000 Panzer Faust tedeschi, un migliaio di bombe a mano Breda, una dozzina di mortai da 81 mm. Cfr. allegato al Rapporto di denuncia di Ciro Verdiani, 26 giugno 1946.

[339] Cfr. N. Tranfaglia, *Come nasce la Repubblica*, cit., p. 106.

[340] Cfr. Felice Chilanti, *Tre bandiere per Salvatore Giuliano*, Milano, Il Saggiatore, 1968, p. 78.

[341] Cfr. Felice Chilanti, *Da Montelepre a Viterbo*, Roma, Croce 1952, p. 141.

[342] Cfr. Nara, Rg. 226, s. 108, b. 119, f. j-637, *Rapporto mensile del controspionaggio italiano per la Sicilia e la Calabria*, 6 giugno 1944 – Mittente: Vincent J. Scamporino a E. J. F. Glavin (Algeri), Redattore: W. H. Shepardson, direttore del Si (Washington); Earl Brennan, capo della sezione italiana del Si (Washington) – Fonte: Z - 1, class.: segreto.

[343] Cfr. Nara., Rg. 226, s. 108, b. 117, f. j-353, *Rapporto sul mese di settembre 1944*, 5 ottobre 1944 (sezione del controspionaggio del Sim, Catania).

[344] Cfr. Nara, Rg. 226, s. 108A, b. 267, f. jzx-6380.

[345] Cfr. *ibidem*.

[346] Cfr. *ibidem*. "Quel che segue è il programma in 20 punti del partito separatista pro-americano, che ha cambiato il proprio nome da Partito Democratico d'Ordine a Fronte Democratico d'Ordine Siciliano. Il nuovo programma non è ancora stato pubblicato. Dal momento che l'autorizzazione

per la sua pubblicazione non sarà concessa nell'immediato, si dice che il programma politico verrà distribuito clandestinamente e incollato nottetempo sui muri degli edifici. I membri di questo partito portano distintivi con la forma e i colori della bandiera americana con, stampata al centro, la Sicilia. I dirigenti del partito sono tutti membri e 'luogotenenti' dell'alta mafia."

[347] Cfr. Nara, Rg. 226, s. 108, b. 119, f. j-637, *Rapporto quindicinale del controspionaggio* (1° - 15 maggio 1944) – Mittente: Vincent J. Scamporino a E. J. F. Glavin, comandante dell'Oss nel teatro nordafricano (Algeri), Redattore: W. H. Shepardson, direttore del Si (Washington); Earl Brennan, capo della sezione italiana del Si (Washington), 19 maggio 1944 – class.: segreto.

[348] Cfr. Nara, Rg. 226, s. 108, b. 116, f. j-500, *Complotto fascista dei "Primi Dieci" (Palermo)*, 30 marzo 1944, class.: segreto. "Cellule fasciste repubblicane [della Rsi, *N.d.A.*] si stanno organizzando a Palermo. La cellula principale è già attiva ed ha convocato due riunioni. Il primo incontro ha avuto luogo il 22 marzo 1944 alle 15.30, in piazza Sant'Onofrio, presso l'ufficio di Gianni Varvaro. Erano presenti Benito Ragusa, il cavalier Nino Alessandro, il prof. Sartori (assieme al figlio), il capitano Capasso, Francesco Vaiana e Riggi (uno studente universitario). [...] Ragusa ha affermato che il 25 gennaio 1944 sono approdati a Messina, provenienti da Roma, un prefetto e un segretario federale, con l'obiettivo di organizzare lo spionaggio fascista e atti di sabotaggio. [...] Ragusa ha poi detto di essere in possesso di tre radio ricetrasmittenti, due delle quali in condizione di funzionare. [...] Due uomini dovevano essere inviati a Roma, ma Ragusa si è rifiutato di farne i nomi. Tuttavia, è probabile che siano il prof. Sartori e il capitano Capasso. [...] A Roma, avrebbero ricevuto le necessarie istruzioni sui contatti da instaurare a Palermo e in altre parti della Sicilia. [...] Al momento, si dice che il prof. Sartori tenga d'occhio le spiagge di Cinisi e di Terrasini in cerca di una imbarcazione, di una radio o di qualche altro oggetto a noi sconosciuto. [...]. Note biografiche sui membri dei 'Primi Dieci': Il capitano Capasso è un ex membro del 12° reggimento motorizzato di Palermo e un ex prigioniero di guerra che non si è mai arreso agli Alleati; il cavalier Nino Alessandro è un ex esponente fascista, iscritto al Pnf dal 1920, capo dell'organizzazione giovanile fascista 'Salvatore Di Carcamo'. Fa l'impiegato di banca; Giuseppe Gallo, fu Domenico, ha partecipato alla marcia su Roma ed è stato insignito della sciarpa littoria. Ex - ufficiale della milizia, al momento lavora presso la compagnia del gas; Benito Ragusa è un fascista tutto di un pezzo ed ha preso parte a numerose spedizioni punitive del partito. Fa l'agente assicuratore. Nulla sappiamo sui Sartori padre e figlio. Anche Riggi è un personaggio misterioso. Sembra che Gianni Varvaro sia stato coinvolto nel complotto da Ragusa, ma ora è ansioso di uscirne. Non intende più ospitare le riunioni della cellula nel suo ufficio. Francesco Vaiana è stato un gerarca fascista, ex federale di Monreale e capo del movimento giovanile 'Salvatore Di Carcamo'. [...] Ragusa ha poi affermato che si stava organizzando un altro complotto fascista a Caltanissetta. Centinaia di militanti di Canicattì erano inoltre in procinto di promuovere la costituzione di un gruppo simile a quella dei 'Primi Dieci'. [...] Voci non confermate affermano che è giunto a Palermo

Mashiuma Axum, un albanese. I tedeschi avrebbero provveduto a farlo arrivare in Sicilia [con un sottomarino, *N.d.A.*]. Ragusa ha affermato che Axum, erede al trono albanese, dispone di quattrocento uomini armati per scatenare una insurrezione a Palermo. Ha poi aggiunto che un gruppo di 'fedeli fascisti' sarebbero presto arrivati a Palermo dall'Albania. Axum è giunto a Palermo due giorni prima della prevista visita di Badoglio. L'obiettivo del principe era quello di compiere un attentato contro il capo del governo. Axum sarebbe poi partito per Roma assieme al prof. Sartori e al capitano Capasso. A Palermo, Axum doveva annunciare l'arrivo di un importante squadrista, Giuseppe 'Pippo' Girgenti, un catanese. Secondo Ragusa, Girgenti è stato paracadutato nella provincia di Catania e avrebbe già fornito informazioni dettagliate sui vari nuclei insurrezionali fascisti che stanno prendendo corpo in tutta la Sicilia. [...]. Mashiuma Axum è nato il 3 agosto 1919 a Vucitern (Kossovo). [...] Nel marzo del 1940 si è iscritto alla facoltà di Matematica dell'Università di Palermo."

[349] Cfr. Nara, Rg. 226, s. 174, b. 114, f. 869, *Agenti nemici*.
[350] Cfr. A. Bertucci, *Guerra segreta oltre le linee*, cit., p. 78.
[351] Sul fascismo toscano, cfr. Andrea Rossi, *Fascisti toscani nella Repubblica di Salò*, Pisa, ed. BFS 2000.
[352] Cfr. Nara, Rg. 226, s. 108A, b. 264, f. jzx-6040. *Neofascisti, estrema destra e Fronte dell'Uomo Qualunque*, 4 febbraio 1946, class.: segreto, Redattore: George Smith. Destinazione: Londra e Washington. Il documento così proseguiva: "Ramificazioni di tale movimento sono state scoperte nell'Italia settentrionale, dove l'esistenza di gruppi come 'Vendetta Mussolini' è stata segnalata. Pare si siano infiltrati nei campi di internamento e che siano divisi in due gruppi: monarchici e antimonarchici. Questi ultimi sembrano essere i più pericolosi. Si dice anche che abbiano contatti con l'organizzazione monarchica 'Movimento Tricolore' e con il gruppo liberale 'Figli d'Italia'. [...] Esistono rapporti anche tra le Sam ed elementi neofascisti a Roma e nell'Italia meridionale. Oltre ai neofascisti, si rileva l'esistenza di organizzazioni monarchiche e 'patriottiche' di estrema destra. Tra queste, molte sono in contatto con i neofascisti e potrebbero unirsi a loro nel caso di una insurrezione generale. Le più importanti sono: (a) i Reparti Anti Marxisti Anti Totalitari Monarchici (Raam), un gruppo di resistenza armata contro l'eventuale 'insurrezione comunista'. Molti dei suoi adepti hanno aderito all'Uq.; (b) il Gruppo d'Unione Camillo Cavour, attivo a Torino e a Firenze e in contatto con il Movimento Tricolore; (c) il Movimento Tricolore, che uscirebbe allo scoperto se 'l'unione della nazione venisse minacciata dai partiti di sinistra.' Il loro principale obiettivo sembra essere il mantenimento della monarchia. [...] Sono forti soprattutto nell'Italia meridionale; (d) l'Evis (Esercito Volontario per l'Indipendenza della Sicilia), organizzazione militare del movimento separatista siciliano".

[353] Cfr. Nara, Rg. 226, s. 174, b. 36, f. 253.
[354] Cfr. Nara, Rg. 226, s. 119A, b. 70, f. 1812.
[355] *Ibidem*. "[...] I 4 uomini lavoravano per il servizio segreto americano ed erano sbarcati da un sottomarino. Buttazzoni ospitò gli agenti in casa sua e tentò di trattenerli d'accordo con il sottosegretariato della Marina [della Rsi, *N.d.A.*] [...]."

PARTE SECONDA

La strage e i diversi piani del protagonismo eversivo

Giochi d'ombra attorno a un capobanda

Alcuni capi del neofascismo, ebbero i primi contatti con l'Oss già nel maggio del 1944. Come sappiamo, dal 1946 vari neofascisti furono informatori dell'Oss e importanti elementi di raccordo tra i movimenti eversivi e il principe nero (recluso nell'isola di Procida). Dal secondo interrogatorio dettagliato al capitano di fregata Borghese apprendiamo inoltre che il gruppo Gamma della Decima era molto legato agli Np.[356] Gamma e Np sono le formazioni più ricorrenti nei rapporti Oss/Ssu negli anni 1945-1946. Da notare che la prima era una branca dei già citati (da Angleton) "mezzi d'assalto", al comando del tenente di vascello Wolk, uno dei militi della Decima ingaggiati dagli Alleati in segreto, nell'estate del 1945, a Venezia (isola di Sant'Andrea) per "compiti speciali".

Sappiamo dagli archivi del Sis che la banda Giuliano "era da ritenersi a completa disposizione delle formazioni nere fin dall'epoca delle prime segnalazioni" e che il capobanda era stato indicato più volte, "anche e soprattutto in ordine ai suoi contatti con le formazioni clandestine di Roma. Vi fu precisato – scrive l'informatore – il luogo degli incontri coi capi del neofascismo… Vi parlammo dei suoi viaggi Roma-Torino."[357] "Il nucleo romano della banda Giuliano – continuava l'agente – era comandato da un certo 'Franco' [Garase] e da un maresciallo della Gnr." Partirono da Roma improvvisamente "per ordine superiore" e giunsero in Sicilia, dopo una breve permanenza a Napoli. Con la loro ultima annunciavano "cose grandi in vista e molto prossime". Richiedevano – conclude la nota – "la presenza a Palermo di otto uomini completamente sconosciuti in Sicilia."[358] Siamo nei giorni o nelle settimane delle stragi del maggio-giugno 1947.

Tra il 10 luglio e il 14 agosto del 1947 furono fermati sulle montagne di Montelepre undici misteriosi individui nativi di Cava dei Tirreni (Francesco Lambiase e Vincenzo Di Donato), Sicaminò, in provincia di Messina (Francesco Minuti), Taranto (Cosimo Vozza, Pietro Capozza, Cataldo Sorrentino, Santo Balestra), Cagliari (Carlo De Santis), Vicenza (Gaetano Dalconte e Edoardo Affollati), Ragusa (Giuseppe Ferma).[359] Possibile che volessero diventare tutti banditi? E da quanto tempo si trovavano sul posto? Certo è che sulle montagne di Montelepre non circolarono solo pastori e pecore; vi si aggirarono, soprattutto, personaggi che parlavano un'altra lingua e che – guarda caso – avevano avuto tutto il comodo di intrattenersi da quelle parti ben due mesi e mezzo dopo la strage di Portella della Ginestra. I conti comunque tornano, forse. Tolti De Santis, Minuti e Ferma, questi ultimi due siciliani, restano otto uomini provenienti da Cava dei Tirreni, Taranto e Vicenza, elementi sconosciuti in Sicilia, come richiesto.

Da uno dei documenti (Sis) rinvenuti in via Appia a Roma da Giannuli, nel 1996, leggiamo:

Il fronte antibolscevico costituito recentemente a Palermo, al quale dette la sua incondizionata adesione l'on. Alfredo Misuri in proprio e quale capo del gruppo "Savoia", via Savoia, 86 (capitano Pietro Arnod, principessa Bianca Pio di Savoia, ecc.) non è una sezione del fronte anticomunista a Voi nota.

Il Cipolla, che a Palermo dirigerebbe il fronte, è del tutto sconosciuto al "fronte unico anticomunista" di cui alle nostre reiterate segnalazioni confidenziali. Il fronte antibolscevico di Palermo è però collegato con Anna Maria Romani, ospite della principessa Pio di Savoia, sedicente segretaria particolare di Misuri cucita in tutto a filo doppio del noto col. Paradisi, detto anche Minelli (piazza Tuscolo) ed è pei suoi buoni uffici che Misuri e i "camerati" del comitato anticomunista di Torino a Voi noto, appoggiarono e appoggiano il progetto "d'azione diretta" di cui il Paradisi è autore.

Quindi il documento così prosegue:

Negli ambienti dei Far, nuovo comando generale, si ammette che l'azione della banda Giuliano è in relazione con l'ordine testé impartito di "accelerare i tempi".[360]

Quali erano queste urgenze? Perché era necessario fare in fretta? E quale funzione veniva ad assumere la banda Giuliano nell'intricata trama che i neofascisti stavano tessendo contro la nascente democrazia italiana? Tra quelli che non potevano aspettare c'era il principe di Spadafora, un neofascista monarchico già esponente di rilievo della Repubblica di Salò e capo del gruppo commerciale e agrario del Sud. Questi aveva comunicato al fronte clandestino di essere disposto a versare un'ingente somma di denaro purché in Sicilia "si facesse un lago di sangue". In una nota del 6 ottobre 1946 si legge che, essendo detenuto a Regina Coeli, era stato liberato per diretto intervento di Umberto di Savoia e che in Sicilia era a contatto con separatisti e "neofascisti aderenti ai gruppi autonomi". Spadafora aveva contatti diretti col tenente Martina al quale dava ordini e soldi.[361] "È indiscussa – scrive il questore di Roma al ministro dell'Interno – la sua attivissima collaborazione con gli organi della sedicente Rsi e dei nazisti, la cui causa aveva apertamente sposata."[362] Quello che Giannuli definisce come "clandestinismo fascista" era in realtà un arcipelago di nuclei e formazioni che fu rapidamente risucchiato dalla più decisiva capacità degli angloamericani di trasformare quella provvidenziale riserva in potenziale anticomunista. Nel 1946, nacque così il Fronte antibolscevico, che troviamo attivo fino al 22 giugno '47, quando per le stesse sollevazioni popolari fu costretto a cambiare nome.

Su questa organizzazione mai nessuna magistratura ebbe a indagare e di converso mai nessuna indagine fu condotta dalla polizia giudiziaria. Molte erano le autorità che sapevano, anche ai vertici delle stesse forze dell'ordine. Ma ci fu una sorta di omertà di Stato e si lasciò che le cose precipitassero, come attratte da una legge di gravità. Era evidente quindi che c'era l'ordine di stare fermi. Giuliano spiegava tutto. Successe però di peggio, perché a una settimana dalla strage del 22 giugno '47, Cipolla fu assolto.[363]

E qui sorge anche il problema di sapere se l'eversione nera utilizzò Giuliano e la sua banda come schermo delle proprie azioni o se, al contrario, quel pugno di banditi fu di fatto organico ai piani eversivi, soprattutto in termini di consapevole adesione.

Concorsero l'una e l'altra circostanza, in un clima nel quale la stessa opinione pubblica rimase condizionata dalla campagna, esplicita o occulta, contro il "fantasma rosso." In questo senso si mossero le redazioni romane del *Corriere Lombardo* (diretto nel 1946 da Edgardo Sogno, anticomunista irriducibile legato ai servizi segreti americani e chiamato in causa dalle più oscure trame golpiste nell'Italia degli anni Sessanta e Settanta), della *Gazzetta d'Italia* e de *Il Commercio*.[364]

È certo, comunque, che Giuliano rappresentò un'opportunità eccezionale per i neofascisti (e non solo) che vollero servirsene. Perciò si trovò ben presto assediato. Maria Tecla Cyliacus lo agganciò per conto dell'intelligence americana. Un gruppo di settentrionali composto da Giancarlo Celestini, 20 anni da Milano, Enzo Forniz, 18 anni da Pordenone, e Bruno Trucco, un ragazzo di Genova, ebbero a entrare nella banda nel 1946. A Partinico presero contatto e furono foraggiati dalla locale ed equivoca sezione dell'Anpi, e finirono il loro soggiorno dentro la caserma dei carabinieri, ospiti strani e apparentemente senza meta. A quale appello avevano risposto? Che mandato avevano avuto?

L'agosto del '47 dovette segnare il tempo della smobilitazione, di verifiche e decantazioni. Agli inquirenti mancava solo qualche settimana a ultimare il loro rapporto giudiziario, tutto centrato naturalmente sulla criminalità di Giuliano. Nello stesso mese era giunta a Palermo con l'intento di stabilire "contatti diretti" con i "camerati di Palermo" e soprattutto "col noto Martina, capo della banda Giuliano", Selene Corbellini, alias "Lucia" o "Maria Teresa". I nomi di Martina e della Corbellini sono strettamente collegati, ma le indagini esperite dalla questura di Palermo non davano, in nessuno dei due casi, un qualche esito positivo. Al ministero però ne sapevano di più. E cioè che la Corbellini era giunta in Sicilia con "lettere di vivo accredito dell'on. Misuri e del capitano Pietro Arnod"; che la stessa in Sicilia lavorava per conto del Comitato anticomunista di Torino. Si trattava – aggiungeva la nota – di elemento pericoloso. Appena giunta, ai "camerati" di Palermo dichiarava di dovere stabilire contatti diretti con il Martina.

Che al di sopra di Giuliano ci fosse un capo è fuori discussione. Il bandito prendeva ordini. Ubbidiva. Ma non era automatico che fosse disposto a sparare su bambini e donne, o su lavoratori inermi. Si sentiva un capo militare. "Andate e dite che eravamo in 500" disse trionfalmente Giuliano ai cacciatori che aveva preso sotto sequestro quella mattina d'inferno del primo maggio a Portella. Quando capì che le cose erano andate per un altro verso per lui e per quelli che, come lui, avevano sperato nell'amnistia, fu troppo tardi. Ma fu troppo tardi anche per quanti avrebbero avuto il preciso dovere di tutelare la democrazia e con essa i cittadini della Repubblica che nasceva. Con il veleno nell'anima.

Oltre le linee per la guerra non ortodossa

Qualcuno aveva compiuto un salto ben al di là del separatismo e degli aspetti coreografici ai quali siamo stati abituati. È il caso di Giuseppe Sapienza, classe 1918, del quale vale la pena seguire la seguente cronologia:

– 29 ottobre 1944
Il colonnello Hill-Dillon, del controspionaggio americano, scrive: "I seguenti elementi hanno frequentato un corso di sabotaggio presso villa Grezzana di Campalto, nei pressi di Verona, e possono essere utilizzati come agenti sabotatori nell'Italia liberata. [...]: Sapienza Giuseppe, sabotatore, 25 anni, alto un metro e 60 centimetri, corporatura norma-

le, capelli castani, occhi castani, volto ovale. Visto per l'ultima volta a Campalto nell'ottobre del 1944."[365]

– *12 novembre 1944*
Interrogatorio di Francesco Dionisio, agente dell'Sd (controspionaggio tedesco).

Personalità citate: [...] Sapienza Giuseppe. Italiano, 25 anni circa, alto un metro e 65, pesa 70 chili, corporatura normale, pelle olivastra, capelli neri, volto ovale. È un sabotatore della Decima Flottiglia Mas.[366]

– *10 dicembre 1944*
Nuovo interrogatorio di Matteo Pesce, agente dei servizi di intelligence germanici.

Personalità citate: [...] Sapienza Giuseppe, agente delle Ss ad Atene (Grecia) e allievo del corso di sabotaggio a Campalto (Verona). Italiano, 27 anni circa. Altezza: circa un metro e 68 centimetri. Robusto, capelli neri crespi, occhi neri, pelle olivastra, volto ben rasato. Originario di Palermo, Sicilia. Visto per l'ultima volta a Campalto all'inizio di ottobre del 1944: era diretto a Venezia.[367]

– *8 maggio 1945*
Elementi detenuti presso il campo di prigionia del Cic (Verona).

Elementi arrestati il 7 maggio: [...] Sapienza Giuseppe. Arrestato dagli agenti Musmeci e Raffa (controspionaggio del Sim). Accusa: agente nemico. Firmato: Rex Roth [...].[368]

– *10 maggio 1945*
Agenti nemici che hanno già confessato: [...] Sapienza Giuseppe, arrestato dal Cic in data 7 maggio 1945. Situazione degli interrogatori: v. il rapporto del Cic intitolato "Sapienza Giuseppe di Giuseppe", agente sabotatore dell'Sd. Disposizioni: internamento. [...] Firmato: Stephen J. Spingarn (Cic).[369]

– In un rapporto sullo spionaggio della Rsi nell'Italia liberata, si afferma che l'Sd "*opera specialmente in Sicilia, a mezzo dell'ambiente fascista e delle manifestazioni di dissidenti o separatisti.*"[370]

– 18 maggio 1945
I seguenti elementi – scrive Melio A. Tonini – *sono da tradurre presso il campo di prigionia di Terni: [...] Sapienza Giuseppe [...].*[371]

– 19 maggio 1945
Campo di prigionia del Cic (Verona).
Il 18 maggio – scrive E. J. Rohner – *ho consegnato ai miei superiori 24 prigionieri, tutti agenti nemici: [...] Sapienza, Giuseppe [...].*[372]

Il 1944 era stato l'anno della gestazione.

[...] Abbiamo avviato – leggiamo in un documento – *un'indagine speciale su un gruppo di giovani, ex appartenenti al disciolto Movimento unitario italiano (Mui), e che ora aderiscono all'Unione giovanile Italia (Ugi), organizzazione giovanile del vecchio gruppo unitario legato al principe Flavio Borghese. Si sospetta che gli esponenti di tale gruppo appartengano a una organizzazione filofascista. [...] Continuano le indagini sull'agente nemico Labate Domenico, arrestato su richiesta degli Alleati.*[373]

Una delle più importanti organizzazioni fasciste in Sicilia era il Movimento unionista siciliano (Mus), nato ad opera dell'avvocato Motta, a Catania, con l'adesione di 400 persone. Attivo solo nel primo semestre del '44, aveva una base a Roma. Nella primavera del '45 i carabinieri redigono un rapporto sulle attività dei neofascisti a Palermo e arrestano una decina di studenti. Uno di loro confessa di essere stato avvicinato mesi prima da uno strano individuo che gli aveva chiesto di diffondere volantini e giornali. "Quest'uomo di bell'aspetto – leggiamo – non rivelò la sua identità, ma ci disse che faceva la spola con altre città siciliane e del Sud Italia."[374]

Molti monteleprini, come forse anche lo stesso Gaspare Pisciotta, il luogotenente di Giuliano, Salvatore Ferreri, (già alle dipendenze dell'aeroporto militare di Boccadifalco nella seconda metà del '43), lo stesso Sapienza (1918), furono travolti dalla guerra dentro la quale vennero a trovarsi e ne rimasero schiacciati. Così essi vennero in contatto con i neofascisti, con le scuole tedesche di sabotaggio. Da quel momento le loro sorti e quelle di molti altri cambiarono.

Inizialmente ci fu lo sbandamento dell'8 settembre, la scelta di non tornare a casa ma di mettersi al servizio di chi aveva denaro e armi, come i nazifascisti. Seguì un coinvolgimento nelle strutture militari e nelle scuole di spionaggio. I centri Sd che operavano a Verona e in tutto il Nord Italia ebbero una enorme importanza con la caduta di Roma e la dispersione dell'organizzazione di Kappler, già elemento di collegamento tra il generale Wolff e la polizia italiana. Alcuni facevano capo al nazista Otto Ragen, alias Begus (o Igel, Begel, Beck e Benck). Dall'interrogatorio del monaco benedettino Giuseppe Cornelio Biondi, si evince che si era verificata una radicale riorganizzazione del controspionaggio tedesco. Sempre secondo Biondi, Verona era diventata il centro nevralgico delle attività delle Ss e dell'Sd. Tra i fiori all'occhiello del centro veronese, figurava la scuola di sabotaggio istituita nel luglio del 1944 a sud di Verona, presso villa Grezzana di Campalto. Fu affidata al comando del maggiore Begus, il quale aveva alle sue spalle la lotta contro la Resistenza greca. Elemento proveniente da Atene, dove aveva soggiornato tra il marzo 1943 e il maggio 1944 al comando dell'Abt VI F (rete tedesca di spionaggio), Begus aveva organizzato nella capitale greca, dove si faceva chiamare dottor Ragus, la rete di resistenza da attivare dopo l'occupazione alleata, nota come "Gruppo Bertram". Di ritorno da Atene, Begus portò con sé a Verona un certo numero di italiani arruolati. Giuseppe Sapienza fece parte di questo gruppo.

Catturato dagli Alleati a Bolzano nel giugno del 1945, Otto Ragen (Bolzano, 1899) fu deferito a una corte militare austriaca e condannato a soli tre anni di reclusione. Lo troviamo già in libertà nel 1949 (forse, dicono le carte del Cic, per intercessione del comando militare sovietico in Austria). I russi chiesero, infatti, al Ragen di spiare gli americani e i gruppi neonazisti sui presunti piani militari segreti da attuare nel 1950 per espellere le truppe sovietiche dall'Austria. Ragen finse di accettare ma, subito dopo, si offrì agli americani come *double agent* (nome di copertura: "Petty").

Gli americani non si curarono del suo pesante passato nazista e iniziarono a utilizzarlo per passare ai russi informazioni false.

Riferendosi al periodo 1944-1945 (villa Grezzana, Verona), gli addetti al Cic americano affermano che Otto Ragen, assieme a Borghese, inviò padre Biondi in Vaticano (novembre 1944-marzo 1945) per raccogliere fondi da utilizzare poi a Campalto nell'organizzazione del sabotaggio e dello spionaggio neofascisti nell'Italia liberata. Il dato può collegarsi a quel documento Oss in cui si dice che Fede Arnaud, nella Roma occupata dai nazisti (settembre 1943-giugno 1944), agì come importante elemento di collegamento tra la Decima e il Vaticano (in specie, Montini). Il ruolo di padre Biondi va quindi ben al di là dei presunti piani tedeschi per intavolare una trattativa segreta con gli Alleati con la mediazione del Vaticano (come dicono i documenti Oss del 1944).[375]

Il monaco benedettino fu quindi tutt'altra persona da quella descritta dal maresciallo Giovanni Lo Bianco, e cioè un semplice furfante riuscito, nel 1949, a farsi rilasciare dal ministro dell'Interno Mario Scelba, una lettera di copertura di credito per cinquanta milioni a suo favore.[376] In sintesi, il Vaticano, o qualche prelato che lavorava al suo interno, continuò a finanziare occultamente uomini come Borghese e Ragen anche dopo la liberazione di Roma (giugno 1944) e almeno fino al marzo del 1945.

La scuola di sabotaggio di Campalto fu istituita nel luglio del 1944 con gli elementi provenienti dalla Grecia. Le lezioni iniziarono a metà ottobre, ma già un mese prima, ai primi di settembre, un gruppo di allievi fu inviato nell'isola di

Sant'Andrea (Lido di Venezia) per avviare un'altra scuola di sabotaggio. A maggiore chiarezza della centralità di questo gruppo, è bene tenere presente che dall'isola di Sant'Andrea provengono i venti uomini della Decima Mas che riceveranno la totale immunità, nell'estate del 1945, per le azioni commesse nella Rsi tra il 1943 e il 1945. Begus estese gli arruolamenti alla Decima Mas, alle Brigate nere (Verona e dintorni), al Ministero della propaganda fascista repubblicana e al Movimento giovani italiani repubblicani (Mgir). Presso gli archivi del Nara esiste un nutrito fascicolo, dal quale si evince che il maggiore Spingarn richiedeva di approfondire gli interrogatori degli agenti Nello Mecattini e Mario Chini, mentre dai fratelli Bruno ed Eugenio Lucchesi l'ufficio del Cic di Lucca (Quinta Armata) apprendeva che questi ultimi avevano soggiornato a Firenze nel giugno 1944, intrattenendo rapporti col Movimento. Da questa organizzazione il generale Coppo reclutava i suoi agenti. Secondo i fratelli Lucchesi altre persone residenti nei dintorni di Lucca facevano parte del Mgir fiorentino. Vi aderivano il tenente Renato Calvani, membro del Pfr e amico intimo del federale di Firenze, Polvani.[377] Renato Calvani, Luigi Riondino e Argante Beccocci avevano ottenuto da Pavolini, già all'indomani dell'8 settembre, il consenso alla costituzione del Movimento.[378]

Il tenente Domenico Ferrari – ex membro della Decima Mas – garantiva i collegamenti tra l'Mgir e il servizio segreto germanico. Il movimento, secondo il Cic, aveva poi contatti con il dott. Alwens, esponente della propaganda germanica segreta in Italia. Ciò fa supporre che egli avesse l'appoggio del governo hitleriano ufficiale. La riprova è data dal fatto che, mentre i primi contatti avuti con l'*Abwehr* fallirono, si conclusero poi per una comune azione informativa con l'Sd.

Sul Ferrari si possono leggere, ancora, alcune informazioni del tenente colonnello Stephen J. Spingarn del Cic (Quinta Armata).[379]

Alla fine di ottobre del 1944, Ferrari condusse Eugenio Cesario, in contatto con l'Mgir a Firenze, presso il quartier generale dell'Sd a Verona. Begus riuscì a spedire il Cesario oltre le linee, ma questi fu catturato il 23 novembre 1944 sull'Appennino, assieme a Biondi, che più tardi entrerà in rapporto con Gaspare Pisciotta, il luogotenente di Giuliano.

Come si può constatare, fin dalla costituzione della Rsi, i servizi nazifascisti operano una scelta di campo ben precisa nel loro folle progetto di riconquista delle zone occupate o di riutilizzo degli spazi perduti: il reclutamento di giovani per lo più ventenni e la forte spinta politico-ideologica da porre alla base delle motivazioni dei gruppi eversivi. Pare di cogliere un livello alto, di tipo accademico (ad esempio, Milano, Pisa e Firenze), nella costruzione delle reti di connessione territoriale e culturale facenti capo a movimenti come l'Mgir e altri ambienti universitari consimili; e un livello marginale, agricolo o pastorale, indotto per altre vie a realizzare il progetto eversivo, al Sud (le bande armate calabresi, siciliane e campane. Giuliano, Ferreri, Pisciotta erano rispettivamente nati nel 1922, 1923, 1924).

È singolare la straordinaria omogeneità delle fasce di età (tra i diciassette e i ventitré anni) nell'adesione di massa al fascismo decaduto dopo il 25 luglio. Si tratta di giovani che non avevano conosciuto altro che il regime mussoliniano, da quando erano nati, e che manifestavano in modo autonomo, anche rispetto ai fatti che accadevano, la loro adesione al progetto di rinascita fascista. Sennonché, come sempre era accaduto nella storia dell'Italia unita, questa risultava divisa in due: i raffinati intellettuali e ideologi del Centro-Nord, il cui modello esemplare fu Alessandro Pavolini, entrato nel fascismo poco più che ventenne, e i giovani delle aree marginali che vivevano lontani da qualsiasi formula politica, quasi in uno stato di abbandono arcaico. Essi erano, perciò, facili prede di progetti ai quali aderivano più per bisogno che per convinzione.

Cesario afferma che l'Mgir è appoggiato da Buttazzoni, Vercesi, Zarotti e Chicca della Decima Mas e che il movimento ha un largo seguito tra gli uomini di questo corpo militare.[380] Il Biondi aveva attraversato le linee presso Cutigliano, il 23 novembre 1944, in compagnia di Giuseppe Cesario. Catturati con l'accusa di essere agenti dell'Sd[381] e interrogati come spie della Rsi, i due in realtà erano qualcosa di più di semplici spie. Cesario, agente dell'Mgir e dell'Sd nonché membro della Decima Mas; Biondi mediatore di rapporti con certi ambienti del Vaticano, oltre che nazifascista pure lui.[382]

Ma la storia degli intrighi di palazzo tra Vaticano e Oss era più complessa e risaliva a tempi più lontani. In un documento del 22 settembre del 1942, redatto da Allen Dulles (uno dei massimi responsabili dell'Oss), si può leggere che ci si augurava che certi messaggi fossero inviati anche a un livello internazionale, grazie allo sviluppo dei rapporti che i servizi di intelligence americani avevano con Morlion.[383]

Dunque, almeno fin dall'estate del 1942 (ben prima, cioè, delle disfatte di El Alamein e Stalingrado e dell'inizio della fine delle potenze dell'Asse nazifascista), contatti segreti erano in corso tra Vaticano e Oss, probabilmente via Algeri o Lisbona (capitale di una nazione neutrale).

Biondi era stato presentato a Begus da Calocci a metà ottobre, accettando di farsi carico di una missione politica a Roma. Contattato il 17 novembre, svolse due missioni importanti: comunicare al Vaticano che la Germania, a certe condizioni, desiderava aprire trattative di pace con gli Alleati mediante il Vaticano; accertare le relazioni interalleate, le opinioni del Vaticano sulla Russia e argomenti del genere. Con questi compiti, Cesario e Biondi partirono il 20 novembre.[384] Risulta quindi priva di ogni consistenza la valutazione riduttiva espressa sui rapporti tra Biondi e Pisciotta dal materiale estensore del *Rapporto giudiziario* sulla strage di Portella della Ginestra, maresciallo dei Cc Giovanni Lo Bianco, decorato con medaglia d'argento al valore militare per la sua lotta al banditismo, secondo il quale il Biondi era un delinquente comune. È singolare che le forze dell'ordine potessero avere una visione così inconsistente del banditismo e di quanto attorno ad esso accadeva,[385] come è sbalorditivo che gli stessi carabinieri dei servizi italiani nulla avessero comunicato alle autorità giudiziarie sulla complessa trama degli intrighi che si stava realizzando. Da notare, per completare il quadro, che anche Senise (catturato dagli americani) faceva parte della rete spionistica nazifascista Abt VI.

L'Oss non credette, però, alla versione di Biondi e sospettò fortemente che il suo vero obiettivo, per conto del servizio segreto nazifascista di Salò (di cui il maggiore Begus era a capo a Verona) fosse quello di "scoprire i nomi delle spie americane e britanniche in Vaticano."[386]

Oltre all'organizzazione sopra citata, ne esistevano altre legate a filo doppio con i tedeschi: il gruppo segreto Sabotatori-Attentatori (Sa: organizzazione del colonnello Tommaso David; forniva al servizio informativo germanico un considerevole numero di agenti, in parte giovani donne) e la Centuria del Fascio Crociato, che venne riconosciuta ufficialmente da Pavolini e poi anche da Mussolini. Il reclutamento per la maggior parte fu effettuato tra i giovani ventenni della Decima.

L'Sd di Verona fu un centro specializzato: (a) nella preparazione e nell'invio di sabotatori oltre le linee; (b) nella penetrazione dei servizi di intelligence alleati e nello spionaggio politico. Ne era reclutatore, presso l'albergo Continentale a Milano, il capitano Del Massa.[387] In Sicilia, quasi alla vigilia della Liberazione, operava il *Sicherheitsdienst* a mezzo dell'ambiente fascista e delle manifestazioni di dissidenti o di separatisti.[388]

Mai morti

Ora ciò che va tenuto presente, fatta questa panoramica, è il fatto che non si trattava di organizzazioni destinate a morire in breve tempo.

Un periodo cruciale fu quello che precedette il referendum del 2 giugno 1946. La prospettiva di una vittoria della Repubblica appariva come una minaccia comunista e già molti fascisti prevedevano un colpo di mano sovietico. Entro il 10 maggio affluirono a Roma 221 militi, armati di fucili mitragliatori, mitra e bombe a mano. L'effervescenza eversiva fu segnata dalla nascita dell'Eca (inizio '46), l'esercito clandestino anticomunista del generale Muratori. Buttazzoni fece sfilare al Pincio i suoi uomini, con una grande copertura, quella del responsabile dei servizi di informazione americani in Italia, James Jesus Angleton.[389]

È esattamente quello che ci dicono, a conferma della loro puntualità e precisione, i documenti Oss, a proposito degli interrogatori a Borghese del maggio-ottobre 1945, e delle missioni speciali della Decima Mas affidate al battaglione Vega, comandato da Mario Rossi (classe 1910). Sembra delinearsi, come si vede, un asse Caccini (Osoppo)-Buttazzoni (Np), per un patto sotterraneo anticomunista che per cause di forza maggiore doveva avere l'avallo dei servizi segreti statunitensi. A conferma di questa ipotesi, la Corbellini, tornata a Roma dalla sua missione a Torino, aveva visitato le sedi camuffate, i depositi d'armi e il comando superiore, dove si era tenuta una riunione ristretta di capi giunti da tutta Italia in presenza di due ufficiali americani. Il fermento organizzativo dei vari gruppi registra un trend costante nel 1946, quando, dopo le elezioni referendarie del 2 giugno, entrano in fibrillazione i gruppi monarchico-fascisti. A Milano veniva segnalato, già da febbraio, l'attivismo di Augusto Turati, ex segretario del Pnf, e dei suoi uomini. Il gruppo manteneva stretti collegamenti con il Sud e aveva una sua sede centrale a Roma. A quella data, tuttavia, i centri principali di attività non erano in Lombardia, ma in Piemonte e in Toscana, dove era tornato a operare l'ex federale Polvani.

Finanziato da non meglio precisati "centri di osservazione stranieri," si dava per imminente, poi, la nascita, nella primavera del 1946, del Fronte italiano anticomunista (Fia), con carattere massonico e monarchico, i cui promotori sarebbero stati il ministro della Marina, ammiraglio De Courten, il generale Roberto Bencivenga, il colonnello Piscitelli, il senatore Bergamini.[390]

Va aggiunta ancora l'intraprendenza fascista di gruppi femminili che si costituivano attorno a donne che avevano avuto congiunti uccisi nei giorni dell'insurrezione, o appartenenti alla legione "Muti". Un primo gruppo a carattere militare sembrava far capo a Enzo Galbiati e a Carlo Scorza e comprendeva le seguenti organizzazioni: Fedelissima, Gruppi di Azione Mussolini, Vendetta Mussolini, Audaci, Federati Neri, Partito insurrezionale fascista, Lupo, Leonessa, Sagittario, Etna, elementi della Decima Mas in genere.[391] Nelle province di Latina e di Frosinone fu accelerata la raccolta di armi, mine e munizioni, con la partecipazione attiva di elementi della San Marco, della Decima e della Divisione Littorio.[392] Noti fascisti come Scorza e Turati si sarebbero trasferiti dal nord a Roma, assieme "al comando generale del movimento fascista". Gli informatori dello spionaggio italiano, riferivano quindi che a gennaio o febbraio del 1947 "sarebbe scoppiato qualcosa di grosso".[393] Verso la fine del '46 il capo della polizia segnalava che il colonnello Marseguerra e il paracadutista maggiore Massa avrebbero provveduto all'armamento dei "fedelissimi". Gli onorevoli Covelli e Sarrocchi sarebbero stati i capi militari della stessa organizzazione clandestina del Pnm (Partito nazionale monarchico). L'opera di riorganizzazione avrebbe riguardato soprattutto la Sicilia, dove non si sarebbero disdegnati neppure i "contatti diretti" con la banda Giuliano.[394] Non si trattava di contatti isolati. A Potenza, ad esempio, operava Michele Cossidente di Lavello, presidente provinciale del movimento monarchico clandestino. Questi avrebbe avuto rapporti con la banda Giuliano tramite la centrale provinciale di Napoli.[395] Oltre che in questa città l'attività clandestina si sarebbe svolta anche a Genova, Milano e in Sardegna. In Sicilia, il capo-catena del movimento sarebbe stata la principessa di Niscemi, già dama di corte.[396] L'organizzazione clandestina avrebbe ricevuto dal Nordamerica "ingentissime somme e armi di ogni specie". Fra queste, fucili mitragliatori di nuovo tipo "con cartuccia molto lunga e di grosso calibro". Il capo della polizia dava dette notizie come "assolutamente certe".[397] In un altro documento Sis il movimento avrebbe fatto capo ai colonnelli Luterchi e Callegarini, del Comando generale dell'Arma, già in servizio presso la Real Casa, all'ammiraglio Maugeri, al capo dei Servizi Informazione della Marina, e al colonnello Resio, già dello stesso servizio.[398] In Sicilia tutte le province risultavano abbastanza mobilitate, tanto che in quella di Ragusa, una delle meno calde, il questore poteva scrivere che gruppi di monarchici, guidati da alti ufficiali, si stavano mobilitando con l'aiuto di squadristi e fascisti per rovesciare il governo, impadronirsi dei poteri e instaurare la monarchia, con la complicità delle autorità delle varie province. In quei giorni, persone estranee all'ambiente si erano date appuntamento a Ragusa per un concentramento di armi. Un tale Angelo Ferro di Ragusa avrebbe avuto disposizioni di recarsi a Roma per avere ordini.[399]

Elemento di collegamento tra gli ambienti monarchici clandestini sarebbe stata una certa Maria Spinetti, sulla quale il capo della polizia riferiva che a Roma aveva preso contatto con duchesse e contesse "cucite a doppio filo con i Savoia", dalle quali riceveva forti somme di denaro. Indicata come donna "pericolosissima" e "dedita alla prostituzione", oltre che informatrice dell'Ovra e spia dei tedeschi durante il periodo clandestino, avrebbe fatto uccidere molti partigiani, mantenendo successivamente contatti con "alte personalità dei carabinieri e della stessa Marina".[400]

In ogni caso, anche per tutto il '47 l'attività neofascista fu frenetica. Tra i capi vi sarebbe stato Antonio Di Legge, alias Quinto Romani che asseriva di essere alle dipendenze degli angloamericani, per i quali "organizzava gruppi armati anticomunisti", con largo impiego di denaro e la collaborazione del famigerato fascista repubblichino Pino Romualdi.[401]

Del Vega facevano parte cinque commandos dislocati nel Nord Italia, a partire dal marzo 1945. I documenti citano, tra gli altri, il maggiore Begus, un personaggio veramente singolare. È Begus che invia il monaco benedettino Giuseppe Cornelio Biondi a Roma (novembre '44) con compiti di spionaggio in Vaticano. E sarà proprio questo strano monaco a stabilire rapporti col luogotenente di Giuliano, Gaspare Pisciotta.[402]

Per completezza d'informazione va aggiunto un riferimento a un certo De Santis, nome di battaglia "Marco". Fermato dalla polizia nella zona di Messina nel giugno del 1946, è a capo di una banda terroristica neofascista composta da una ventina di uomini. "Marco" fa parte di una banda armata anticomunista composta da circa 200 elementi agli ordini di Giuseppe Caccini (nome di battaglia "Tempesta"), un ex comandante della brigata Osoppo con la quale la Decima aveva avviato rapporti segreti già dal 1944. Il Caccini frequenta elementi monarchico-fascisti siciliani e il principe Flavio Borghese in persona, a Catania. A parte un caso di omonimia, un capitano De Santis è al centro di addestramento per paracadutisti di Tarquinia.[403] Da una testimonianza del sergente allievo ufficiale Giacomo Cossu, apprendiamo che un milite degli Np, tal De Santis, viene internato nel dopoguerra in un campo di concentramento alleato in Algeria.[404] De Santis combatte tra il 1943 e il 1945 nella squadra degli Np del sottotenente Renzo Zanelli.[405] Come abbiamo visto, un certo Carlo De Santis, di Cagliari, figura tra gli 11 uomini fermati a Montelepre nell'estate del 1947, e senza tante domande da parte delle forze dell'ordine, rimpatriati nei loro paesi di provenienza. Dall'interrogatorio del capitano della Decima Manlio Morelli sappiamo che questi fu incaricato di organizzare un incontro con un rappresentante della divisione Osoppo, preoccupato com'era della situazione giuliana. Lo stesso comandante "Verdi" della Osoppo avrebbe preso contatti con gli Alleati.[406]

Gli Np della Decima Mas, appartenenti alla Rsi e specializzati in azioni di sabotaggio e controguerriglia nel periodo 1943-1945, sono comandati da Buttazzoni (classe 1912) e da Ceccacci (classe 1918). Della squadra di sabotatori di Zanelli, fa parte anche il sergente Massimo Arnaud. Da Giannuli – come abbiamo visto – apprendiamo che "da Palermo [era stata] segnalata la presenza in quella città di Selene Corbellini, detta anche "Lucia" e "Maria Teresa"(Piacenza, 1906), delle Squadre d'Azione Mussolini (Sam).[407] L'Arnod in questione è una probabile trascrizione fonetica errata di Arnaud. Il Massimo Arnaud della Decima Mas e il Pietro Arnaud in contatto con Selene Corbellini a Palermo hanno un qualche rapporto di parentela? Nel servizio ausiliario femminile della Decima, nel periodo della Rsi, spicca anche il nome di Fede Arnaud, in attivo contatto nel dopoguerra con i gruppi del clandestinismo fascista e con il comandante Junio Valerio Borghese in persona.

La Corbellini non è la sola a lavorare in Sicilia. In un elenco nominativo dei componenti il reparto speciale di polizia Pietro Koch, troviamo l'armaiolo palermitano Enzo Silvestri (classe 1921). Inoltre la palermitana Maria Rivera, il catanese Giuseppe Di Franco, alias Francesco Argentino, o Walter Franco, già dell'ufficio investigativo ex Sid (classe 1916). La banda Koch è un reparto speciale del ministero dell'Interno della Rsi, che risponde direttamente a Buffarini Guidi, il cui braccio destro era Francesco Martina. Alla Koch aderisce Carlo De Santis (classe 1926), fratello minore di Renzo inteso "Polverone", anche lui nel reparto. Il primo entra del Pfr, appena diciassettenne, il 16 settembre '43; quindi è un fanatico neofascista della prima ora. Prende parte alle operazioni militari a Cassino e a Nettuno, e, dopo la liberazione di Roma, sale al Nord per aderire al battaglione "Barbarigo" della Decima Mas. Nell'agosto del '44, in Piemonte, salva la vita ad Alessandro Pavolini, ferito dai partigiani. Nell'estate del '46 la Corte di Assise straordinaria di Roma lo condanna a ventidue anni di reclusione, ma subito gliene vengono condonati sette.[408]

Altro personaggio è Mauro De Mauro (1921-1970), conosciuto anche come Mauro Mauri, Francesco Mauro, Fabio Mauro, Roberto Marini, colonnello Mariani, colonnello M., Mario Di Mauro, Italo Fuchs e parecchi altri nomi di copertura, usati in tempi diversi. Nell'inverno 1943-44 lo troviamo nella Roma occupata dai nazifascisti. Qui collabora con il questore Caruso, abitando presso l'albergo Bernini di piazza del Tritone. Le Ss, per cui lavora agli ordini del colonnello Kappler e del capitano Priebke, lo assegnano all'ufficio interrogatori di primo grado di via Tasso, dove opera assieme al già citato Renzo De Santis, tristemente noto per le sue crudeli torture.[409] Sul suo conto, ancora leggiamo: "I seguenti elementi potrebbero essere impiegati dai tedeschi per missioni di spionaggio nell'Italia liberata: [...] Di Mauro, Mario, rifiutato dai mezzi d'assalto della Decima Mas, 24 anni, accento del Sud."[410]

In un documento del Cln troviamo altre interessanti note:

Mauro Mauri, brigadiere di questura con incarichi speciali. Lavora direttamente col ministero degli Interni. Operava negli scorsi mesi a Novara, torturando i partigiani catturati. È stato in contatto con la banda Koch. È molto informato circa il massacro dei 320 martiri delle catacombe di Roma. Si dichiara irriducibile nemico degli antifascisti. Attualmente a Milano con una banda di "otto ragazzi decisi a tutto". Alto, capelli brizzolati, cicatrice sulla narice sinistra in seguito a una bomba lanciatagli contro in un attentato. Ha subito da poco un'operazione per tale ferita.[411]

I nomi di copertura possono creare errori ed equivoci, ma nel seguente documento del Nara, firmato Daniel Leary, agente speciale del Cic, l'identità è chiaramente indicata:

Il soggetto è stato interrogato per la prima volta dal Cic il 17 luglio 1944, dopo il sequestro di numerose lettere e documenti provenienti da via Tasso, 155 (quartier generale delle Ss), Roma. Tali documenti hanno svelato che una certa Anna Lombardi e il soggetto frequentavano via Tasso. Anna Lombardi è stata in seguito identificata come la nota informatrice delle Ss conosciuta come "Anna Berti", che operava in collaborazione con Mauro De Mauro. Da documenti ufficiali ora a nostra disposizione, De Mauro era l'informatore (retribuito) del capitano Priebke e del colonnello Kappler, entrambi ufficiali delle Ss a Roma. [...] "Radio Bari" ha denunciato Mauro De Mauro come spia germanica (marzo 1944).[412]

Sorgono spontanee due domande: fermo restando che il trasferimento in Sicilia di De Mauro rappresenta una svolta decisiva nella sua biografia, e che nulla avesse a che fare con i gruppi stragisti operanti nell'isola, da chi era composta la "banda" di "otto ragazzi decisi a tutto" alla quale si fa riferimento in uno dei brani sopra citati? Chi sono gli "otto uomini completamente sconosciuti in Sicilia" cui fa riferimento il documento già richiamato, rimpatriati dopo essere stati fermati sulle montagne di Montelepre nell'agosto 1947? In ogni caso appare legittima l'ipotesi che il De Mauro, avendo lavorato per quasi due anni (a Roma e a Milano, 1943-45) con il torturatore Renzo De Santis, conoscesse il fratello minore di questi, Carlo, e cioè presumibilmente la persona bloccata sulle montagne monteleprine, e rimpatriata con altri dieci uomini, nei mesi successivi alla strage di Portella. De Mauro figura ancora in una lista nera del servizio segreto americano, compilata dagli Alleati all'indomani della liberazione di Roma.[413] Infine anche il Sis compila una lunga lista di collaboratori dei nazifascisti nella Roma occupata, in cui troviamo, tra gli altri, De Mauro, Renzo De Santis, Koch, il conte Von Thun, un austriaco cinquantenne al servizio delle Ss, costretto a cambiare albergo ogni cinque-sei giorni.[414] Von Thun era uno dei massimi esponenti dello spionaggio nazista in Italia, amico e collaboratore del principe Borghese e diretto superiore del maggiore Begus, capo dell'Sd di Verona. Non è forse un caso che gli anni più fertili di De Mauro, quelli della sua redenzione, si collochino sullo spartiacque della Liberazione, fino alla sua tragica morte, al limite estremo dei nuovi tentativi eversivi del principe nero, il suo vecchio capo. Ma a quella data De Mauro era ormai da tempo un'altra persona.

Non poco rilievo ebbe poi la legione "Ettore Muti" di Milano che aveva tra i suoi compiti la lotta antipartigiana, l'impiego di uomini contro le sommosse popolari ecc. La legione contava 1508 membri tra ufficiali, sottufficiali e arditi. Parecchi i siciliani che ne facevano parte: i palermitani Vittorio Napoli, Ferdinando Inghilleri, Francesco Costa e Giacomo Alparone; l'ennese Beniamino Colina, il modicano Vincenzo Di Maria, l'ennese Giuseppe Di Bella. Ad essi si aggiungevano Paolo Lipari di Castelvetrano, e Salvatore Palazzolo del palermitano. Vi era poi un Ispettorato generale di polizia antipartigiani (Ispa), con fini analoghi, diretto dal questore Eugenio Pennacchio. Di quest'ultimo organismo facevano parte Emanuele Schirripa (Palermo), Francesco Salerno di Piazza Armerina e altri.[415] C'è da aggiungere una pletora di alcune migliaia di confidenti dell'Ovra, tra i quali il partinicese Carlo Costantino.

Dall'interrogatorio di Giovanni Baroni sappiamo, infine, che in data 26 giugno 1944, questi si arruolò nel terzo battaglione di paracadutisti della Folgore, all'epoca in corso di costituzione a Milano. Qualche giorno dopo, fu inviato a Tradate per addestramento, agli ordini del colonnello Dalmas e del capitano De Santis.[416]

Dall'interrogatorio di Ceccacci apprendiamo che egli si era arruolato nella Decima, presentandosi, il 2 ottobre 1943, al quartiere generale di La Spezia, dove fu assegnato al comando della prima compagnia del battaglione Np di Buttazzoni.[417] Internato nel campo di prigionia di Ancona, nell'agosto del 1945 evase e fu arrestato dal Cic il 23 luglio 1946, a Pisa.[418] Per quasi un anno era vissuto sotto falso nome a Roma, in un elegante appartamento di via Duse (Parioli). Suo braccio destro, durante la guerra, fu Aldo Bertucci, ufficiale della Decima, a stretto contatto con i servizi di intelligence germanici.[419]

Altro personaggio interessante è Ivan Boncompagni già residente ad Arezzo. Figlio di Paolo e di Assuntina Cappetti, era nato ad Arezzo il 4 gennaio 1918 e risultava domiciliato a Roma in via Boezio, 8. Sottotenente di complemento e fervente nazifascista, fece parte dell'ufficio politico di Arezzo e comandò il distaccamento di rastrellatori di Tregozzano, partecipando attivamente a tutte le operazioni per la ricerca dei partigiani nelle valli tiberina e casentina. Allontanatosi con i tedeschi verso il nord, lo vediamo comparire a Palermo, in epoca già sospetta.[420] Il 20 gennaio del '46 veniva fermato dal controspionaggio di Palermo.[421]

Tra i soggetti da non trascurare della banda Giuliano, c'è poi Francesco Barone, che con Pasquale Sciortino prese il volo per l'America dopo la stragi del 22 giugno '47. E a un "vecchio sergente" Barone si riferisce Bertucci nella sua biografia, senza aggiungere altro. Non siamo pertanto in condizioni di stabilire se i due personaggi siano la stessa persona, o, quanto meno, abbiano tra di loro un collegamento. Ma la massa degli indizi, la ricorrenza dei nomi e delle connessioni tra gruppi eversivi e banditi di Giuliano, autorizzano ad avanzare ipotesi in tal senso. Esiste, peraltro, anche una certa somiglianza organizzativa tra di loro. Le squadre degli Np erano composte da 10-12 elementi, compreso l'ufficiale che li comandava; dovevano avere un certo affiatamento e conoscersi bene.[422] Dodici sono anche gli uomini che vengono visti di ritorno dal Pelavet, dopo la strage di Portella del 1° maggio 1947. Ma adesso sappiamo qualcosa di più anche sotto il profilo degli organigrammi eversivi che si muovono attorno al capobanda di Montelepre e alla lunga preparazione terroristica degli anni successivi alla Liberazione. Nel corso dell'interrogatorio dell'agente segreto della Rsi Pasquale Sidari (alias Secchi), Spingarn del Cic scrive che questo agente, verso il 15 dicembre 1944, incontrò i fratelli Console di Partinico che si trovavano assieme al parà del San Marco, Magistrelli (nei primi documenti anche Magistrello o Pagistrello), tutti sabotatori nazifascisti che avevano passato le linee nei pressi di Nettuno.[423] Nel corso dell'incontro i Console parlarono di una banda fascista composta da centinaia di elementi operante nei pressi di Partinico e comandata da Giuliano. La banda era dotata di armi e vi facevano parte molti tedeschi. Obiettivi della missione dei Console e di Magistrelli erano gli equipaggiamenti e le armi della banda monteleprina.[424]

Nell'agosto del 1944 si era registrato a Montorfano (Como), un incontro di Sidari col tenente di vascello Rodolfo Ceccacci ufficiale del battaglione San Marco. Ceccacci aveva appena concluso una missione a Taranto.

Magistrelli era in contatto con i fratelli Console che a Partinico (zona di influenza di Giuliano) furono di casa. La squadra di cui fanno parte i Console (dieci uomini in tutto) è guidata da Anassagora Serri. Nel marzo 1944, la squadra si trasferisce da Capena (Lazio) a Penne (Abruzzo).[425]

Non è superfluo notare che al processo di Viterbo, a un Ferrari appartenente alla "Marina" si riferisce Frank Mannino, inteso "Ciccio Lampo", della banda Giuliano. Il Ferrari avrebbe agito come istruttore militare dei banditi fin dal 1944. È assai probabile che si tratti o di Domenico Ferrari, sabotatore della Decima Mas, o di Giuseppe Ferrari, anche lui della Decima, condannato dalle corti militari alleate.[426]

Tra i reclutatori troviamo Buttazzoni, il tenente di vascello Mario Rossi, appartenente al reggimento San Marco, di stanza a Montorfano (Como, sede del battaglione Vega dall'ottobre 1944). Vi era poi Ceccacci, 28 anni circa, ufficiale del San Marco, dal cui reparto Nuotatori e paracadutisti provenivano i reclutati. L'ufficio di spionaggio navale di Milano, nelle notti tra il 5 e il 7 settembre 1944, fece rispettivamente aviolanciare nei pressi di Taranto gli agenti di spionaggio Pasquale Sidari (raccoglitore di notizie) e Giovanni Tarroni, alias "Trudu" (radiotelegrafista), arrestati poi dal Cic (Quinta Armata), il 2 marzo 1945. Per comunicare con il servizio germanico questi sabotatori si servivano di apparecchi radio ricetrasmittenti di cui disponeva anche la banda Giuliano.[427]

Il 28 febbraio 1944 Buttazzoni convocò nel suo ufficio il Tarroni, milite degli Np, per chiedergli di partire per una missione di ventidue giorni in Sardegna, agli ordini dei tedeschi (il Tarroni era già stato in Sardegna con il battaglione San Marco tra l'aprile e il luglio del 1943). Il Tarroni accettò e fu immediatamente inviato a La Spezia, dove giunse il 1° marzo.[428]

Ai fratelli Console fa riferimento nella sua biografia anche Bertucci, che di ritorno con Ceccacci da oltre le linee, in missione di sabotaggio, ci informa che il gruppo Ceccacci si era rinnovato, ad esempio, con la formazione della squadra di Anassagora Serri.[429] Parte della storia di quest'ultima si svolge nel territorio di Giuliano, in connessione con le vicende, ancora poco conosciute, del separatismo. Ultimate le sue missioni, ai primi di agosto 1944 il gruppo Ceccacci fu preso in carico dal battaglione Vega di Rossi, di stanza a Montorfano presso il Golf-club di villa d'Este, trasformata in caserma. I nuovi compiti del gruppo, a parte lo spionaggio e il sabotaggio, furono gli addestramenti del personale "per missioni speciali" mai meglio specificate.

Dal resoconto dell'interrogatorio di Fernando Pellegatta sul Vega (metà del 1945), firmato dal capo dell'X-2, Angleton, leggiamo che la gerarchia del battaglione, dopo il Rossi, aveva, come comandante in seconda il capitano Vincenzo Lo Cascio, e il capitano Rodolfo Ceccacci, quale ufficiale di collegamento con le Ss di Verona. Apprendiamo inoltre che il battaglione era composto da 320 elementi. La missione consisteva nell'organizzare atti di sabotaggio e nel raccogliere informazioni. Prima della partenza si dovevano seguire dei corsi. I primi cominciarono a Firenze nel gennaio '44, i promossi sostenevano quindi un secondo corso avanzato a Verona (giugno-agosto '44), presso il quartiere generale delle Ss. L'ufficiale di collegamento tra il quartiere generale di queste ultime a Verona e il Vega, a Montorfano, era il capitano Kobler. Stando all'interrogatorio di Pellegatta, al 1° aprile '45, erano attivi 12 gruppi. Costituivano dei veri e propri commandos molto pericolosi, perché abbinavano alle competenze tecnico-militari forti spinte ideologico-politiche, conducevano un gioco disperato ed erano disposti a tentare un ultimo folle colpo.[430]

Dopo il 25 aprile i vari gruppi in parte entrarono in una attività sommersa, in parte si sbandarono, in parte, ancora, furono riorganizzati da nuove sigle. Una di questa fu lo Schieramento nazionale, attivo nella primavera del '46, per il quale a Roma lavorava l'ex vicesegretario del Pfr, Pino Romualdi. Uno degli scopi di questo movimento era quello di riorganizzare le forze fasciste alla macchia.

In Sicilia il movimento fascista era forte grazie all'ex gerarca fiorentino Polvani, il cui aiutante Carlo Romualdi era il collegamento tra Polvani e le organizzazioni romane e settentrionali. A Napoli, tra i principali animatori, troviamo Moroni (ex prefetto fascista) e Bolognesi, neofascisti del gruppo Pignatelli, già in contatto, l'anno precedente, con gli agenti della Decima Gino Locatelli e Bartolo Gallitto. Nella seconda metà del '46 l'attività di riorganizzazione fascista ha una sua intensificazione. Vi partecipano diversi elementi già raccolti nei gruppi Sam, Polo, Orso nero, Gatto nero.

A Roma, diversi militi della Decima appoggiavano il settimanale *Rataplan*. Tra i finanziatori vi sarebbero stati il marchese Patrizi, e i noti impresari edili Tudini, Talenti, Vaselli, Casaluce e altri. L'azione sarebbe stata incoraggiata anche da alcuni elementi del mondo politico vaticano.[431]

Di particolare importanza appare, infine, l'azione svolta in senso sovversivo dal partito monarchico, dopo il referendum del 2 giugno 1946, unitamente al ruolo dei Cc in questo senso. La circostanza è tanto più rilevante quanto più si pensi all'appartenenza monarchica di Giuliano e all'esistenza di un fronte anticomunista dei Cc, di cui parla nei suoi diari il maresciallo Giuseppe Calandra e che qui viene confermato. Emerge, dunque, una probabile triangolazione Giuliano, carabinieri, monarchici con caratteri antidemocratici ed eversivi.

In altri documenti si spiega che l'attività sovversiva dei monarchici s'incontrava con quella dei gruppi neofascisti e veniva incoraggiata dagli alleati in senso antibolscevico.[432] Non sappiamo se, in questo senso, si doveva considerare anche il viaggio dell'ex colonnello della Gnr, Mariani, nell'Italia centrale e meridionale, dove si era incontrato con il generale Bencivenga e con Tito Zaniboni, e con vari fascisti napoletani, tra i quali il Caracciolo.[433]

Dell'ex generale fascista Roberto Bencivenga parla la fonte Oss JK23 (un agente italiano), a proposito di partiti e movimenti monarchici in Italia nel 1946. Inoltre il graduato viene citato per i suoi contatti segreti con l'Uq di Giannini e in quanto crea e dirige due movimenti monarchici: il Centro democratico e il Fronte volontari della Libertà. I suoi principali collaboratori sono i colonnelli dell'esercito Ugo Musco e Virgilio Panella (quest'ultimo con sede presso gli uffici del Fronte clandestino patriottico, di chiara matrice neofascista). Infine, secondo il rapporto, Bencivenga è in contatto con alcuni rami della massoneria italiana.[434] Sono confermati così i complessi (e in gran parte occulti) legami esistenti nel 1946 tra alcune frange monarchico-massoniche e i neofascisti dell'Uq, legami sapientemente coordinati dall'Oss di Angleton in preparazione di un'ampia offensiva (clandestina e paramilitare) contro il Pci di Togliatti e, probabilmente, contro lo stesso capo dei comunisti italiani.

In questa situazione le stragi del '47 trovano una loro eziologia esaustiva e densa di motivazioni. In un documento dell'Oss redatto dopo la strage del 22 giugno 1947 dall'agente speciale del Cic George Zappalà, leggiamo:

> *L'incidente del 1°maggio a Portella della Ginestra è stato oggetto di ampie indagini da parte della polizia, indagini che hanno rivelato che la banda Giuliano è implicata nell'attacco contro la manifestazione dei lavoratori.*[435]

Non dimentichiamo che Zappalà faceva parte, assieme a Victor Barrett, di quel gruppo di agenti speciali chiesti da Angleton l'anno precedente per operare all'interno di una non meglio precisata "fase militare".[436] Dall'autunno del '47 troveremo Zappalà nell'Italia settentrionale con precisi compiti di monitoraggio del Pci.[437] Qui interessa rilevare che l'uso del termine "incidente", a parte le sue implicazioni concettuali, ci richiama alla mente lo stesso termine usato nel manuale Oss sulla propaganda occulta, a proposito della tattica eversiva: "provocare falsi incidenti" per impiantare operazioni utili agli scopi dei Servizi.[438] Nel caso di Portella, come nell'attentato a Togliatti dell'anno successivo, gli "incidenti" sarebbero serviti per provocare un'imponente insurrezione popolare capace di giustificare una sanguinosa repressione e la messa fuori legge del Pci.

Tra i movimenti monarchici italiani registrati dalla fonte JK 23 sono indicati, in ultimo, il Movimento monarchico siciliano, guidato dal marchese Ludovico Paternò delle Sciare, e il Movimento monarchico dell'Italia liberata, diretto da Vincenzo Lanza. Ciò che più conta è il fatto che vari movimenti monarchici, di natura eversiva, sorsero in Italia dopo l'avvento della Repubblica. Essi erano capeggiati da ufficiali. "L'organizzazione – scriveva il questore di Roma – è fatta a tipo cellula, cosicché solo i componenti della cellula si conoscono fra di loro. L'organizzazione è a tipo prettamente militare e sono rigorosamente rispettati i gradi nell'assegnazione dei vari comandi."[439]

Siamo alla vigilia dell'assassinio del grande dirigente sindacale di Sciacca, Accursio Miraglia. A febbraio l'ispettore Ps Messana, avvia i suoi contatti con Ferreri/Fra' Diavolo, per reintrodurlo nella banda Giuliano. Il primo maggio avviene la strage di Portella, il 22 giugno successivo è il turno delle Camere del lavoro della provincia di Palermo, con altri morti. La partecipazione alle stragi, anche se con funzioni diverse, di Giuliano e Ferreri è indiscutibile. Il primo viene incastrato, ma il secondo non figura neanche nel rapporto giudiziario, con grave disappunto dei giudici di Viterbo. Qui si disvela il complesso gioco che passava sulla visibilità di Giuliano, come elemento di fondo di una versione ufficiale, nonché sul carattere sotterraneo di terroristi come Fra' Diavolo e di tutti gli altri soggetti che, al di sopra di lui o attorno a lui, svolsero un ruolo determinante nella realizzazione di quanto accaduto.

Vedremo più avanti chi era questo elemento, venuto dall'ombra e dagli inferi, per compiere il salto da comune sgozzatore a killer di professione e terrorista di primo piano. Fu questo il suo ultimo salto mortale.

I mortaretti della "festa"

Il 1° maggio 1947 ebbe inizio come le feste dei santi patroni nelle ricorrenze che si celebrano nei paesi della Sicilia, quando anche l'aria è pervasa dall'attesa e improvvisamente i mortaretti rompono il torpore del sonno, annunciano all'alba il giorno che viene, col suo carico di preparativi, di speranze e di riti. Ma allora non c'erano santi da commemorare e il dio che si festeggiava era un dio pagano, al cui potere misterioso si dovevano immolare vittime innocenti utili a placare l'ira della divinità turbata dal suo stesso potere, dalla sua stessa anima in pena. A destarla fu forse una semplice consuetudine avviata al tempo dei fasci dei lavoratori da un medico di Piana degli Albanesi che nel 1893 era stato più volte arrestato per difendere libertà e socialismo dai vizi antichi di re e ricchi. Era Nicolò Barbato, apostolo della libertà, simbolo delle aspirazioni di quell'antica colonia del '400 fondata dal condottiero albanese Scandeberg e divenuta, assieme alla Corleone di Bernardino Verro, una delle capitali delle lotte dei lavoratori nei latifondi. Fu quest'ansia, questo anelito, mentre nasceva la Repubblica, a svegliare il dio pagano dormiente e a trasformare Portella della Ginestra nel tempio del sacrificio.

Processioni informali di intere famiglie si erano cominciate a snodare da San Giuseppe Jato, San Cipirello, Piana degli Albanesi, già dalle prime ore del mattino, quando a piedi, con i muli e i carretti, le bandiere rosse e quelle bianco-rosso-verde dell'Italia, contadini e artigiani, poveri e benestanti, giornalieri e mezzadri, si erano partiti dai loro paesi a valle, per risalire, attraverso antichi sentieri percorsi nel tempo, fino alla "Ginestra" (*a Jnestra*, come la chiamavano), al "sasso" di Barbato. Da qui il medico pianese dell'800, soleva parlare ai convenuti, predicando i diritti dei lavoratori. Anche quella mattina del 1° maggio 1947 la folla si era radunata in quel pianoro, per sentire parlare dei diritti calpestati dal fascismo e della nuova Italia democratica che a fatica si stava costruendo. Mentre gli oratori ufficiali tardavano ad arrivare aveva preso la parola, per intrattenere la folla, un calzolaio di San Giuseppe Jato, segretario della locale sezione socialista. Aveva parlato per alcuni minuti quando si udirono gli spari di alcuni mortaretti. Molti applaudirono pensando trattarsi dell'inizio di una festa popolare, ma ben presto la loro allegria si tramutò in tragedia. Prima cominciarono a cadere i muli che con i carretti facevano da siepe, come negli accampamenti indiani, poi, uno dopo l'altro, caddero i contadini, i bambini, le madri.

Per quella strage senza precedenti (undici morti e ventisette feriti) le sentenze di Viterbo (1952) e di Roma (1956) condannarono gli uomini di Salvatore Giuliano, un ragazzo che a vent'anni aveva ucciso, forse per difesa personale, il carabiniere Antonio Mancino, tenendo quasi a battesimo così l'8 settembre '43 e prendendo la via delle montagne. Solo che qui eravamo in Sicilia e le truppe alleate, già da un paio di mesi, avevano invaso l'isola cacciando le truppe italo-tedesche.

L'analisi delle deposizioni rese all'epoca dai testimoni,

l'acquisizione di nuove documentazioni medico-legali, ricerche archivistiche condotte in Italia e all'estero consentono ora di mettere in discussione la versione ufficiale dei fatti. Nelle settimane e nei giorni successivi all'eccidio, numerose persone (tra queste, i quattro cacciatori catturati dalla banda Giuliano sui roccioni del Pelavet, quella stessa mattina di fuoco) rilasciarono agli inquirenti dettagliate testimonianze sulla dinamica della sparatoria. Ma i giudici di Viterbo non ne tennero conto. Eppure non ne avrebbero dovuto fare a meno considerando che esse erano state tutte concordi e univoche su alcuni aspetti essenziali della dinamica dei fatti e cioè l'accerchiamento della folla e l'uso di armi solitamente non in possesso della criminalità comune (ad esempio le granate).

Ascoltiamo, allora, questi testimoni perché ci aiutano a capire. Vincenzo Petrotta, 46 anni, segretario del Pci di Piana, agricoltore, a meno di ventiquattro ore dall'eccidio, dichiara al procuratore della Repubblica di Palermo, dottor Rosario Miceli, di aver visto una trentina di persone sulla montagna opposta a quella in cui era stato collocato Giuliano con i suoi uomini: si muovevano e sparavano.[440]

Il 3 maggio 1947, Giacomo Schirò, 39 anni, segretario della sezione socialista di San Giuseppe Jato, dice di avere avuto l'esatta sensazione che si era sparato non solo dalla Pizzuta (il versante in cui era la banda Giuliano), ma anche dalla Cometa, come era dimostrato dal fatto che tracce di proiettili si potevano notare "sulle pietre opposte la montagnola Cometa". Certamente Schirò si riferisce al Cozzo Duxhait che si trova ai piedi del Cometa. Questo Cozzo presenta, sul versante interno, un antico viottolo che conduce, ancora oggi, alla masseria di Kaggio: la tenuta dei mafiosi del tempo nella quale, alla vigilia della strage si tenne un summit dei vari capifamiglia locali.

In quello stesso giorno fu ascoltato Giuseppe Di Lorenzo, 32 anni, segretario della locale Camera del lavoro, muratore. Anche lui confermò che i colpi non provenivano solo dalla Pizzuta. A dimostrarlo stava il fatto che anche lui aveva visto, come lo Schirò, tracce di proiettili sui massi che guardavano la Cometa.

Che non si fosse sparato soltanto dal Pelavet fu attestato l'indomani, da Giovanni Parrino, 42 anni, maresciallo dei carabinieri di Piana degli Albanesi.[441]

Dopo la strage, Rosario Cusumano, testimone di 12 anni, fu portato a Palermo e sentito il 4 maggio. Anche lui riferì di avere sentito i "mortaretti." È la stessa versione di Anna Guzzetta, 46 anni, di San Giuseppe Jato e di Vincenza Spadaro, 48 anni, dello stesso comune.[442] Ma anche altri testimoni affermarono lo stesso particolare. Il 15 maggio 1947, Nicolò Napoli, 48 anni ("Di un tratto furono uditi gli spari. Dapprima ritenni trattarsi di fuochi artificiali, però poco dopo ho visto cadere uccisa sul colpo una donna"); lo stesso giorno Menna Farace, 17 anni, contadino ("Ad un tratto abbiamo udito degli spari che provenivano dalle falde della Pizzuta. Ho guardato da quel lato ma non ho scorto nulla. Dapprima ho ritenuto trattarsi di mortaretti"); l'11 giugno, Pietro Tresca, 55 anni, di San Giuseppe Jato ("Mentre parlava Schirò Giacomo, abbiamo udito degli spari che dapprima furono ritenuti prodotti da mortaretti.").

Vincenzo Di Salvo (quattordicenne figlio di Filippo, una delle vittime) si trovava sotto il palco e, anche lui, udì i "mortaretti".[443] I mortaretti della festa.

Se non fossero stati esplosi, la dinamica della strage sarebbe stata diversa e diversi sarebbero stati i protagonisti. La banda Giuliano, infatti, nella sua storia di assalti alle caserme, ai tempi dell'Evis, non aveva fatto uso di esplosivi a distanza. I banditi di Montelepre che abbiamo imparato a conoscere, a meno che non avessero seguito una scuola di sabotaggio, non avevano una, sia pur minima, conoscenza, della balistica. Non sapevano calcolare le parabole degli ordigni lanciati a centinaia di metri dai bersagli e non risultava neanche che avessero gli attrezzi adatti per compiere lanci ragguardevoli (500-600 metri). L'elenco delle armi è contenuto nel rapporto giudiziario del 4 settembre 1947, a firma dei marescialli dei Cc Calandra, Lo Bianco, Santucci. Manca qualsiasi riferimento ai lanciagranate o a strumenti simili, come i *panzerfaust* in dotazione a pochi gruppi paramilitari, ad esempio, i militi della Decima Mas. A questa organizzazione di Junio Valerio Borghese ci rimandano non solo le armi usate per la strage (moschetti 1891, e mitragliatore Breda mod. 30), tipiche di quei militi, ma la partecipazione stessa di alcuni siciliani e di qualche monteleprino in particolare alla scuola di sabotaggio nazifascista di villa Grezzana di Campalto.[444] Forse per questo il capobanda e i suoi uomini furono messi in evidenza sullo scenario del Pelavet. Tanto che alcuni dei manifestanti ne sentirono il vociare tra i roccioni o li videro addirittura spostarsi da un masso all'altro prima ancora dell'inizio della strage. La "Voce della Sicilia" del 2 maggio uscì addirittura con una fotografia in prima pagina del costone del Pelavet, dov'era appostato Giuliano, mentre una freccia indicava l'esatta posizione dei banditi. Non erano passate neanche ventiquattro ore e cominciavano i misteri. Primo tra tutti il telegramma a Scelba con il quale l'ispettore Messana assicurava che la strage doveva essere attribuita a qualche elemento locale che aveva agito in "strette, inconfessabili relazioni" con Giuliano. Versione, questa, avallata subito dallo stesso ministro dell'Interno all'Assemblea costituente. Erano cominciati gli intrighi di palazzo nelle cui maglie cadranno molte vittime.

Il particolare delle granate, alle quali accennano in mezzo rigo i giudici di Viterbo, ma soprattutto i testimoni, è un aspetto nodale per capire le finalità della strage.[445] L'uso di quegli ordigni (o come li chiamavano gli americani "bombe aeree simulate") tendeva a disperdere la folla per meglio consentire ai gruppi che provenivano dal basso e anche agli altri che si trovavano appostati tra i roccioni, di operare in modo mirato con maggiore possibilità di riuscita. Faceva parte delle procedure da manuale. Se tutte quelle armi da guerra fossero state dirette fin dall'inizio sulla folla, quella mattina si sarebbe avuta un'ecatombe.[446] L'attacco doveva essere portato al podio, al gruppo dirigente: un'operazione da commando paramilitare che si svolgeva in uno scenario concepito secondo un sistema di scatole cinesi. La banda di Giuliano era bene in vista. Vi erano poi gli uomini "invisibili" (i confidenti delle forze dell'ordine: Ferreri/Fra' Diavolo e i fratelli Pianello) che non dovevano spuntare neanche nel rapporto giudiziario, cioè nell'atto di accusa degli autori della strage; in ultimo vi erano coloro che le voci popolari, quella mattina di tragedia, additavano genericamente evocando azioni di violenza e gli "americani".[447] A suggellare l'operazione o, meglio, l'affare che ne sarebbe derivato per molti, naturalmente, c'erano anche i mafiosi. Non potevano mancare. I boss locali stavano giocando una loro partita e non potevano consentire che altri la gestissero senza di loro.

Caduti e i feriti

Il piano d'assalto su di una folla inerme di donne, bambini e lavoratori in festa dovette apparire a molti non proprio una bella trovata. Non lo fu anche perché pagarono il conto soprattutto bambini e ragazzi, madri e padri innocenti, famiglie in festa interamente decimate.

Il numero più alto di vittime si ebbe tra coloro che si erano collocati più vicini al podio, verso il quale vi era stata una vera e propria convergenza di tiro, per colpire il bersaglio. Lo si desumeva dall'altissimo numero di morti e feriti che caddero attorno a quel punto. Lo stesso Giuliano, pochi minuti prima dell'attacco, era stato visto dai cacciatori sequestrati guardare ripetutamente, col binocolo, in quella direzione, ma appunto per questo, non è proprio detto che fu il suo Breda mod. 30, che si era usato durante la guerra a fare la strage.

Il maresciallo Parrino era a pochi metri dal punto in cui s'era messo a parlare l'oratore. Vide cadere accanto a sé Margherita Clesceri, Giorgio Cusenza, e Giovanni Megna. All'incredulità e al terrore collettivo seguì un fuggi fuggi generale, tra urla di disperazione di madri che chiamavano i figli, di persone che cercavano un riparo nelle scarpate o nei cunettoni dello stradale, o dietro qualche roccia. Giovanni Grifò, dodici anni, di San Giuseppe Jato, era andato a comprare delle nespole nei mercatini improvvisati dalle Camere del lavoro; fece in tempo a raggiungere la madre per dirle che era stato colpito al fianco destro da un proiettile. Venne adagiato, con gli altri feriti, su un carro e quindi trasportato nel suo paese e poi a Palermo, dove morì in ospedale[448] il 15 maggio. Sorte analoga toccò ad altri suoi compaesani: Vincenza La Fata, una bambina di nove anni, che morì sul colpo, Giuseppe Di Maggio, tredici anni, Filippo Di Salvo, quarantotto anni (morirà, dopo atroci sofferenze, il successivo 11 giugno). Si contavano, poi, gli altri morti, di Piana degli Albanesi: Francesco Vicari, Castrenze Intravaia, un ragazzo di diciotto anni, Serafino Lascari, Vito Allotta di diciannove anni. Undici morti. La furia criminale sembrava essersi abbattuta di più sui pianesi che avevano tardato ad arrivare, come se un cupo presentimento li avesse prima avvertiti. Sul terreno restavano ancora ferite ventisette persone: Giorgio Caldarella che perdeva la funzionalità dell'arto inferiore destro, Giorgio Mileto, Antonio Palumbo, Salvatore Invernale, Francesco La Puma, Damiano Petta, Salvatore Caruso (che resterà invalido a vita), Giuseppe Muscarella, Eleonora Moschetto, Salvatore Marino, Alfonso Di Corrado, Giuseppe Fratello, Pietro Schirò, Provvidenza Greco (che perderà l'uso della vista e della parola), Cristina La Rocca, Marco Italiano, Maria Vicari, Salvatore Renna (ferite anche per lui invalidanti), Maria Caldarera, Ettore Fortuna (che sarà costretto a rimanere per sei mesi a letto, con postumi invalidanti), Vincenza Spina, Giuseppe Parrino, Gaspare Pardo, Antonina Caiola, Castrenze Ricotta, Francesca Di Lorenzo, Gaetano Modica. Tutti, con una pietosa opera di volontariato, nei modi più improvvisati, furono condotti ai loro paesi di origine per ricevere i primi soccorsi, e da qui poi, con mezzi di fortuna o autocorriere a disposizione sul posto, furono trasportati all'ospedale della Filiciuzza di Palermo, dove giunsero nel primo pomeriggio. Alcuni di questi feriti, come Vincenza Spina, moriranno in seguito a causa delle lesioni riportate. Ma nessuno ha mai fatto un calcolo dei morti in conseguenza dei danni irreparabili subiti durante la strage e anche a causa dell'assoluta mancanza di una qualsiasi forma di soccorso da parte delle ambulanze dei vari ospedali, che rimasero totalmente inerti.

Ricognizioni

Una prima ispezione fra i roccioni fu operata dal capitano dell'esercito Ragusa, lo stesso pomeriggio del 1° maggio. Una domanda era d'obbligo: che armi si erano usate? La verifica fu fatta da graduati dell'artiglieria di Palermo che, per l'occasione, spararono, dal punto in cui si erano trovate le tracce delle postazioni di armi automatiche, in direzione del podio (480 metri), usando un fucile mitragliatore Breda mod. 30, quattro moschetti mod. 91, un mitra americano, un mitra Beretta mod. 1938/A a canna lunga. Ci si sarebbe dovuti chiedere come mai si era potuta registrare una grande varietà di armi, quando i quattro cacciatori presi in ostaggio dalla banda, quella stessa mattina, prima degli spari, ebbero a dichiarare, al contrario, che per tutte le ore in cui restarono sequestrati avevano visto "dodici individui armati di moschetto militare e di un fucile mitragliatore, avvolto in una coperta e portato a spalla." Evidentemente non c'erano state solo le undici postazioni di tiro individuate.

Il militare poté raccogliere ben oltre 800 bossoli e desumere, dai punti in cui erano stati in gran parte trovati, che le persone che avevano sparato erano otto.[449] Era stato preceduto, quel pomeriggio, da Giovanni Parrino (immediatamente avvisato dal Caiola in mattinata), dal maggiore Angrisani e dai commissari Guarino e Frascolla. Il più tempestivo era stato il maresciallo Calabrò della stazione dei carabinieri di San Cipirello, solerte quanto qualche altro graduato della vicina stazione di San Giuseppe: si erano messi a raccogliere bossoli, senza nessun coordinamento, senza che nessuno abbia mai saputo a quali armi si riferivano, dove e quando fossero stati repertati e conservati e, soprattutto, da quali posti fossero stati prelevati. Fatto che non esimeva, però, il Parrino dal dichiarare, davanti al giudice, che "i bossoli rinvenuti dal Ragusa [erano] diversi da quelli rinvenuti dai carabinieri del nucleo e della stazione di San Giuseppe Jato e di San Cipirello".

Sul luogo, dopo le prime ricognizioni, furono trovati complessivamente oltre mille bossoli, non tutti repertati e non contando quelli che erano andati a finire nei crepacci della montagna, o che non furono mai trovati per altre ragioni. Dirà l'Angrisani ai giudici: "Ricordo che furono rinvenuti caricatori di fucile mitragliatore e di armi automatiche italiane, senza trovare i relativi bossoli. La qual cosa mi fece supporre che quelli che spararono raccolsero poi i bossoli."[450] È più ragionevole pensare che siano stati altri a svolgere questo delicato compito. Erano entrati in funzione fucili italiani, tedeschi e americani, armi di grande potere balistico, mitra e mitraglie. Una massa di fuoco imponente. Le stesse forze dell'ordine capirono immediatamente che, oltre alla banda, c'erano stati altri tiratori.[451] Conoscevano bene i personaggi, e sapevano che non avevano potuto agire da soli. Lo stesso colonnello dei Cc, Giacinto Paolantonio, dirà: "Ordinariamente, Giuliano, quando doveva compiere un'azione in grande stile, cercava di neutralizzare le caserme dei carabinieri, e perciò non è da escludersi che oltre coloro che spararono a Portella vi siano state delle pattuglie di protezione in vari posti".[452] Ma non tutto quel potenziale di morte fu scaricato sulla folla. I primi colpi, come asserivano i testimoni (ad esempio, Leonardo Di Maggio),[453] furono sparati in aria, servirono, come le granate, a fare disperdere la folla, a creare il panico.[454] Dirà Giovanni Parrino, che da carabiniere dovette assistere impotente alla tragedia:

D.R.: La sparatoria durò circa venti minuti.

D.R.: Ebbi la sensazione che delle pallottole mi lambissero quasi le spalle; data la posizione in cui mi trovavo e dati i luoghi non potevano che provenire dalla Pizzuta.

D.R.: Se i primi colpi sparati avessero avuto la direzione e la prensione che ebbero gli ultimi, lì a Portella si sarebbe avuto un secondo cimitero di Piana.

D.R.: I primi colpi non furono neppure da me avvertiti o

almeno non li intesi passare sulla testa e quindi penso che avessero avuto una direzione verso l'alto.

D.R.: Non posso dare spiegazione come mai i primi colpi non avessero raggiunto il podio, perché era naturale che si volessero colpire quelli che erano attorno al podio che dovevano essere le autorità.[455]

Giuliano aveva adoperato il mitragliatore Breda 30 cal. 6,5; la maggioranza della banda il moschetto militare mod. 91 cal. 6,5, qualcuno la carabina americana cal. 7,6, o il mitra corto Thompson. Ma si era fatto ricorso anche ad armi che non erano solitamente in dotazione alla banda, quali il fucile a ripetizione Enfield, il fucile mitragliatore Bren, il moschetto automatico mitra Beretta cal. 9. Sette tipi di armi diverse, in tutto. A esse dovevano essere aggiunte quelle usate dal versante del Cometa, checché ne pensasse il Parrino, e le altre che avevano sparato dalle postazioni disseminate, che nessuno identificò mai per il semplice fatto che nessuno si prese la briga di effettuare un'analisi dettagliata su tutto il terreno di Portella, nel raggio di almeno 500 metri attorno al podio.

Eppure c'erano parecchi elementi per indagare anche su quel versante "intoccabile". Il 29 maggio 1947, a Palermo, Salvatore Fusco (uno dei quattro cacciatori catturati da Salvatore Giuliano prima della strage), bracciante di Piana degli Albanesi, dichiarò che mentre erano a terra, guardati a vista da un bandito col mitra spianato, aveva notato sul monte Cometa numerosi altri individui. A una precisa domanda dei prigionieri, i banditi avevano risposto che erano compagni di quegli altri malfattori. La circostanza veniva confermata dal fatto che la banda Giuliano era dotata di una sirena portatile, necessaria per avvertire contemporaneamente tutti gli elementi dei commandos che disseminati sul pianoro di Portella, avevano bisogno, per agire con ordine, di ricevere un unico segnale di inizio e di conclusione delle operazioni.[456]

Anche vari quotidiani nazionali, il 2 e 3 maggio 1947, segnalarono la presenza di misteriosi individui sulle pendici del cozzo Duxhait (versante del Cometa).

"Il Giornale di Sicilia", 2 maggio:

Qualcuno addita all'altra montagna: mentre da monte Pizzuta si spara, da monte Cometa altri assassini seguono immobili sotto i tabarri la scena, le armi al piede. [...]
Un po' più a valle, intanto, due ragazzetti venuti giù da San Cipirello bighellonavano in riva al lago. Cercavano fave e volevano forse fare un bagno. Ma c'era parecchia gente in giro, affaccendata, che non voleva importuni tra i piedi. Poi venne un grosso camion rosso con a bordo cinque o sei figuri e si cacciò nella galleria presso il lago. Dall'altro lato, s'era ai piedi di monte Pizzuto d'onde s'organizzava l'agguato. I ragazzi guardavano un poco e poi tiravano dritto, abituati a essere poco curiosi. Ad un tratto, uno sussurrò piano qualcosa all'altro, e si nascosero: passava carponi un tizio con sulle spalle un'arma grossa che avevano visto di rado in giro, pur in questi tempi larghi di esibizioni del genere. A fatica si è riusciti poi a capire che si trattava di una mitragliatrice pesante, del tipo in uso nel nostro esercito. I ragazzi rimasero un attimo senza respiro, poi pensarono di raggiungere la comitiva, ché quel luogo era poco rassicurante per troppi sintomi.

"L'Unità", 3 maggio:

Scariche di mitragliatrice, provenienti dai sovrastanti costoni della Pizzuta e della Cometa, si abbattevano sul luogo del comizio. [...] Un nutrito fuoco incrociato si protraeva per venti minuti, mentre la folla si disperdeva in corsa in tutte le direzioni. [...] Anche sul costone della Cometa si notavano gruppi di uomini in ritirata e pare, anzi, che da essi fosse partito il segnale di fuoco.

"La Voce della Sicilia", 2 maggio:

Intanto, sul costone della Cometa si notava un gruppo di uomini che si ritirava. Pare che da essi era partito il segnale di fuoco. Poco prima, all'imboccatura della galleria – che fa parte di una strada ferrata incompiuta che unisce Piana dei Greci a San Giuseppe Jato –, una macchina attendeva dentro la galleria, che dovette accogliere gli uomini della Cometa. Questi sarebbero dovuti intervenire a fare fuoco incrociato, se quelli della Pizzuta fossero stati fatti segno ai colpi della forza pubblica, che avrebbe dovuto trovarsi presente al comizio, ma che, invece, era presente solo con tre uomini.

"La Stampa", 3 maggio:

Dal monte Cometa altri criminali erano con le armi al piede, pronti a dar man forte ai compagni di delitto se da parte della folla si fosse tentata la reazione.

"Il Messaggero", 3 maggio:

Da monte Cometa, fermi con le armi al piede, immobili nei loro tabarri, altri briganti osservavano la scena e l'opera bieca dei loro colleghi del monte Pizzuta [...]. Anche il leader comunista siciliano Girolamo Li Causi, nel dibattito svoltosi alla Camera dei deputati il 2 maggio 1947, riferisce che dai due costoni, la Cometa e la Pizzuta, sono partite raffiche di mitragliatrice.

"L'Unità", 8 maggio:

Testimoni oculari hanno dichiarato che a partecipare all'operazione sono stati dai 40 ai 50 assassini. Essi dovevano aprire un fuoco incrociato sui lavoratori dai costoni di monte Pizzuta e di monte Cometa. Il disegno dell'aggressione era infatti di proporzioni molto più vaste di quanto sia stato effettuato e, se esso fosse riuscito secondo i piani dei mandanti, la zona di Piana delle Ginestre sarebbe stata il 1° maggio ricoperta di cadaveri. Per un puro caso, invece, gli individui che erano appostati sui costoni del monte Pizzuta hanno dovuto aprire il fuoco prima che quelli destinati a sparare da monte Cometa raggiungessero le loro postazioni. Essi [gli uomini sul Pizzuta] sono stati infatti scoperti da un giovane di San Giuseppe, che era andato a fare erba per i muli. Uno degli uomini appostati aprì allora il fuoco sul giovane. A lui fecero seguito i mitra degli altri puntati sulla folla.

Felice Chilanti ci assicura, inoltre, che la mattina del 1° maggio venne notato dalla folla un gruppo di uomini sul cozzo Duxhait.[457]

In ogni caso, la superficialità nell'espletamento delle ricognizioni è dimostrata dalle contraddittorie relazioni degli ufficiali che se ne occuparono. Bastino, per tutte, quelle del Ragusa, ribadite l'indomani (8 maggio) dal Frascolla, e dell'Angrisani. Quest'ultimo redasse la sua relazione qualche giorno dopo:

Oggetti repertati sul luogo della strage

Relazioni Ragusa e Frascolla	*Relazione Angrisani*
– 4 caricatori Breda mod. 30	– 13 caricatori moschetto mod. 91
– 13 caricatori da sei mod. 91	– 128 bossoli esplosi cal. 6,05
– 51 bossoli esplosi mod. 91	– 78 bossoli esplosi cal. 6,05
– 1 cartuccia moschetto automatico americano	– 1 cartuccia moschetto aut. americano
– 1 cartuccia a pallottola mod. 91	– 81 bossoli esplosi mitra Beretta
– 27 bossoli esplosi moschetto automatico americano	– 51 bossoli esplosi mosch. aut. amer.
	– 1 bossolo per fucile inglese

I giudici romani fecero notare: 1) che nella prima relazione mancava ogni riferimento ai reperti dei mitra Beretta; 2) la notevole difformità sui caricatori e sui bossoli. Questa contraddizione non poteva spiegarsi, soprattutto se si poneva mente al fatto che le indagini sul terreno furono avviate dal Ragusa lo stesso primo maggio e che questi nella sua relazione aveva "omesso di menzionare altre sei postazioni rinvenute più in basso".

Mancò – scrissero i giudici – *un coordinato piano di azione per la conservazione delle tracce del reato, o quanto meno per l'esatto accertamento di esse, ai fini dell'identificazione topografica di tutte le postazioni da cui i malfattori avevano sparato; taluni degli investigatori, non ritenendolo compito proprio, non riferirono nulla all'Autorità giudiziaria, altri, distratti forse da più pressanti incombenze, omisero di esporre in modo completo i risultati delle loro osservazioni.*

[…] È manifesto – conclusero – *che, purtroppo, da parte di coloro cui incombeva l'onere della conservazione di tali reperti non si ebbe la percezione della importanza di essi, e non si pose la dovuta cautela nella loro custodia.*[458]

Era più logico pensare che, non sfuggendo assolutamente alle forze dell'ordine la gravità di quel delitto, omissioni e sottrazioni di corpi di reato e di atti dovuti rappresentassero una spia di quanto nell'eccidio fossero coinvolti più soggetti, e di come potesse essere altrettanto ipotizzabile che, sin dal primo momento, fossero state poste in essere precise manovre di occultamento dei mandanti. Avrebbe dovuto preoccupare, soprattutto, il fatto che, di almeno quattro pallottole repertate – di cui una intrisa di sangue, rinvenuta sul terreno, le altre estratte dai feriti – tre erano di calibro 9 ed erano state lanciate da mitra Beretta: un'arma che non era in dotazione alla banda quella mattina. Inoltre le armi che avevano ucciso avevano avuto un tiro radente, che formava, cioè, una linea arma-bersaglio collocata sulla stessa quota, mentre, nel caso del tiro dall'alto verso il basso (tiro ficcante), da una quota di molto superiore a quella del bersaglio, l'effetto sarebbe stato assai scarso.[459] A confermare la presenza di tiratori alla stessa quota dei caduti, si devono registrare ancora altri elementi, oltre a quelli ai quali faremo riferimento in seguito. Alle prime raffiche, non si ebbero morti; tutti le scambiarono per mortaretti. Alle seconde caddero i cavalli, che facevano da siepe; alle terze si ebbero i caduti. Chi avesse sparato dall'alto non avrebbe avuto motivo di colpire i cavalli, avendo per intero la visuale della folla e del podio.

La strage preannunciata

In un documento del Nara, a proposito dell'equipaggiamento in dotazione degli agenti Oss, leggiamo:

Nome: simulatore di bomba aerea.
Obiettivo: simulare il fischio e l'esplosione di una bomba aerea.
Descrizione: il simulatore di bomba aerea è un congegno pirotecnico formato da due coni di lega stagnola congiunti tra loro alla base. Una miccia è collegata a un fiammifero antivento che conduce, attraverso una delle due estremità del congegno, all'interno di una breve prolunga di stagno contenente una miscela esplosiva.
Funzionamento: strappata la sicura, la miccia viene attivata dall'accensione del fiammifero che detona la miscela all'interno della prolunga. Ciò provoca un fischio che va dai due secondi e mezzo ai tre secondi e mezzo, dopodiché il congegno esplode come un grosso petardo. Dal momento in cui viene strappata la sicura a quello dell'esplosione vera e propria passano quattro secondi e mezzo.[460]

I servizi di intelligence americani erano i soli ad avere in dotazione ordigni di quel genere. La Decima Mas e alcuni gruppi del clandestinismo fascista erano forniti, come, ad esempio, il battaglione Valanga, di esplosivi diversi, ma a differenza del "simulatore", letali. Ma se si tiene conto del fatto che le granate di cui parlano i giudici e molti testimoni[461] esplosero prima della strage e servirono a disperdere la folla dopo i primi colpi, è facile dare corpo all'ipotesi che quella mattina si dovesse attaccare il gruppo dirigente locale. C'è un episodio che lo dimostra: la rottura avvenuta nel comando della banda durante una riunione tenutasi nella mandria dei Genovese, a Saraceno, il 27 o 28 aprile 1947. Erano presenti Fra' Diavolo, i Pianello, lo stesso Giuliano e Giovanni Genovese. Ad un certo punto del primo pomeriggio era arrivato Pasquale "Pino" Sciortino, il cognato di Giuliano, con una lettera per lui. Il capobanda, appartatosi, l'aveva aperta e letta. Quindi, rivolgendosi ai presenti aveva detto: "È venuta l'ora della nostra liberazione. Il primo maggio dobbiamo andare a sparare sui comunisti a Portella della Ginestra."[462] Ma su quest'ordine non c'era stata unanimità. Le scuole di sabotaggio nazifasciste, infatti, potevano avere insegnato ad attaccare i nemici, ma era lampante che bambini, donne e contadini inermi non potevano essere considerati da nessuno, neanche da un criminale incallito come Giuliano, dei nemici da combattere. I dirigenti che avrebbero parlato dal podio sì. Inoltre i mafiosi locali potevano avere dei parenti in mezzo a quella folla.

Perciò quella mattina di fine aprile in quella mandria monteleprina c'era stata una chiarificazione irrevocabile[463] e forse qualcuno, come Antonino Terranova inteso "Cacaova", capo della squadra dei sequestri di persona, informato a metà aprile dallo stesso Giuliano sul prossimo attacco ai comunisti, per rafforzare la sua convinzione che l'intervento da effettuarsi doveva essere il sequestro e l'uccisione dei capi, aveva cambiato aria, andandosene con i suoi uomini in contrada Pernice, nei pressi di Camporeale e mettendo così il suo capo in difficoltà. L'operazione rischiava di fallire e questo non era certamente consentito dagli stragisti. Di mezzo c'erano stati denaro, promesse, prospettive e le lusinghe di un futuro nuovo che allettavano in modo irresistibile i mafiosi locali giunti al loro primo grande salto politico.

La frenesia di certi ambienti per l'imminenza di quell'evento aveva reso gli animi surriscaldati, come in una sorta di sfida, di spettacolo circense. Vi sono in proposito diverse testimonianze. Il 23 maggio 1947, Pasquale Sciortino, 34 anni, sindaco di San Cipirello (da non confondere con l'omonimo bandito di Montelepre), riferì che Vincenza Randazzo e Giovanna Maniscalco, in sua presenza, ebbero a dichiarare al vicequestore di avere inteso, quella mattina, una certa Maria Trupiano pronunciare le seguenti parole: "I preparativi sono buoni, ma ancora *un u sacciu*" [i preparativi sono buoni, ma ancora non so come andrà a finire]; e che Salvatore Russo aveva avuto detto, quella stessa mattina, da Giuseppe Grimaudo: "Tu non ci vai perché ti scanti delle bombe," intendendo così riferirsi alla festa della Ginestra.

Il 27 maggio 1947, Nunzio Borruso, testimone della strage di ventidue anni, militare di leva a Siena, ascoltato dagli inquirenti, dice:

Alle ore 9 del mattino, come ho detto, già ferveva la festa, allorché sentimmo raffiche di mitragliatrice provenienti dalla montagnola di Ginestra. A queste si aggiunsero subito dopo colpi di fucile tedesco, provenienti dalla Cometa. Dico che trattasi di fucile perché lo riconobbi dal colpo, che faceva: 'ta...pum, ta...pum'. [...] Vidi soltanto tre uomini sulla Cometa: uno con un impermeabile bianco; un altro con una camicetta e un cappello grande scuro; il terzo aveva stivali con pantaloni alla cavallerizza.

Sono gli elementi del gruppo del quale parla Schirò e che è facile collegare a militi del Vega in divisa.

Maria Baio, maritata Cuccia, nata a Piana dei Greci, ma domiciliata a San Giuseppe Jato, dichiara che la mattina del 1° maggio la vicina di casa Antonia Partelli, vedova, le si rivolge dicendo: "Vanno a Portella ma non sanno che lì ci stanno gli americani che devono buttare le caramelle!" La Baio di rimando: "Botta di sangue in bocca, che andate dicendo?" Allora quella riprende: "Io lo dico per ischerzo, ma sapete che a Palermo ci stanno i soldati americani?"

Infine, Cristina La Rocca racconta che, mentre si reca con tutta la famiglia a Portella, alcune persone si rivolgono ai suoi genitori esclamando: "*Va purtastivu a mattula cu spiritu?*" [Vi siete portati bambagia e alcool?][464]

Anche il dirigente sindacale, Di Lorenzo, di Piana, ebbe a raccontare ai giudici che una donna, moglie del borghese Domenico Balestrieri, la mattina del 1° maggio, mentre si avviava alla Ginestra, ricevette questa intimidazione: "Oggi vi finirà bene la festa." Non è da escludere che qualcuno avesse fatto il tentativo di dissuadere i manifestanti in partenza per la "festa" dal partecipare, quella mattina, alla manifestazione, preannunciando la strage. Certamente molti sapevano e tutto si svolse secondo il manuale. Il più chiaro di tutti era stato il capomafia di San Cipirello, Salvatore Celeste, il quale, alla fine del suo comizio tenuto con l'onorevole Bellavista, alla vigilia delle elezioni del 20 aprile, aveva detto:

Se vince il Blocco del popolo, voi che conoscete chi sono io, ci sarà molto sangue sparso, e molti non avranno né padre né madre.[465]

Decine di persone subirono quella mattina ferite nelle parti basse del corpo (piedi, gambe, cosce e glutei). Dovevano essere messe in fuga, per favorire un attacco al podio degli oratori. Ma pochi sapevano che il reale scopo di quella giornata era l'adempimento di una strage, commissionata altrove.

Perizie medico-legali sui feriti

Tra le decine di feriti, segnaliamo i seguenti (riguardano soggetti attinti da ordigni esplosivi di cui non si ha traccia nel processo di Viterbo):

Cristina La Rocca (San Cipirello, 9 anni) è seduta su un sasso a circa venti metri dal podio, con la Pizzuta alle spalle. Uditi i primi colpi, li scambia per fuochi d'artificio e prende a battere le mani. Subito dopo sente come una gragnola di sassi che colpiscono le pietre. Si alza e corre verso suo padre, che è accanto al podio, ma si sente mancare e cade a terra. La sparatoria è in pieno svolgimento. Suo padre la raggiunge, la solleva sulle sue spalle e inizia a correre verso Piana degli Albanesi. A piedi, la porterà in braccio fino a San Cipirello dove, sfinito, morirà di collasso cardiaco alcuni giorni dopo. Cristina viene colpita da una scheggia metallica alla regione lombare sinistra, radiologicamente riscontrata nel 1947, e cinquant'anni dopo, nel 1997. Sul foglio di accettazione dell'ospedale Civico e Benefratelli di Palermo, in data 1° maggio, ore 17, leggiamo: "[…] Ferita d'arma da fuoco emitorace sinistro penetrante in cavità. […]." Sempre in data 1° maggio, nel verbale di perizia, il dottor Martorana annota: "[...] Rimosse le bende, si osserva una lesione di continuo di forma circolare a bordi introflessi. [...] La Rocca Cristina ha subito una ferita di arma da fuoco all'emitorace sinistro penetrante in cavità. [...]"; e il 23 maggio: "[...] Sulla qui presente La Rocca Cristina, si osserva in corrispondenza del decimo spazio intercostale [...] una crosta ematica della grandezza di un centimetro circa, di forma rotondeggiante. Alla palpazione, la paziente avverte dolore. Giudico che la crosta ematica è il reliquato di una ferita di arma da fuoco lunga e costituisce il foro di entrata del proiettile. [...]." Il 17 aprile 1997 il dottor Livio Milone (specialista in Medicina legale all'Università di Palermo) visita Cristina La Rocca ed esegue una radiografia. Trova nella paziente un frammento metallico.[466]

Maria Caldarera (San Giuseppe Jato, 35 anni) si trova di fronte al sasso Barbato, con il viso rivolto agli oratori. Ha davanti a sé la Pizzuta e, alle spalle, la Cometa. Uditi i primi colpi, che anche lei scambia per mortaretti, si volge a destra e vede alle sue spalle, a circa 2 metri, il terreno che si gonfia e si solleva ("La terra *si sparmau*", racconta all'autore nell'aprile del 1998). Spaventata, fugge verso lo stradale, lo supera e sale correndo il pendio della Cometa. Poche decine di metri e sente il piede destro nella scarpa come bagnato. Si ferma e scopre di avere tutta la gamba destra coperta di sangue. Maria è colpita da qualcosa che, penetratole sotto il gluteo destro (a 61 cm da terra), le esce sul lato anteriore della coscia a 64 cm da terra, cioè con una direzione dal basso verso l'alto e dall'indietro al davanti.[467] È probabile che la donna sia raggiunta dalla scheggia dell'ordigno che ha visto esplodere alle sue spalle poco prima. Nel verbale di perizia, compilato in data 1° maggio 1947 presso l'ospedale Filiciuzza di Palermo, il dottor Costantino Martorana scrive:

[...] In corrispondenza della coscia destra, presenta una lesione di continuo della grandezza di un cece, a bordi introflessi (foro d'entrata). Altra lesione di continuo si nota allo stesso lato, a bordi estroflessi (foro d'uscita). [...] Giudico che la Caldarera Maria ha subito una ferita di arma da fuoco. [...]

Giuseppe Fratello (San Giuseppe Jato, 34 anni) si trova sullo stradale con il viso rivolto verso il podio e con, alle spalle, la Cometa. Viene colpito contemporaneamente alla mano sinistra, alla spalla sinistra e alla regione inguinale destra[468] ("Ho avvertito come un pugno alla mano sinistra e poi anche alla spalla sinistra", riferisce al dottor Milone nel 1997).

Gaspare Pardo (San Giuseppe Jato, 19 anni) è in piedi sul podio del sasso Barbato, alla sinistra dell'oratore Schirò. Ha il viso rivolto verso la strada e, alle spalle, la Pizzuta. Mentre si gira a sinistra per essere fotografato da un amico, ode dei botti, che scambia con il segnale di inizio della festa. Subito dopo, viene colpito da qualcosa alla spalla destra ed esclama: "Che tirate a fare questi sassi?" Vede cadere Filippo Di Salvo e Vincenzina La Fata. Nei pressi, si trova anche suo cognato, Alfonso Di Corrado (ferito al calcagno da vari frammenti metallici). Pardo presenta:

1) Alla regione infrascapolare destra, due cicatrici ovulari, superficiali, alla distanza di circa 2 centimetri l'una dall'altra; 2) Al braccio destro, terzo medio, una cicatrice di forma lineare, superficiale, della lunghezza di circa 3 centimetri e larga 1 centimetro. [...] Il colpo di arma da fuoco ha attraversato solamente cute e sottocute. La cicatrice di cui al punto 2 è stata prodotta da un proiettile di arma lunga da fuoco, che ha colpito di striscio la cute del braccio. Il Pardo è guarito in giorni 10 senza conseguenze. [...].[469]

Con ogni probabilità, e contrariamente a quel che afferma Martorana, le due schegge che colpiscono Pardo (ma anche Di Salvo, Caldarera e Di Corrado) provengono da una granata esplosa davanti al podio.

Alfonso Di Corrado (San Giuseppe Jato, 25 anni, bracciante) viene ricoverato alle ore 15.20 del 1° maggio all'ospedale Civico e Benefratelli di Palermo perché colpito al piede destro.

Anamnesi: ferito durante l'eccidio di Portella della Ginestra. Esame e diario: ferita da scoppio della grandezza di una moneta da cinque centesimi circa. Margini frastagliati sulla faccia naturale al di sotto del malleolo. Esame obiettivo: alla spellazione si apprezza presenza di corpi estranei di aspetto metallico. Radiograficamente: frammenti metallici multipli regione calcagno destro. 10.5.47: si estrae una piccola scheggia metallica. 15.5.47: si estrae una grossa scheggia metallica. 19.5.47: si estrae altra scheggia metallica. [...]

[...] Visitato il qui presente Di Corrado Alfonso di Salvatore, lo stesso presenta: ferita di arma da fuoco al tallone destro, penetrante in cavità nella regione tibio tarsica, a bordi introflessi (foro d'entrata). [...]

Martorana non accenna al fatto che al Di Corrado vengono estratte tre schegge metalliche. Inoltre, il chirurgo parla ora, per la prima volta, di un foro di uscita, contrariamente a ciò che aveva affermato nel verbale di perizia del 1° maggio. Infine, nella *Relazione di perizia su Di Corrado Alfonso* dell'11 novembre 1947, scrive che il bracciante è stato "investito da raffica di mitragliatrice".

Filippo Di Salvo (San Giuseppe Jato, 49 anni). La mattina del 1° maggio 1947 si trova vicinissimo al "sasso Barbato" e ascolta l'oratore che parla sul podio, dinanzi a lui. Di Salvo ha il viso verso la Pizzuta e volge le spalle allo stradale e alla Cometa. All'improvviso viene ferito al labbro inferiore e nella cavità orale.[470]

[...] Si nota – scrivono i medici del Civico il 7 giugno 1947 – *l'asportazione del canino inferiore sinistro e di due premolari inferiori a sinistra. Il paziente presenta agitazione febbrile e lievissima rigidità nucale. Pur avendo la coscienza e volontà dei propri atti, presenta un lieve stato confusionale. [...] L'asportazione dei denti sopra indicati è stata causata da corpo contundente scagliato con violenza, probabilmente scheggia di proiettile o di pietra. [...]*

Filippo Di Salvo muore l'11 giugno per infezione tetanica.

Giovanni Grifò racconta che il suo omonimo zio (12 anni) si trova sullo stradale, accanto a un palo telefonico, rivolto verso il palco. Colpito al petto, afferma di sentirsi dentro qualcosa che gli brucia, un *carrittigghiu* (un petardo).

Provvidenza Greco (San Giuseppe Jato, 13 anni) è colpita alla testa da un proiettile. Racconta Andrea Greco (fratello maggiore della ragazza):

[...] Alla mia destra, le pallottole mietevano l'erba. Io ero buttato a pancia in giù verso la Pizzuta, verso il podio. Quando la sparatoria si calmò, sono andato per trovare mia sorella e l'ho vista in un piccolo burrone verso la strada. Me la caricai sulle spalle e mi diressi verso San Giuseppe Jato. [...]

Nel foglio di accettazione dell'ospedale Civico e Benefratelli di Palermo, in data 1° maggio alle ore 15.00, leggiamo che la ragazza aveva subito una

ferita d'arma da fuoco alla regione orbitaria destra. [...] Esame obiettivo: ferita con foro di entrata nella regione sotto orbitale destra. Chimosi della congiuntiva e delle palpebre. [...] Radiografia: presenza proiettile in corrispondenza della rocca petrosa destra. [...]

Nel verbale di perizia del 1° maggio, il dottor Martorana annota:

[...] Si presenta una lesione di continuo di forma semi circolare della grandezza di 1 centimetro a bordi introflessi, in corrispondenza della regione orbitaria destra. Si osserva ecchimosi della congiuntiva. [...]

e in un secondo verbale (23 maggio):

[...] Giudico che la soluzione di continuo di cui sopra co-

stituisce il foro di entrata di un proiettile di arma lunga da fuoco, che ha prodotto eventuali lesioni interne alla massa cerebrale o alla base cranica, non ancora guarita. È opportuno sottoporre la Greco ad esame radiografico e all'esame di uno specialista in malattie nervose per gli accertamenti neurologici. [...]

Nei due verbali citati, Martorana non accenna mai alla presenza del proiettile ritenuto nel cranio della Greco, elemento che viene invece notato fin da subito nella radiografia realizzata il 1° maggio dal pronto soccorso dell'ospedale Civico di Palermo. Ma alcuni mesi dopo, nella *Relazione di Perizia* del 25 ottobre 1947, il medico scrive:

[...] La piccola perizianda fu ferita da pallottola di fucile che, penetrando nell'orbita destra, verso il suo contorno inferiore, andò ad arrestarsi contro la rocca petrosa dello stesso lato, rimanendo trattenuta all'interno della cavità cranica. La bambina perdette la coscienza e non la recuperò che dopo circa tre ore, nella propria abitazione dove era stata frattanto trasportata. La madre riferisce che essa, oltre che dalla ferita alla palpebra, perdeva sangue anche dall'orecchio destro (otorragia), e che da allora ha presentato deturpazione della armonia facciale, impossibilità di chiusura dell'occhio destro, difficoltà di pronuncia, stiramento della rima labiale verso sinistra: in una parola, i segni di una paralisi del nervo facciale destro. [...]

Dall'esame della radiografia realizzata sulla bambina nel 1947, notiamo la ritenzione di un proiettile calibro 9 Parabellum, lo stesso tipo di proiettile che si trova ancora nelle carni di Francesco La Puma. Provvidenza Greco muore nel 1951 in conseguenza delle lesioni riportate durante la strage.

Francesco La Puma (San Giuseppe Jato, 25 anni, bracciante) è di fronte al palco (alla sua sinistra si trova Salvatore Invernale, anche lui ferito) quando ode all'improvviso i "mortaretti". Subito dopo viene colpito all'emitorace anteriore destro da un proiettile, che è ancora nelle sue carni. La Puma è rivolto verso il podio e volge le spalle alla Cometa. Sul foglio di accettazione dell'ospedale Civico e Benefratelli di Palermo, in data 1° maggio 1947, leggiamo:

[...] Esame radiografico: presenza di proiettile di medio calibro in corrispondenza della clavicola destra. [...].

Sempre il 1° maggio, nel verbale di perizia, il dottor Martorana, annota:

[...] In corrispondenza della spalla destra regione anteriore, ed in vicinanza del cavo ascellare, si nota una cicatrice di forma rotondeggiante dal diametro di circa 1 centimetro. [...] Alla palpazione, il paziente avverte dolore e dolore avverte altresì alla regione scapolare corrispondente. [...].

Nel verbale del 1° maggio (ma anche in un secondo documento del 16 maggio), Martorana non fa alcun accenno alla presenza del proiettile ritenuto nella spalla di La Puma. Infine, dalla *Relazione di Perizia* del 28 agosto 1947, apprendiamo che:

[...] Praticate radioscopie, si vede nella regione toracica profondamente stirata un proiettile lungo circa 10 mm, che ha i caratteri di un proiettile di mitra. [...].

Il 17 aprile 1997, a Palermo, il dottor Livio Milone (Istituto di Medicina legale) visita il La Puma e scrive:

[...] Dall'esame diretto delle lastre radiografiche si rileva nella proiezione antero-posteriore la presenza di un corpo estraneo di densità metallica, attribuibile chiaramente a proiettile d'arma da fuoco, indovato tra le parti molli della regione posteriore del torace a livello dell'arco posteriore della seconda costola. Il proiettile appare avere conformazione cilindro-ogivale con punta rivolta verso il basso e verso l'esterno, delle dimensioni sui radiogrammi di mm. 17,00 per

mm. 9,5. Si è proceduto quindi a raffronto sugli stessi radiogrammi con proiettile "test" calibro 9 Parabellum interamente camiciato, proveniente da smontaggio di cartuccia calibro 9 marca "Fiocchi", mod. 9 M 38, di produzione dell'anno 1943, posta sul torace del soggetto anteriormente, alla stessa altezza del proiettile ritenuto, rilevando che le dimensioni del proiettile suddetto appaiono di mm. 16,2 per mm. 9,4. Si desume, tenendo conto della lieve differenza dimensionale determinata dalla non planarietà dei due elementi e, quindi, ai raggi X, di un lieve aumento delle dimensioni originali degli elementi, che il proiettile ritenuto posteriormente al torace del sig. La Puma sia un proiettile cal. 9 Parabellum, in origine proveniente da cartuccia militare di pari calibro (nelle varie denominazioni usate: cal. 9 Luger, cal. 9 Parabellum, cal. 9 Lungo, cal. 9 M 38 italiana, cal. 9 per 19 mm.). Considerando la presenza di cicatrice rotondeggiante all'emitorace anteriore destro, regione sopramammaria (cicatrice attribuibile sicuramente a pregresso orificio d'arma da fuoco), e considerando la sede di ritenzione del proiettile posteriormente, si può ritenere che il detto proiettile sia stato esploso con direzione antero-posteriore da un punto di fuoco posto sul davanti e da destra rispetto al soggetto. Il proiettile è arrivato con scarsa forza di penetrazione, ha perforato gli indumenti e le parti molli non riuscendo a perforare lo strato osseo costale con produzione di tramite sottocutaneo circumgirante e ritenzione posteriore dell'elemento. Considerando la scarsa penetrazione, la sede attinta e la produzione di un tramite circumgirante, si può ritenere che il proiettile sia stato esploso da una certa distanza e con una inclinazione praticamente ortogonale rispetto al soggetto o comunque con inclinazione compresa entro i 45 gradi circa.

Da chi viene sparato il proiettile che colpisce il La Puma? Secondo la versione ufficiale della sparatoria, la banda Giuliano spara con un mitragliatore Breda mod. 30 (cal. 6,5) e con i moschetti 1891, dello stesso calibro. I proiettili cal. 9 sono esplosi dai mitra Beretta mod. 38 in dotazione a Salvatore Ferreri e ai fratelli Giuseppe e Fedele Pianello (membri della banda Giuliano) dei quali ci occuperemo in seguito.

Marco Italiano (16 anni) è sotto il palco. Uditi i primi colpi, si mette a correre ma subito dopo sente la gamba sinistra come bagnata. Alza il pantalone e nota che qualcosa gli ha perforato la gamba, da destra a sinistra.

Il 1° maggio 1947, il solito Martorana annota nel verbale di perizia:

[...] Presenta una lesione di continuo a bordi introflessi in corrispondenza della regione laterale del ginocchio sinistro. Altra lesione di continuo, a bordi estroflessi (foro di uscita) al cavo popliteo. Giudico che le lesioni sopra descritte sono state prodotte da arma da fuoco. [...]

E in un successivo verbale del 23 maggio:

[...] Notasi una cicatrice di forma rotondeggiante e dal diametro di circa mezzo centimetro alla faccia interna del ginocchio sinistro. Altra cicatrice notasi al cavo popliteo della stessa gamba. Notevole edema in tutto l'arto ed in special modo alla regione del ginocchio. La deambulazione non è regolare, anzi notevolmente difettosa. Giudico che le cicatrici sopra riscontrate sono rispettivamente il foro di entrata e di uscita di un proiettile di arma lunga da fuoco. [...]

In realtà, è verosimile che Italiano sia stato colpito al ginocchio dalla scheggia dell'ordigno esploso nei pressi del podio.

Tra gli altri "gambizzati" ricordiamo:

Antonina Caiola[471]
Ettore Fortuna (San Cipirello, 36 anni)[472]
Damiano Petta (Piana degli Albanesi, 36 anni)[473]
Pietro Schirò (Piana degli Albanesi, 24 anni)[474]
Giorgio Caldarella (Piana degli Albanesi, 61 anni)[475]
Maria Vicari[476]
Salvatore Renna (San Giuseppe Jato, 27 anni)[477]
Giuseppe Muscarello (Piana degli Albanesi, 44 anni, si trova davanti al podio, assieme ai genitori)[478]
Salvatore Marino (Piana degli Albanesi, 23 anni)[479]

Perizie medico-legali sui cadaveri e autopsie

Oltre a Grifò, Di Salvo e Greco (già citati, deceduti rispettivamente 2 giorni, 40 giorni e 4 anni dopo la strage), a Portella della Ginestra si contano altri 9 morti:

Castrenze Intravaia (San Giuseppe Jato, 20 anni) si trova davanti al palco, con il viso rivolto verso la Pizzuta e col Cometa alle spalle.

Sul cadavere in esame – si legge nell'autopsia del 2 maggio – *si rilevano le seguenti lesioni prodotte da proiettile unico a pallottola appartenente ad arma automatica: alla regione acromiale dell'arto superiore sinistro e fuori, sul prolungamento della linea ascellare anteriore, si rileva una soluzione di continuo di forma allungata nei due terzi superiori e con asse lungo di circa 2 centimetri e dal diametro di circa 1 centimetro. [...] La direzione del colpo, ricavata sulla vittima immaginata in posizione anatomica (eretta) al momento della esplosione del colpo* – si legge in un altro documento – *riesce dall'alto in basso e da sinistra verso destra; il feritore, pertanto, doveva occupare una posizione sopraelevata rispetto alla vittima. [...]*

Vincenza La Fata (San Giuseppe Jato, 9 anni) si trova sotto il palco. L'autopsia viene condotta il 3 maggio:

[...] Sul cadavere – leggiamo – *si rilevano le seguenti lesioni prodotte da proiettile unico di arma automatica: alla regione occipitale sinistra, in prossimità della regione mastoidea. Il cuoio capelluto presenta una soluzione traumatica a forma rotondeggiante e un foro ovolare, la quale ha un diametro massimo di circa 8 millimetri nell'asse più lungo e un'ampiezza di circa mezzo centimetro. Il cuoio capelluto è stato perforato a tutto spessore. [...] Al sondaggio, la soluzione riesce penetrante in cavità cranica. Essa ha i caratteri del foro di entrata di proiettile unico a pallottola. [...] Il foro di uscita del proiettile corrisponde alla glabella frontale e si estende dalla regione nasale a quella paraorbitaria sinistra (angolo interno). [...]*

Nella "Relazione di Perizia" del 3 giugno, Martorana e Bambino scrivono:

[...] La direzione del colpo, ricavata sul corpo della vittima in posizione anatomica, riesce postero-anteriore e pressocché rettilinea. È possibile, pertanto, che al momento in cui veniva colpita, la vittima si trovava in un atteggiamento atipico, nella vana speranza di trovare riparo ai colpi di arma da fuoco.

Giovanni Megna (Piana degli Albanesi, 18 anni, autopsia del 2 maggio):

[...] Si rilevano le seguenti lesioni prodotte da proiettile a pallottola: alla regione frontale, lato destro, e precisamente in prossimità dell'angolo esterno della zona sopracigliare, si osserva una soluzione di continuo prodotta da proiettile d'arma da fuoco. La soluzione ha forma rotondeggiante, margini introflessi e un diametro di circa mezzo centimetro. [...] Essa rappresenta il foro d'entrata del proiettile e risulta penetrante in cavità cranica. La soluzione non ha corrispondente foro di uscita. Si è avuta, pertanto, ritenzione del proiettile. Un'altra ferita a canale completo si rileva alla regione deltoidea destra (foro di entrata), sulla faccia latero-esterna dell'arto [...], e con foro di uscita alla faccia interna del braccio, a circa 3 centimetri dal cavo ascellare destro. [...]. Il proiettile è rimasto incuneato nei tessuti epicranici e in corrispondenza dell'impianto del proiettile si nota un diffuso ematoma. Esso viene rimosso e consegnato all'autorità giudiziaria presente. [...].

Sulla "Relazione di perizia" del 2 giugno, i due sanitari annotano:

[...] Il proiettile repertato appare di calibro ridotto, di forma cilindro ogivale e di piccolo peso; inoltre, appare poco deformato dalle resistenze ossee incontrate.

[...] La direzione del colpo, rilevata sulla vittima immaginata in posizione anatomica (eretta), ha una obliquazione dal-

l'alto in basso non molto appariscente, talché, a prima vista, il colpo apparirebbe diretto pressoché perpendicolarmente all'asse della superficie corporea della vittima, nel colpo che ha attinto alla regione cranica; mentre per il colpo al braccio destro, la traiettoria dall'alto in basso risulta più appariscente. [...]

Margherita Clesceri (Piana degli Albanesi, 47 anni) si trova dinanzi al palco, spostata un po' a sinistra (autopsia del 2 maggio):

[...] Si rilevano le seguenti soluzioni traumatiche prodotte da proiettile unico di arma automatica: sulla superficie cutanea dell'emitorace posteriore sinistro, lungo la linea ascellare posteriore a circa 1 centimetro traverso dalla spina della scapola, si nota una soluzione di continuo a forma allungata con asse obliquo in basso e a destra. L'asse lungo misura circa 2 centimetri, mentre il diametro della soluzione è a circa mezzo centimetro. La soluzione ha i caratteri del foro di entrata del proiettile e, al sondaggio, riesce penetrante in cavità toracica. Altra soluzione (foro di uscita) si rileva nell'emitorace anteriore destro, e precisamente lungo la linea ascellare anteriore nell'incrocio con il quarto spazio intercostale. Anche questa soluzione ha forma allungata e asse obliquo, in basso e verso sinistra. Le dimensioni sono pressoché analoghe a quelle del foro di entrata, i margini apparentemente estroflessi. [...] Nel caso in esame, la lesione rilevata sul cadavere si presentava a "canale completo" (foro d'entrata, tramite e foro di uscita) ed era stata prodotta da un proiettile unico a pallottola. Il proiettile, pertanto, ha dimostrato grande forza viva, tanto da superare le resistenze del bersaglio (frattura di costole) e fuoriuscire. [...] Teoricamente, pertanto, il colpo che ha ucciso la Clesceri Margherita è partito da una distanza superiore ai metri 400. [...] Non possiamo precisare le posizioni rispettive tra sparatore e vittima al momento del fatto delittuoso, ma dobbiamo limitarci a ricavare la direzione del colpo, immaginando la vittima in posizione anatomica (eretta) al momento in cui il proiettile ha urtato contro il bersaglio. In tali condizioni, il colpo presenta una obliquità dall'alto in basso non molto sensibile ed appariscente, ed è di-

retto nettamente da sinistra a destra. La vittima, cioè, venne colpita di fianco. Risulta evidente, pertanto, che lo sparatore doveva occupare una posizione sopraelevata rispetto a quella della vittima. [...] L'arma adoperata ha dovuto essere un'arma di grande potenza balistica (fucile o mitra da guerra). [...]

Vito Allotta (Piana degli Albanesi, 20 anni, autopsia del 4 maggio):

[...] Sul cadavere si rilevano le seguenti ferite prodotte da proiettile unico a pallottola di arma automatica: alla regione sottoclavicolare destra, in corrispondenza del terzo medio esterno della clavicola, si nota una soluzione di continuo di forma rotondeggiante e dal diametro di circa 8 millimetri. La soluzione è circondata da un piccolo alone abraso ed ecchimotico dello spessore di pochi millimetri. Al sondaggio, riesce penetrante in cavità toracica. La soluzione descritta ha i caratteri del foro di entrata del proiettile. Il foro di uscita è situato nell'emitorace posteriore sinistro e precisamente lungo la linea marginale esterna della scapola, a circa 4 centimetri dall'angolo scapolare ed a 9 centimetri dalla linea paravertebrale [...].

"Relazione di Perizia", 2 giugno:

[...] I caratteri della lesione sono indubbiamente quelli di una lesione prodotta da proiettile unico a pallottola e analoghi a quelli rilevati sui cadaveri di Megna Giovanni e Vicari Francesco, per i quali è stato ritrovato il proiettile. È possibile, pertanto, che le lesioni siano state tutte prodotte da armi dello stesso tipo e sicuramente di grande potenza balistica. [...] In rapporto al corpo della vittima, immaginato in posizione anatomica (eretta) al momento del fatto delittuoso, il colpo appare diretto da destra a sinistra, con una evidente obliquità dall'alto in basso. È possibile anche che, al momento del delitto, la vittima si era stesa a terra, nella vana speranza di trovare riparo. [...]

Francesco Vicari (Piana degli Albanesi, 23 anni, autopsia del 2 maggio):

[...] Sul cadavere si rileva: una soluzione di continuo prodotta da proiettile d'arma da fuoco, all'emitorace anteriore sinistro. La soluzione ha forma tendente a quella ovale, con asse obliquo in basso e lateralmente. Ha le dimensioni di un cece e appare ricoperta da croste ematiche. [...] La soluzione riesce a canale cieco: non si nota infatti la corrispondente soluzione di uscita, per cui si è avuta ritenzione del proiettile. [...] Il proiettile repertato è stato consegnato all'autorità giudiziaria presente [...].

"Relazione di Perizia", 2 giugno:

[...] Tenuto conto del tipo di proiettile repertato e del fatto che il proiettile non ha avuto forza viva sufficiente a superare le resistenze incontrate e fuoriuscire, è chiaro che, al momento in cui il proiettile è pervenuto sul bersaglio, doveva trovarsi pressoché al limite della sua traiettoria, avendo esaurito quasi completamente la sua forza viva iniziale. Le resistenze incontrate, infatti, sono state pressoché insignificanti, avendo il proiettile incontrato nella sua traiettoria organi esclusivamente parenchimatosi. Il proiettile repertato appare di calibro ridotto, ricoperto da metallo Maiellekort (lega di nikel e rame elettrolitico), di forma cilindrica e di piccolo peso. A noi sembra identificabile in proiettile di tipo mitra. L'esame del perito tecnico-balistico potrà, comunque, meglio precisare le caratteristiche del proiettile e dell'arma adoperata. [...] È chiaro che il proiettile è pervenuto sul bersaglio con una forza viva pressoché esaurita nelle scarse resistenze offerte da tessuti molli. Il colpo pertanto è partito da grande distanza, possibilmente da una zona intermedia tra quelle da noi indicate come zona di perforazione e di contusione (1000 metri circa). [...] La direzione del colpo, ricavata sulla vittima immaginata in posizione anatomica (eretta), risulta antero-posteriore e dall'alto al basso. Lo sparatore, pertanto, doveva occupare una posizione sopraelevata rispetto alla vittima. [...]

Giuseppe Di Maggio (San Giuseppe Jato, 12 anni, autopsia, 3 maggio):

[...] Sul cadavere in esame si rilevano le seguenti ferite prodotte da proiettile unico a pallottola di arma automatica: alla regione dell'ipocondrio destro, lungo la linea mammillare, circa 8 centimetri al di sotto della papilla mammaria destra, si nota una soluzione di continuo a forma rotondeggiante e dal diametro di circa mezzo centimetro. I margini della soluzione sono netti ed introflessi. I caratteri sono quelli del foro di entrata. Al sondaggio, la soluzione riesce penetrante in cavità toracica. Il foro di uscita è situato nell'emitorace posteriore sinistro, sul prolungamento della linea marginale interna della scapola. Quest'ultima soluzione ha forma leggermente allungata con asse lungo obliquo dall'alto in basso e da sinistra a destra. [...].

"Rapporto di Perizia", 2 giugno:

[...] In rapporto al corpo della vittima, immaginata in posizione anatomica (eretta), il colpo ha una netta direzione antero-posteriore, dall'alto in basso e da destra a sinistra. È presumibile, pertanto, che lo sparatore dovesse occupare una posizione sopraelevata rispetto alla vittima. [...] Le lesioni rilevate sul cadavere sono state prodotte da un proiettile unico a pallottola. L'arma adoperata è stata un'arma di grande potenza balistica e presumibilmente un'arma lunga da tiro rigata. [...]

Giorgio Cusenza (Piana degli Albanesi, 42 anni, autopsia, 2 maggio):

[...] Sul cadavere in esame si rilevano le seguenti lesioni prodotte da proiettile unico a pallottola: alla regione della fascia sopraclavicolare destra, fuori all'inserzione del collo, si nota una ferita d'arma da fuoco a forma rotondeggiante, a margini introflessi e dal diametro di circa 1 centimetro. La soluzione appare circondata da un alone ecchimotico dello spessore di pochi millimetri. Ha i caratteri del foro d'entrata del proiettile ed, al sondaggio, riesce comunicante con altra soluzione della stessa natura (foro d'uscita) situata nella zona simmetrica sinistra, ma un poco più in basso e lateralmente. [...]

"Relazione di Perizia", 2 giugno:

[...] *È evidente che l'arma adoperata doveva essere un'arma di grande potenza balistica, tanto da consentire al proiettile una notevole forza di penetrazione. È difficile precisare il tipo di arma adoperata, basandosi esclusivamente su dati probativi, quali possono essere quelli ricavabili dalle misurazioni delle soluzioni traumatiche e dagli effetti lesivi causati dal proiettili. È certo però che le varie lesioni rilevate sulle vittime mostrano carattere di similitudine assai sensibili sia per tipo di lesioni, sia per traiettoria dei colpi. Non è improbabile, pertanto, che le armi adoperate siano state armi di tipo e calibro analoghi. A questo riguardo, riteniamo che l'esame peritale praticato dal tecnico-balistico sui pochi proiettili repertati nelle varie autopsie praticate, potrà fornire elementi di giudizio assai importanti. [...] In rapporto all'asse del corpo della vittima immaginata in posizione anatomica (eretta), il colpo appare diretto da destra a sinistra, con una modica obliquità dall'alto in basso. Ciò lascerebbe presumere che la posizione dello sparatore doveva essere sopraelevata rispetto a quella della vittima. È possibile che tale direzione del colpo sia da mettere in relazione ad una particolare posizione della vittima al momento del fatto delittuoso. È possibile, cioè, che il Cusenza Giorgio si era steso a terra, nella vana speranza di trovare riparo ai colpi d'arma da fuoco. [...]*

Serafino Lascari (Piana degli Albanesi, 12 anni, autopsia, 2 maggio):

[...] *Sul cadavere si rilevano le seguenti ferite prodotte da proiettile unico a pallottola di arma automatica: alla superficie antero-mediale del braccio destro, una ferita d'arma da fuoco a striscio, interessante per circa 3 centimetri i tegumenti comuni ad un terzo superiore dell'arto. Alla stessa altezza nell'emitorace destro si osserva una soluzione di continuo di forma rotondeggiante, dal diametro di circa mezzo centimetro. Detta soluzione è situata sulla linea ascellare anteriore, all'incontro con la quarta costola destra. Ha i caratteri del foro di entrata del proiettile e, al sondaggio, riesce penetrante in cavità toracica.*

Lo stesso proiettile che ha leso a striscio i tegumenti del braccio destro, pertanto, è successivamente penetrato in cavità toracica. Il foro di uscita del proiettile corrisponde all'emitorace sinistro, all'incrocio della linea ascellare anteriore con il quinto spazio intercostale. La soluzione di uscita ha forma allungata, con asse lungo di circa 1 centimetro e mezzo e parallelo all'asse costale, ed un'ampiezza massima di circa mezzo centimetro. [...].

"Relazione di Perizia", 2 giugno:

[...] È difficile precisare il tipo di proiettile che ha prodotto la lesione, ma questo risulta di tipo analogo a quelli repertati sui cadaveri del Megna Giovanni e del Vicari Francesco. Le soluzioni traumatiche, infatti, presentano caratteri analoghi di forma e di dimensioni. *Il proiettile è stato lanciato, cioè, da un'arma di grande potenza balistica e sicuramente da un'arma da tiro rigata.* [...] *Basandoci su dati teorici, si può stabilire che il colpo che ha ucciso il piccolo Lascari è partito da una distanza superiore ai 400 metri.* [...] *Dobbiamo limitarci a identificare la direzione del colpo ricavandola dalla posizione anatomica (eretta). In tali condizioni, il colpo si presenta con direzione pressocché rettilinea e con una assai modesta inclinazione dall'alto in basso. È verosimile, però, che tale rettilineità della traiettoria sia da identificare nel fatto che, al momento in cui la vittima veniva raggiunta dal proiettile, il ragazzo si era disteso a terra nel vano tentativo di trovare riparo ai colpi di arma da fuoco. In questo caso, è chiaro che lo sparatore doveva occupare una posizione sopraelevata rispetto alla vittima.* [...]

Perizie balistiche

Vari documenti allegati al processo di Viterbo affrontano la questione dei bossoli, delle cartucce e dei caricatori rinvenuti sul luogo della strage, nonché dei proiettili estratti dai cadaveri e dai feriti. La stesura di detti atti, come del resto di tutti gli altri che riguardano la strage (dal rapporto giudiziario alle ricognizioni dei cadaveri e dei feriti), può essere considerata come un capolavoro di depistaggio collettivo messo in opera dalle autorità che avrebbero dovuto indagare per la verità e che, invece, ebbero tra di loro una solidale complicità. Dagli atti esaminati emerge quanto segue.

In un documento redatto dalla stazione dei carabinieri di San Giuseppe Jato, il 9 maggio 1947, il maresciallo capo Giovanni Calabrò e il carabiniere a piedi Giuseppe Criscioli scrivono:

[...] *Riferiamo a chi di dovere che il 1° maggio corrente, recatici sul posto della strage (Portella della Ginestra), rinvenimmo 1 proiettile intriso di sangue per terra che, col presente processo verbale, viene repertato a disposizione dell'autorità giudiziaria. Noi maresciallo Calabrò riferiamo inoltre che la sera dello stesso giorno, fatto ritorno in San Giuseppe Jato, dal dottor Licari Giuseppe ci veniva consegnato 1 proiettile (il più piccolo dei 2 repertati) estratto dal medico alla nominata Spina Vincenza di anni 61 di San Giuseppe Jato.* [...]

Tale passo entra in contraddizione con le tre relazioni di perizia sull'anziana donna. Secondo tali relazioni, infatti, Vincenza Spina non ritiene alcun proiettile, giacché è affetta da "ferita d'arma da fuoco a canale completo alla regione laterale emitorace destro". I due carabinieri, peraltro, non specificano il calibro dei due proiettili repertati. Di conseguenza, ignoriamo di che calibro sia il proiettile che colpisce Vincenza Spina. I due militi si limitano a dire che il proiettile estratto dalle carni della donna dal dott. Licari è "il più piccolo dei 2 repertati".

Il 27 maggio 1947, in una lettera inviata dal direttore sanitario dell'ospedale Civico di Palermo al giudice istruttore della Quinta Sezione del Tribunale di Palermo (prot. 1023), leggiamo: "Oggetto: Trasmissione copie cartelle cliniche. Con riferimento alla Sua richiesta del 19 corrente mese, Le rimetto le accluse copie di cartelle cliniche, relative ai feriti di Portella della Ginestra (Piana degli Albanesi) il 1° maggio c.a. Per i feriti ancora ricoverati, le copie delle cartelle cliniche sono state redatte allo stato presente. *I proiettili estratti ai medesimi sono stati già inviati da tempo, con i relativi referti medici, alla Procura della Repubblica, sezione corpo del reato."*

Nella *Relazione di perizia balistica* inviata alla Procura del Tribunale di Palermo il 16 giugno 1947, il maggiore di artiglieria Antonio Purpura scrive:

[...] In data 30 maggio 1947 ho effettuato un sopralluogo nella zona di Portella della Ginestra (Piana degli Albanesi) allo scopo di stabilire, in base all'esame dei bossoli, cartucce e caricatori rinvenuti sul posto, e in base alle tracce sul terreno delle pallottole lanciate, il tipo delle armi adoperate dai banditi che hanno sparato sulla folla il 1° maggio 1947, l'efficacia e la direzione del tiro. Dagli elementi acquisiti sul posto, e dall'esame del materiale del reperto fornitomi dal Tribunale di Palermo, è risultato quanto segue: 1) tipo delle armi relative ai caricatori, cartucce e bossoli rinvenuti: fucile mitragliatore Breda 30 cal. 6,5; fucile o moschetto mod. 91 cal. 6,5; moschetto automatico mitra Beretta cal. 9; carabina americana cal. 7,6 circa; fucile a ripetizione Enfield; fucile mitragliatore Bren. Per quanto le due prime armi adoperino le stesse cartucce, si arguisce che siano state adoperate entrambe dal fatto che, nel reperto, esistono i due diversi tipi di caricatori adoperati dalle due armi. Non si può stabilire se l'Enfield e il Bren sono stati adoperati entrambi, o uno solo dei due, in quanto non esistono nel reperto i due diversi tipi di caricatori, ma un solo bossolo del tipo adoperato da entrambe le parti.

I bossoli delle cartucce cal. 9 esistenti nel reperto possono essere adoperati, oltre che dal moschetto automatico Beretta, anche da pistole in uso dello stesso calibro e con la stessa camera di scoppio. È da escludersi però l'uso della pistola, in quanto è difficile che i tiratori abbiano potuto pensare che la pistola potesse avere efficacia alla distanza in cui trovavasi il bersaglio dalle postazioni dei tiratori, e comunque dal posto in cui i bossoli stessi sono stati rinvenuti. Risulta in via ufficiosa, in quanto le nostre regolamentazioni non contemplano tale tipo di arma, che le cartucce 7,6 circa, di cui nel reperto esistono i bossoli e una completa, sono dagli americani adoperate con la loro carabina. Quindi, stante tale notizia ufficiosa, si dovrebbe escludere l'uso di altro tipo di arma dello stesso calibro e dare per certo l'uso della carabina americana. 2) Sul posto, in un sasso sito a circa venti metri dal podio dal lato del Pelavet, è stata notata una traccia di proietto lanciato e schiacciato contro il sasso stesso. Data la forma e l'ubicazione del sasso, e la posizione in esso della traccia, si desume che il proietto è stato lanciato da un'arma posta a nord del podio. 3) In seguito a tipi di prova effettuati sul posto in presenza mia, delle autorità giudiziarie e dei carabinieri con armi portatili postate sulle pendici del Pelavet, e precisamente sul luogo ove sono stati rinvenuti caricatori, bossoli e cartucce, su bersagli posti accanto e sopra il podio, sono stati notati su diversi sassi siti lungo la direttrice di tiro, a monte e a valle del podio, quattro tracce di proietti schiacciatisi contro i sassi stessi della stessa natura di quelle precedenti. 4) Tutte le armi elencate al n. 1 hanno sicuramente efficacia alla distanza di 530 metri, che intercorre tra il luogo ove sono stati rinvenuti i relativi caricatori, bossoli e cartucce e il podio, specie trattandosi di un bersaglio di considerevoli dimensioni quale la folla compatta di spettatori raccolti il 1° maggio attorno al podio.

Con l'occasione, si fanno presenti le differenze riscontrate tra quanto segnato nel reperto e quanto materialmente rinvenuto dentro in seguito ad apertura del pacco: bossoli per armi 91 sparati: n. 128 e non 129; bossoli per armi 91 con la capsula non percossa: n. 1; bossoli per carabina americana: n. 52 anziché 51; cartucce di nazionalità inglese, e non tedesca: n. 1.

Firmato: i periti Purpura Antonio (maggiore di artiglieria) e Gaudesi Natale (maresciallo capo/capo armaiuolo).

È interessante che i due periti escludano che i proiettili calibro 9 siano stati esplosi da pistole, a conferma dell'ipotesi che a sparare le pallottole calibro 9 utilizzando un mitra Beretta siano stati Salvatore Ferreri e i fratelli Pianello, addosso ai quali, come vedremo, al momento della loro uccisione, fu rinvenuto quel tipo di arma.

Nella *Perizia balistica relativa al processo di Portella della Ginestra*, inviata al Tribunale di Palermo, il 26 giugno 1947 il maggiore Purpura annota:

In base ai quesiti posti da codesto tribunale, il sottoscritto avrebbe dovuto esaminare, tra l'altro, dei proiettili estratti dai cadaveri e dai feriti di Portella della Ginestra. Però, nel materiale repertato messo a disposizione del sottoscritto, non si sono notate pallottole che risultassero tali. Si prega pertanto volere cortesemente fornire chiarimenti in merito e, se le pallottole di cui trattasi trovansi custodite a parte presso codesto Tribunale, metterle a disposizione del sottoscritto perché possa esaminarle e completare così la sua relazione di perizia balistica. Firmato: il perito maggiore di artiglieria Purpura Antonio.

Con tutta evidenza, la richiesta di Purpura viene subito esaudita. In una annotazione a mano aggiunta in calce al documento, leggiamo infatti: "a) 26 giugno 1947. Consegnati al maresciallo Gaudesi: 1 reperto contenente 2 proiettili; 1 reperto contenente 1 proiettile; 1 reperto contenente 1 proiettile." Rimane comunque il mistero sulle "pallottole che non risultano tali" estratte dai feriti e dai cadaveri e consegnate al maggiore Purpura. Per quale motivo non viene redatta nessuna perizia su queste?

I tre reperti (contenenti complessivamente quattro proiettili, a cui si accenna nell'annotazione a mano del punto precedente) costituiscono il tema della *Relazione di perizia balistica* redatta da Purpura e Gaudesi in data 1° luglio 1947 e inviata alla Procura del Tribunale di Palermo. Vi leggiamo:

[...] Seguito relazione del 16 giugno 1947. Esaminato il materiale reperto, richiesto dal sottoscritto con lettera del 16 giugno 1947, è risultato quanto segue: 1) delle due pallottole contenute nel reperto n. 1, una è del cal. 6,5, impiegabile indifferentemente e solamente col fucile mitragliatore Breda 30, col fucile o moschetto mod. 91. Nel caso specifico, non si può

stabilire con quale delle suddette armi la pallottola è stata lanciata, non essendo in possesso del relativo caricatore che differenzia l'uso dei due tipi di arma da fuoco. L'altra pallottola è del cal. 9, impiegabile solamente col moschetto automatico mitra Beretta, se si esclude nel caso specifico, per motivi esposti nella precedente relazione, l'uso di pistole dello stesso calibro e con la stessa camera di scoppio del mitra Beretta; 2) la pallottola contenuta nel reperto n. 2 è del cal. 9 impiegato normalmente colle pistole Glisenti. È stato provato, però, che la stessa pallottola con relativo bossolo può essere efficacemente impiegata anche col moschetto automatico mitra Beretta, che ha lo stesso calibro e la stessa camera di scoppio della predetta pistola; 3) la pallottola contenuta nel reperto n. 3 è del cal. 9, impiegabile solamente col mitra Beretta, sempre escludendo nel caso specifico l'uso di pistole dello stesso calibro, come detto sopra. [...].

Purpura e Gaudesi non specificano da quali cadaveri o feriti provengano i proiettili esaminati. Le due pallottole del reperto 1 (una di calibro 6,5 e l'altra di calibro 9) sono probabilmente i due proiettili di cui scrivono in data 9 maggio i carabinieri Calabrò e Criscioli. Potremmo ipotizzare che la già citata Vincenza Spina sia stata colpita da un proiettile cal. 9, definito dai due militi "il più piccolo dei due repertati". La pallottola cal. 9, infatti, è più tozza e corta rispetto ad un proiettile cal. 6,5 (di forma più affusolata e lunga). I due proiettili cal. 9 contenuti nei reperti 2 e 3 sono probabilmente quelli estratti dai cadaveri di Giovanni Megna e di Francesco Vicari.

In sintesi, abbiamo appurato le seguenti circostanze: a) dai cadaveri di Giovanni Megna e Francesco Vicari vengono estratti due proiettili che sono consegnati alle autorità giudiziarie presenti alle autopsie. Ma il rapporto del dottor Martorana non ne specifica il calibro; b) i carabinieri Calabrò e Criscioli rinvengono a Portella, il 1° maggio, un proiettile intriso di sangue, mentre il giorno stesso a Calabrò viene consegnato dal dottor Licari un altro proiettile estratto dalle carni di uno dei feriti, Vincenza Spina. Ma nel rapporto del 9 maggio, i due militi non specificano il calibro delle due pallottole; c) in data 26 giugno, il maggiore Purpura si lamenta con gli inquirenti del fatto che "nel materiale reperto messo a disposizione del sottoscritto non si sono notate pallottole che risultassero tali," ma non specifica che tipo di materiale gli sia stato consegnato; d) infine, in data 1° luglio, i periti balistici Purpura e Gaudesi esaminano quattro proiettili (uno calibro 6,5 e tre calibro 9), ma non specificano da quali feriti o cadaveri siano stati estratti.

In ogni modo, siamo in grado di affermare che una vittima (Provvidenza Greco) e un ferito (Francesco la Puma) sono stati sicuramente colpiti da proiettili calibro 9, mentre è probabile che anche un altro ferito (Vincenza Spina) e altre due vittime (Giovanni Megna e Francesco Vicari) siano stati raggiunti da proiettili calibro 9: l'arma di Fra' Diavolo.[480]

Occhi su Montelepre

Negli anni 1944-1948 la banda di Salvatore Giuliano è direttamente collegata ai gruppi eversivi del neofascismo italiano, in particolare romano e meridionale.

In un documento dei servizi segreti italiani del 6 gennaio 1945, intitolato *Rapporto sul mese di dicembre 1944*, il capitano dei carabinieri e capocentro del Sim a Palermo, Vincenzo Di Dio, annota che "[...] Giuseppe Sapienza, di Giuseppe e di Purpura Caterina, nato a Montelepre (Palermo) il 19 novembre 1918, celibe, che era stato inviato in missione nell'Italia liberata [sotto giurisdizione alleata] è stato identificato come un agente sabotatore nemico [appartenente, cioè, ai servizi segreti della Rsi.]. [...]." Da una scheda Oss del 29 ottobre 1944 intitolata *Agenti nemici*, veniamo a sapere che un certo Giuseppe Sapienza, 26 anni, si trova presso una base della Decima Mas a villa Grezzana per frequentare un corso speciale di addestramento alle tecniche di sabotaggio militare. Vi partecipano una trentina di militi scelti. Il colonnello Hill-Dillon segnala che, i suddetti "[...] potrebbero essere utilizzati come agenti sabotatori clandestini." La base di Campalto ospita il battaglione Vega della Decima Mas e altri nuclei di sabotatori dipendenti dai servizi segreti germanici. Il Sapienza segnalato dal Sim e il Sapienza della Decima Mas a Verona sono la stessa persona? Stando ai dati si può rispondere affermativamente. Della banda Giuliano fa parte un altro Giuseppe Sapienza, inteso "Scarpe sciolte", classe 1927.[481] I due monteleprini omonimi, come l'altro Giuseppe Sapienza inteso "Bammineddu", hanno un qualche rapporto tra di loro? Il secondo e il terzo furono denunciati per la strage di Portella, ma i giudici di Viterbo li assolsero per avere agito sotto l'incubo di una minaccia grave per la loro incolumità.[482]

Dai rapporti, risulta che Begus e Biondi si incontrano per la prima volta a villa Grezzana nell'autunno del 1944. Nella seconda metà degli anni Quaranta, ad avere rapporti con padre Biondi è Gaspare Pisciotta, a Monreale: lo afferma lo stesso Pisciotta in un documento già citato, desecretato dalla Commissione parlamentare antimafia nel 1998.[483]

In un documento segreto conservato al Nara, a proposito del Biondi, leggiamo una valutazione totalmente diversa da quella fornita, nel suo *Rapporto giudiziario* sulla strage, dal maresciallo Giovanni Lo Bianco e dai suoi colleghi. Il monaco benedettino viene definito "uno dei casi più interessanti" ai quali avesse lavorato il servizio di intelligence americana. Dopo la sua cattura, Biondi confessa che il suo ingresso nell'Italia liberata era stato propiziato dal controspionaggio del partito nazista (Sd) con lo scopo di riferire sugli sviluppi del comunismo nell'Italia liberata. Stando al Biondi, il suo mandato era quindi lo spionaggio politico. C'è da dubitarne.[484]

In ogni caso i *double agent* entrano in un giro di ricatti. Collaborano con gli Alleati, avendone in cambio contropartite. In particolare, come ormai sappiamo, annunciando "cose grandi in vista e molto prossime" nella primavera del 1947, i neofascisti chiedono la presenza di otto uomini completamente sconosciuti in Sicilia.[485] Cosa dovevano fare dopo due anni dalla fine della guerra? Occorre unire parecchi tasselli e intravedere il mosaico già composto.

In un rapporto, già visto, dei servizi segreti italiani intitolato *Separatismo siciliano*, è evidente il riferimento all'Evis, braccio armato del separatismo e ai suoi connubi col neofascismo.[486] Nel fascicolo HP 68 intitolato *Partito fascista repubblicano* numerosi documenti segnalano l'attività di un certo Franco Garase (Catania, 1908), un ex prigioniero di guerra che nella primavera-estate del 1947 opera come emissario della banda Giuliano presso i gruppi paramilitari neofascisti di Firenze, Arezzo e Roma (Fasci di azione rivoluzionaria, Fronte antibolscevico italiano, Partito fusionista italiano, Arditi ecc.). Nella capitale, il Garase frequenta vari esponenti del neofascismo. Tra questi, Di Franco, Puccioni e Buttazzoni. In un rapporto della questura di Roma, firmato Ciro Verdiani, a proposito delle sanzioni contro il fascismo, si parla di una persona a contatto con Franco Garase: Franco Argentini, detto Walter, della banda Koch. Altro personaggio di cui parla il Verdiani è Aldo Capozza di Giuseppe, sospetto collaborazionista.[487]

Sulle probabili connessioni tra i gruppi paramilitari neofascisti e l'attentato al leader del Pci Palmiro Togliatti (14 luglio 1948), va rilevato che, in data 3 luglio 1951, al processo di Viterbo per la strage di Portella, si presenta un testimone, tal Corrado Guastella. Rinchiuso per un certo periodo nello stesso carcere in cui è detenuto l'attentatore di Togliatti, Antonio Pallante (classe 1924), Guastella dichiara di aver intercettato la corrispondenza di quest'ultimo e di aver scoperto che Pallante intrattiene rapporti epistolari con un ex capitano della Decima Mas, Matteo Guglielmo Ferro, e direttamente con la banda di Salvatore Giuliano. Da un altro documento veniamo a sapere che, nella primavera del 1945, nella Rsi, "[...] gli apparecchi radio a valigia venivano preparati a Crema da un certo Ferro [...]".[488] Si tratta del medesimo Ferro in contatto con Pallante tre anni dopo, nel 1948?[489] Infine, dal già citato volume di Aldo Bertucci, apprendiamo che un certo Ferro, membro degli Np della Decima Mas, fugge assieme ad altri suoi commilitoni dal campo di detenzione alleato di Taranto nella primavera del 1946.[490]

In un fascicolo del Sis intitolato *Complotti e attentati contro responsabili del Pci*, i servizi segreti italiani segnalano nuovamente le attività neofasciste di Selene Corbellini all'interno delle Sam e la preparazione di un attentato a Palmiro Togliatti ad opera dei gruppi del clandestinismo fascista, da attuarsi nell'autunno del 1947.

Realizzatosi nell'estate dell'anno successivo, l'attentato in realtà era stato pensato oltre un anno prima. Fu questa la fase numero due del tentativo di scatenare i disordini di piazza e quindi una salutare repressione con la messa fuori legge del Pci. La prima era stata la strage di Portella.

Da un rapporto segreto Usa intitolato *Il movimento fascista clandestino* del 30 gennaio 1946 a firma Angleton, apprendiamo che Fortunato Polvani, ex federale di Firenze durante la Rsi, stretto collaboratore dell'ex ministro fascista della cultura, Alessandro Pavolini ed esponente di spicco del fascismo si trova a Palermo dall'estate-autunno 1945, per dirigere il Centro nazionale fascista (clandestino) di Palermo. Ma chi è Polvani che, nella primavera del 1946, sembra risiedere in Sicilia ormai da tempo? È un personaggio di rilievo nell'incontro tenutosi nel quartiere San Siro di Milano il 4 novembre 1945 tra i "capi federali" e i gruppi: Onore e combattimento, Vendetta Mussolini, Camicia nera, Battaglioni M., tutti condotti dal Polvani stesso.[491]

Dunque, se Polvani, dall'estate-autunno del 1945, rappresenta a Palermo una direzione politico-eversiva, i collegamenti con Roma e il Nord sono tenuti da Carlo Romualdi. Da informazioni raccolte dal giornalista del quotidiano "la Repubblica", Attilio Bolzoni, apprendiamo che l'ex federale era emigrato nel 1948 in Brasile e in Argentina intestatario di una importante agenzia di viaggi, ancora attiva, la Polvani Tours.

Ancora una volta la lotta anticomunista accomunava molti.

In un rapporto Oss dell'11 aprile del 1945 leggiamo che "ufficiali e soldati della Decima Mas vengono inviati nell'Italia liberata per missioni di spionaggio. Partono dalla Liguria a bordo di piccoli sottomarini e raggiungono prevalentemente il nord della Toscana e Firenze."[492] Ma tra il 1946 e il 1947 a Palermo operava un Fronte antibolscevico sito in via dell'Orologio. Da varie fonti, sappiamo che all'inizio del 1947 Salvatore Giuliano visitò varie volte la sede del "partito anticomunista". Era la vecchia sezione politica di Polvani o la sede di un nuovo Fronte?[493] È possibile che a quella data la sede di Polvani non esistesse più e che questa avesse lasciato spazio, all'indomani delle stragi del 22 giugno 1947, a una nuova formazione. Qui vennero trovate centinaia di copie del proclama di Giuliano contro la "canea rossa" che infestava la Sicilia. Gli stessi volantini erano stati gettati dagli assassini nelle strade dei centri (Partinico, Carini, Borgetto e altri) in cui erano state consumate le stragi. Se gli organi inquirenti avessero voluto cercare meglio di quanto non fecero, la verità sui fatti del 1947, non avrebbero dovuto fare molta fatica.

Fra' Diavolo

Tra tutti i banditi di Salvatore Giuliano, uno si distinse per particolari doti di crudeltà e di violenza, ma anche per una notevole capacità di sommersione. A un certo punto, nell'anno fatidico 1944, la sua figura diventò quasi evanescente e scomparve nei rivoli criminali della penisola. Si chiamava Salvatore Ferreri, "Fra' Diavolo" per gli amici, "Totò u Palermitanu" per la polizia, "il vendicatore" a detta del capitano dei Cc, Giallombardo.[494] Il soprannome non gli era stato appioppato a caso. Si vede che prima di essere ammazzato, all'età di ventiquattro anni, si era guadagnato la nomea del giustiziere, o meglio del tagliateste su commissione, come quella che avrebbe avuto quando – come meglio vedremo più avanti – ricevette l'ordine di uccidere un certo Ronzoni, catturato dagli Alleati e delatore del gruppo neofascista di Tommaso David denominato "Volpi argentate". Un'organizzazione, tra le tante dell'eversione di estrema destra, costituita da militi della Rsi e da parecchie ragazze, nate e cresciute sotto il regime e disposte a tutto. Tra queste le sorelle Anna e Giuseppina Di Cecca, o la stessa Carla Costa, di cui abbiamo parlato. Il loro compito era quello di oltrepassare le linee nemiche e portare a termine missioni speciali. Avevano come simbolo un distintivo, raffigurante il gladio romano (1944).[495]

Erano gli anni bui della guerra civile, dell'odio e dei tradimenti. A quella data Ferreri si era specializzato e si era messo a disposizione di qualcuno. Nulla era accaduto a caso. Ai tempi dell'occupazione alleata lavorava presso l'aeroporto militare di Boccadifalco (Palermo). Ma un giorno un incidente di percorso gli cambiò la vita, se questa già non gli era stata fatta cambiare prima. La mattina del 9 giugno 1944, in contrada ex feudo Sparacìa di Portella San Vito, a circa quaranta metri dallo stradale Ponte Pernice-Roccamena, uccise Vincenzo Monticciolo di Alcamo, per impossessarsi, assieme a un certo Gasparino, rimasto sempre sconosciuto, della sua vettura. Il corpo del povero uomo fu trovato, quello stesso pomeriggio, in una tenuta coltivata a grano: aveva la gola squarciata e un colpo di pistola al petto. Per questo delitto, il 29 settembre del 1945, Fra' Diavolo fu condannato in contumacia all'ergastolo.[496] Ma a quella data era già da un bel pezzo uccel di bosco. Non si sa come e perché, aveva trovato rifugio nella penisola e, come ultimo approdo, a Firenze, dove aveva aperto una trattoria sull'Arno, gestita dalla madre. Questa, evidentemente, per seguire il figlio, aveva dovuto lasciare Palermo, dove abitava in via Albergheria, 163. Non si trattò di una semplice fuga, ma di una vera e propria riorganizzazione di vita: da killer, Fra' Diavolo diventò, infatti, un terrorista. In Sicilia, al massimo, poteva restare un killer al servizio di don Vincenzo Rimi, capomafia di Alcamo. Nella sua rinascita criminale, Salvatore Ferreri diventò Salvo Rossi. Al momento della sua cattura e uccisione, all'interno della caserma di Alcamo, ad opera del capitano dei Cc Giallombardo, gli fu trovata addosso una carta di identità apparentemente rilasciata dal comune di Palermo e datata 28 giugno 1945.[497] Il documento è falso, ma presenta elementi di autenticità che vanno letti e interpretati per capire quale fosse lo scopo di questa importante tessera di riconoscimento. Corrispondono, intanto, la foto, le caratteristiche fisiche e la data di nascita; del resto ci occuperemo in seguito. Per il momento ci basta considerare che, ucciso Monticciolo e volendo sfuggire alle maglie della giustizia, un giovane come lui, che si trovava in stato di bisogno e totale ricattabilità, dovette imbattersi in uno di quei gruppi, fornito di armi e denaro che – abbiamo visto – popolavano il sottobosco eversivo di allora, specialmente nel Mezzogiorno e nell'Italia centrale già liberata.

Figlio di Vito (emigrato, forse, a Parigi negli anni '30) e di Maria Coraci, era stato, poco più che ventenne, un comune assassino e un separatista di spicco. S'era fatta la fama di un tiratore di grande precisione. Ad Alcamo, suo paese di origine, ne avevano terrore. Ma allora non era difficile diventare delinquenti: le armi si trovavano abbandonate dappertutto, nelle campagne, nei casolari, nei bunker o nascoste presso le abitazioni private. I tedeschi, dal canto loro, presi da una inspiegabile inerzia, dopo la ritirata del 10 luglio 1943, a tutto avevano pensato tranne che a combattere. Evitarono perciò la fatica di portarsi dietro tutto il loro apparato bellico o di rispondere all'invasione angloamericana con una resistenza credibile. Pensarono, invece, a una veloce e sbalorditiva fuga.

Giuliano e Ferreri sono il frutto di questo clima, caratterizzato dal vuoto, dalla confusione sociale e politica, dal cinismo di certi politicanti, dal predominio delle forze del disordine su quelle dell'ordine; dallo stesso intreccio, non sempre separabile, tra il bene e il male. Ma non restarono elementi isolati, presi, come furono, dalle loro stesse illusioni: soprattutto il separatismo e il neofascismo. Sia l'uno che l'altro ebbero in comune lo stesso nemico: quel nascente nuovo Stato italiano che molti non volevano. Ma altri misero gli occhi sui due. Giuliano fu adocchiato dai servizi americani già sul finire del '43. Non si sa se per loro iniziativa o per le recondite informazioni del capomafia Vito Genovese, che sul mondo criminale teneva sempre i suoi sensori aperti.

Sta di fatto che sotto l'amministrazione di Charles Poletti, capo dell'Amgot in Sicilia nell'anno dello sbarco, Giuliano e Genovese s'incontrarono: il secondo in abito militare, il primo in tenuta civile, vollero immortalare l'evento con una di quelle rare foto che i grandi padrini riservano a eventi eccezionali[498] e affidano poi alla saggia lungimiranza degli immortalati. La data del fatale incontro è certamente opinabile, ma potrebbe essere riconducibile alla fine del '43 o alle primissime settimane del '44, per un motivo semplice. Genovese fu al seguito di Poletti e già dai primi del '44 questi aveva tutt'altro a cui pensare che starsene in Sicilia, avendo adempiuto al suo compito: insediare sindaci mafiosi e il governo militare alleato. Forse per questo Giuliano, agli esordi della sua carriera criminale, fu una tappa delle attenzioni del boss che Poletti volle investire della preziosa funzione d'interprete personale.

Giuliano entrò così nelle grazie del potere, allo stesso modo di come Ferreri entrò ben presto nell'amministrazione militare alleata presso l'aeroporto di Boccadifalco. Tali protezioni lo resero oltremodo ardito, finché qualcuno decise di ingaggiarlo. Non sappiamo quanti fossero in Italia gli "imprenditori" di questa specie, interessati al folle progetto di difesa, sulle linee del fronte di guerra, del nazifascismo. Sappiamo però che, anche dopo la sua sconfitta, vi furono diversi gruppi disposti a continuare in altri modi quell'esperienza, forse ancora illusi, forse anche motivati da altre ragioni meno nobili, più legate al denaro: organizzazioni agili, di cui si ha traccia solo grazie ai testimoni, o ai *double agent*, che riferirono agli uffici dei servizi di intelligence italiani o alleati, consentendo in tal modo che restasse traccia della loro attività.

Uno di questi gruppi era guidato da Puccio Pucci e da Aniceto Del Massa, poi arrestati a Liberazione avvenuta, a Milano, assieme ad altri associati. In teoria, era Pucci a comandare. Ma la vera eminenza grigia era Aniceto Del Massa, avendo egli lavorato nello spionaggio a Roma e a Firenze. L'organizzazione era costituita da circa 200 agenti. Tra i loro compiti, lo spionaggio antipartigiano nell'Italia liberata e l'attuazione di un piano per costituire bande armate da utilizzare contro gli Alleati. Nulla esclude l'ipotesi che tra queste potesse esserci la "banda armata neofascista" di "Rossi", sorta a Firenze nell'agosto 1944.[499] L'espressione linguistica lascia pensare a una vera e propria banda. Sappiamo che al processo di Viterbo, il colonnello dei carabinieri Giacinto Paolantonio, nello spiegare il motivo per cui Salvatore Ferreri circolava, già dal 1945, con una carta di identità intestata a Salvo Rossi, ebbe a chiarire che questa, solo nel cognome corrispondeva al suo autista personale. Forse aveva ragione, perché Salvo riconduceva solo a due soggetti: lo stesso Ferreri o Giuliano ("Turiddu", Salvatore, Totò, Salvo). Poteva essere un nome scelto a caso, ma troppi elementi impediscono di pensare che in quella situazione i casi non portassero a persone concrete. Pisciotta fu più preciso e sostenne che il nome era un'espressione simbolica che corrispondeva a una sorta di lasciapassare che si richiamava a Giuliano. E non aggiunse altro o non poté farlo. Gasparino si esprimeva in modo enigmatico, parlava fino a un certo punto, poi era costretto a fermarsi, consapevole della posta in gioco. Circa l'identità Fra' Diavolo/Ferreri/Rossi, è d'obbligo chiedersi allora perché mai Fra' Diavolo circolasse con un falso documento intestato nel nome a se stesso o a Giuliano e nel cognome al capo del battaglione Vega della Decima. La cronologia depone per un rimando della falsa identità di Salvo Rossi più allo stesso Ferreri che all'autista del Paolantonio. Del resto i capi neofascisti avevano spesso due o tre nomi che utilizzavano a seconda dei luoghi e delle circostanze. Salvo Rossi fu certamente un nome di copertura delle attività segrete di Ferreri/Fra' Diavolo. Ci sono altri indizi che consentono di affermarlo. Egli, nel giugno 1944, aveva ucciso Monticciolo, sapeva che senza protezioni non poteva sopravvivere. Fuggito o fatto riparare nella penisola, aveva trovato qualcuno disposto ad aiutarlo. Fu intercettato dai gruppi nazifascisti disseminati a macchia di leopardo nella penisola allora liberata e si mise a loro disposizione. In cambio ebbe armi, denaro e protezione. Lo mandarono, appena ventunenne, a scuola di sabotaggio, assieme al Sapienza (classe 1918) per perfezionare le sue competenze tecniche e paramilitari. A Campalto, infatti, incontriamo un Rossi. Che si tratti di Mario Rossi, il capo del Vega, è improponibile. Questi era del 1910, occupava da tempo il ruolo di un vero capo militare, non aveva per niente bisogno di frequentare un corso di sabotaggio. In materia era più che esperto. Per cui, quando a villa Grezzana troviamo anche Rossi (l'unico allievo del quale viene omesso il nome di battesimo), sorge spontanea l'ipotesi del collegamento con Ferreri. Corrispondono anche le caratteristiche somatiche e il fatto che un monteleprino, il Sapienza, era lì di casa.

I seguenti elementi hanno frequentato – scrive il colonnello Hill-Dillon del Cic – *un corso di sabotaggio presso villa Grezzana di Campalto, Verona, e potrebbero essere utilizzati come agenti sabotatori nell'Italia liberata: [...] Rossi, sabotatore della Decima Flottiglia Mas, 22 anni. Altezza: 1 metro e 60 centimetri. Corporatura normale. Occhi e capelli castani. Volto ovale. Visto per l'ultima volta a Campalto nell'ottobre del 1944* [nella lista troviamo anche il nome di Giuseppe Sapienza.][500]

Come si vede, i dati di Ferreri/Fra' Diavolo coincidono con quelli della carta d'identità che abbiamo riportato. Il documento è firmato Salvo Rossi e la fotografia è quella di Salvatore Ferreri. C'è una perfetta corrispondenza.

Ad avvalorare il circuito nazifascista dei capi della banda Giuliano intervengono ancora altri documenti. Il Sis ci svela che le Sam erano in contatto con Giuliano, che aveva come aiutante lo "scugnizzo". In un rapporto si spiegano i legami tra il capobanda e i servizi di Salò. Tra le attività di questo "capobanda fascista", vi era la preparazione di una sobillazione in Campania sul modello del movimento insurrezionale avutosi in Sicilia nel dicembre 1944 (mobilitazione del "Non si parte" contro il servizio di leva obbligatoria). Alla rete dello scugnizzo/Fra' Diavolo, potevano essere legati, in ultimo, gli interessi del Gruppo Aziendale Arno, al quale erano intestate delle tessere che davano diritto alla consegna dei pasti presso il ristorante Magnozzi. Non è da escludere che la gestione di una trattoria sull'Arno (La Nuova Firenze) da parte del Ferreri e della madre, Maria Coraci, potesse legarsi ai circuiti di copertura di cui si serviva la rete dei neofascisti fiorentini. Siamo sicuramente – come abbiamo visto in precedenza – in una fase matura dell'organizzazione di base dell'eversione nera con la quale l'X-2, con la sua mano invisibile, costruì pazientemente un intreccio di dipendenze, complicità e ricatti. L'obiettivo finale non era la lotta contro gli Alleati, ormai definitivamente perduta, ma quella, molto più nascosta e organizzata, contro il comunismo, la "canea rossa", che rischiava di invadere l'intera Europa e di sottometterla al dominio sovietico.

Per la comprensione della funzione dell'intelligence romana di via Sicilia, una verità deve essere tenuta come incontrovertibile: senza la volontà di Angleton nessuna attività paramilitare e fascista si sarebbe potuta mantenere in campo nell'Italia di quegli anni. Ciò non vuol dire che il capo dell'X-2 utilizzò l'intero corpo dei militi del caduto regime per combattere contro il nuovo nemico ma, al contrario, che egli individuò precocemente gli snodi nevralgici del suo progetto eversivo che attaccava di fatto l'unità del Cln e puntava alla sua rottura.

Personaggi come Ferreri vennero così a trovarsi al punto di incontro di due forze opposte, ma di fatto convergenti. Al processo di Viterbo il colonnello dei Cc Giacinto Paolantonio, interrogato dai giudici, ebbe a dire: "Svolsi subito indagini [nella primavera del 1947] sull'attività del Ferreri in precedenza ed appurai che era stato al servizio degli Alleati a Venezia, conoscendo perfettamente la lingua inglese, e che poi aveva partecipato ai moti dell'Evis."[501] Che Ferreri si trovasse nel Veneto è un'ipotesi, come abbiamo visto, suffragata da indizi documentari e dall'affermazione categorica di un colonnello dei Cc; che lo stesso personaggio fosse alle dipendenze degli Alleati, dopo il 25 aprile 1945, è proponibile, a meno che non si voglia escludere che, nella sua fuga dalla Sicilia, Fra' Diavolo fosse stato catturato dagli Alleati nei mesi successivi all'abbattimento della linea Gustav (maggio 1944) e infiltrato, quindi, come doppio agente dagli americani nel mondo ipogeo dell'eversione nera. Ipotesi, questa, legittima perché riflette il carattere del nostro personaggio e la sua funzione di agente doppio e triplo, con la quale fu riagganciato nella banda Giuliano. Messana e "Ginestra" – di cui parleremo meglio tra poco – giocavano lo stesso ruolo; don Vincenzo Rimi, seduto anche lui al tavolo della partita, ne giocava un altro; Giuliano e i suoi banditi un altro ancora. Tutti pensavano di uscirne vittoriosi.

Venezia, come il Veneto, non è un luogo qualsiasi nella storia della sovversione di quei mesi. Qui, infatti, sono arrestati Nino Buttazzoni e Rodolfo Ceccacci (fine aprile 1945). A Venezia, inoltre, funzionava da più di un anno la scuola di sabotaggio nazifascista sita presso l'isola di Sant'Andrea. È qui che, secondo un documento Sim di Pompeo Agrifoglio, già nel giugno 1945, almeno a venti militi della Decima Mas, viene garantita la totale immunità per i misfatti da loro compiuti nei venti mesi di Salò.[502] Superfluo rilevare che Sant'Andrea, Montorfano (Como) e villa Grezzana (Verona) sono strettamente collegati per le loro attività. Si segua ancora la seguente probabile cronologia dei fatti che riguardano Fra' Diavolo a partire dall'estate del 1943:

– collabora con gli Alleati presso la base militare aerea di Boccadifalco (autunno '43-primavera '44);
– uccide l'autista alcamese Monticciolo per impadronirsi della sua vettura (giugno 1944);
– fugge in continente (estate 1944);
– inizia a collaborare con i gruppi paramilitari nazifascisti alla ricerca di manovalanza criminale da rispedire al Sud (luglio-agosto '44, villa Grezzana);
– agisce come capobanda nazifascista in Umbria e in Toscana (settembre 1944);
– viene ingaggiato dal gruppo "Volpi argentate" di Tommaso David e inizia a operare come capobanda nazifascista nella zona di Esperia (tra Frosinone e Latina), inverno 1944-45;
– alla vigilia della Liberazione, torna alla base della Decima a Venezia e qui viene catturato dagli Alleati.

A questo punto il destino di Fra' Diavolo e della sua famiglia, cambia. Come ex milite della Decima, riceve l'immunità per gli atti compiuti durante il periodo della Rsi. Poche settimane dopo ottiene una falsa carta di identità (28 giugno

1945) e torna spesso in Sicilia. Ormai è organico ai servizi segreti alleati, per i quali lavora assieme a decine di suoi ex commilitoni. Il messaggio dei nuovi padroni dell'Italia è molto chiaro: il nemico da abbattere si chiama comunismo. Tutto sembra preordinarsi a questo scopo: nel mese di maggio inizia a costituirsi l'Evis e Ettore Messana (già criminale di guerra, alto funzionario di Ps, pronto per il pensionamento) è nominato ispettore generale di Pubblica sicurezza in Sicilia.[503] Chi meglio di lui poteva assolvere al nuovo compito nella terra delle lotte contadine per il lavoro e la libertà?

Una conferma dell'ipotesi del doppiogiochista è suffragata soprattutto dai documenti, che non sono solo del Nara o del Sis, ma anche più nostrani. Nella sentenza contro i membri dell'Evis inoltrata dall'ispettore Vittorio Modica al ministero dell'Interno, troviamo al n° 43 il nome di "Salvatore di Alcamo". È l'unica persona di cui non si menziona il cognome tra 139 nominativi elencati.[504] Tutti imputati di insurrezione armata contro i poteri dello Stato. A chi si doveva questa speciale copertura? Perché neanche i giudici riescono a svelare la vera natura di un'organizzazione militare armata finalizzata all'eversione nera? Gli americani seguono da tempo lui e la sua banda. Giuliano compare, assieme ai fratelli Console di Partinico, a Ceccacci e a Gino Locatelli nell'appendice "A" in un rapporto *top secret* degli agenti del controspionaggio americano su Pasquale Sidari. È definito come "presunto capo di una banda fascista in Sicilia".[505] I termini usati sono "Alleged head". Evidentemente l'intelligence di via Sicilia aveva già allora il sospetto che il capo reale non fosse il bandito monteleprino, ma un altro. Troviamo, poi, Fra' Diavolo in una cartella del gennaio '45 concernente Vito Laginestra, alias "Ginestra o Ginastra", nome di copertura Aldo Crisci, appartenente all'organizzazione nazista Abwer I-Luft, Kdo 190, agente segreto del gruppo David, quale destinatario di una missione che lo vede impegnato in un contatto tra Alfonso Fiori e Fra' Diavolo a Roma. Il 10 ottobre '44 il Laginestra seguì un corso di venti giorni nella scuola tedesca milanese del Kdo 190, e ricevette 20.000 lire e la password Ghero 712, un falso badge del Cln e la seguente missione: accertare il tipo e il numero degli aerei presenti all'aeroporto di Viterbo, nonché l'identità delle truppe nella città e l'acquisizione di informazioni relative ai servizi di intelligence di carattere politico, economico e militare a Roma. Il contatto con Fiori rappresentava la seconda missione e doveva avvenire presso l'albergo Boston della capitale. Questa volta la password che doveva usare era LB3519. Si precisava che il Fiori non era l'ultimo arrivato ma un "leader of stay-behind group". Analoga avvertenza si esprimeva per Fra' Diavolo definito "leader of a fascist band operating in the Monte Esperia area in Rome". Tra le missioni portate avanti per conto dello spionaggio dell'Abwher I, vi erano anche quelle di conoscere la propaganda della sinistra, o il morale delle popolazioni nei territori liberati. Il gruppo David aveva poi compiti di spionaggio militare (in relazione alla guerra in atto), politico (ad esempio, accertare l'esistenza del clandestinismo fascista a Roma), nonché missioni di carattere "particolare", come quella del contatto Fiori-Fra' Diavolo. Il documento prosegue elencando le informazioni che avrebbe dovuto fornire Fra' Diavolo: progressi della banda; morale degli uomini; provvista di armi; condizioni finanziarie.

In un rapporto concernente un nuovo interrogatorio di Laginestra, condotto il 10 marzo '45 a Firenze da Charles Siragusa, Angleton scrive che il 18 gennaio 1945, Tommaso David incaricò Laginestra di trovare Ronzoni e di ucciderlo. Il delitto fu commissionato a Fra' Diavolo, leader della "banda fascista". Per sua fortuna la vittima fu catturata dagli Alleati e la troviamo, a marzo di quell'anno, in un campo di internamento non precisato. "Occorre sforzarsi – continuava Angleton – per localizzare e identificare Alfonso Fiori (in realtà Alfredo Fiore) e Fra' Diavolo a Roma, un compito che dovrà essere affidato all'X-2 di Roma."[506] Si tratta, quindi, di due soggetti che operano su un piano molto sommerso, con un reticolo sociale abbastanza ridotto. In ogni caso Fra' Diavolo è nei circuiti delle missioni segrete di Tommaso David, già direttamente legato a Mussolini.[507] È evidente che oltre ad essere un capo fascista, gode fama di essere un killer professionista. Ronzoni doveva essere ucciso perché aveva tradito. L'informativa era pervenuta a David nel settembre del '44, da Carla Costa, 17 anni, nei rapporti dell'X-2, JRX-325 e 326A, al suo ritorno a Milano dalla sua seconda missione. Allora riferì a David che Ronzoni lavorava per i servizi alleati e che aveva fatto arrestare vari membri del suo gruppo.[508] L'interesse di Angleton per Fra' Diavolo e l'urgenza da lui dimostrata per la sua localizzazione e identificazione, non ha lo scopo della cattura ma, come si evince dal testo, di un aggancio per finalità intuibili, conoscendo i piani del capo dell'X-2. Non si deve trascurare, poi, che la figlia di una sorella del colonnello David era la moglie di Oscar Fiore (classe 1894), proveniente da Cassino e che nei circuiti che legano David a Fra' Diavolo, troviamo, come anello nevralgico, Alfredo Fiore, originario di Cassino.[509] Questi, all'inizio del '45, a Napoli ospita Gino Locatelli, della Decima Mas. Da non sottovalutare, ancora, il fatto che il David era nativo di Esperia, zona di attività del Fra' Diavolo (40 chilometri a sud di Roma, in Ciociaria).[510]

Ora se si tiene conto del fatto che all'interno del gruppo David era attiva una squadra per le "eliminazioni" e che Ferreri si muoveva, come capo, dentro l'orbita del David, non è improponibile immaginare che Fra' Diavolo facesse parte di un gruppo ben strutturato, con funzioni precise di autotutela da un lato e di attacco anticomunista dall'altro.[511] Una sorta di "squadrone della morte" del tipo di quelli che si svilupperanno nel Salvador negli anni '70 e '80. A monte vi erano gli ideologi, la milizia politica.

A tale proposito, Frank Mannino, membro autorevole della banda monteleprina, ebbe a dire ai giudici di Viterbo che "di politica con Giuliano parlavano i loro ufficiali e non i soldati come lui."[512]

I circuiti che legano il fascismo del Nord con quello del Sud e della Sicilia sono confermati, in ultimo, da un rapporto sullo spionaggio della Rsi nell'Italia liberata, dove si afferma che il *Sicherheitsdienst* (il controspionaggio nazista) "opera specialmente in Sicilia, a mezzo dell'ambiente fascista e delle manifestazioni di dissidenti o separatisti."

Gli agenti venivano dotati di false carte di identità, ricevevano 5.000 lire al momento dell'ingaggio, 12.000 mensili, 20.000 al momento della partenza in missione, riconoscimenti delle autorità e ulteriori compensi in denaro a missione compiuta.[513]

A questo versante operativo, riscontrabile sul campo, si doveva aggiungere il suo parallelo intreccio con il livello istituzionale.[514]

Con la nomina di Messana, ogni cosa fu messa al suo posto e si avviò un percorso, certamente analogo a migliaia di altri casi, in gran parte ancora sconosciuto. Sappiamo però che le cose, nell'anno di fuoco 1947, marciarono in modo favorevole ai piani che qualcuno aveva predeterminato. Un giorno d'inverno dei primi mesi del 1947, Vito, il padre di Ferreri, s'incontrò a Roma faccia a faccia con l'Alto commissario per la Sicilia, Salvatore Aldisio, dopo un colloquio di quest'ultimo con Messana. Oggetto ufficiale dell'incontro: verificare da parte del padre di Ferreri, Vito, la possibilità che il figlio fosse restituito al consorzio civile. Naturalmente in un mondo di menzogne, di doppiogiochisti e di gente che aveva due o tre maschere, è difficile districarsi. In ogni caso, da quel momento le sorti della famiglia Ferreri cambiarono ancora una volta. Vedremo perché, in che modo e con quali esiti. Qui ci bastino due date: il 5 marzo e il 26 giugno del 1947.[515] Tre mesi e mezzo durante i quali si svolse una nuova storia, o forse venne portata a compimento la vera storia di Fra' Diavolo e dei suoi uomini, fino alla loro tragica liquidazione in una notte senza luna del giugno 1947. Nel mezzo ci sono due stragi e, a conclusione, la tragica fine degli esecutori delle stesse, Fra' Diavolo e i fratelli Pianello, nonché di due congiunti del primo incensurati: il barbiere Nino Coraci e l'emigrato Vito Ferreri, rispettivamente zio e padre del noto bandito.

Fu proprio il mitra Beretta calibro 9 di Fra' Diavolo a fare una sua parte considerevole di morti, a Portella della Ginestra. Ma i bossoli di risulta del suo mitra scomparvero e nessuno seppe mai da quali postazioni erano stati esplosi i colpi che avevano fatto la carneficina. Se ne dolsero i giudici di Viterbo che lamentarono anche il fatto che il nome di Fra' Diavolo fosse stato omesso nel *Rapporto giudiziario* col quale, il 4 settembre 1947, fu denunciata la banda Giuliano. Allo stesso modo nessun rilievo venne dato alle "granate", dalle cui schegge furono colpiti moltissimi dei presenti in quel pianoro, quella mattina. Eppure dei vuoti e delle sottrazioni dei corpi di reato i giudici furono i primi a meravigliarsi. Tuttavia essi non furono in grado di sviluppare un'autonoma pista d'indagine; si appiattirono sul rapporto del maresciallo Giovanni Lo Bianco, che aveva avuto l'avallo dell'ispettore Messana. Essi seguirono l'orientamento dettato subito dopo la strage dal ministro dell'Interno, Mario Scelba. Preferirono chiudere, in meno di due anni (dall'uccisione di Giuliano che ne segnò l'avvio), un processo che avrebbe meritato, per quanto accaduto e per la storia futura dell'Italia, indagini e approfondimenti più seri di quelli allora compiuti. Per questo Pisciotta, a conclusione di quella vicenda giudiziaria, ebbe a esprimere questo drastico giudizio:

Noi fummo sempre illusi nel senso che nessuno pensava di poter subire una condanna per i fatti compiuti, anche io subii la mia delusione perché pensavo di non dover subire un procedimento penale. Noi fummo illusi dagli esponenti del Partito separatista e da quelli del Partito monarchico. Alcuni di costoro, dopo avere acquistato il titolo di onorevoli, lasciarono noi sotto le zampe del cavallo per essere schiacciati.[516]

Le parole di Pisciotta sono abbastanza eloquenti. Partecipare a un'azione armata contro i comunisti non era considerato un peccato mortale, ma un merito di guerra. Piuttosto che subire un processo o essere condannati, i banditi ritenevano che avrebbero meritato una decorazione al valore militare.[517] Ma Pisciotta, che diventerà uomo dei carabinieri, "protetto" da Ugo Luca e amico personale del capitano Perenze, non si pose il problema di sapere come potesse giuridicamente sussistere l'impunità per una strage senza precedenti. Campò più di quasi tutti gli altri capi della banda, fino al 1954, acquisendo una consapevolezza che Giuliano fece appena in tempo ad avere, prima del falso conflitto di Castelvetrano, in cui avrebbe trovato la morte (5 luglio 1950). Ferreri non ebbe il tempo di capire nulla, tanto si era affidato nelle mani di quanti lo avevano illuso. Fu il primo, anticipando Giuliano e Pisciotta, a fidarsi di quegli uomini dello Stato che gli avevano fatto intravedere una speranza di restituzione al consorzio civile, magari per i suoi "benfatti", per i servigi di cui era stato prodigo. Come non fidarsi dell'onorevole Aldisio che aveva mediato col padre Vito, il suo ritorno in Sicilia? O dell'ispettore Messana che lo aveva prescelto come suo principale confidente? O di quel benemerito della Dc alcamese che rispondeva al nome di Vincenzo Rimi? Non colse il particolare che, se questi si atteggiava a suo benefattore, lavorava al contempo per toglierlo dalla circolazione. E fu proprio lui l'artefice della "soffiata" giunta alle orecchie del capitano Giallombardo prima che questi mobilitasse le sue squadriglie per la sua cattura e per l'uccisione di tutto il gruppo che con lui si accompagnava quella notte di fuoco e di mistero (26-27 giugno '47). Tutti personaggi chiave. Fra' Diavolo perché confidente numero uno dell'ispettore di polizia Messana e parte attiva nella strage; i fratelli Giuseppe e Fedele Pianello perché, presenti a Portella quella mattina, erano stati a loro volta confidenti del tenente colonnello Paolantonio; Vito Ferreri perché da mediatore con le autorità, dopo avere lasciato i luoghi, dove, secondo Paolantonio, era emigrato dieci anni prima, aveva cercato di aiutare il figlio a uscire dal vicolo cieco in cui si era infilato, sperando di esserne l'angelo custode; Antonino Coraci, inteso "Ninu u' nivuru" (Nino il nero), zio di Fra' Diavolo, perché, avendo intuito la trappola che era stata preparata dal Rimi col pretesto di un appuntamento chiarificatore per una vicenda di "scrocco",[518] si era nottetempo recato sul luogo, venendosi a trovare all'improvviso nel mezzo di una scena apocalittica e risultando – suo malgrado – bersaglio di un pauroso fuoco di fila.

Sulle modalità con cui si verificò il conflitto quella notte – estiva ormai – giocò, dunque, la voce "confidenziale" di un capomafia. Ma c'è da chiedersi: quale interesse avrebbe avuto Rimi a eliminare Ferreri? Direttamente il boss non poteva avere nessun personale interesse. Aveva acconsentito, anzi, che Fra' Diavolo avesse accesso nei suoi territori e in quelli di altri mafiosi come campiere. Dunque il capomafia alcamese doveva giocare in sintonia con qualcuno e per motivi che riguardavano affari, diciamo così, generali, di natura politica, di prospettiva. Ferreri – secondo i giudici di Viterbo – si era trovato sui roccioni del Pelavet a sparare sulla folla in festa. Anzi, aveva fatto da battistrada nei confronti del capobanda, trascorrendo – come notò quella Corte di assise – la notte a Portella e assegnando ai banditi in arrivo le postazioni di tiro. Il re di Montelepre, ad esempio, piazzò la sua mitragliatrice nel punto dove aveva trovato della paglia e delle ginocchiere. Di quelle che usano i pastori al momento della mungitura, scrissero i primi giudici. Ferreri era stato confidente di Messana; aveva messo il suo referente e protettore in condizione di riferire a Scelba, lo stesso giorno della strage, che autore era stato Giuliano. Fu il primo a depistare, fornendo coordinate errate che acriticamente la polizia giudiziaria da quel momento in poi, seguì con meccanica precisione. Fu il cavallo di Troia delle stragi, la figura più intima della matriosca che gli consentì, mascherando la propria funzione, che fosse alterata la sceneggiatura delle parti che si stavano recitando. Mantenerlo in vita avrebbe significato mettere a repentaglio la copertura della pista che, partendo da lui, conduceva alle alte sfere dei vecchi gerarchi del regime e dell'Ovra. Il bandito alcamese sarebbe stato una mina vagante. Catturato e condotto in un'aula di tribunale, avrebbe potuto accusare i suoi protettori, a cominciare dall'ispettore con il quale era solito incontrarsi tutte le sere, secondo le dichiarazioni rese all'antimafia dai marescialli Giuseppe Calandra e Giovanni Lo Bianco. Ultimato il suo lavoro, infatti, Messana si faceva accompagnare da un carabiniere ad Alcamo per incontrare il suo confidente. Anche quella notte di fuoco, stando persino agli organi di stampa del tempo, i due avevano avuto un abboccamento un paio d'ore prima che il conflitto a fuoco, anzi l'agguato, avesse inizio. Moltissime circostanze depongono per l'inattendibilità della versione ufficiale: Messana, ad esempio, asserì che Ferreri fu ucciso durante la sparatoria di corso dei Mille.[519] Aveva ragione lui o Giallombardo, che sostenne invece di avere eliminato quello scomodo bandito per legittima difesa mentre il prigioniero era rinchiuso nel carcere della caserma? Chi mentiva dei due? Poco credibili sono ancora i militari che avvistano "a distanza", nel buio più fitto, i malcapitati e intimano l'alt. Per non contare le loro contraddizioni negli interrogatori da parte del giudice istruttore o le incongruenze delle versioni ufficiali sui luoghi dello scontro e sulla dinamica con cui questo sarebbe avvenuto o, ancora, l'inattendibilità dello scopo ufficiale che ne sarebbe stato la causa (attacco a un gruppo di banditi in procinto di compiere un non meglio precisato sequestro di persona ecc.).

Il fatto è che erano giunte delle lettere di "scrocco" ai Bambina, ricchi proprietari di Alcamo che giusto in corso dei Mille, dove si svolse lo scontro, avevano un magazzino.[520] Fu questo il luogo prescelto per il falso incontro di chiarificazione. Fra' Diavolo e i suoi vi furono attirati perché costretti a spiegare a quei signori che loro non c'entravano nulla con quelle lettere. Non poterono tirarsi indietro dall'appuntamento perché qualcuno lo aveva preteso. E, in effetti, gli uomini di Ferreri non avevano l'aria di persone che stessero andando a uno scontro armato. Vito Ferreri indossava un bel panciotto con catenina d'oro e aveva dei costosi anelli alle dita; Nino Coraci, il cognato, aveva messo l'abito elegante della festa della Madonna dei Miracoli che si era celebrata qualche giorno prima; Fra' Diavolo aveva alcune centinaia di migliaia di lire in tasca, certamente frutto di un'anticipazione ricevuta; i due fratelli Pianello erano forse gli unici a non sapere cosa stesse accadendo, ma avevano la funzione di sempre, e cioè di guardie del corpo di Ferreri/Rossi/Fra' Diavolo. Erano un gruppo di familiari – come ebbe a scrivere Aristide Spanò – che andavano per scopi pacifici. Nessuno di loro aveva interessi a uno scontro armato. Fra' Diavolo perché dipendeva dall'ispettore di Ps; Vito Ferreri perché aveva fatto di tutto – come ebbe a dichiarare il colonnello dei Cc. Paolantonio – per restituire il figlio al consorzio civile; Antonino Coraci perché voleva essere il padrino del chiarimento; i due Pianello perché erano in buona compagnia e anche loro avevano la protezione di un graduato dell'Arma. Paradossalmente, proprio in quel contesto, quel gruppo di persone erano nelle condizioni meno propizie per un'azione di scontro. Avevano certamente messo in conto anche che, compiuto l'improbabile delitto, avrebbero dovuto percorrere parecchie centinaia di metri per raggiungere i loro mezzi di fuga, mentre i carabinieri, che avevano la caserma a quattro passi e non dormivano certo tutti con i tappi nelle orecchie, non sarebbero rimasti inerti, dopo i primi spari. Insomma, quegli individui avevano più l'aria di mediatori che quella dei killer. Pensavano di mediare e non di essersi infilati in una trappola. D'altra parte il loro caposquadra aveva ormai giocato tutte le carte e, senza saperlo, era ormai bruciato.

Ma chi è veramente Fra' Diavolo? Nonostante in quegli anni egli sia colpito da numerose condanne (tra queste, un ergastolo), lo troviamo, a partire dal 1945, a operare come confidente di prima grandezza. Probabilmente avrà incontrato tra i siciliani che seguono la scuola di sabotaggio di Campalto, Giuseppe Sapienza, il più enigmatico dei militi che ruotano attorno al nazifascismo: la sua storia ci aiuta a capire meglio quella del bandito alcamese. Arrestato a Modena dagli agenti del controspionaggio del Sim il 7 maggio 1945, è trovato in possesso di una carta di identità del comune di Torino rilasciata il 22 agosto 1942 e riempitagli nell'ufficio di Campalto; di una tessera di riconoscimento militare, quale sergente maggiore, rilasciatagli il 25 giugno 1943 dal quartiere generale del Comando dell'Undicesima Armata. Risulta, inoltre, essere appartenuto alle organizzazioni giovanili del Pnf. Chiamato alle armi nel 1939, è assegnato al 9° Reggimento Artiglieria – divisione Brennero – in Bolzano, da dove parte per San Francesco al Campo, in provincia di Torino, per un periodo di istruzione. Allo scoppio della guerra, è inviato al fronte occidentale. Nel novembre del '40 è inviato, assieme al suo Reggimento, prima in Albania e poi in Grecia, dove rimane fino al luglio 1944. L'8 settembre 1943 lo coglie in attività militare ad Atene. Evita la prigionia e l'internamento dei tedeschi, grazie all'aiuto di una famiglia che aveva precedentemente conosciuto. Il 17 febbraio 1944 è arrestato da un poliziotto greco e consegnato per disposizioni delle autorità militari germaniche di Atene. Quindi è rinchiuso in carcere. Un giorno riceve la visita di due signori in borghese: uno greco e l'altro tedesco. Gli spiegano che la sua liberazione poteva avvenire in cambio della sua accettazione a svolgere sabotaggi in territorio occupato dagli Alleati. Accetta e ai primi di aprile è ingaggiato, ricevendo una paga settimanale e un lasciapassare. Quindi inizia un corso di istruzione sull'uso dei principali esplosivi e armi portatili. Lascia Atene per l'Italia il 9 luglio del 1944 e attraverso i Balcani, accompagnato da due marescialli delle Ss e da altri quattro italiani che avevano frequentato il corso con lui, giunge a Verona il 13 di quello stesso mese. A Campalto è presentato al capitano Wolff, che per prima cosa attribuisce a ciascun componente il gruppo di cui il monteleprino fa parte un soprannome valido per tutto il periodo di permanenza in quella località. È più volte preavvisato della partenza per una missione, ma afferma di aver sempre trovato il modo di rinviarla adducendo impreparazione tecnica. L'ultimo corso – a suo dire infruttuoso – risale al bimestre agosto-settembre e riguarda l'uso di esplosivi e i principali atti di sabotaggio (guasti alle linee ferroviarie, ai ponti ecc.). Dal suo arrivo a Campalto gli è corrisposta la paga mensile di lire 4.500.

In ultimo, dall'interrogatorio di Otto Ragen, alias maggiore Begus, apprendiamo che nel novembre '44 inizia a Campalto un corso per agenti radioperatori, frequentato da otto allievi selezionati. Tra costoro un nome certamente siciliano è quello di Gianlombardo (sic), di cui non si forniscono ulteriori elementi. Lo scopo di Begus è quello di utilizzare detti agenti in missione, il Gianlombardo, ad esempio, a Varignano (La Spezia) con una radio ricetrasmittente fornita dall'Sd; quindi lo stesso Gianlombardo, nel marzo del '45, avrebbe dovuto trasmettere a Verona tutte le notizie in suo possesso. Il documento precisa, ancora, che Begus, tra le sedi di destinazione di alcuni di questi agenti, aveva presente l'Italia liberata.

Verona, fu la sede principale della rete di radiocomunicazioni: quartier generale della Sipo *(Sicherheitspolizei)* e dell'Sd. Qui troviamo Begus, Strauss, Wolff, Negroni, Von Thunn, Zimmer, Hueguel, Sapienza, Gianlombardo, padre Biondi, Rossi, Domenico Ferrari mentre Rodolfo Ceccacci (Decima Mas) mantiene i contatti tra l'Sd e la scuola di sabotaggio di Montorfano (Como).

Anche Roma utilizzò l'emittente radio di Verona (la radio si trovava presso l'ambasciata tedesca in Vaticano) mentre in Sicilia Palermo, Catania, Enna e Agrigento ebbero contatti radio con la sede Sd di Verona e tra di loro tramite corrieri. L'attività aumentò alla vigilia dei disordini siciliani del dicembre 1944, mentre lo sbarco di agenti da sottomarini tedeschi e il lancio con paracadute di informatori e operatori radio ebbero l'obiettivo di confondere il controspionaggio alleato, potenziare l'attività dello spionaggio nazifascista e assicurare la sostituzione degli agenti (in caso di loro cattura).

Nell'isola, l'attività dell'Sd ebbe un forte carattere politico volto ad attivare una rete permanente di informatori (l'attività era iniziata all'indomani dello sbarco) e a paracadutare agenti ed equipaggiamenti. I contatti furono costituiti da circoli fascisti, dissidenti o separatisti.[521]

Tra i componenti quel gruppo doveva annoverarsi anche un certo Mazzuccato. Questi doveva essere impiegato, nelle stesse settimane della missione del Gianlombardo, a Napoli per dare manforte a Gino Locatelli, un personaggio che si era recato già a villa Grezzana nel dicembre del '44, quando questa era frequentata da Giuseppe Sapienza e da don Cornelio Biondi.[522] Qui, per il momento, basti sapere che tra i centri di formazione paramilitare del Nord e la Sicilia, si stava costruendo un ponte radio ricetrasmittente che collegava i nuclei che operavano nei vari capoluoghi dell'isola con la sede centrale dell'Sd a Verona. Ciò spiegherebbe anche l'urgenza di aver dotato l'intera banda Giuliano di detti apparecchi radio, come emerge dagli atti del processo di Viterbo.[523] Sul conto di Locatelli, invece, sappiamo che durante il suo soggiorno clandestino napoletano fu ospitato da un neofascista legato al gruppo di Valerio Pignatelli.[524] Si tratta di Alfredo Fiore che troviamo nelle stesse settimane, e non lontano la lì, a Monte Esperia a pochi chilometri da Cassino, dove operava Fra' Diavolo. Il Fiore era in contatto con Tommaso David a Milano, dal quale riceveva istruzioni, tramite Vito Laginestra, dell'organizzazione spionistica delle "Volpi argentate". Non è dunque un caso che Ferreri venga a trovarsi nel paese natale del David, e cioè Esperia. E non è un caso che il cognome di Locatelli ricorra nella storia personale di Salvatore Ferreri. Questi, a Firenze, si sarebbe sentimentalmente legato alla moglie di un certo Locatelli, da cui avrebbe avuto una figlia.[525] Purtroppo non conosciamo il nome e i dati anagrafici di questo Locatelli e quindi non è possibile collegarlo con il Gino Locatelli della Decima. Sappiamo, però, che questi, nel novembre 1943, aveva prestato giuramento al principe Borghese ed era stato assegnato alla prima compagnia degli Np, al comando del tenente Rodolfo Ceccacci. Il 2 marzo 1944, fu inserito nella squadra del tenente Bartolo Gallitto, a Iesolo. L'esame della mappa delle connessioni che legano tra di loro i gruppi di sabotaggio alle scuole paramilitari tedesche ci consente di potere sollevare forti sospetti. La cronologia, ancora una volta, ci aiuta a contestualizzare i fatti. I primi mesi del '44 sono decisivi per le sorti del Mezzogiorno d'Italia. I nazifascisti sono attestati sulla linea Gustav, con la sua roccaforte di Cassino, e la difenderanno strenuamente. Alla fine la linea fu sfondata e il fronte tedesco costretto alla ritirata, fino alla liberazione di Roma (4 giugno '44) e di Firenze (11 agosto '44). Ma non per questo le attività dei neofascisti cessarono. Come stava avvenendo in Sicilia, essi avviarono la riorganizzazione dal basso, utilizzando ogni risorsa a loro disposizione. In quest'area geografica comprendente le valli del Liri e del Garigliano, del Volturno a sud e l'area romana a nord, proprio alle dipendenze del David fu ingaggiato Fra' Diavolo, probabilmente dopo l'uccisione del Monticciolo.

Locatelli fu arrestato dal Sim la sera del 9 marzo 1945 nell'abitazione di Alfredo Fiore, a Napoli. Il 30 gennaio 1945, di buon mattino, si era lanciato con il paracadute in località Cervo (comune di Capaccio, Salerno). Milite della Decima Flottiglia Mas, operava agli ordini dell'Sd di Verona per organizzare attività di sabotaggio a Napoli e diffondere il movimento fascista al Sud.[526] A tale scopo era in possesso di un milione di lire. Durante la sua prima missione a Napoli (estate 1944, assieme all'agente Bartolo Gallitto, anche lui della Decima), era in contatto con Rosario Ioele (nome di copertura: "Enotrio"), il leader del movimento fascista nell'Italia meridionale.[527] La sua squadra ci appare contigua a quella del Serri, la più vicina all'area territoriale partinicese-monteleprina dove operava Giuliano.

Il 5 giugno 1944 (il giorno successivo alla liberazione di Roma), Locatelli e Gallitto decidono di partire in missione per Napoli. Qui affittano una stanza presso la famiglia di un impiegato, Alfredo Fiore, in via Kerbaker 138. In agosto, in compagnia di un professore universitario di Napoli, Gallitto raggiunge in automobile la Sicilia per rendere visita alla sua famiglia. Torna a Napoli il 10 settembre con Antonio Misiano, ex paracadutista del battaglione San Marco, incontrato in Calabria.

Verso la fine di ottobre, Gallitto riesce finalmente a contattare un rappresentante del movimento fascista napoletano e ai primi di novembre, incontra "Enotrio" che chiede a Locatelli di riferire ad Alessandro Pavolini le seguenti informazioni: il clandestinismo fascista risorge in tutta l'Italia meridionale; i finanziamenti scarseggiano; in Campania procede bene; in Calabria, è più forte, mentre in Puglia, si sta diffondendo. Il movimento è composto da giovani e da studenti; il principe Valerio Pignatelli è stato arrestato. Dieci giorni dopo Gallitto decide di inviare Locatelli nella Rsi. Varcate le linee il 30 novembre (sull'Appennino pistoiese), questi chiede al comando tedesco di essere messo a contatto con Buttazzoni. Nei giorni seguenti, scrive un ampio rapporto per i nazifascisti sulla situazione militare a Roma e a Napoli. A Verona, quindi, Locatelli chiede al maresciallo De Luca un operatore radio da portare nell'Italia liberata. Gliene viene fornito uno che stava completando un corso a Verona.

Si notino i circuiti, ad altissimo livello, del Locatelli. A Montorfano, incontra il comandante Mario Rossi, capo del Vega. Questi lo informa sulla collaborazione con l'Sd e gli dice che desidera presentarlo a Begus, a Verona. A Montorfano (Como), incontra poi gli ufficiali della Decima Lo Cascio, Sessa e Mambelli (e, nei giorni seguenti, anche Puccio Pucci). Quindi con Lo Cascio si reca, il 5 gennaio 1945, a villa Grezzana di Campalto, e poi a Verona dove i due hanno un primo colloquio con Begus e con il capitano Von Thunn. Begus comunica a Locatelli che, da quel momento, avrebbe lavorato per l'Sd e che il capitano Von Thunn avrebbe organizzato il ritorno di Locatelli nell'Italia liberata. La Decima Mas avrebbe finanziato la missione, mentre l'Sd avrebbe fornito gli esplosivi necessari. I membri del commando sono i seguenti: Lo Cascio (capo della missione), Sessa, Locatelli, Mazzuccato (radio operatore, che nelle stesse settimane frequenta un corso a villa Grezzana assieme a Gianlombardo) e Gallitto, già a Napoli. La missione ha i seguenti obiettivi: raccogliere informazioni sull'Italia liberata; organizzare sabotaggi; entrare in contatto con "Enotrio" e utilizzare la sua organizzazione fascista. A Montorfano, il 15 gennaio, ha luogo una seconda riunione alla presenza di Mario Rossi. Tra il 17 e il 20 gennaio, Sessa e Lo Cascio frequentano un corso di sabotaggio a villa Grezzana. Il 30, di notte, Locatelli viene paracadutato nei pressi di Salerno. A Napoli, raggiunge Gallitto in via Francesco Saverio, 70, e l'8 febbraio 1945, viene a sua volta avvicinato da Rosario Ioele ("Enotrio") in via Kerbaker, 138. Locatelli gli riferisce le seguenti informazioni: non è stato in grado di contattare Pavolini, assente da Milano; altri agenti sarebbero arrivati a Napoli in breve. Un incontro importante si registra tra il 10 e il 15 febbraio 1945, tra Locatelli e il parà Pasquale Sidari, sergente del battaglione Vega della Decima Mas.

Locatelli lo aveva conosciuto a Tarquinia nel 1941 e lo aveva poi rivisto nel marzo del 1944, a Milano. Era al corrente del fatto che il Sidari era stato paracadutato in Puglia cinque mesi prima, ma da tre mesi, il comando della Decima non riceveva più sue notizie. Con l'obiettivo di attraversare le linee e raggiungere la Rsi, il Sidari si ferma a Napoli: è infatti al corrente che in città si trova in missione il Gallitto. Racconta a Locatelli di aver incontrato in Sicilia Giuseppe Console, con il quale ha mantenuto rapporti. Il Console era in compagnia del sottocapo Dante Magistrelli. Tali notizie sorprendono Locatelli: non comprende come mai Giuseppe Console e il Magistrelli si trovino in Sicilia. Il comando della Decima Mas aveva, infatti, perso le tracce di Serri, De Bortoli, Giovanni Console e degli altri componenti della squadra. Sidari replica che il Magistrelli si era allontanato, nell'estate del 1944, con l'obiettivo di attraversare le linee e raggiungere così l'Italia liberata. Suggerisce quindi che Locatelli entri in contatto con Giuseppe Console, nel caso decida di recarsi in missione in Sicilia: il Console, infatti, potrebbe metterlo in contatto con la banda Giuliano. Locatelli incontra successivamente "Enotrio" e gli comunica che un agente, Sidari, in viaggio verso il nord, si trova a Napoli, ma intende utilizzarlo per inviare in Sicilia esplosivi e altri agenti. Interrogato su Giuliano, "Enotrio" risponde che la banda opera in Sicilia, è armata molto bene e dispone di armi automatiche e di automezzi in quantità. Ma "Enotrio" non è in grado di sapere se Giuliano sia in possesso di una radio ricetrasmittente. Locatelli comunica, quindi, a "Enotrio" che intende chiedere a Lo Cascio l'autorizzazione a recarsi in Sicilia per entrare in contatto con la banda Giuliano. Aggiunge poi che, dopo aver messo a punto le azioni di sabotaggio nella zona di Napoli, è sua intenzione entrare in contatto con il movimento fascista della Calabria e raggiungere la Sicilia per contattare Giuliano. Giuseppe Console li avrebbe aiutati. La missione consiste nel verificare l'organizzazione del movimento fascista in Calabria e avvicinare la banda Giuliano, per capire quali siano i suoi reali obiettivi e lo stato delle armi e delle munizioni. Commento del centro per il controspionaggio: "È interessante che il Sidari comunichi al soggetto che agenti nemici sono in contatto con la banda Giuliano in Sicilia. Il centro per il controspionaggio di Catania (Sim) dovrà indagare sul tema."[528] In effetti l'interrogatorio di Pasquale Sidari, in relazione ai circuiti che legano la banda Giuliano ai gruppi neofascisti, riveste una sua particolare rilevanza. È in contatto con Magistrelli, Locatelli e i fratelli Giuseppe e Giovanni Console. Incontra quest'ultimo, suo vecchio compagno d'armi, a Palermo a metà dicembre '44. Sidari avvicina quindi i due partinicesi e i tre hanno un lungo colloquio.

I Console raccontano che in Sicilia opera la banda Giuliano, ben armata e con numerosi disertori tedeschi. Ma è più logico ritenere che si tratti di agenti dell'Sd che parlano perfettamente il tedesco, come quel Ferrari, mai meglio definito (anche per i doppi o tripli nomi che gli eversori si attribuivano), di cui ebbe a riferire al processo di Viterbo Frank Mannino quando parlò dei membri del comando Evis. Nel marzo del 1945, in Emilia Romagna, Domenico Ferrari crea con un tal Lionello Versino un gruppo armato neofascista denominato "banda Versino", composta da Zimmer, Winter, Fanelli, Calamai, Moscardi e da altri uomini della Decima.[529]

I Console raccontano inoltre che la popolazione locale ha una buona opinione della banda e le fornisce ogni possibile aiuto e che, subito dopo il Natale 1944, Magistrelli e Giovanni Console si sarebbero recati al nord per riferire al comando della Decima Mas sulle attività della banda Giuliano. A detta del Sidari, i tre erano in missione in Sicilia. In effetti, dagli interrogatori del Magistrelli e dei Console, risulta che verso il 12 gennaio 1945, Magistrelli e Giovanni Console si recano a Napoli e, in febbraio, a Roma, per poi tornare a Partinico, dove sono arrestati a metà marzo. Sidari aggiunge di non aver mai avuto contatti con la banda Giuliano. Il 16 dicembre, assieme al Tarroni, lascia Palermo e nel febbraio '45, è a Napoli. Qui incontra lo zio del tenente

Bartolo Gallitto e chiede notizie di Luigi Locatelli. Verso il 10 febbraio, si incontra con il Locatelli presso il ristorante Pizzicato di via del Rettifilo. Ma Sidari nega di aver detto al Locatelli che Giuseppe Console lo avrebbe messo in contatto con la banda Giuliano. Informato dell'intenzione di Sidari di recarsi a nord, il Locatelli gli chiede di riferire al comando della Decima le seguenti informazioni su Napoli: occorrono operatori radio, esplosivi e denaro; sono in corso contatti con un certo "Enotrio"; l'alloggio per l'operatore radio è pronto; verrà presto diffuso un giornale clandestino. Sidari è arrestato il 2 marzo 1945 nei pressi di Pistoia assieme a Giovanni Tarroni. Commento dell'agente del Sim Amoroso Pasqualisi: "Durante l'interrogatorio, il soggetto è apparso calmo. È da ritenere che abbia detto la verità."[530]

Su Giuseppe Sapienza, si possono leggere le seguenti considerazioni generali:

Il soggetto appare dotato di modesta intelligenza e piuttosto disposto a dire la verità anche perché spera con ciò di mitigare la sua posizione. [...] Gli scriventi pensano che quanto da lui dichiarato sull'organizzazione della scuola [di Campalto] *e sulla posizione degli agenti da lui summenzionati non sia completo; d'altra parte però la probabile cattura dei fratelli Gonella ci porterà certamente a una conoscenza profonda dell'organizzazione della scuola e alla cognizione esatta dei gruppi che, a quanto ha fatto capire il Sapienza, dovrebbero agire in territori già liberati dagli Alleati.*[531]

Sapienza farà una lunga carriera e avrà lunga vita. Al contrario di Fra' Diavolo che ebbe vita brevissima. Il tempo di mettere in opera due stragi per poi essere subito dopo ammazzato assieme a tutti coloro che sulla vicenda avrebbero potuto dire qualcosa. Era giusto ricomparso all'inizio della primavera del 1947, dopo essere stato, per un lungo periodo, in ufficiale apnea, a Firenze assieme alla madre e alla giovane compagna fiorentina. Con ogni probabilità, la sua attività di ristoratore non fu che una forma di copertura. Ma di cosa? Secondo una fonte bene informata, Ferreri, riceve nel locale frequenti visite di strani personaggi, con i quali, dopo aver congedato i suoi familiari, va ad incontrarsi.[532] Nel marzo del 1947, Ferreri è riagganciato da Messana e ufficialmente messo alle calcagna di Giuliano, forse con la promessa di un'amnistia. Secondo i giudici di Viterbo, il 1° maggio 1947, Ferreri e i fratelli Pianello si trovano a Portella per partecipare alla strage. Quindi, il loro compito non è quello di consegnare la testa di Giuliano. È, inoltre, molto probabile – come lasciano presagire numerose circostanze esaminate altrove – che Fra' Diavolo prenda parte agli assalti del 22 giugno alle Camere del Lavoro. Con la sua uccisione scompaiono, di fatto, cinque testimoni chiave delle stragi del 1° maggio e del 22 giugno 1947.[533] La versione ufficiale fu contraddetta, di fronte ai giudici di Viterbo, da Gaspare Pisciotta.

Il capitano Gianlombardo ha ucciso Ferreri in questo modo: prima ha sparato una raffica di mitra contro l'automobile sulla quale viaggiavano i Ferreri padre e figlio e i due fratelli Pianello, poi ha preso Ferreri ferito e lo ha portato in caserma. Da qui ha telefonato a Palermo e soltanto dopo la telefonata l'ha finito.[534]

Veritiera o meno che sia, sta di fatto che si chiudeva, così, una storia di tre anni durante i quali un delinquente comune era diventato membro del neofascismo italiano destinato a compiti "speciali". C'è da presumere, inoltre, che la sede di Firenze, con la nuova attività qui svolta, sia arrivata dopo un periodo travagliato. In un documento intestato "Organizzazione Sa (Sabotatori Attentatori) Gruppo David" con sede a Milano, leggiamo che, tra i compiti del gruppo, vi erano i seguenti: spionaggio contro i partigiani in collaborazione con la Gnr e con la Legione "Ettore Muti"; controllo degli antifascisti impiegati presso gli uffici governativi; spionaggio e raccolta di materiale di propaganda dei partiti della sinistra e in modo speciale di quello comunista nei territori liberati (compito affidato in particolare ad agenti femminili del Gruppo speciale A); controspionaggio e controsabotaggio nei territori dell'Italia settentrionale (agenti maschili). A comandare il gruppo – come abbiamo già visto – troviamo Tommaso David, 70 anni, alias dottore De Santis, tenente colonnello della milizia, centurione e squadrista, chiamato "il Nostromo" da Mussolini.

Il suo nome figura al numero 21 di un elenco di nominativi di ex appartenenti alla disciolta Milizia volontaria sicurezza nazionale (Mvsn), dei quali la commissione alleata aveva chiesto il recapito.[535]

Le relazioni tra questo gruppo e l'Abwher I di Milano riguardavano, tra l'altro, la scuola di spionaggio. Gli agenti erano reclutati dall'esercito della Rsi e dalla Decima. Tra i reclutatori Buttazzoni comandante Np del San Marco, di stanza a Iesolo (Venezia) e il tenente di vascello Mario Rossi, di stanza a Montorfano (Como). Tra gli altri troviamo inoltre il tenente di vascello Rodolfo Ceccacci, ufficiale del San Marco. Vi era anche una sezione femminile comandata da Miranda Serra, del movimento Onore e combattimento di stanza a Milano. Tra il personale troviamo Antonio Angusti alias Mario Barboni, 25 anni; Tommaso De Sanctis, alias Tommaso D'Aquino, 21 anni; Anna Di Cecca, alias Amalia Diraimo (anche Divaino) o Alma, 20 anni; Anna Rettori, 35 anni; Franca Rettori, 16 anni; Maria Vinciguerra, alias Gianna, 18 anni. Gli aderenti al gruppo seguivano un corso di addestramento in radiotelegrafia e spionaggio, riservato a soli due agenti ai quali era fatto divieto di contatto con gli altri agenti. Obiettivo prioritario l'alta formazione in sabotaggio delle navi nei territori occupati dagli alleati. Gli agenti dipendevano dal maggiore Klein.

Nel '44, prima della liberazione della capitale toscana, era attiva una scuola a Firenze. Molti agenti arruolati a Roma erano spediti a Firenze per ricevere istruzioni. Il sistema di arruolamento era molto semplice: spesso un individuo che si trovava a Roma e che desiderava tornare nell'Italia liberata o in Sicilia per motivi familiari era avvicinato da persone come Zanettin, un veneziano. L'indomani il futuro agente era messo in contatto con un tedesco, che gli assicurava di poter propiziare il suo ritorno in cambio di collaborazione con i servizi segreti germanici. La persona riceveva quindi 6.000 lire in anticipo. Giorni dopo, era trasferita a Firenze a bordo di un automezzo militare germanico.[536] L'Sd reclutava e inviava agenti nel territorio dell'Italia liberata. Erano tutti italiani di età giovanissima e stazionavano, all'inizio, presso il quartier generale di Roma.[537]

Non è superfluo precisare, in ultimo, che allo "scugnizzo" ci riconduce – come abbiamo accennato – la particolare attività del Rossi/Ferreri/Fra' Diavolo, nel senso più preciso di un unico soggetto terrorista. Da un documento Oss del 6 agosto 1945, con oggetto: "Il colonnello David e il suo gruppo" apprendiamo che il David "si vantava di avere organizzato, attraverso la linea di fuoco, la corrispondenza dello 'scugnizzo' di Palermo e di farne propaganda, al fine di tener desta tra i giovani l'animosità contro gli Alleati."[538] In un altro documento, questa volta del Sim (febbraio 1945), leggiamo:

È stato recentemente a Milano, da dove deve essere ripartito il 12 gennaio per l'Italia meridionale, il capobanda fascista noto sotto il nome di "scugnizzo". È stato ospite del Colombo della Muti e ha dichiarato di aver preparato un movimento insurrezionale in Campania, sul tipo di quello svoltosi già in Sicilia e che dovrebbe scoppiare al suo arrivo laggiù.[539]

Lo "scugnizzo" di cui si parla nell'ultimo documento riportato, è definito "capobanda fascista", come il Fra' Diavolo della zona di Monte Esperia, nello stesso periodo. Si noti la sequenza delle azioni coerentemente attivate: lo "scugnizzo" parte da Milano il 12, mentre David, il 18, come abbiamo più volte visto, convoca il Laginestra, ordinandogli di recarsi a Roma per contattare all'albergo Boston l'agente Alfonso Fiori (Alfredo Fiore). Questi deve entrare in contatto con Fra' Diavolo, "capobanda fascista" nella zona di

Monte Esperia. Ora, non è difficile arguire che il movimento in Campania risulta come conseguenza di quello siciliano (moti del "Non si parte" del dicembre '44 – gennaio '45) e che il modello insurrezionale che si tiene presente deriva da azioni che avrebbero visto compartecipe primario lo stesso Fra' Diavolo/Ferreri. L'eversione nera in Campania, alla quale si fa riferimento nel brano sopra riportato, è chiaramente riconducibile a Gallitto, Locatelli ed "Enotrio", operanti nelle stesse settimane a Napoli e provincia. Viene così confermato il circuito che legava Locatelli ai fratelli Console, a Magistrelli e allo stesso Ferreri. Tutti facevano capo ai servizi segreti nazifascisti di Verona e Milano. Personaggi come loro rappresentavano il livello capillare del fascismo nella cultura e nella società italiana per i decenni successivi: un aspetto degli elementi di continuità tra vecchio regime e nuovo Stato, un tassello del mosaico dell'Italia che si stava impiantando.

[356] Cfr. Nara, Rg. 226, s. 119A, b. 71, f. 1824.
[357] Cfr. A. Giannuli, *Salvatore Giuliano, un bandito fascista*; cit., pp. 48 e sgg.
[358] Cfr. *ibidem*, p. 51
[359] Cfr. Roma, Piazzale Clodio, Città Giudiziaria, processo 13/50. *Rapporto giudiziario* cit., allegato 1.
[360] Cfr. A. Giannuli, *Salvatore Giuliano...* cit., p. 53
[361] Cfr. *ibidem*, p. 54.
[362] Coll.: Acs/Sis, b. 3, f. *Funzionari dell'Ovra: Martina Francesco* 16.11.44, class.: segreto. Martina era iscritto al Pnf dal 1.1.21.
[363] Cfr. Acs, fondo Sis, b. 69, f. "C.G.", Titolo: *Cipolla Gioacchino*, class.: segreto, 1° luglio 1947. "Palermo. La recente assoluzione in tribunale del noto Gioacchino Cipolla, presidente del Fronte Antibolscevico Italiano (Fai, già precedentemente segnalato), ha prodotto sgraditissima impressione nei partiti di sinistra locali e anche nella Dc, non potendosi spiegare come, con un effettivo ritrovamento di una bomba nel locale della sede del Fai, si sia potuto giungere ad una assoluzione con formula piena. La maggiore impressione è stata prodotta dal fatto che detta formula è stata chiesta dal rappresentante la pubblica accusa, sostituto procuratore della repubblica dott. Margiotta. Si ha l'impressione che vi siano state delle forti pressioni di elementi neo-fascisti, che avrebbero così raggiunto lo scopo. A tal proposito, mi risulta che la madre del Cipolla, parlando giorni fa con lo scrittore Enrico Ragusa, si sia espressa con le seguenti pa-

role: 'Per mio figlio non occorrono raccomandazioni, perché fra un mese comanderemo la Sicilia'. Comunque, le mosse del Cipolla meritano di essere seguite perché ha un largo seguito di elementi ex fascisti, fra cui primeggia un certo avvocato Cefalù, nota creatura dell'ex onorevole Cucco. Con i fondi raccolti, il Cipolla ha anche acquistato una lussuosa automobile, ed egli vanta presso la questura aderenze fortissime, specialmente presso l'ufficio politico a cui è preposto, del resto, un funzionario già fervente fascista, sempre secondo quanto il Cipolla stesso va dicendo e facendo dire dai suoi gregari. Con riserva di ulteriori informazioni al riguardo" (firma autografa illeggibile).

[364] Cfr. Nara, Rg. 226, s. 108A, b. 270, f. jzx-6960. Del "Corriere lombardo" sarà redattore il giornalista Jacopo Rizza che, in maniera inspiegabile, riuscirà a intervistare Giuliano nel dicembre 1949, pubblicando i suoi servizi sul settimanale *Oggi*.

[365] Cfr. Nara, Rg. 226, s. 174, b. 241, f. 35 "O", Titolo: *Agenti nemici*, 29 ottobre 1944, class.: segreto. Firmato: colonnello Hill Dillon (Cic)".

[366] Cfr. Nara, Rg. 226, s. 174, b. 33, f. 238, class.: segreto.

[367] *Ibidem*.

[368] Cfr. Nara, Rg. 226, s. 174, b. 15, f. 116, class.: segreto.

[369] Cfr. *ibidem*, Titolo: *Disposizioni per gli elementi incarcerati presso il campo di prigionia di Verona*, 10 maggio 1945. Class.: segreto.

[370] Cfr. Nara, Rg. 226, s. 174, b. 12, f. 99, 23 aprile 1945.

[371] Cfr. Nara. cit., s. 226, s. 174, b. 8, f. 69, titolo: *Trasferimento di prigionieri*, 18 maggio 1945. Class.: segreto.

[372] Cfr. Nara, Rg. 226, s. 174, b. 15, f. 116. Class.: segreto.

[373] Cfr. Nara, Rg. 226, s. 108, b. 117, f. j-353, titolo: *Rapporto mensile del settore del controspionaggio del Sim per la Sicilia (Catania, ottobre 1944)*, Vincent J. Scamporino, capo del Si per il teatro di operazioni nel Mediterraneo, a E. J. F. Glavin, W. H. Shepardson, capo del Si; Earl Brennan, capo del settore italiano del Si (Washington). Fonti: Sicana e Turtle, 13 novembre 1944, class.: segreto; cfr anche *Rapporto mensile (dicembre) preparato dalla sezione per il controspionaggio del Sim* (6 gennaio 1945), stessi destinatari e mittente.

[374] Cfr. Nara, Rg. 226, s. 174, b. 119, f. 910.

[375] Cfr. Nara, Rg. 319 (Cic), s. *Personal names files*, bb. 671-673, sotto il titolo *Dott. Begus*. Si tratta di varie decine di documenti provenienti dal comando americano in Austria. Periodo: 1948-1950.

[376] Cfr. Giovanni Lo Bianco, *Il carabiniere e il bandito,* Milano, Mursia 1999, pp. 236-237.

[377] Cfr. Nara, Rg. 226, s. 174, b. 32, f. 231, Alba H. Warren Jr. e James P. Furniss, agenti speciali del Cic. *Movimento dei giovani italiani repubblicani (Mgir)*, 4 ottobre 1944, class.: segreto.

[378] Cfr. Nara, Rg. 226, s. 174, b. 10, f. 88, *Mgir*, data: manca (inizio 1945); class.: segretissimo. Il quartier generale del movimento era situato a Firenze e constava dei seguenti elementi: Stefani Gino (capo del movimento), Adami (segretario), Beccucci Argante (collegamento), Riondino Luigi (addetto stampa). [...]. "Contatti con i servizi di intelligenza germanici: naturalmente, i servizi segreti germanici si sono accorti ben presto di una fonte così ricca di potenziali agenti. [...] Qualunque sia il mo-

vente patriottico dei leader del Mgir, è certo che in passato essi hanno consapevolmente fornito uomini ai servizi tedeschi per missioni di sabotaggio e di spionaggio." [Nel 1944, Beccocci, Natalini e Stefani forniscono decine di agenti al dott. Alwens e a Thun Von Hohenstein, *N.d.A.*]

[379] Cfr. Nara, Rg. 226, s. 174, b. 97, f. 768, *Ferrari Domenico, ufficiale di collegamento tra i servizi di sicurezza germanici e l'Mgir*, 22 giugno 1945, class.: segreto. "Ferrari Domenico, di NN e di Ferrari Giuditta, nato il 7 febbraio 1921 ad Abbazia (Fiume), abitante in via Brizio 4, Bologna, studente universitario presso l'università di Bologna. [...] Nel febbraio del 1941, si arruola nell'esercito. [...] Nel febbraio del 1942, viene inviato in Yugoslavia, Africa e Sicilia. [...] Il 10 gennaio 1944, è nella Decima Flottiglia Mas, battaglione Np al comando del capitano Nino Buttazzoni. [...] Nell'agosto 1944, a Milano, il soggetto incontra Gino Stefani, uno dei leader del Movimento giovani italiani repubblicani (Mgir) e, in settembre, è nominato ufficiale di collegamento tra il servizio segreto germanico (maggiore Begus, Sd, Verona) e l'Mgir. [...] In seguito, il soggetto presenta Eugenio Cesario [Decima Mas, destinato a raggiungere i fascisti calabresi a Catanzaro, *N.d.A.*] al maggiore Begus, che decide di inviarlo in missione nell'Italia liberata [assieme a don Cornelio Biondi, *N.d.A.*]. [...] Nel gennaio 1945, assieme a Moscardi Tullio (Decima Mas), incontra a Milano il dott. Winter (Abwehr II) con l'obiettivo di formare un gruppo di sabotaggio, la "banda Versino."

[380] Cfr. *ibidem*.

[381] Nara, Rg. 226, s. 108A, b. 202, f. jcx-002.

[382] Nara, Rg. 226, s. 108A, b. 256, f. jzx-1720. *Interrogatorio del maggiore Begus, Abt VI/S, Verona*, 18 luglio 1945, rapporto di J. J. Angleton, parte II, punto 5.

[383] Cfr. Nara, Rg. 226, s. 214, b. 6. Il domenicano Felix Morlion fonderà nel dopoguerra l'università Pro Deo (in realtà uno dei più importanti centri del Vaticano nel mondo) e avrà tra i suoi "collaboratori", fin dai primi anni Quaranta, il giovane Giulio Andreotti.

[384] Cfr. Nara, Rg. 226, s. 108A, b. 256, f. jzx-1720, punto 6, parte II.

[385] Cfr. G. Lo Bianco, *Il carabiniere e il bandito*, cit.

[386] Cfr. Nara, Rg. 226, s. 108A, b. 256, f. jzx-1720, punto 6, parte II. La busta contiene anche la foto segnaletica di padre Biondi. (parte I, punto 6) Da notare che anche Senise (catturato dagli americani) faceva parte della rete spionistica nazifascista Abt VI.

[387] Cfr. Nara, Rg. 226, s. 174, b. 10, fascicoli 88 e 89, Sicherheitsdienst [Sd, il controspionaggio nazista, *N.d.A.*], data: manca (circa inizio 1945), class.: segretissimo

[388] Cfr. Nara, Rg. 226, s. 174, b. 12, f. 99, *Organizzazione, metodi e attività dei servizi di informazione tedeschi e italiani*, 23 aprile 1945, class.: segreto.

[389] Cfr. Nino Buttazzoni, *Solo per la bandiera*, cit., p. 123. Scrive l'ex capitano degli Np: "A Roma agli inizi del 1946 ci ritroviamo a decine in galleria tra paracadutisti, uomini della Decima, tutti rigorosamente proscritti. Le idee sono molte, la voglia di fare qualcosa anche [...]. È in questo periodo che nasce l'Eca, l'Esercito clandestino anticomunista. Possia-

mo contare su un nucleo ristretto di gente decisa e ben addestrata. Un esponente militare vuole valutare visivamente la consistenza di questo gruppo. Al Pincio facciamo una prova. Viene mandato un osservatore che non conosco. Io sono seduto su una panchina e davanti a me faccio sfilare tutti gli aderenti con un segno di riconoscimento. Alla fine sono 212. [...] Abbiamo a disposizione armi e depositi al completo. Faccio contattare anche alcuni Np del Sud."

[390] Cfr. Nara, Rg. 226, s. 174, b. 88, f. 731, *Fronte italiano anticomunista (Fia)*, 20 maggio 1946, class. segreto.

[391] Cfr. *ibidem*, "Sono momenti in cui per molti Repubblica significa Comunismo e la nostra scelta non ha incertezze. Abbiamo a disposizione armi e depositi al completo. Faccio contattare anche alcuni Np del Sud [...] Mi avvicino anche alla politica. Nell'atto di fondazione del Movimento Sociale Italiano c'è anche la mia firma. Nell'ufficio di rappresentanza di Michelini a Roma è stato costituito una specie di Senato della Rsi, tra cui il ministro delle finanze Pellegrini, il principe Pignatelli. Io rappresento il comandante Borghese e la Decima Mas."

[392] Cfr. Nara, Rg. 226, s. 174, b. 86, f. 720, *Attività fascista*, 6 febbraio 1946. Class.: segreto.

[393] Cfr. Acs, Sis, b. 13, f. *Turati Augusto*, Roma, 19 settembre e 27 ottobre 1946.

[394] Cfr. *ibidem*, 27 novembre 1946.

[395] Cfr. *ibidem,* b.43, f. *Attività monarchica*. Nota del capo della polizia al questore di Roma, racc. riservatissima del 1° nov. 1946.

[396] Cfr. *ibidem*, nota del capo della polizia al questore di Potenza-Roma, 26 nov. '46, segn. 224- 89830.

[397] Cfr. *ibidem*, nota del 12 ottobre 1946, segn. 224-86383.

[398] Cfr. *ibidem,* riservatissima del 10 dicembre 1946, al questore di Roma, segn. 224-90002.

[399] Cfr. *ibidem,* nota del questore di Ragusa del 10 novembre 1946.

[400] Cfr. *ibidem, Movimenti politici illegali di destra,* appunto del 18 luglio 1947. e appunto del 17 ottobre 1946.

[401] Cfr. *ibidem*, ris., racc. del capo della polizia ai signori questori di Roma e Frosinone, 29 ottobre 1946, segn. 224/87076.

[402] Cfr. Nara, Rg. 226, s. 119, b. 71, f. 1824, e Cpim-Pg, vol. IV, lettera di F. Cohen a Li Causi e indice degli argomenti trattati da Mastari su Pisciotta.

[403] Cfr. Acs, Sis, riservatissima personale del questore di Roma Saverio Polito, al capo della polizia, 16 ottobre 1947, *Attività neofascista e repressione*.

[404] Cfr. Aldo Bertucci, *Guerra segreta oltre le linee*, cit., p. 229, p. 138

[405] Cfr. *ibidem,* p. 229.

[406] Cfr. Nara, Rg. 226, s. 108A, b. 258, f. jzx-2080.

[407] Cfr. Acs, Sis, Hp 59, b. 38, *Complotti e attentati contro responsabili del Pci*, e A. Giannuli, cit., p. 53; Cfr. Nara. Rg., 226, s. 174, b. 4, f. 39, *Formazioni speciali italiane prima dell'armistizio*, 6 luglio 1944, class.: segreto; G. Casarrubea, *Portella della Ginestra. Microstoria*, cit., p.28.

[408] Cfr. Massimiliano Griner, *La banda Koch*, cit., pp. 349-350. A detta del Griner, non è possibile confermare se Koch e i suoi camerati abbiano effettivamente scontato le pene a loro comminate. Nel '50, trovia-

mo Carlo De Santis in libertà condizionale. Nel '54 è condannato per una serie di rapine nella zona di Firenze.

[409] Cfr. Nara, Rg. 226, s. 174, b. 119, f. 908, 23 marzo 1945; Rg. 226, s. 174, b.108, f. 827, 25 giugno '44, *Lista nera*; Rg. 226, s. 174, b. 109, f. 836, 13 settembre 1944

[410] Cfr. Nara, Rg. 226, s. 174, b. 114, f. 863. In quest'ultimo documento del 10 ottobre 1944, la spia repubblichina Marcella Stopponi, rivela che nella Roma occupata, De Mauro lavorò per i tedeschi, diventò vicecommissario di Ps sotto il questore Caruso e fece parte della banda Koch a Roma. Un riscontro si trova in altra fonte, quella del Sis, Acs, b. 58, f. *Collaboratori dei nazifascisti*. Qui si conferma, inoltre, che il De Mauro usava l'ennesimo nome di copertura: tenente Roberto Marini.

[411] Cfr. Nara, Rg. 226, s. 174, b. 118, f. 899, 1 gennaio 1945, *Segnalazioni di controspionaggio*, bollettino n. 12, Cln/ CVL (documento in italiano).

[412] Cfr. Nara, Rg. 226, s. 174, b. 108, f. 831, 22 agosto 1944, *Agenti nemici*.

[413] Cfr. Nara, Rg. 226, s. 174, b.119, f. 908; class.: confidenziale, titolo: *Ciauri Gaetano*, 23 marzo 1945.

[414] Cfr. Nara, 25 giugno 1944, cit. Cfr. Acs, Sis, f. *Collaboratori dei nazifascisti*, cit.

[415] Cfr. Acs, fondo Sis, b. 3, f. 2.

[416] Cfr. Nara, Rg. 226, s. 174, b. 30, f. 204, *Interrogatorio di Giovanni Baroni, gruppo Fide (Abwehr II), Trupp 254, agente sabotatore*, 29 marzo 1945, class.: segreto.

[417] Cfr. Nara, Rg. 226, s. 174, b. 30, f. 208.

[418] Cfr. *ibidem, Interrogatorio di Rodolfo Ceccacci*, 25 maggio 1945, class.: segreto (rapporto inviato ad Angleton, Roma). "Nel febbraio 1944, il battaglione Np fu trasferito a Iesolo. Qualche giorno dopo al soggetto fu ordinato di presentarsi con un gruppo di 20 uomini a Capena, dove incontrò il maggiore Thun Von Hohenstein (Abwehr). Il soggetto mantenne il comando dei suoi uomini per atti di sabotaggio e spionaggio diretti da Von Hohenstein. [...] Nel maggio 1944, i sottotenenti Kummel e Zanelli arrivarono a Cesenatico provenienti da Iesolo, in compagnia dei loro gruppi di sabotaggio, una ventina di elementi, tutti esperti Np. [...] Nel settembre 1944, Ceccacci e il suo gruppo si trasferirono a Porto Garibaldi. Giorni dopo, egli inviò in missione Kummel, Tota, Chiminello, Besta Giorgio e Besta Fabio, Villa e De Santis, con l'obiettivo di organizzare una serie di sabotaggi a Rimini. [...] Nel marzo 1945, il soggetto fu convocato a Milano dal principe Borghese. Il gruppo di Ceccacci fu ribattezzato 'Reparto Vega del battaglione Np Vega'. Borghese gli disse che se l'avanzata alleata avesse fatto progressi al di là del previsto, il suo gruppo si sarebbe dovuto ritirare nei pressi di Tiene, 50 chilometri a nord di Vicenza. [...] Il 28 aprile 1945 Ceccacci ordinò ai suoi 20 uomini di disperdersi. [...] Il 1° maggio Ceccacci e suo fratello furono arrestati e condotti alla questura di Venezia" Firmato: Charles Siragusa, X-2 (Venezia).

[419] Cfr. Nara, Rg. 226, s. 174, b. 241, f. 35 *Agenti nemici*, 24 ottobre 1944, class.: segreto.

[420] Cfr. Nara, Rg. 226, s. 174, b. 16, f. 127, *Agenti nemici e collaborazionisti*, 1° gennaio 1945, class.: segreto. Firmato: battaglione 808° per il controspionaggio, Quinta Armata.

[421] Cfr. Nara, Rg. 226, s. 174, b.117, f. 888 *Boncompagni Ivan*, 29 gennaio 1946, class.: segreto. Firmato: Renzo Bonivento, maggiore comandante dell'808° battaglione per il controspionaggio. Al capitano James Angleton, Sci - unità Z (Roma).

[422] Cfr. Aldo Bertucci, *Guerra segreta oltre le linee*, cit., p. 21.

[423] Cfr. Nara, Rg. 226, s. 174, b. 26, f. 181, 4 marzo 1945. Cfr., ivi, anche 31 marzo 1945.

[424] Cfr. Nara, Rg. 226, s. 174, b. 26, f. 181, *Sidari Pasquale, alias Secchi, agente dell'Abwherkommando 150*, 4 marzo 1945, class.: segreto. [...] "Sappiamo inoltre che il Ceccacci, che aveva a sua disposizione un gruppo del battaglione San Marco, lavorava in stretta collaborazione con il comando tedesco e che addestrava i suoi uomini per missioni oltre le linee. Era di stanza a Cesenatico, in provincia di Forlì [...] Dalla lista dei sospetti del c. s. del Sim, Quinta Armata, in data 4 ottobre 1944, apprendiamo che 'Tarroni' [l'agente catturato assieme a Sidari] sembra aver frequentato un corso organizzato dall'Abwehr nel maggio del 1944, a Firenze. [...] Da un rapporto datato 1° luglio 1944, intitolato: 'Formazioni speciali italiane', apprendiamo che 'il sergente Sidari compare nelle liste del battaglione San Marco della Decima Flottiglia Mas. Visto per l'ultima volta a Jesolo. [...] Da un altro rapporto datato 30 maggio 1944, intitolato 'Agenti nemici', apprendiamo che 'il sergente Sidari indossava una uniforme del battaglione San Marco (Nuotatori Paracadutisti). Visto per l'ultima volta a Jesolo nel gennaio 1944. Nato a Reggio Calabria, di circa 28 anni, fanatico fascista. [...] All'inizio dell'agosto 1944, Tarroni Giovanni, che il Sidari conosceva fin dai tempi dell'addestramento del battaglione S. Marco a Tarquinia, giunse a Montorfano (Como), dove il Sidari si trovava di stanza con il suo reggimento. Tarroni raccontò al Sidari che lavorava per il servizio segreto germanico e lo invitò ad unirsi a lui per una missione da svolgersi in territorio nemico. [...] Il Sidari è convinto di essere stato scelto per la missione anche perché di origini meridionali. Ciò lo avrebbe reso meno sospetto nell'Italia del Sud, rendendo così difficile la sua cattura da parte degli Alleati."

[425] Cfr. A. Bertucci, *Guerra segreta oltre le linee*, cit., p. 94.

[426] Cfr. Acs/Sis, b. 41, f. *Militari italiani condannati da corti alleate*, 19 novembre 1947, class.: segreto. "Allegato B. Militari condannati da corti militari alleate per altri reati: [...] Ferrari Giuseppe, di Giovanni, classe 1926. Condannato con sentenza 28.3.45 dalla corte militare alleata di Firenze ad anni 15 di reclusione per contravvenzione proclama alleato n. 1. Soldato della Decima Flottiglia Mas, celibe, detenuto nella casa di reclusione di Porto Azzurro."

[427] Cfr. Nara, Rg. 226, s. 174, b. 12, f. 99, *Ufficio e Scuola di Spionaggio Navale di Milano, Abwehr Kommando 150, 1 Marina*, 19 aprile 19, class.: segreto. Firmato: maggiore dei carabinieri Cesare Faccio, battaglione 808° per il c.s., Quinta Armata. [...].

[428] Cfr. Nara, Rg. 226, s. 174, b. 26, f. 181. Titolo: *Tarroni Giovanni,*

alias Trudu, 4 marzo 1945, class.: segreto. Firmato: tenente colonnello Stephen J. Spingarn, Cic, Quinta Armata.

[429] Cfr. A. Bertucci, *Guerra segreta oltre le linee,* cit., p. 78

[430] Cfr. Nara, Rg. 226, s. 174, b. 36, f. 253, *Fernando Pellegatta e la Quinta Colonna organizzata della Decima Mas (battaglione 'Vega'),* 16 giugno 1945, class.: segreto.

[431] Cfr. Nara, Rg. 226, s. 174, b. 87, f. 726, *"Schieramento Nazionale", organizzazioni neofascsiste e reduci,* 8 aprile 1946, cl. segreto/molto confidenziale.

[432] Cfr. Nara, Rg. 226, s. 174, b. 91, f. 746, *Ulteriori notizie sui movimenti di destra,* 16 ottobre 1946, class.: segreto.

[433] Cfr. Acs, Sis, b. 43, f. *Attività monarchica,* /L25, Roma, 29 ottobre 1946, Oggetto: *Partito Fascista Democratico/Attività fascista.* Leggiamo: "La personalità proveniente da Lisbona [probabilmente un uomo di Stato che si faceva chiamare "Bastiano"], che è ospite clandestino del principe Ruspoli, di cui vi ho già parlato, ha avuto contatti con Gray, Nunzi, Turati, Pini. Scopo degli incontri: stringere un più omogeneo patto di azione tra fascisti e monarchici in previsione delle agitazioni popolari che verranno promosse simultaneamente in tutte le città d'Italia per imporre il ritorno al regime monarchico. Come già segnalammo, il Pfd fiancheggia il movimento monarchico senza condividerne le finalità. Rimane infatti fedele al proprio programma repubblicano e anticomunista. [...] Personalità dell'alto comando alleato incoraggiano questi piani 'da un punto di vista soprattutto antibolscevico.' Il passaporto internazionale rilasciato dagli Alleati a Turati è parte integrante del suddetto programma d'azione."

[434] Coll.: Acs, fondo Sis, b. 43, f. *Attività monarchica* /L25, Milano, settembre 1946, Oggetto: *Movimento monarchico e neofascista dopo la promulgazione della repubblica.*

[435] Cfr. Nara, Rg. 226, s. 108A, b. 268, f. jzx-6640.

[436] Cfr. Nara, Rg. 226, s. 174, b. 243, f. 1417.

[437] Cfr. Nara, Rg. 226, s. 174, b. 141, f. 1048. Titolo: *Rapporto politico mensile, 1-30 aprile 1947.*

[438] Cfr. Nara, Rg. 226, s. 210, b. 432, f. 8. Oggetto: *Manuale di intelligenza per la propaganda occulta,* data: 16 maggio 1946.

[439] Cfr. Acs., Sis, nota del 17 ottobre 1946, 224-86384.

[440] Cfr. *Portella della Ginestra cinquant'anni dopo. Documenti,* a cura di G. Casarrubea, Roma, Salvatore Sciascia editore 1999, volume II, pp. 29-66, allegato n. 4 (pubblicato su iniziativa di P. Manali). Le testimonianze riportate in questo paragrafo sono contenute nel vol. suddetto. "Posso assicurare – dichiarava il testimone davanti alla Corte – che tanto dalla montagna Pizzuta che dalla Cometa sparavano con le mitragliatrici. Sentii inoltre che si sparava pure con mitragliatrici da un terzo posto e cioè dalle falde della stessa montagna Cometa, che digradano verso la galleria non molto lungi dalla diga del lago. [...] So che due ragazzi di San Giuseppe Jato, che erano venuti insieme ieri con gli altri, videro nei pressi della galleria, di cui sopra ho fatto cenno, due persone che portavano addosso una mitragliatrice ciascuna. Essi erano stati allontanati dalla diga, verso cui erano diretti, da un uomo in maniche di camicia e con baffi

che, qualificandosi per custode, aveva detto che in quei pressi non si poteva stare."

[441] Cfr. Cav, verbale di continuazione di dibattimento, teste Giovanni Parrino, 13 giugno 1951, cartella n. 4, vol. V, n. 3, f. 382, retro. "Egli [Giacomo Schirò, *N.d.A*] iniziò il suo discorso dicendo che finalmente si ritornava alla vecchia consuetudine di festeggiare il 1° maggio ed aveva aggiunto altre poche parole quando si udirono alcuni spari, che io e gli altri percepimmo come spari di mortaretti. [...] Anche sulla montagna Cometa vidi persone, ma non posso stabilire se fossero pastori o banditi." E ancora: "I primi colpi non furono neppure da me avvertiti, o almeno non li intesi passare sulla testa, e quindi penso che avessero avuto una direzione verso l'alto. Non posso dare spiegazione come mai i primi colpi non avessero raggiunto il podio, perché era naturale che si volessero colpire quelli che erano attorno al podio, che dovevano essere le autorità."

[442] Rispettivamente dissero: "Il signor Schirò salì sul podio che è al centro della radura ed aveva pronunciato poche frasi per commemorare la giornata, quando si udirono raffiche di spari. Si credette trattarsi di spari di mortaretti o razzi ("carrittigghi"), ma le raffiche si ripeterono e la gente cominciò ad essere colpita e a cadere al suolo". "Ad un tratto abbiamo udito degli spari, che da prima furono ritenuti prodotti da mortaretti."

[443] Cfr. dichiarazione resa all'autore nell'aprile 1998.

[444] L'elenco delle armi in uso durante il fascismo lo troviamo in una pubblicazione del Comando generale della gioventù italiana del Littorio, edita, nel 1940 a cura dell'Opera di Previdenza Mvsn, *Il premilitare*.

[445] Cfr. *La strage di Portella della Ginestra,* a cura di G. Casarrubea, vol. III, Documenti, Sentenza di Roma del 10 agosto 1956, Caltanissetta-Roma, Salvatore Sciascia editore, 2001, allegato n. 6.

[446] Cfr. *ibidem*

[447] Per quest'aspetto mi permetto rinviare ai seguenti miei lavori: *Portella della Ginestra*, cit.; G. Casarrubea, *Fra'Diavolo e il governo nero*, cit., nonché ai voll. II e III di *Documenti* editi dalla casa editrice Sciascia di Caltanissetta nel 1999, e nel 2001 a cura della biblioteca comunale di Piana degli Albanesi, diretta da Pietro Manali.

[448] Cfr. Agca, Tpui, *Esame di testimonio senza giuramento*. Testimone Vincenza Spadaro, madre del Grifò, ucciso. 15 maggio 1947. Cart. n.1, vol. D. ff. 107-108.

[449] Cfr. Cav, *Verbale di continuazione di dibattimento*, testimone con giuramento Carmelo Ragusa, 31 maggio 1951, cart. 4, vol. V., n. 3, f.357, retro.

[450] Cfr. *ibidem*, 13 giugno 1951, f. 380, retro.

[451] Cfr. *ibidem*, 18 giugno '51, f. 412, retro. Sul totale dei bossoli ritrovati riferiscono i giudici della II Corte di Appello di Roma, in *Sentenza,* cit., vol. I, f. 47.

[452] Cfr. *ibidem*, *Verbale di continuazione di dibattimento,* teste con giuramento Giacinto Paolantonio, 31 luglio '51, vol. V. n. 6, f. 711.

[453] Cfr. *ibidem*, f. 722.

[454] Cfr. *ibidem*, Cav, *Verbale di continuazione di dibattimento*, teste Leonardo Di Maggio, 15 giugno 1951, cart. n. 4, vol. V. n. 3, f. 395.

[455] Cfr. *ibidem*, Cav, *Verbale di continuazione di dibattimento*, teste Giovanni Parrino,13 giugno 1951, cart. n. 4, vol. V. n. 3, f. 382, retro.

[456] Cfr. Agca, *Verbale di continuazione di dibattimento, interrogatorio 28 maggio 1947*, cartella 4, vol. V, n. 3, foglio 321 e retro;

[457] Cfr. Felice Chilanti, *Tre bandiere per Salvatore Giuliano*, cit., p. 107. Il racconto di Schirò in G. Casarrubea, *Fra' Diavolo e il governo nero*, cit., pp 182-183.

[458] Cfr. Agca, *Sentenza* della II Corte di Appello di Roma, cit., cart. 8, vol. I, ff.44-47

[459] Cfr. *ibidem,* vol. 3°, ff. 705-707.

[460] Cfr. Nara, Rg. 226, serie 210, busta 171. Il manuale era distribuito agli agenti dell'Oss (titolo: *Armi speciali, congegni ed equipaggiamenti*, febbraio 1945, classificato "riservato"). La descrizione si trova al paragrafo I, foglio E3.

[461] Cfr. *Sentenza*, 3.5.'52, cit. e Cpim-Pg, doc. XXIII, n. 24, Legione dei Carabinieri di Palermo, *Strascichi dell'eccidio di Portella della Ginestra,* 25 marzo 1949, il col. Comandante del gruppo Antonino Denti di Forlì a S.E. il prefetto di Palermo, 25 marzo 1949, p. 147 e sgg.

[462] Cfr. *ibidem.*

[463] Cfr. G. Casarrubea, *Portella della Ginestra. Microstoria di una strage di Stato*, cit., p. 300, allegato n. 5, rapporto del questore Filippo Cosenza al Procuratore della Repubblica di Palermo. Vedi anche: Rosa Mecarolo e Angelo La Bella, *Portella della Ginestra*, Milano, Teti 2003.

[464] Cfr. dichiarazione resa all'autore nell'aprile del 1998 e pubblicata in *Fra' Diavolo e il governo nero*, cit., appendice di documenti.

[465] Cfr. Cpim-Pg, parte quinta, *Relazione* dell'ispettore generale di Ps., Beniamino Roselli, al capo della polizia, 1° luglio 1947.

[466] Scrive il medico: "Esame radiografico torace: presenza di corpo estraneo metallico in sede basale paramediana sinistra che il L - L si proietta posteriormente al cuore e, pertanto, localizzato nel parenchima polmonare del lobo inferiore sinistro. Considerazioni medico-legali: la signora La Rocca Cristina venne attinta da un frammento metallico alla regione lombare sinistra con orificio d'entrata posto centimetri 10 sopra la bisiliaca e centimetri 8 a sinistra della medio-vertebrale, nonché ad una altezza dal suolo di centimetri 102. Il frammento penetrato negli strati sottocutaneo e muscolare della regione lombare è risalito in alto sino a pervenire in sede basale paramediana sinistra, venendo ritenuto in corrispondenza del lobo inferiore del polmone sinistro. Dall'esame diretto delle lastre radiografiche, si rileva nella proiezione antero-posteriore, la presenza di un corpo estraneo di densità metallica, attribuibile verosimilmente a scheggia metallica proveniente da frammentazione di proiettile d'arma da fuoco o di bomba o di lamiera metallica, avente conformazione grossolanamente quadrangolare delle dimensioni di mm. 6,2 per mm. 7,5 sui radiogrammi in A - P, e di mm. 8,3 per mm. 9,6 sui radiogrammi L - L. Considerando la presenza della cicatrice residuata all'originario foro d'entrata, regione lombare sinistra, e considerando la sede di ritenzione del 'proiettile', si può ritenere che il detto elemento sia pervenuto sul corpo con forte inclinazione dal basso verso l'alto, da un

punto di fuoco posto alla sinistra del soggetto." In G. Casarrubea, *Fra' Diavolo e il governo nero*, cit., p.186.

[467] Cfr. dichiarazione resa all'autore, nell'aprile del 1998.

[468] Cfr. dichiarazione resa all'autore, nell'aprile del 1998.

[469] Cfr. Processo 13/50, Agca, Cav, *Relazione di perizia* del dottor Martorana, 10 giugno 1947.

[470] Cfr. dichiarazione resa all'autore, nell'aprile del 1998, dal figlio.

[471] "Si osserva al terzo medio inferiore sinistro, in prossimità della regione malleolare, una cicatrice alla faccia interna della gamba, rotondeggiante e dal diametro di circa 50 millimetri. Altra cicatrice, simile alla prima, notasi alla faccia esterna della stessa gamba."

[472] "Presenta una lesione di continuo alla regione glutea destra ed altra lesione di continuo a due dita traverse dalla cresta iliaca destra."

[473] [...] Affetto da ferita da arma da fuoco al terzo medio della gamba destra. Esame obiettivo: come sopra, con foro d'entrata alla parte media e foro di uscita alla stessa altezza parte laterale. [...].

[474] "[...] Presenta ferita al piede sinistro. Palpando, non si apprezza lesione ossea. [...] Giudico che detta lesione, che fu prodotta da arma da fuoco, potrà guarire in dieci giorni da oggi. [...]."; e il 20 maggio: "[...] Sul qui presente Schirò Pietro si osserva: alla regione metatarsica del piede sinistro una soluzione di continuo, di forma circolare, dal diametro di 1 centimetro circa. Al margine laterale, altra soluzione di continuo, simile alla prima. [...] Giudico che le dette soluzioni di continuo costituiscono rispettivamente il foro di entrata e quello di uscita di un proiettile di arma lunga da fuoco. [...]. In un documento autografo (la firma del sanitario è illeggibile) stilato il 1° maggio, leggiamo invece: "[...] Certifico di aver visitato il sig. Schirò Pietro e di avergli riscontrato ferite multiple al dorso del piede sinistro, con dubbio di frattura ossea guaribile in giorni 30. [...]". In realtà, è probabile che Schirò sia stato colpito da almeno due schegge di granata.

[475] "[...] Affetto di frattura aperta alluce destro da ferita d'arma da fuoco. [...] Esame obiettivo: ferita come sopra con foro di entrata al dorso dell'alluce destro e di uscita a parte plantare. Diagnosi: ferita arma da fuoco seconda falange alluce destro con asportazione dell'unghia. [...]"

[476] "[...] Alla regione dorsale del piede sinistro si nota una lesione in via di cicatrizzazione, per intervento chirurgico, della lunghezza di circa 1 centimetro. [...] Epidermide arrossata. Edema diffuso al piede. [...] Giudico che la lesione di cui sopra è stata prodotta da intervento chirurgico su processo suppurativo derivato da ferita di arma da fuoco. [...]"

[477] "[...] Presenta frattura apice malleolo piede destro. Giudico che detta lesione, che fu prodotta da arma da fuoco, potrà guarire entro dieci giorni da oggi, salvo complicanze. [...]."; e il 23 maggio: "[...] Si osserva all'apice del malleolo del piede destro una cicatrice di forma circolare, dal diametro di circa 1 centimetro. Altra cicatrice, simile alla prima, notasi alla faccia anteriore della gamba destra, all'altezza del collo del piede. [...] Giudico che le cicatrici, di cui sopra, costituiscono rispettivamente il foro di uscita e quello di entrata di un proiettile d'arma lunga da fuoco. [...]"

[478] "[...] al polpaccio della gamba sinistra si riscontrano due soluzioni di continuo di forma circolare dal diametro di 1 centimetro circa. La prima,

cioè quella più prossima alla faccia anteriore a bordi introflessi, mentre la seconda a bordi estroflessi. Ciascuna dista dall'altra 6 centimetri circa e costituiscono rispettivamente foro d'entrata e foro di uscita di un proiettile di arma da fuoco, che interessò solo le parti molli del polpaccio. [...]"

[479] "[...] Ferita d'arma da fuoco con foro d'entrata radice coscia sinistra regione anteriore e foro d'uscita regione ischiatica. [...]"

[480] Cfr. Agca, Cav, fascicolo delle perizie.

[481] Cfr.: sul carattere neofascista della banda Giuliano, A. Giannuli, *Salvatore Giuliano, un bandito fascista*, cit., pp. 48-58. V. anche l'articolo di F. La Licata, *Il bandito Giuliano era un collaboratore dei clandestini fascisti*, in *La Stampa*, 20 settembre 2003.

[482] Cfr. N. Tranfaglia, *Come nasce la Repubblica*, cit., p. 204, nota n. 97.

[483] Cfr. la lettera di Fausto Cohen, direttore del quotidiano *Paese Sera*, al leader comunista Girolamo Li Causi, cit. luglio 1954, Commissione Parlamentare d'Inchiesta sul fenomeno della mafia, pubblicazione degli atti riferibili alla strage di Portella della Ginestra, Pg, parte prima, documento XXIII, n. 6, 1998, pp. 355 - 358

[484] Cfr. Nara, Rg. 226, s.174, b. 5, f. 48, *Note sul controspionaggio in Italia* n. 6, 8 febbraio 1945, class.: segreto. Sul tema ancora leggiamo: "Abwehr Kommando 212: [...] Trupp 257, al comando del sottotenente Hubert Pfannenstiel. Località: Dosson, presso Treviso. Le reclute provengono dagli Np della Decima Mas, al comando del sottotenente Rodolfo Ceccacci. [...] Scuole: [...] isola di Sant'Andrea, Venezia. Qui funziona la scuola del Trupp 257. Periodo: agosto-ottobre 1944. Riteniamo sia ancora in funzione. [...] Obiettivi: sabotaggio ai danni di depositi di carburante, magazzini, fabbriche di munizioni, ponti, trasporti, aeroporti. Mezzi utilizzati: tutti i tipi di esplosivo. Lezioni: su tutti i tipi di esplosivo e detonatori. [...] Personalità dei servizi di intelligenza germanici: [...] dottor Otto Ragen, alias Begus dello Sd di Verona. [...] Ad Atene, era il capo del controspionaggio nazista. Qui ha iniziato l'organizzazione dei gruppi di sabotaggio e di resistenza. Vi sono prove che si trovi attualmente nell'Italia settentrionale e che invii agenti oltre le linee. [...] Nativo di Posen, il dottor Begus ha 46 anni. [...] Dopo la prima guerra mondiale si è laureato in Legge a Innsbruck ed ha esercitato la professione di avvocato. Nel 1933 è diventato uno dei primi membri del Partito nazista austriaco e, poco prima dell'annessione dell'Austria alla Germania (1938, *N.d.A.*), è stato imprigionato con l'accusa di essere un agente nazista. [...] Nel febbraio del 1943 ricevette l'ordine di tornare ad Atene (vi era già stato nel 1941, *N.d.A.*) per organizzare lo spionaggio nazista sia nella capitale che a Salonicco. [...] La sua organizzazione in Grecia era divisa in due sezioni. Begus era al comando di circa 100 sabotatori, soprattutto nell'area di Atene, mentre era alle sue direttive anche un gruppo di resistenza di 150 uomini (Giuseppe Sapienza è ad Atene con Begus, *N.d.A.*). A questi andavano sommati altri 3000 elementi appartenenti ad una organizzazione filonazista greca che, in collaborazione con la Gestapo, si batteva contro 'il bolscevismo e il capitalismo anglo-giudaico' in Grecia. [...] Un tedesco di nome August Ludwig, alias Bertram, dirigeva l'addestramento di entrambi i gruppi. Aveva a disposizione una radio ricetrasmittente e

quattro marconisti (1 greco e 3 italiani). Bertram non era in contatto diretto con questi, ma comunicava con loro attraverso dei messaggeri. Disponeva inoltre di 6 o 7 valigie piene di esplosivo destinate ai 20 uomini del suo comando. [...] Nel giugno 1944 Begus fu richiamato in Germania e, in luglio, inviato a dirigere una nuova scuola di sabotaggio dello Sd a villa Grezzana di Campalto, nei pressi di Verona. Riteniamo sia il capo dello Sd in Italia. Riteniamo inoltre stia costituendo una Quinta Colonna nell'Italia settentrionale e che invii sabotatori nell'Italia liberata."

[485] Cfr. V. Vasile, *Salvatore Giuliano, bandito a stelle e a strisce*, cit., capitolo *La banda Giuliano è mai esistita?*, pp. 303-326.

[486] Cfr. N. Tranfaglia, *Come nasce la Repubblica*, cit., p. 182.

[487] Cfr. Acs, fondo Sis, b. 11, f. *Roma: sanzioni contro il fascismo,* Real Questura di Roma, 15 luglio 1945. [C'è un Capozza Pietro fermato a Montelepre nell'estate del 1947.]

[488] Cfr. Acs, fondo Sis, b.11, f. *Roma: sanzioni contro il fascismo*, Real Questura di Roma, 30 dicembre 1945. *Oggetto: Applicazione della legge sulle sanzioni contro il fascismo.*

[489] Cfr. N. Tranfaglia, *Come nasce la Repubblica*, cit., p. 19 (titolo del documento: "Organizzazione segreta della Decima Mas", 11 giugno 1945).

[490] Cfr. A. Bertucci, *Guerra segreta*, cit., Testimonianza del sergente allievo ufficiale Giacomo Cossu, p. 227-229.

[491] Cfr. N. Tranfaglia, *Come nasce la Repubblica*, cit., p. 72. "Le attività militari dei gruppi neofascisti – leggiamo in un documento – sono dirette da alcuni ex-ufficiali della Milizia Fascista come il generale Galbiati, ex generale della Milizia Volontaria Nazionale Repubblicana, e da Polvani, ex federale di Firenze, ex ufficiale della Milizia Fascista ed uno degli organizzatori della resistenza fascista a Firenze nel periodo della ritirata tedesca. Si dice che Polvani controlli un gran numero di fascisti scelti da Pavolini e dal Gis per formare una Quinta Colonna, costituita in prevalenza da giovani elementi".

[492] Cfr. N. Tranfaglia, *Come nasce la Repubblica*, cit., p. 87, nota n. 80. "In un documento del 13 maggio 1946 intitolato *Il Fronte Nazionale* l'anonimo redattore segnala: "Romualdi Carlo, ingegnere, è un collaboratore di Polvani. Dal momento che Polvani è rimasto in Sicilia per un lungo periodo, Romualdi mantiene i contatti tra la Sicilia, Roma e l'Italia settentrionale. Il rapporto sottolinea anche che Pino Romualdi collabora con il Fronte Nazionale e che '[...] lo 'Schieramento Nazionale' ha ventimila aderenti nella provincia di Milano e trentamila a Roma. [...] Il movimento è forte in Emilia, Veneto e Piemonte' [...]. Il Fronte è in contatto con un'organizzazione di Napoli apertamente fascista (capeggiata da Calogero e Moroni). Il suo quartier generale è nelle vicinanze della stazione radio della città. Ha collegamenti in Puglia, Calabria e Sicilia. Il movimento è particolarmente forte in Sicilia, dove progetta di stampare *pamphlet* e direttive per poi spedirli nell'Italia del nord. È estremamente nazionalista ed è probabile che mantenga legami con i monarchici. Tenta inoltre di reclutare gli ex prigionieri di guerra per promuovere la sua politica anticomunista."

[493] Cfr. *ibidem*, p. 72, nota n. 64.

[494] Cfr. dichiarazione del Giallombardo riportata dal "Giornale di Sicilia", 28 agosto 1951.

[495] Cfr. Nara, Rg. 226, s. 174, b. 108, f. 828.

[496] Il deposito della sentenza fu notificato ai suoi avvocati Vella e Crisafulli il 25 gennaio del 1946. L'avvocato Anselmo Crisafulli fu il suo difensore, ma assistette molti altri banditi durante il processo di Viterbo. Su di lui si ha un autorevole giudizio: "Non si sa mai bene – scriveva il ministro della Real casa, Falcone Lucifero – cosa voglia e cosa pensi". Fu il promotore di un movimento che faceva capo a Ernesto Bonaiuti. Secondo il ministro, aspirava (settembre 1944) al dicastero della Giustizia. La Sicilia si doveva ribellare al governo Parri e proclamarsi unitaria e monarchica. Cfr. F. Lucifero, *L'ultimo re*, cit., pp. 120, 135, p. 450.

[497] Cfr. *Rapporto giudiziario relativo al conflitto a fuoco tra i militari della Compagnia di Alcamo e la banda di Ferreri Salvatore inteso "Fra' Diavolo*, si trova presso la Cancelleria della II Corte di Appello di Roma, Città Giudiziaria, processo n. 13/50, cartella 7, all. Z, n. 13 –, ora anche in Cpim, Pg, vol. IV. Frontespizio: Regno d'Italia – Comune di Palermo – Carta di identità n. 10.407.468 del sign. Rossi Salvo;
I facciata interna: cognome Rossi, nome Salvo, padre Rolando, madre Cossentini Maria, nato il 13 aprile 1923 a Palermo, stato civile celibe, nazionalità italiana, professione parrucchiere, residenza Palermo, via Corso Pisani 120; connotati e contrassegni salienti: statura metri 1,62, capelli ed occhi castani, corporatura regolare, segni particolari nn.;
II facciata interna: fotografia riproducente l'effigie di Ferreri Salvatore con al margine sinistro il bollo del Municipio di Palermo- Segreteria generale- atti notori, ed al destro il timbro a secco del predetto ufficio – firma del titolare Rossi Salvo – Palermo li 28 giugno 1945. Per il Sindaco, firmato illeggibile. Nella parte inferiore sinistra si nota un altro timbro a secco del Municipio di Palermo;
quarta pagina: tre marche per l'importo complessivo di £. 51,25, annullate con timbro del Municipio di Palermo. Frontespizio: Regno d'Italia – Comune di Palermo – Carta di identità n. 10.407.468 del sign. Rossi Salvo.

[498] *Portella della Ginestra (1947-1997)*, catalogo di foto, consulenza storica di G. Casarrubea, edito dal Comune di Palermo, Palermo, Biblioteca comunale, 1998.

[499] Cfr. Nara, Rg. 226, s. 174, b. 3, f. 30, *Controspionaggio*, 8 giugno 1945, class.: segreto. Firmato: E.B. Howard, Cic; cfr. Nara, *Note sullo Sd*, data: manca (circa inizio 1945), e Rg 226, s. 174, b. 4, f. 39, class.: segreto. Lo Sicherheitsdienst, noto come Sd, è il servizio informazioni del Partito nazista, e corrisponde all'Abwehr (difesa), il servizio di intelligenza dell'Esercito tedesco, la Wehrmacht.

[500] Cfr. Nara, Rg. 226, s. 174, b. 241, f. 35 "o", class. segreto, *Agenti nemici*, 29 ottobre 1944.

[501] Cfr. E. Perrone, *Fra' Diavolo ha fatto arrestare molti degli attuali imputati di Viterbo*, "L'ora" di Palermo, 1 agosto 1951.

[502] Cfr. Nara, Rg. 226, s. 108A, b. 259, f. jzx-5180, *Immunità garantita agli ex militi della Decima Mas*, 16 ottobre 1945.

[503] Il decreto istitutivo è del 26 ottobre 1945 e porta il n° 916.

504 Cfr. Cpim-Pg, cit., parte quinta. Copia della *Sentenza* n. 1253/47 contro Giovanni Carcaci + 138, p. 361.

505 Cfr. Nara, Rg. 226, s. 174, b. 26, f. 181.

506 Cfr. Nara, Rg. 226, s. 174, b. 28, f.192, Sci, Unit Z, *Rapporto sull'Interrogatorio di Vito Laginestra, agente del gruppo David*, 28-30 gennaio 1945, a firma James Angleton. L'interrogatorio era stato condotto a Firenze dall'agente Charles Siragusa.

507 Cfr. Nara, Rg. 226, s.174, b. 28, f. 192, 30 gennaio 1945. Angleton è a Roma dal giugno del 1944, e dal novembre dello stesso anno è a capo dell'X-2.

508 Cfr. Nara, Rg. 226, s. 121, b. 64, f. Diana n. 5, *Cablogramma su Tommaso David*, data: 3 marzo 1945, class.: segreto. Il nome di Tommaso David ricorre anche negli archivi del Sis, in un elenco di nominativi di ex appartenenti alla disciolta milizia volontaria sicurezza nazionale (Mvsn), dei quali la commissione alleata aveva chiesto il recapito. Cfr. Acs, Sis, b. 24, f. *Persone ricercate o arrestate dal comando alleato*: "N. 21: David Tommaso, centurione". L'elenco è allegato alla nota Nac/ 14754/8/P.S., 25 febbraio 1946.

509 Cfr. Nara, Rg. 226, s. 174, b. 28, f. 192 , 15 marzo 1945, *Additional to interrogation report of Vito Laginestra- JRX-366*. Angleton all'indirizzo in codice Ac of G-2, Ci, Afhq. Ronzoni aveva il nome in codice JX-216. Cfr. anche ivi, nota di Angleton, 13 febbraio 1945.

510 Cfr. *ibidem*, Rg. 226, s. 174, b. 119, f. 911, rapporto segreto del Sim di Roma allo Special counter intelligence (Sci), Roma, 30 marzo 1945, *Fiore Oscar*. Class.: segreto.

511 Cfr. Acga, cit., vol. B, f. 13 e *Verbale di continuazione di dibattimento, dichiarazioni di Antonino Terranova*, 11 maggio 1951. Al processo di Viterbo, Antonino Terranova, uno dei capisquadra di Giuliano, dirà che durante gli assalti alle sedi comuniste del 22 giugno 1947 erano stati fatti recapitare ai sicari manifestini propagandistici contro la "canea dei rossi", già pronti per essere lanciati.

512 Cfr. *ibidem, Dichiarazioni di Frank Mannino*.

513 Cfr. Nara, Rg. 226, s. 174, b. 12, f. 99, 23 aprile 1945.

514 Cfr. Nara, Rg. 226, s. 174, b.12, f. 99, Italian General Staff, 808th Cs Batallion, Center, Fifth Army, allegato alla nota del Maggiore dei Cc.Rr., Cesare Faccio, all'Each Officer and Nco, Cs Center, 5th Army, 5 marzo 1945, n. 25/9-S. con oggetto: *Survey concerning Organization, methods, and Activities of German and Fascist Information Service in Italy*, class.: segreto. Leggiamo: "Se la banda ha necessità di denaro indicare, sopra una carta topografica, servendosi della punta di uno spillo, la località precisa sulla quale dovrà essere effettuato un futuro lancio di denaro a mezzo di paracadute."

515 Cfr. Commissione parlamentare di inchiesta sul fenomeno della mafia e delle altre associazioni criminali similari, *Pubblicazione degli atti riferibili alla strage di Portella della Ginestra*, Tipografia del Senato, 1998, doc. XXIII n. 6, parte quarta, documento 629: *Atti relativi al conflitto a fuoco tra i militari dell'Arma dei Carabinieri di Alcamo e la banda di Salvatore Ferreri*. La data di consegna della carta di identità a Vito Ferreri è indicata nell'elenco degli oggetti rinvenuti sul suo cadavere, pag. 65, l'a-

bitazione palermitana della Coraci Maria a p. 152. I due particolari non sembrino irrilevanti in quanto denotano il primo la data orientativa del rientro di Fra' Diavolo in Sicilia, la seconda il fatto che i Ferreri vivevano a Palermo. La loro presenza ad Alcamo era, quindi, indotta dall'esterno.

[516] Cfr. Corte di Assise di Palermo, *Procedimento penale contro Giovanni Provenzano,* in Agca, cit., Corte di Appello di Palermo, sezione istruttoria, *Procedimento penale contro Giovanni Provenzano, Pietro Licari, Vincenzo Italiano,* n. 4/54, cart. n. 8. *Dichiarazioni di Gaspare Pisciotta,* f. 41.

[517] Purtroppo, l'opinione non era solo di Pisciotta. Ad esempio, durante un incontro con Giuseppe Saragat a Washington, nella primavera del 1947, il reverendo Frank Gigliotti (massone di rito scozzese e agente dei servizi segreti americani in Italia) confessa al nostro uomo politico di aver recentemente incontrato Salvatore Giuliano in Italia e di essere pienamente d'accordo con l'uso dell'illegalità e della violenza da lui impiegate contro i comunisti. Cfr. R. Faenza, M. Fini, *Gli americani in Italia,* cit., p. 138, documento del Dipartimento di Stato.

[518] Il pretesto formale dell'incontro ad Alcamo del gruppo di Fra' Diavolo presso i magazzini di via dei Mille del signor Bambina sarebbero state due lettere di "scrocco" a firma *"Il re della montagna G"*. Prova evidente che non si tratta di un'operazione concepita da Ferreri. Questi infatti non si firmava con la lettera G., ma con la scritta "Fra". Nel fucile mitra trovato accanto al corpo di Vito Ferreri dopo la sua uccisione, si poteva leggere – come è scritto nello stesso rapporto del Giallombardo sul conflitto – *Fra* (e cioè Fra' Diavolo). Dunque Ferreri usava l'espressione *Fra'* per firmare cose che gli appartenevano. Se ne ha conferma anche nella risposta che lo stesso Giallombardo dà all'avvocato Crisafulli, quando questi gli chiede nell' udienza n. 66 del 27 agosto 1951 se gli risultasse che in un'arma rinvenuta ai banditi, dopo la sparatoria, ce ne fosse una con un'incisione nel calcio. E Giallombardo risponde che nell'incisione riportata nel calcio di un mitra stava scritto "Fra Diavolo."

[519] Cfr. "Giornale dell'Emilia", 7 marzo 1952.

[520] Cfr. Si tratta di due lettere esibite dal Giallombardo, di fronte ai giornalisti Tano Gullo ("La Repubblica") e Giorgio Petta ("La Sicilia") nel 2004. Queste lettere sono corpi di reato e non si spiega la ragione per la quale, dopo circa sessant'anni, non siano state consegnate con relativa denuncia alla magistratura di Alcamo.

[521] Cfr. Nara, Rg. 226, s. 174, b. 35, f. 245, *Organizzazione e metodi dei servizi segreti germanici in Italia.* Class.: segreto; mittente: maggiore dei carabinieri Cesare Faccio, capo del controspionaggio del Sim (Quinta Armata); destinatario: tenente colonnello Stephen J. Spingarn, Cic (Quinta Armata), 9 gennaio 1945.

[522] Cfr. Nara, Rg. 226, s. 174, b. 35, f. 245, *Interrogatorio di Otto Ragen, alias maggiore Begus (Sd),* 7 agosto 1945. Class. segreto.

[523] Cfr. Agca, Cav., cit., *Dichiarazioni rese da Frank Mannino e Antonino Terranova,* udienza del 9 aprile 1951 e sgg. Al Terranova risultava che le radio erano arrivate dall'America ed erano in possesso delle seguenti squadre: la sua e quelle di Giuseppe Passatempo, di Giuseppe Cucinella e di Giuliano essendo questi "in contatto con molti latitanti", udienza del 26 giugno 1951.

[524] In un documento Oss di 25 pagine sul principe Pignatelli (maggio 1944), si conferma l'ipotesi che tutta la rete sovversiva nera nasce da lui al sud, alla fine del 1943 (prima in Calabria, dove aveva le sue terre, e poi a Napoli). Dopo il suo arresto (marzo 1944), il testimone passa ai suoi collaboratori napoletani e ai servizi di Salò. La rete di Pignatelli (dalla fine del '43) agiva anche in Sicilia tramite i calabresi.

[525] Cfr. Racconto reso all'autore nell'ottobre 2002.

[526] Cfr. Nara, cit., Rg. 226, s. 174, b. 42, f. 348, *Locatelli, Gino (agente nemico),* 10 marzo 1945, rapporto segreto di Camillo Pecorella, maggiore dei carabinieri (Sim).

[527] Cfr. Nara, Rg. 226, s. 174, b. 40, f. 312, *Locatelli Luigi (Gino, agente nemico),* 2 aprile 1945, class.: segreto.

[528] Cfr. *ibidem.*

[529] Cfr. Nara, Rg. 226, s. 174, b. 97, f. 768, *Ferrari Domenico, ufficiale di collegamento tra i servizi di sicurezza germanici e l'Mgir,* 22 giugno 1945, class.: segreto.

[530] Cfr. Nara, Rg. 226, s. 174, , b. 42, f. 348, *Sidari Pasquale, agente nemico,* 12 maggio 1945, class.: segreto.

[531] Cfr. Nara, Rg. 226, s. 174, b. 34, f. 241, *Risultato dell'interrogatorio di Giuseppe Sapienza*, 7 maggio 1945, Promemoria redatto dagli agenti Sim del Controspionaggio Salvatore Musmeci e Federico Raffa. Il 20 aprile del '45 il Sapienza fu lasciato in un campo di concentramento di Bolzano, da dove fu liberato una settimana dopo. Il 30 si recò a visitare a Merano la famiglia Zolit, ritornando il 1 maggio a Bolzano. Il Sapienza, in ultimo, soleva spesso recarsi presso una famiglia di San Martino Buonalbergo. Fu fermato e messo a disposizione del Sim/Cs, il 6 maggio.

[532] Intervista videoregistrata concessa all'autore.

[533] Cfr., G. Casarrubea, *Fra' Diavolo e il governo nero.* cit., allegati n. 3 e n. 7

[534] Cfr. dichiarazioni di Gaspare Pisciotta, processo 13/50 di Viterbo, poi in F. Chilanti, *Da Montelepre a Viterbo,* cit., pp. 307-308.

[535] Cfr. Acs, fondo Sis, b. 24, f. *Persone ricercate o arrestate dal comando alleato,* class.: segreto; elenco allegato alla nota N.A.C./14754/8/P.S. del 25 febbraio 1946.

[536] Cfr. Nara, Rg. 226, s. 174, b. 12, f. 99. Italian General Staff- 808° CS Batallion Center, Fifth Army, n. 25/13-S del 19 aprile 1945. Il maggiore dei Rr.Cc. Cesare Faccio all'Each Officer and NCO, CS Center, Fifth Army, Secret. I compensi erogati agli agenti dal Klein (che ha una funzione analoga a quella di Del Massa), sono 400 lire al giorno, 200.000 in moneta alleata al momento della partenza in missione, più 100.000 in carta moneta della Banca d'Italia.

[537] Cfr Nara, Rg. 65, s. A1 - 136y, b. 19, f. 98 - 18606/sezione 2 (Fbi), *Scuole di sabotaggio tedesche in Italia,* data: 10 luglio 1944, class.: segreto.

[538] Cfr Nara, Rg. 65, s. A1 - 136y, b. 19, f. 98 - 18606/sezione 2 (Fbi), *Attività dei servizi di intelligenza germanici in Italia, gennaio e febbraio 1944,* data: manca, class.: segreto.

[539] Cfr. Nara, Rg. 226, s. 174, b. 85, ff. 712-713.

Indice dei nomi

A

Abate, Nicola 173
Accame, Giano 119
Acheson, Dean 119
Adami, (segretario Mgir) 321
Adonis, Joe 102
Affollati, Edoardo 224
Affronti Gioacchino, alias Mourner 41, 163, 185, 209, 216
Agosti, Giorgio 7
Agrifoglio, Pompeo 46, 299
Albano, Domenico 30, 98, 166
Aldisio, Salvatore 8, 38, 42, 135, 137, 142, 147, 151, 167, 168, 206, 208, 212, 303, 305
Alessandro, Nino 219
Alessi, Giuseppe 167
Alliata, Giovanni Francesco 113, 115, 116, 119, 146, 154, 155, 202, 214
Alliata, Mantegna Giulia 165
Allotta, Vito 255, 278
Alparone, Giacomo 242
Alwens (agente servizio segreto germanico) 232, 322
Amato, Giuseppe 95
Amato, Joseph 200
Ambrosini, Vittorio 51, 79
Amella Guarino 186
Amendola, Giovanni 55
Anchor (nome in codice agente Oss) 189
Andreotti Giulio, 31, 116, 164, 202, 322
Angleton, James Jesus 7, 21, 30, 44, 45, 46, 48, 52, 53, 56, 57, 91, 97, 101, 102, 109, 111, 112, 121, 123, 146, 156, 164, 165, 166, 169, 181, 199, 211, 216, 223, 236, 246, 247, 248, 291, 298, 301, 302, 322, 324, 325, 333
Angleton, Hugh 164
Angrisani, Alfredo 128, 256, 257, 261
Angusti, Antonio, alias Mario Barboni 318
Antonini, Luigi 108, 200
Arani (membro partito nazionale fusionista) 218
Ardigò, Roberto 135
Arex (nome in codice Oss) 185
Argentino, Giuseppe (Argentini Franco), alias Walter 72, 123, 290
Arlacchi, Pino 182
Arnaud, Fede 73, 231, 239
Arnaud, Massimo 239
Arnaud, Pietro 239
Arnod, Pietro 224, 227
Aruta, Paolo 162
Attanasio, Sandro 216
Axum, Mashiuma 176, 220
Azoti, Nicolò 18, 94

B

Baccarini, Paride 59, 181
Baccazzi (tenente medico Reale Esercito) 59
Badoglio, Pietro 7, 22, 26, 37, 39, 49, 58, 115, 133, 137, 181, 211, 220
Baker, dottor 207
Baio, Maria in Cuccia 265
Baldoni, Vittorio 218
Balestra, Santo 224
Balestrieri, Domenico 265
Balsamo, John Michael 102, 107, 199
Bambina (famiglia alcamese) 307, 334

Barbato, Nicolò 17, 249
Barbera, Gioacchino 116, 154, 214
Barletta, Gesualdo 71
Barone, Francesco, alias Baruneddu 105, 200, 243
Barone, Umberto 105
Baroni, Giovanni 243, 324
Barracu, Francesco Maria 78
Barrett, Victor 21, 60, 61, 164, 248
Barsi, Aldo 64, 65, 192
Barsi, Ugo 64
Bartezzati, Ugo 192
Basile (luogotenente di capomafia), 208
Bateson, Gregory 19
Batista, Fulgencio 107
Becchelli (membro plotone neofascista) 162
Beccocci, Argante 232, 322
Bellavista, Girolamo 266
Bellin, Robinson C. 197
Bellini, Alberto 47
Bencivenga, Roberto 236, 247
Benedetto XV, papa 135
Bentivegna, Aurelio 92
Berardi, Paolo 42
Bergamini, senatore (presunto promotore Fronte italiano anticomunista) 236
Bernardinetti, Marzio 216
Bertram (v. Ludwig) 330, 331
Bertucci, Aldo 77, 78, 159, 193, 220, 243, 245, 290, 323, 325, 326, 331
Besozzi, Tommaso 103, 199
Besta, Fabio 324
Besta, Giorgio 324
Bevilotti, Marco, 41
Biondi, Giuseppe Cornelio 30, 39, 93, 230, 231, 233, 234, 235, 238, 289, 310, 322
Blom, Arthur R. 193
Bocchini, Arturo 37
Boccia, Ferdinando, alias l'Ombra 99, 101
Bolognesi (neofascista gruppo Pignatelli) 246

Bonacini (membro Decima Mas) 53, 54
Bonanno, Joe 33, 168
Bonciani, Roberto 191
Boncompagni, Ivan 243, 325
Boncompagni, Paolo 243
Bonivento, Renzo 164, 325
Bonomi, Ivanoe 22, 38, 49, 134, 181
Bonsignore, Calogero 171, 218
Borboni, famiglia reale 37
Bordini, Gernardo 191
Borghese, Flavio 77, 78, 171, 239, 242, 311, 324
Borghese, Junio Valerio 7, 22, 24, 31, 36, 44, 45, 46, 47, 48, 52, 53, 54, 55, 56, 57, 59, 61, 70, 86, 91, 146, 165, 179, 181, 186, 187, 190, 191, 202, 210, 211, 215, 216, 229, 231, 236, 240, 253, 323
Bormann, Martin 188
Borroni, Enrico 84
Borruso, Nunzio 265
Bourgoin, André Henry Emile 202
Branca, Amedeo 217
Brennan, Earl 21, 22, 135, 185, 186, 189, 199, 204, 209, 214, 215, 220, 324
Brentano (vedi Ludwig) 66, 70
Brusca, clan mafioso 109, 166
Bua, clan mafioso 151
Bufalini, Paolo 137
Buffarini Guidi, Guido 71, 72, 240
Bullfrog (nome in codice agente Oss) 164, 185
Burdickel, Frieda 83
Burnell, Aidan 107
Busè, Biagio 76
Busellini, Emanuele 170
Buttazzoni, Giovanni, detto Nino, alias ingegnere Cattarini 45, 47, 51, 56, 61, 68, 78, 79, 110, 111, 112, 122, 159, 162, 165, 179, 181, 187, 193, 200, 201, 220, 235, 236, 239, 243, 245, 290, 299, 313, 318, 322

C

Caccini Giuseppe, alias comandante Tempesta 122, 171, 218, 236, 239
Caiola, Antonina 255, 274
Caiola, Calogero 95
Calabrò, Giovanni 256, 283, 287
Calamai (membro banda Versino) 315
Calandra, Giuseppe 125, 126, 128, 156, 205, 212, 214, 247, 252, 306
Caldarella, Giorgio 255, 274
Caldarera, Maria 255, 267, 268, 271, 331
Calderon, Joseph 44, 211
Calderone, Antonino 22, 182
Callegarini, colonnello 237
Calocci (esponente nazifascista) 234
Calogero (neofascista napoletano) 331
Calosi, Agostino 55, 56
Calvani, Renato 232
Camilleri, Pino 93
Campbell, Rodney 198
Campo, Vincenzo 151
Candela, Turi 98
Canepa, Antonio 92, 184
Canevari, Emilio 51, 61, 79
Cangemi, Maria Antonia 160
Cannamela, Silvestro 159, 162, 178
Cantina, Primo 84
Capasso (neofascista palermitano) 219, 220
Capozza, Aldo 290
Capozza, Giuseppe 290
Capozza, Pietro 224, 331
Cappetti, Assuntina 243
Capraro, Diego 91
Caratella, famiglia 160
Carboni, Giacomo 80
Carcano, Francesco 176
Carpi, Leone 76
Caruso, Salvatore 255
Casaluce (impresario) 247
Casarrubea Giuseppe 6, 8, 11, 18, 95, 185, 195, 196, 198, 204, 205, 323, 326, 327, 328, 329, 332, 335
Cassidy (nome in codice agente Oss) 185
Castellano, Giuseppe 33, 34, 38, 74, 88, 91, 140, 141, 142, 183
Castiglione, Giovanni 18, 93
Casù, signora 84
Cattanei, Franco 9, 216
Cattaneo, Pietro 123
Cattarini, ingegnere (v.Buttazzoni)
Cavarra, Loris 112, 201
Ceccacci, Rodolfo 68, 78, 159, 162, 177, 178, 179, 180, 193, 239, 243, 244, 245, 246, 299, 300, 310, 311, 318, 324, 325, 330
Celeste, Salvatore 98, 266
Cerica, Guglielmo 148
Cesana, Enrica 84
Cesario, Eugenio 232, 233, 234, 322
Chicca, membro Mgir 233
Chilanti, Felice 111, 206, 218, 261, 328, 335
Chiminello (sabotatore gruppo Ceccacci) 324
Chini, Mario 232
Churchill, Winston 27, 34, 37, 134
Ciancio (sabotatore gruppo Ceccacci) 162
Ciano, Edda 202
Ciano, Galeazzo 28, 99
Ciauri, Gaetano 324
Cipolla, Gioacchino 224, 226, 320, 321
Cipriani, Gianni 188
Clesceri, Margherita 254, 277
Cohen, Fausto 323, 330
Colby, William 118, 202
Colina, Beniamino 242
Como, Amedeo 218
Conforti, Vezio 57
Console, Fina 160
Console, Giovanni 30, 72, 97, 159, 160, 161, 162, 177, 178, 194, 215, 244, 245, 300, 314, 315, 318, 322
Console, Giuseppe (Pino) 30, 72, 97, 159, 160, 161, 162, 163, 177, 178, 194, 215, 244, 245, 300, 314, 316, 318, 322

Console, Rosalia 160
Console, Salvatore 160, 215
Console, Vito 162, 215
Coppo, generale 232
Coppola, Frank, alias Frank Tre Dita o Il re di Pomezia 102, 166, 210, 212
Coraci, Antonino 297, 308
Coraci, Maria 294, 334
Coraci, Nino detto Ninu u' nivuru, 303, 305, 307
Corbellini, Selene, detta Rosalba Zini o Lina Zina, Lucia o Maria Teresa 72, 75, 84, 122, 123, 193, 194, 197, 226, 227, 236, 239, 240, 291
Corselli, generale 51
Corso P. (agente Cic) 189
Corvo, Biagio Massimo, detto Max 21, 28, 32
Cossentini, Maria 332
Cossidente, Michele 237
Cossu, Giacomo 239, 331
Costa, Carla, detta Carla la Pazza 68, 77, 193, 293, 302
Costa, Francesco 242
Costa, Rosario 77
Costantino, Carlo 243
Costantino, Franco 173
Costello, Frank 102, 199
Costi (autista Polizia Africa italiana, da ora Pai) 158
Cottone (boss mafioso) 93, 151, 152
Covelli, Alfredo 117, 237
Cracchiolo, fratelli 98, 166
Crini, Gianaugusto 65
Crisafulli, Anselmo 82, 332, 334
Crisci, Aldo 300
Criscioli, Giuseppe 283, 287
Criscione Collura, Vincenzo 167
Crispi, Francesco 42, 213
Croce, Benedetto 20, 21, 138
Crocesi, colonnello 130
Cucchiara, Serafino 53, 94
Cucchiarelli, Paolo 148, 198, 201, 202, 203, 211
Cuccia, Ciccio 166

Curreri, Calogero 91
Cusenza, Giorgio 254, 280, 281
Cusimano, Vito 77
Cusumano Geloso, Giacomo 113, 116, 154, 155, 214
Cusumano, Rosario 254
Cyliacus, Maria Teresa (o Tecla) 83, 110, 111, 226

D
Daddy (nome in codice agente Oss) 185
Daidone (clan mafioso) 151
D'Agostino, Gracco 157
Dalconte, Gaetano 224
D'Alessandro, Agostino 92
Dalla Chiesa, Carlo Alberto 167
Dalmas, colonnello 243
D'Amato, Federico Umberto 165
Danè, tenente 65, 192
D'Antona, Francesco 95
D'Arle, Marcella 83
David, Ermenegildo 67
David, Tommaso, alias colonnello De Santis 67, 68, 69, 177, 179, 192, 235, 292, 299, 300, 301, 302, 311, 312, 318, 319, 333
D'Aquino, Tommaso 318
D'Azzo (luogotenente di capomafia) 208
Dearwon (nome in codice agente Oss) 185
De Benedetti (caposquadra nazifascista) 159
De Bonis (agente di contatto Oss) 56
De Bortoli, Renzo 159, 162, 314
De Carolis, Giuseppe 87, 197
De Courten, Raffaele 50, 58, 236
De Gaetano, R. 201
De Gasperi, Alcide 7, 9, 10, 20, 26, 31, 43, 93, 94, 113, 118, 119, 122, 123, 124, 133, 147, 150, 152, 165, 182, 204, 211
De Giorgis, Fedele, 29, 154, 183, 214
De Leo (colonnello Decima Mas) 181

Delle Chiaie, Stefano 146, 210
De Luca (maresciallo nazifascista) 313
Del Massa, Aniceto, alias dottor Bonciani 62, 63, 64, 65, 66, 67, 84, 191, 192, 235, 295, 335
Del Monte, Eugenio 71
De Lutiis, Giuseppe 203, 204, 214
De Mauro, Mauro, alias Mario Di Mauro, Italo Fuchs, Roberto Marini, Mauro Mauri, Fabio Mauro, Francesco Mauro, 22, 141, 182, 240, 241, 324
De Prazza, Gaspare 86
De Santis, alias Marco 122, 171, 238
De Santis, Carlo 72, 123, 224, 239, 240, 324
De Santis, Renzo, alias Polverone 123, 240, 242
De Sica, Vittorio 206
Destrini, tenente 192
Detroit (nome in codice agente Oss) 185
Dewey, Thomas E. 87
Di Bella, Giuseppe 242
Di Carcamo, Salvatore 219
Di Cecca, Anna, alias Amalia Diraimo o Divaino 293, 318
Di Cecca, Giuseppina, alias Giuliana Di Fazio 293
Dickey, Orange C. 101
Di Corrado, Alfonso 255, 268, 269
Di Dio, Vincenzo 153, 173, 208, 288
Di Franco, Giuseppe, alias Francesco Argentino o Walter Franco 218, 240, 290
Di Legge, Antonio, alias Quinto Romani 238
Diliberto, Carmelo 162
Di Lorenzo, Francesca 255
Di Lorenzo, Giuseppe 251, 265
Di Maggio, Giuseppe 255, 279
Di Maggio, Leonardo 257, 327
Di Maria, Gregorio 151
Di Maria, Vincenzo 242

Dionisio, Francesco 85, 197, 228
Di Paola, Maria 83
Di Peri, Serafino 98, 151, 212
Di Salvo, Filippo 255, 268, 269, 270, 275
Di Salvo, Vincenzo 252
Di Stefano, Vincenzo 165
Di Vittorio, Giuseppe 183
Dolci, Danilo 136, 207
Dominaci (membro Partito nazionale fusionista) 218
Donovan, William 21, 22, 37, 70, 124
Dowling, Walter 121, 204
Dulles, Foster, 94
Dunn, James 122, 209
Durante, Doris 82

E
Eden, Anthony 118
Esposito, carabiniere 113

F
Fabris, Lidia 84
Faccio, Cesare 325, 333, 334, 335
Faenza, Roberto 183, 206, 334
Falck, Giorgio 92
Fanelli (membro Decima Mas) 315
Faranda, Sebastiana 171
Farina, Paolo 94
Fasano (funzionario Pnf) 78
Fava, Giuseppe 207
Fazio, Pietro 164, 211
Ferma, Giuseppe 224
Ferrante, Andrea 52
Ferrari, Luigi 102
Ferrari, sergente Marina 172
Ferrari, Domenico 232, 245, 310, 315, 322, 335
Ferrari, Giovanni 329
Ferrari, Giuditta 322
Ferrari, Giuseppe 245, 325
Ferreri Salvatore, alias Fra' Diavolo, Salvo Rossi, Totò u palermitanu, Il vendicatore 8, 9, 64, 71, 76, 77, 80, 85, 95, 97, 110, 129, 145, 155, 168, 169, 170, 177, 178, 179, 180, 184,

343

198, 217, 230, 233, 249, 254, 263, 273, 285, 288, 292, 293, 294, 295, 296, 297, 298, 299, 300, 301, 302, 303, 304, 305, 306, 307, 308, 311, 312, 316, 317, 319, 320, 327, 328, 329, 332, 333, 334, 335
Ferreri, Vito 216, 303, 305, 307, 308, 333, 334
Ferri, Enrico 135
Ferro, Matteo Guglielmo 76, 290
Fertilio, Dario 26
Fini, Massimo 183, 206, 334
Finizio, Mario 72, 73, 194
Finocchiaro Aprile, Andrea 7, 37, 38, 67, 76, 140, 142, 152, 161, 171, 184, 209, 213
Fiore, Alfredo, alias Fiori Alfonso 301, 302, 311, 312, 319
Fiore, Oscar 302
Fish, Franklyn W. 175
Fleres, Santo 97, 98, 166
Fleury, Peter 74
Fodera, Vito 140, 142
Fontana, Gilberto 65
Forgione (agente Cic) 189
Forniz, Enzo 226
Fortuna, Ettore 255, 274
Fox (nome in codice agente Oss) 185
Franchetti, Elena 64
Franco, Francisco 135
Franzinelli, Mimmo 24, 183, 214
Franzone (separatista) 30
Frasca, Dom 199
Frascolla, commissario 256, 261
Fratello, Giuseppe 255, 268
Frau, colonnello 65, 66
Freeman- Mathews, H. 124
Friddi (boss mafioso) 103
Fumagalli, Carlo 203
Furniss, James P. 321
Fusco, Salvatore 258

G
Gaetani, conte 51
Gagliardi, Girolamo 76
Gaglio, Francesco, alias Reversino 170, 217

Gaja, Filippo 118, 185, 202
Galbiati, Enzo 187, 236, 331
Gallitto, Bartolo 56, 163, 193, 246, 311, 312, 313, 314, 316, 320
Gallo, Concetto 30
Gallo, Giuseppe 219
Gallo, Michele 172
Galotto (autista Pai) 158
Gambara, Gaetano 60, 61
Gambino, Carlo 102
Garase, Franco 169, 171, 223, 290
Garase, Ferdinando 171
Gaudesi, Natale 285, 286, 287, 288
Gaudioso, Francesco 84
Gebbia, Cesare 173
Gedda, Luigi 133
Gelli, Licio 68, 203
Genco Russo, Giuseppe 42, 138, 212
Genovese, Giovanni 263
Genovese, Vito 33, 41, 99, 100, 101, 102, 105, 198, 199, 204, 205
Gentile, Nicola (Nick) 41, 102, 105, 185
Geoffry, Joseph 144
Giacobbe, Pierino 194
Giallombardo, Roberto 145, 292, 293, 305, 307, 332, 334
Giammona, Agatino 77
Gianlombardo (agente nazifascista) 309, 310, 313, 317
Giannini, Guglielmo 55, 76, 113, 247
Giannoni, Franco 79
Giannuli, Aldo Sabino 29, 148, 192, 193, 198, 199, 201, 202, 203, 210, 211, 221, 225, 239, 320, 323, 330
Giglio (ex ispettore di polizia) 130
Gigliotti, Frank B. 28, 95, 108, 110, 146, 204, 334
Giloso (nome riscontrato in un appunto del bandito Giuliano) 113
Gioia, Giovanni 207
Giorgis, ingegnere 59

Giovannone, Nicola 158, 214
Girgenti, Giuseppe, detto Pippo 220
Giuliano, Salvatore 7, 8, 19, 20, 21, 22, 24, 29, 30, 31, 39, 41, 59, 60, 65, 71, 72, 75, 80, 81, 82, 83, 89, 90, 92, 95, 97, 99, 100, 101, 103, 105, 108, 110, 113, 114, 115, 117, 120, 122, 126, 127, 129, 131, 132, 133, 134, 137, 145, 151, 154, 156, 157, 161, 163, 165, 166, 168, 169, 170, 171, 172, 175, 176, 177, 178, 179, 180, 182, 183, 184, 192, 193, 194, 195, 196, 199, 200, 201, 204, 205, 206, 212, 214, 215, 216, 217, 218, 223, 225, 226, 227, 230, 233, 237, 238, 243, 244, 245, 247, 248, 249, 250, 251, 252, 253, 254, 257, 258, 263, 264, 273, 288, 289, 290, 292, 294, 295, 296, 297, 299, 300, 302, 304, 305, 306, 311, 312, 314, 315, 316, 317, 320, 321, 328, 330, 331, 333, 334
Glavin, Edward J.P 184, 197, 202, 208, 213, 218, 219, 321
Goering, Hermann 99, 158
Goethe, Johann Wolfgang 34
Gobbato, commendatore 50
Gobesi, tenente 192
Goldust Twins (nome in codice agente Oss) 185
Gorgerino, Giuseppe 63
Governali, Antonino, detto Funcidda 167
Gradenigo, Gaio 72, 188, 194
Grandi, Dino 28
Grasso, Franco 198
Graziani, Clemente 66, 93, 116, 119, 166, 211, 216
Gray, Ezio Maria 48, 326
Greco, Andrea 270
Greco, Provvidenza 255, 270, 271, 275, 288
Grifò, Giovanni 254, 270, 275, 327
Grimaudo, Giuseppe 265
Griner, Massimiliano 182, 204, 323
Guariglia (ex ambasciatore italiano in Turchia) 196
Guarino, commissario 200, 256
Guarino, Gaetano 93
Guarisco, Antonino 93
Guarrasi, Vito 74, 75, 140, 141, 142, 207
Guastella, Corrado 290
Guasco, Maurilio 135, 206
Guidotti, Giulio 190
Gulino, Giuseppe 163
Gulisano, Sebastiano 141
Gullo, Fausto 23, 42, 74, 93, 122, 137, 144, 151
Gullo, Tano 334
Guzzetta, Anna 252

H
Haeusgen, Helmut 195
Harte (nome in codice agente Oss) 189
Herlands, William B. 87
Hill-Dillon, colonnello 177, 179, 180, 227, 289, 297
Hitler, Adolf 44, 186
Howard, E.B. 332
Hubert-Pfannenstil (agente nazista) 330
Hubert, Tommaso 159, 160, 162
Huddleston, J.F. 102
Hueguel (graduato nazista) 310
Huppert (agente Sis) 56
Hussein, Saddam 120

I
Impastato, Giuseppe 198
Impastato, Masi 98, 166
Inciardi, Iole 108, 200
Inghilleri, Ferdinando 242
Ingrasci, Gastone 210
Innati, Antonio 91
Intorrella, Giuseppe 94
Intravaia, Castrenze 255, 275
Invernale, Salvatore 255, 271
Ioele, Rosario, alias Enotrio 163, 312, 313
Italiano, Marco 255, 274
Italiano, Vincenzo 334

345

J
Jemolo, Vito 212

K
Kappler, Herbert 230, 240, 241
Karintelka, Maria Lamby (nome da nubile della Cyliacus) 110
Katz, Milton 216
Kennedy, John Fitzgerald 59
Kesserling, Albert 78
Klein, maggiore tedesco 318
Kobler, capitano tedesco 246
Koch, Pietro 72, 73, 240, 242, 323
Kolbe, Friz 69
Kummel, sottotenente 193, 324

L
Labate, Domenico 228
La Bella, Angelo 328
Laccisaglia, Saverio 112, 164, 201
La Fata, Vincenza 255, 268, 275
La Ferla, Faustino 76
Laginestra, Vito 300, 301, 311, 319
La Guardia, Fiorello 70
Lambiase, Francesco 224
Lamendola, Alberto 172
La Motta, Stefano 30
Lanari, Angelo 61
Lanza, Vincenzo 248
Lanza, Branciforti di Trabia Galvano 141, 166
Lanza di Trabia, famiglia 42, 141
Lanza di Trabia, Angelo 207
Lanza di Trabia, Raimondo 117, 165, 202
Lanza Filangieri, Stefano 139
La Puma, Francesco 255, 271, 272, 273
La Rocca, Cristina 255, 265, 266, 267, 328
La Rosa, Paolo 95
La Russa, Nino 77
Lascari, Serafino 257, 283
La Serra, Raffaele 195
Laurenti, Cesare 77
Lauria, Salvatore 95, 151
Leary, Daniel 241
Lembo, Daniele 78, 184, 189, 195
Lercari, Attilio 203
Leto, Guido 130, 1321, 165
Levi, Carlo 207
Licari, famiglia 151, 155
Licari, Giuseppe 283, 287
Licari, Pietro 334
Li Causi, Girolamo 24, 90, 96, 114, 133, 154, 198, 201, 206, 260, 323, 330
Liggio, Luciano 23, 134, 167, 206
Lipari, Paolo 242
Lippmann, Walter 22
Lo Bianco, Giovanni 126, 231, 234, 252, 289, 304, 321, 322
Lo Bue, Calogero 167
Lo Cascio, Vincenzo 246, 313, 314
Locatelli, Fiorella 311
Locatelli, Fulvia 311
Locatelli, Luigi, detto Gino 30, 56, 159, 161, 163, 177, 215, 246, 300, 308, 310, 311, 312, 313, 314, 318, 316, 320
Lo Cicero, Giuseppe 92
Lo Giudice, Giuseppe 92
Lo Iacono, Vincenzo 18, 95
Lombardi, Anna, alias Anna Berti 241
Longo, Luigi 55
Lo Piano, Calogero 76
Luca, Ugo 29, 80, 81, 82, 83, 108, 127, 128, 129, 195, 304
Lucania, Rosa 107
Lucania, Salvatore, alias Lucky Luciano 25, 87, 103, 104, 105, 107, 108, 110, 198, 199, 200, 209, 211
Lucantoni (autista divisione Goering) 159
Lucchesi, Bruno 232
Lucchesi, Eugenio 232
Luce, commendatore 48
Luciano, Lucky (v. Lucania)
Lucifero, Alfredo 184
Lucifero, Falcone 35, 43, 113, 183, 186, 194, 201, 202, 332
Ludwig, August alias Bertram o Brentano 330

Lumia, Luigi 207
Lupo, Giuseppe 95
Lupo, Salvatore 216
Luterchi, colonnello 237

M
Macaluso, Giuseppe 94
Maccarone, Angelo 77, 195
Macchiarella, Pietro 94
Macri (sigla di movimento anticomunista) 166, 216
Maffi, Bianca 191
Magistrelli, Dante 30, 72, 159, 160, 161, 162, 177, 193, 215, 244, 314, 315, 320
Magrì, Enzo 83, 196, 199
Major, capitano 184
Maletti, capitano Gnr 134
Mallet, Victor 118
Mambelli (ufficiale Decima Mas) 313
Manali, Pietro 327
Manara, Giancarlo 65
Mancino, Antonio 171, 177, 250
Mancuso, fratelli 167
Mancuso, Serafino 151
Manfredi, Henry L. 106, 107
Mangano, Vincent 41
Maniaci, Giuseppe 18, 95, 183
Maniscalco, Giovanna 267
Mannarà, Antonino 94
Mannino, Frank, alias Ciccio Lampo 19, 83, 169, 172, 217, 245, 302, 315, 333, 334
Mantovani (autista) 63
Manzella, Cesare 166
Maranzano, Giuseppe 33
Marceglia (capitano genio navale) 59
Marchesano, Tommaso Leone 116, 139, 146, 154, 155, 214
Margiotta (sostituto procuratore della Repubblica) 320
Mariani, colonnello Gnr 240, 247
Marino, Salvatore 255, 274
Maroni (milite neofascista) 162
Marotta, Giùseppe 98, 132
Marseguerra, colonnello 237

Marshall, George C. 122, 124
Martina, Francesco 72, 159, 160, 162, 193, 194, 225, 227, 240
Martinazzi, Ida 83
Martino, Gaetano 106
Martorana, Costantino 267, 268, 270, 271, 272, 274, 276, 287
Martorana, Giuseppe 94
Mashuni, Myhedin 214
Massa, maggiore 237
Massa, Virginia 106
Mastari (pregiudicato) 323
Materassi, capitano 192
Materazzo, Giovanni 115
Materazzo, Olga 115
Mattarella, Bernardo 8, 38, 39, 41, 42, 133, 147, 151, 152, 154, 164, 167, 168, 207
Maugeri, ammiraglio 237
Mazzarini, Richard 216
Mazzola, Vito 30, 95, 165
Mazzuccato (neofascista) 310, 313
Maxwell, Gavin 41, 185
Mecarolo, Rosa 328
Mecattini, Nello 232
Megna, Giovanni 2547, 276, 278, 282, 287, 288
Mengele, Joseph 188
Mengoni, Luigi 191
Messana, Ettore 29, 42, 71, 80, 81, 95, 96, 97, 114, 134, 168, 184, 198, 249, 253, 300, 303, 304, 305, 306, 307, 317
Messineo, Salvatore, alias Tito 67
Miceli, clan mafioso 166
Miceli, Calcedonio 97, 99
Miceli, Ignazio 30, 81, 90, 99
Miceli, Nino 98, 169
Michelini, Arturo 323
Mileto, Giorgio 255
Milone, Livio 267, 268, 272
Minasola, clan mafioso 90, 166
Minasola, Nitto 169
Mingrino, Giuseppe, alias the Senator 40, 185
Minore, clan mafioso 151
Minucci, Francesco 215
Minuti, Francesco 224

Mirabile, Carmelo 172
Miraglia, Accursio 18, 94, 116, 150, 182, 249
Miranda, Michele 107
Mirella, Marcella, alias Micia 84
Misiano, Antonio 312
Misuri, Alfredo 224
Modica, Gaetano 255
Modica, Vittorio 300
Moio (sabotatore gruppo Ceccacci) 162
Momarella (nome riscontrato in un appunto del bandito Giuliano) 113
Monna, Libero 151
Montalbano, Giuseppe 10, 40, 154, 155, 209
Monticciolo, Vincenzo 110, 293
Montini, Giovanni Battista 28, 39, 73, 136, 182, 231
Mora (sabotatore gruppo Ceccacci) 162
Morelli, Manlio 239
Mori, Cesare 89
Morlion, Felix 31, 234 322
Moro, Aldo 59, 121, 147
Moroni (ex prefetto fascista) 246, 331
Morosin, Pietro 71
Moscardi, Tullio 315, 322
Moscatelli, Elvio 46
Moscatelli, Pio 84
Moschetto, Eleonora 255
Motta, avvocato catanese 229
Mulatto, Anna 84
Mundt, Karl 124
Munna, famiglia mafiosa 152
Muratori, Ludovico 51, 79, 235
Murgia, Pier Giuseppe 211
Muscarella, Giuseppe 255
Musco, Ugo 247
Musmeci, Salvatore 228, 335
Musotto, Alto commissario Sicilia 37
Mussolini, Benito 28, 29, 32, 37, 44, 50, 62, 65, 78, 80, 82, 85, 99, 132, 152, 176, 183, 190, 196, 197, 198, 203, 235, 301, 318
Mussolini, Vittorio 202

N
Napoli, Vittorio 242
Nardovili, maresciallo 201
Naro, Cataldo 206
Nasca, Antonino 104
Nasi, famiglia 140
Nasi, Virgilio 140, 142, 143
Natali, Wilma 191
Navarra, Michele, capomafia 98, 166, 167
Navarra Viggiani, Enzo (o Franco) 51, 79
Negroni (neofascista) 310
Nenni, Pietro 131, 150
Nester, Alfred T. 91, 140, 142, 207, 208
Nicchiarelli, generale 50
Niccolai, Giuseppe 207
Nichols, Earle 46, 53
Niosi, Giuseppina, alias la Pipistrella 40, 164, 185
Niscemi, principessa di 237
Nunzi (neofascista) 326

O
Offie, Carmel 28, 118
Origo, monsignor 135
Orlando, Vittorio Emanuele 142
Orlando, Rosa in Serughetti 104
Orlando, Rosario 1723
Oswald, Lee 59

P
Pacciardi, Randolfo 20, 118, 119, 133, 146, 147, 148, 203, 210
Pacelli, Eugenio 39
Pagliani, Giuseppe 160, 215
Pajetta, Giancarlo 183
Palazzolo, Salvatore 242
Palermi, Raoul 201
Pallante, Antonio 76, 290
Palumbo, Antonio 255
Panato, Lazzaro 211
Panella, Virgilio 247
Pantaleone, Gennaro 208
Pantaleone, Michele 91, 138, 207, 212
Panzeca, Peppino 98

Paolantonio, Giacinto 114, 127, 201, 257, 296, 305, 308, 298, 327
Papi, Luciana 63, 84
Paradisi, colonnello 194, 224
Pardo, Gaspare 255, 268
Parri, Ferruccio 43
Parrinello, Delia 203
Parrino, Giovanni 252, 255, 257, 327, 328
Parrino, Giuseppe 256
Partelli, Antonia 265
Pasquali (ex questore Rsi) 84
Pasqualina (nome riscontrato in un appunto del bandito Giuliano) 113
Pasqualisi, Amoroso 316
Pastore, Giulio 132
Paternò Delle Sciare, Ludovico 248
Patrizi, marchese 48, 247
Patti, Gaetano 173
Patton, George S., jr. 21, 34, 35, 184
Pavolini, Alessandro 6, 36, 62, 63, 67, 69, 70, 72, 82, 85, 177, 180, 196, 232, 233, 240, 291, 312, 331
Pecorella, Camillo 163, 215, 335
Pellegatta, Fernando 246, 326
Pellegrini, ministro delle Finanze 323
Pellegrino, Biagio 94
Pellegrino, Giovanni 9, 149
Pennacchio, Eugenio 243
Penrose (agente Oss) 40
Perenze, Antonio 127, 196, 304
Perfetti, Francesco 184
Peron, Juan Domingo 50
Perrone (sindacalista) 91
Perrone, Enzo 332
Perrone, Nico 204, 211, 212
Pesce, Matteo 228
Petacci, Claretta 84
Petacco, Arrigo 196
Petralia (monsignore) 206
Petronilla, Giordana 67
Petrotta, Vincenzo 251
Petta, Damiano 255, 274
Petta, Giorgio 334

Pia (tenente Rsi) 163
Piaggio, Rinaldo 92
Pianello, Fedele 80, 263, 273, 285, 303, 305, 307, 308
Pianello, Giuseppe 80, 263, 273, 285, 303, 305, 307, 308
Piccioni (dirigente Pfr) 218
Pièche, Giuseppe 51, 123
Pignatelli, Maria principessa 78
Pignatelli, Valerio, principe 29, 51, 60, 78, 177, 178, 311, 312, 335
Pili, Emanuele 81, 130
Pilotto (sabotatore neofascista) 192
Pinello, Totò 98
Pini (dirigente movimento monarchico-fascista) 326
Pio X, papa 135
Pio XI, papa 135
Pio XII, papa (v. Pacelli) 135, 136, 189, 188
Pipitone, Vito 18, 95, 183
Pirelli, Alberto 92
Pisanò, Giorgio 206
Piscitelli, Taeggi De Vito Maria 200
Piscitelli, colonnello 236
Pisciotta (autista Pai)
Pisciotta, Gaspare 8, 31, 71, 81, 82, 83, 89, 90, 114, 115, 116, 127, 128, 129, 151, 154, 157, 158, 179, 230, 233, 238, 289, 296, 304, 317, 334, 335
Platania, Nino 77
Podestà, Roberto 147
Poletti, Charles 22, 41, 100, 294
Pòlito, Saverio 170, 195, 197, 323
Pollini, Gianni 66
Polvani, Fortunato 177, 180, 188, 213, 236, 291, 331
Pope (nome in codice agente Oss) 185
Portius (nome in codice agente Oss) 187
Priebke, Erich 240
Primo (nome in codice agente Oss) 185
Principato, Gaetano, alias John Hancock 40

349

Profaci, Domenico 107
Profaci, Joseph (Joe) 41, 102
Provenzano, Giovanni 155, 334
Pucci, Puccio 62, 63, 64, 65, 66, 67, 72, 84, 192, 295, 313
Puccioni (esponente neofascista) 290
Pugliesi, Gianni 209
Puleo (partigiano) 57
Puntarello, Giuseppe 94
Purpura, Antonio 284, 285, 286, 287, 288
Purpura, Caterina 214, 288
Purpura, Vincenzo, alias Scarface 40, 165, 187, 209
Putzolu, Francesco, alias Massimo 55, 56, 57, 59, 190, 191, 211

Q
Quaroni, Pietro 34
Quattrini, Pietro 51

R
Raffa (agente controspionaggio Sim) 228
Ragen, Otto alias maggiore Begus o Ragus 230, 231, 232, 234, 235, 238, 242, 289, 309, 315, 325, 330, 334
Ragionieri, Ernesto 204
Ragusa, Benito 219, 222, 256, 261, 264
Ragusa, Carmelo 327
Rallo, Girolamo, detto Momo 77
Ramirez, Antonio 116, 154, 202
Ramirez, Giuseppe 116
Randazzo, Vincenza 264
Randisi, Vincenzo, alias Steelman 40
Re (sabotatore gruppo Ceccacci) 162
Ragazzi, sottotenente 193
Renna, Salvatore 255, 274
Renno, Giuseppe 163
Renzi, Renzo 163
Resio, Carlo 44, 55, 56, 164, 211, 237
Rettori, Franca 318

Ribecca, Adriana 84
Ricci, Renato 36
Ricci, Ugo 210
Ricotta, Castrenze 255
Riggi (studente universitario) 219
Rimi, clan mafioso 23
Rimi, Carlo 151
Rimi, Vincenzo 97, 98, 145, 151, 152, 168, 293, 299, 305, 306
Riolo, Giuseppe 98
Riondino, Luigi 232, 321
Rivera, Maria 240
Rizza, Jacopo 321
Rizzo, Benedetto 174
Rizzotto, Placido 185
Rocca, Raymond G. 45
Roffino, Giuseppe 167
Rohner, E.J. 229
Romani, Anna Maria 224
Romani, Marco 1188
Romano, Angelo 135, 206
Romita, Giuseppe 131
Romualdi, Carlo 213, 248, 294, 335
Romualdi, Pino 61, 62, 73, 77, 177, 187, 191, 238, 246, 331
Ronzoni (agente gruppo David) 292, 301
Roosevelt, Franklin Delano 34, 37
Rosa (sindacalista) 91
Rosano, Carmelo 92
Roselli (questore di Palermo) 145
Roselli, Beniamino 328
Rossellini, Roberto 206
Rossi (agrario) 92
Rossi, Andrea 323
Rossi, Mario 52, 53, 64, 181, 236, 245, 246, 296, 297, 313, 318
Rossi, Rolando 332
Ruffini, Ernesto 133, 134, 185, 206
Ruspoli, principe 326
Russo, Joseph P. 207, 212
Russo, Salvatore 264
Ruta, Carlo 204

S
Sacco, Vanni 42, 98, 151, 152
Salerno, Francesco 243

Salvia, Michelangelo 94
Salvini, Luigi 193
Sandro (capo partigiano) 57
Sansone, Vito 210
Santangelo, Giovanni 93
Santangelo, Giuseppe 93
Santangelo, Vincenzo 93
Santantonio (nome riscontrato in un appunto del bandito Giuliano) 113
Santarosalia (nome riscontrato in un appunto del bandito Giuliano) 113
Santino, Umberto 198
Santomauro, Antonio 98
Santomauro, Pietro 98
Santucci (maresciallo CC.) 126, 252
Sapienza, fratelli 171
Sapienza, Francesco 171, 219
Sapienza, Giuseppe, detto Bammineddu 30, 85, 153, 159, 169, 177, 180, 197, 214, 217, 291
Sapienza, Giuseppe, detto Scarpe sciolte 170, 217, 289
Sapienza, Giuseppe, figlio di Giuseppe 214, 227, 230, 231, 232, 233, 290, 297, 308, 310, 316, 319, 330, 335
Sapienza, Tommaso 169
Saracoglu (ministro degli Esteri turco) 196
Saragat, Giuseppe 146, 334
Sarrocchi (esponente monarchico) 237
Sarto (v. Pio X)
Sartori (professore) 219
Savoia, famiglia reale 28, 55, 211, 213, 238
Savoia, Maria Josè 28
Savoia, Umberto II 28, 96, 225
Scaccia, Girolamo 18, 93
Scaglione, Nino Gaetano 172
Scaglione, Pietro 22
Scalia, Giuseppe 92
Scamporino, Vincent J. 21, 32, 49, 84, 165, 184, 185, 187, 197, 202, 208, 213, 218, 221
Scasso, Giovanni 160, 215

Scelba, Mario 8, 10, 19, 97, 123, 130, 132, 133, 134, 147, 167, 183, 204, 231, 253, 304, 306
Schelotto, maggiore 85
Schirò, Tommaso 173
Schirò, Giacomo 251, 252, 227
Schirò, Pietro 255, 265, 268, 274, 329
Schirripa, Emanuele 243
Sciascia, Salvatore 206, 326
Sciortino, Pasquale, detto Pino 179, 216, 243, 263
Sclafani (vescovo) 87
Scorza, Carlo 79, 187, 189, 236
Secchia, Pietro 55
Segni, Antonio 122, 144
Senger und Etterlin, Frido (generale tedesco) 63
Senise, Renato Carmine 37, 99, 101, 198, 235 322
Serra, Miranda 318
Serri, Anassagora 159, 160, 162, 178, 244, 245, 314
Sessa (sabotatore nazifascista) 313
Severino, Giovanni 93
Sforza, Carlo 118, 150
Sharp, colonnello 184
Shepardson, Whitney H. 21, 184, 185, 187, 197, 202, 213, 219, 321
Sicana (nome in codice agente Oss) 184, 213, 321
Sidari, Pasquale, alias Secchi 160, 161, 162, 177, 180, 215, 244, 245, 300, 314, 315, 316, 325, 335
Silvestri, Enzo 240
Siragusa, Charles 73, 102, 301, 324, 333
Smith, George 180, 220
Snowdon, Floyd C. 158
Sogno, Edgardo 210, 2268
Sorrentino, Cataldo 224
Sottile, Luigi 76
Spampinato, Giovanni 22
Spanò, Aristide 307
Spadafora, principe di 225
Spadaro, Vincenza 252, 327
Spina, Vincenza 255, 283, 287, 288

Spinelli, Veniero 79
Spinetti, Maria 238
Spingarn, Stephen J. 189, 228, 232, 244, 326, 334
Stalin, Iosij Visarionovic Dsugasvili detto 53, 200, 228, 232, 244
Stefani, Gino 321
Stellino, Giovanni 151, 152
Stern, Mike 101, 110, 134, 145, 164, 172, 199, 206, 210
Stone, Ellery 185
Strauss (ufficiale nazista) 310
Streva, Antonino 134
Sturzo, Luigi 31, 39, 137, 142, 200

T
Tabasso, Aristide 51
Tacin, Omero 192
Taddei, Leonetto 214
Tadini, Emilio 46
Tagliavia, clan mafioso 151
Talenti (neofascista) 48, 247
Taormina, Angelo 95
Tarchiani, Alberto 124, 147, 212
Tardini, Domenico 102
Tarozzi, Vincenzo 135
Tarroni, Giovanni, alias Trudu 161, 180, 245, 315, 316, 326, 329
Tasca, Lucio 7, 93
Taylor, Myron 28, 39
Tedeschi, Mario 216
Teodorani, Giovanni 79
Terranova, Antonino, alias Cacaova 126, 172, 205, 2144, 217, 264, 333, 334
Terry, George V. 214
Thun Von Hohenstein (ufficiale tedesco) 72, 222, 322, 324
Tilgher, Adriano 210
Tito, pseudonimo di Josip Broz 194
Titolo (ufficiale americano) 53
Tyng, William W. 194
Todini, Adolfo 198
Togliatti, Palmiro 10, 26, 59, 76, 123, 124, 137, 200, 248, 290, 291
Tomasi di Lampedusa, Giuseppe 136
Tomassetti, Ettore 86
Tonini, Melio A. 229
Torre (nome in codice agente Oss) 187
Tota (sabotatore gruppo Ceccacci) 324
Tozza, Generoso 216
Tranfaglia, Nicola 23, 24, 183, 187, 189, 190, 194, 198, 199, 203, 205, 214, 216, 217, 218, 330, 331
Tresca, Carlo 99
Trillini (membro Partito nazionale fusionista) 218
Troia, Giuseppe 98, 166
Truman, Harry Spencer 27, 53
Trupiano, Maria 264
Tudini (ingegnere edile) 48, 247
Turale (informatore Oss) 213
Turati, Augusto 60, 61, 218, 236, 323, 337
Turtle (nome in codice agente Oss) 1645, 184, 185, 321
Tuttolomondo, Stefano 42

V
Vacirca (agente Oss) 112
Vaiana, Francesco 219
Valentino, Michele 50
Valletta, Vittorio 92
Varvaro, Antonino 136, 137, 164, 209, 219
Vaselli (impresario edile) 247
Vasile, Vincenzo 182, 193, 331
Vercesi (membro Decima Mas) 233
Verdiani, Ciro 8, 29, 71, 80, 81, 82, 117, 123, 130, 131, 165, 202, 205, 218, 290
Versino, Lionello 315
Verzotto, Graziano 207
Vicari, Angelo 1323, 1456
Vicari, Francesco 257, 278, 284, 289
Vicari, Maria 255, 274
Villa (sabotatore neofascista) 328
Villa, Pancho 164
Vinciguerra, Maria, alias Gianna 318

Vintaloro, Angelo 167
Vitale, Giuseppe 105
Vizzini Calogero 7, 42, 76, 89, 91, 138, 140, 141, 151, 164, 174, 208, 210, 214
Volpe, Calogero 76, 140, 167, 208, 212
Vozza, Cosimo 224
Vysinskij, Januarevic Andrej 34

W
Warren, Alba H. jr. 321
Westwood (agente Oss) 193
White, William 209
Winter (membro banda Versino) 315, 322
Wolff, Karl, 85, 232, 310
Wolk, Eugenio 46, 223
Woller, Hans 186, 211

Y
Young, Stephen 100

Z
Zanardi, Giorgio 55, 58, 59, 190
Zanelli, Renzo 193, 239, 324
Zanettin (fiancheggiatore nazifascista) 318
Zangara, Michele 93
Zaniboni, Tito 92
Zappalà, George 120, 121, 164, 250
Zarbà, Guglielmo 77
Zarotti, Armando 233
Zimmer (ufficiale nazifascista) 310, 315
Zolit, famiglia 335
Zuckermann Terrazzi, Ermanno 84

Indice

Introduzione di Nicola Tranfaglia   5

PARTE PRIMA

Protagonisti e scenari   17

La testa di morto delle Squadre d'Azione   17
Operazione "Husky" e doposbarco   32
Fantasma rosso sull'Europa e arcipelago neofascista   43
Banditi nel sistema planetario mafioso   87
Sotto l'ombrello di don Vitone   99
A spasso con una Dodge rossa   102
Americani e gruppi paramilitari   109
"Democratici eccelsi"   113
Dal partito dell'ordine all'"affaire" stragista   139
Mafiosi, fascisti e servizi segreti   149
"A strong-minded man": Salvatore Giuliano,
i neofascisti e l'ombra di Angleton   156
Il connubio separatismo-neofascismo   165

PARTE SECONDA

La strage e i diversi piani del protagonismo eversivo   223

Giochi d'ombra attorno a un capobanda   223
Oltre le linee per la guerra non ortodossa   227
Mai morti   235
I mortaretti della "festa"   249
Caduti e feriti   254
Ricognizioni   256

La strage preannunciata	263
Perizie medico-legali sui feriti	266
Perizie medico-legali sui cadaveri e autopsie	275
Perizie balistiche	282
Occhi su Montelepre	288
Fra' Diavolo	292
Indice dei nomi	339

ANNOTAZIONI

ANNOTAZIONI

ANNOTAZIONI

ANNOTAZIONI

ANNOTAZIONI

ANNOTAZIONI

I Grandi Tascabili Bompiani
Periodico quindicinale anno XIX numero 000
Registr. Tribunale di Milano n. 133 del 2.4.1976
Direttore responsabile: Elisabetta Sgarbi
Finito di stampare nel mese di settembre 2005 presso
il Nuovo Istituto Italiano d'Arti Grafiche - Bergamo
Printed in Italy